本丛书系武汉大学“985工程”项目
“中国特色社会主义理论创新基地”和“211工程”项目
“马克思主义基本理论及其中国化研究”成果

武汉大学马克思主义理论系列学术丛书

科学发展观视野下的当代中国经济追赶战略

孙来斌　主　编
李烨红　谢成宇　姚　芳　副主编

KEXUE FAZHANGUAN SHIYEXIA DE
DANGDAI ZHONGGUO JINGJI ZHUIGAN ZHANLUE

中国社会科学出版社

图书在版编目(CIP)数据

科学发展观视野下的当代中国经济追赶战略 / 孙来斌主编 .
北京：中国社会科学出版社，2012. 12
ISBN 978 - 7 - 5161 - 1816 - 0

Ⅰ. ①科…　Ⅱ. ①孙…　Ⅲ. ①中国经济 - 经济发展战略 - 研究　Ⅳ. ①F120. 4

中国版本图书馆 CIP 数据核字(2012)第 288366 号

出版人　赵剑英
责任编辑　田　文
特约编辑　陈　琳
责任校对　王兰馨
责任印制　王炳图

出　　版　中国社会科学出版社
社　　址　北京鼓楼西大街甲 158 号（邮编 100720）
网　　址　http：//www. csspw. cn
中文域名：中国社科网　　010 - 64070619
发 行 部　010 - 84083685
门 市 部　010 - 84029450
经　　销　新华书店及其他书店

印　　刷　北京奥隆印刷厂
装　　订　北京市兴怀印刷厂
版　　次　2012 年 12 月第 1 版
印　　次　2012 年 12 月第 1 次印刷

开　　本　710 × 1000　1/16
印　　张　26
插　　页　2
字　　数　440 千字
定　　价　75. 00 元

凡购买中国社会科学出版社图书，如有质量问题请与本社联系调换
电话：010 - 64009791

总　序

顾海良

新世纪之初，马克思主义理论学科的设立，是马克思主义中国化的显著标志，也是中国化马克思主义发展的重要成果。设立马克思主义理论学科，不仅是由马克思主义理论本身的科学性决定的，也是由马克思主义作为我们党的指导思想和作为国家主流意识形态建设的需要决定的，而且还是由当代马克思主义发展的新的要求决定的。

在马克思主义理论学科建设中，武汉大学一直居于学科建设与发展的前列。武汉大学马克思主义学院（原政治与公共管理学院）作为学科建设和发展的主要承担者，学院的教师和研究人员为此付出了极大的辛劳，作出了极大的贡献。现在编纂出版的《武汉大学马克思主义理论系列学术丛书》就是其中的部分研究成果。

回顾马克思主义理论学科建设和发展的实际，给我们的重要启示之一就是，马克思主义理论学科的建设和发展，既要尊重学科建设和发展的普遍规律，又要遵循学科建设和发展的特殊要求，要切实提高马克思主义理论学科的影响力。希望《武汉大学马克思主义理论系列学术丛书》的出版，能为切实提升马克思主义理论学科的影响力增添新的光彩。

第一，要提高马克思主义理论学科建设的学术影响力。把提高学术影响力放在首位，是从学科建设视阈理解马克思主义理论学科建设的要求。学科建设以学术为基础。马克思主义理论作为一个整体的一级学科，在提升学科的学术性时，要按照学科建设内在的普遍的要求，使之具有明确的学科内涵、确定的学科规范和完善的学科体系。

学术影响力是学科建设的重要目标，也是学科建设水平的重要体现。马克思主义理论学科的学术影响力，不仅在于国内的学术影响力，还应该树立世界眼光，产生国际的学术影响力。在国际学术界，马克思主义理论是以学术研究为基本特征和主要导向的。注重马克思主义理论的学术研究，不仅有利于达到学科建设的基本要求，而且还有利于国际范围内的马克思主义理论研究的交流，产生国际的学术影响力。比如，一个时期以来，国际学术界对《德意志意识形态》、《共产党宣言》等文本、传播的研究，马克思经济学手稿的研究，科学考据版《马克思恩格斯全集》（MEGA2）的编辑与研究等，就是国际范围内马克思主义理论学术研究的重要课题。作为以马克思主义为指导的社会主义国家，在马克思主义理论学科建设和发展中，不但要高度关注和重视世界范围内马克思主义理论研究的重大课题，而且要参与国际范围内马克思主义理论重大课题的研究。在国际马克思主义学术论坛上，我们要有更广泛的话语权，要能够更深刻地了解别人在研究什么、研究的目的是什么、研究到什么程度、有哪些重要的理论成就、产生了哪些理论的和实践的成效等。如果一方面强调建设和发展马克思主义理论学科，另一方面却在国际马克思主义论坛上被边缘化，这肯定不是我们希望看到的学科建设的结局。

第二，要提高对中国特色社会主义理论与实践的影响力。任何学科都有其特定的应用价值。马克思主义理论学科对中国特色社会主义理论与实践的影响力，就是这一学科应用价值的重要体现，也是这一学科建设和发展的重要目标和根本使命。在实现这一影响力中，深化中国特色社会主义理论体系的研究是重点；运用中国特色社会主义理论体系于实践、以此推进和创新中国特色社会主义理论体系是根本。马克思主义理论学科对中国特色社会主义理论与实践的影响力，要体现在对什么是马克思主义、怎样对待马克思主义，什么是社会主义、怎样建设社会主义，建设什么样的党、怎样建设党，实现什么样的发展、怎样发展等重大问题的不断探索上，并对这些问题作出新的理论概括，不断增强理论的说服力和感召力，推进中国特色社会主义理论体系的发展。马克思主义理论学科的建设和发展，一定要对中国特色社会主义的经济、政治、文化、社会、生态文明建设以及党的建设的理论与实践产生重要的影响力，为中国特色社会主义道路发展中的重大理论和实践问题的解决提供基本的指导思想，充分体现学科建设的应用价值。

第三，要提高对国家主流意识形态发展和安全的影响力。马克思主义作为党和国家的指导思想，自然是中国特色社会主义的主流意识形态。要深刻理解马克思主义理论学科的特定研究对象。马克思主义是我们立党立国的根本指导思想，社会主义意识形态的旗帜，是社会主义核心价值体系的灵魂，是全党全国各族人民团结奋斗、夺取建设中国特色社会主义新胜利的共同思想基础。在学科建设中，我们要以高度的政治意识、大局意识和责任意识，进一步推进马克思主义中国化的发展和创新，进一步巩固马克思主义在思想政治理论领域的指导地位，进一步增强社会主义核心价值体系的建设成效，进一步维护和发展国家意识形态的安全。

建设马克思主义学习型政党作为新世纪党的建设重大而紧迫的战略任务，对马克思主义理论学科建设提出了新的更高的要求。建设马克思主义学习型政党的首要任务，就是要按照科学理论武装、具有世界眼光、善于把握规律、富有创新精神的要求，坚持马克思主义作为立党立国的根本指导思想，紧密结合我国国情和时代特征大力推进理论创新，在实践中检验真理、发展真理，用发展着的马克思主义指导新的实践。

第四，要提高全社会的思想理论素质，加强全社会的思想政治教育的影响力。全社会的思想理论素质是一定社会的软实力的具体体现，也是一定社会的国家综合实力的重要组成部分。特别是在青少年思想道德教育、大学生思想政治教育中，如何切实提高马克思主义理论学科的影响力，是当前马克思主义理论学科建设的最为重要和最为紧迫的任务和使命。在这一意义上，我们可以认为，马克思主义理论学科的影响力，首先就应该体现在大学生思想政治理论课程的建设全过程中。用马克思主义理论，特别是用当代发展的马克思主义理论，即中国特色社会主义理论体系教育人民、武装人民的头脑，内化为全体人民的思想观念与理论共识，是马克思主义理论学科建设的艰巨任务，特别是其中的思想政治教育学科建设和发展的重要目标。

以上提到的四个方面的影响力——学术的影响力、现实应用的影响力、意识形态的影响力和思想政治教育的影响力等，对马克思主义理论学科发展是具有战略意义的。在对四个方面影响力的理解中，既不能强调学科建设和发展的学术性而否认学科建设和发展的政治性与意识形态性；也不能只顾学科建设和发展的政治性与意识形态性而忽略学科建设和发展的学术性。要从学科建设的战略高度，全面地探索和提高马克思主义理论学科建设和发展的影响力。

我衷心地希望，《武汉大学马克思主义理论系列学术丛书》能在提高以上四个方面影响力上作出新的贡献！

自　序

发展问题，是困扰人类几千年的历史难题，也是当今世界普遍关注的时代课题。二战以后，受广大落后国家的发展意识觉醒等因素的影响和推动，落后国家的发展问题成为战后社会科学研究的重要主题，并首先在西方掀起了一股发展研究的热潮，随后蔓延到整个世界。从20世纪60年代开始，发展问题作为第三世界的迫切问题被提上了联合国的议事日程。联合国先后于1960年和1970年提出“第一个发展十年”和“第二个发展十年”的国际发展战略，这又大大推动了发展理论的兴起。经过几十年的发展与演变，发展理论已成为一个以落后国家经济社会发展问题为研究对象的宏大的新兴社会科学学科群，包罗发展经济学、发展社会学、发展政治学、发展文化学、发展哲学等分支学科。在这些分支学科中，发展经济学起步较早，目前相对比较成熟。由于研究对象的复杂性和不同时期具体研究任务的历史性，加之研究者社会背景、学术渊源、政治倾向等方面的差异性，人们解决发展问题的基本思路以及在不同历史时期关注的侧重点也有很大的不同，由此形成了发展理论自身发展的阶段性和派别性。改革开放以来，我国在经济社会发展过程中既积累了宝贵的经验，又面临着新的问题；我国学术界在与国际学术界交流互动的过程中，既引进了国外发展理论的既有成果，又面临着如何将其本土化的现实问题。在实践发展与理论发展的双重需要推动之下，发展研究成为当代中国显学之中的显学。近年来，在科学发展观的指导下促进中国经济社会发展，成为重大的理论和实践课题。本书的研究，正是在这样的背景下展开的。

一　研究现状述评及选题意义

本书可归为科学发展观研究范畴。近年来，学术界围绕科学发展观的现实依据、哲学基础、思想资源、基本内涵、理论贡献、实践意义等基本问题，展开了广泛而深入的研究。其中，王伟光、冷溶、石仲泉、李君如、虞云耀、包心鉴、吴元梁、庞元正等学者的研究具有代表性。在这些研究中，将科学发展观与我国经济发展战略联系起来从而探讨科学发展观的实践意义的研究，与本书直接相关。其中，代表性观点如下：

1. “清除障碍”说

曾志刚等学者认为，必须扫清少数领导干部在发展观点上存在的诸如“担心论”、“畏惧论”、“超前论”、“自满论”、“前提论”、“吃亏论”等思想障碍，从而为贯彻落实科学发展观创造思想条件。①

2. “制度建设”说

洪大用等学者认为，必须改革和完善干部政绩考核标准、政府决策机制、中央宏观调控手段、社会保障体系等，从而为贯彻落实科学发展观创造制度条件。②

3. “模式转变”说

中共中央党校经济学教研部课题组提出，实践科学发展观需要实现十个转向（包括要从过分突出经济增长，转向保持适度经济增长基础上的经济社会全面发展；要从过分突出发展的物质成果的增加，转向更加突出地注重全面降低发展成本，减少发展代价等），从而为贯彻落实科学发展观创造经济条件。③

4. “后发优势”说

郭熙保认为，后发优势主要表现在技术引进、资本积聚、人力开发、制度模仿等方面。由于历史条件、发展前提不同，后发国家在选择本国发展道路时，不必也不能照搬发达国家的发展模式，而要结合本国国情选择适合自己的发展道路。后发优势的存在，为我们贯彻落实科学发展观并实

① 曾志刚：《贯彻落实科学发展观需着力解决的几个问题》，《中国党政干部论坛》2008 年第 8 期。

② 洪大用：《试论科学发展观及其实施限制》，《湖南师范大学社会科学学报》2004 年第 5 期。

③ 中共中央党校经济学教研部课题组：《树立科学发展观要实现十个转向》，《理论参考》2004 年第 6 期。

现经济追赶提供了可能。①

5. “科学赶超”说

孙来斌指出，新古典主义的渐进发展观在世界经济发展史上难以获得足够的实践证明。无论是从历史还是现实看，一些国家的经济发展往往呈现出较大的跨越性，后进国家赶超先进国家的例子比比皆是。我们既要慎言赶超，但也不要讳言赶超。当代中国所要实施的赶超战略是对渐进发展观和传统形而上学赶超战略的双重扬弃，应该是在科学发展观指导下的科学的赶超战略。②

总的来看，虽然学界关于科学发展观的研究只有几年时间，同成熟的学术研究相比，目前该项课题在研究的方法、深度、广度、角度上还存有差距，但是研究取得的进展很快，并且表现出如下趋势：（1）研究重心从表层走向深入，即由起初的宣传性解读为主，转向深度理论挖掘；（2）研究方法由单一走向综合，即由起初的党建理论角度研究为主，转向哲学、经济学、政治学、社会学等多学科综合研究；（3）研究旨趣从理论走向实践，即由起初的一般性理论研究为主，转向重在提出具有针对性的政策建议。学界现有研究为本课题的开展奠定了良好基础。当然，现有研究尽管取得了丰硕的成果，但是也存在研究方法单一、研究视野狭窄等不容忽视的问题。这表明，本书还存在一定的深度发掘和学术创新的空间。

国外学者对科学发展观给予了高度关注。其中，俄罗斯的季塔连科教授认为，中国共产党是在充分考虑到本民族的传统因素的基础之上，基于对传统、现实和未来的前瞻，提出了科学发展观的执政思路。法国的魏柳南（Lionel Vairon）提出，科学发展观的提出意味着中国关于发展理念出现了新变化。一些国外学者还对科学发展观的世界意义做出了探讨。保加利亚的波波夫教授认为：科学发展观所指导下的“中国模式，是唯一可以挽救和建设社会主义的模式，是唯一正确的充满希望之路”。俄罗斯经济学院教授弗拉基米尔·波波夫说：中国的发展理论，“对所有发展中国

① 郭熙保：《后发优势与中国经济的高速增长》，《武汉大学学报》2008年第5期。

② 孙来斌：《科学发展观视野中的当代中国经济发展战略》，《马克思主义研究》2006年第7期。

家具有无法抗拒的诱惑力，它引发了世界经济史上前所未有的一轮增长，这种模式与美国开出的新自由主义经济处方可谓背道而驰”①。

综上所述，国外学者的有关研究，对拓宽我们的研究视阈具有一定的启发意义。他们所提出的问题，有待于我们给予理论上的回应。当然，我们也要看到，国外学者在研究中由于受到意识形态、惯性思维及西方舆论等因素的影响，且在研究中要不断考虑受众层面，因而难免带有一定的局限性，其中也有不少谬误之处。这些都有待我们的甄别和研究。

大体看来，本书的理论意义在于：从经济发展战略角度将科学发展观与发展经济学等学科研究方式和话语体系结合起来，对于深化和拓展科学发展观的理论研究具有积极意义；从总体上看属于马克思主义社会发展理论研究范畴，多学科角度的研究，对于深化和拓展马克思主义社会发展理论研究具有积极意义。本书的应用价值在于：坚持科学发展观为指导，为我国经济发展提供政策建议；对于促进我国经济发展方式的科学性，实现国民经济又好又快地发展，将起到积极推动作用。

二　研究思路及逻辑框架

本书坚持以马克思主义社会发展理论为理论基础，以邓小平理论、“三个代表”重要思想和科学发展观为指导，借鉴其他社会发展理论的有益成果，着眼于如何实现我国经济健康、快速发展的理论思考，着眼于新的实践和新的发展，为党和政府实践科学发展观提供有益的政策建议。力图突出三种意识，即突出我国经济发展过程中的问题（代价）意识，突出用马克思主义社会发展统领课题研究的学科意识，突出在借鉴前人和他人有关成果的基础之上有所发展的创新意识。本书逻辑框架及主要观点如下。

概说：世界经济发展的历史，从一定意义上说就是不同国家相互追赶的历史。从经济上追赶西方发达国家，是近代以来数代中国人的梦想，也是当代中国经济发展的重要主题。但是，经济追赶作为一种非常规的经济发展路径，会遇到一系列的两难选择。而历史和现实证明，不同的选择会导致截然不同的发展结果。以科学发展观为指导，实施科学的追赶战略，

① 吴江：《世人争谈“中国模式”》，《北京日报》2009年2月9日。

是当代中国经济追赶的正确选择。作为一种科学的发展理念，科学发展观内在地包含了经济发展的战略问题，而科学的追赶战略也是一个比较宏观的提法，我们可以将其理解为一个战略体系，其实践必然要依赖并体现于一些具体战略，包括人力资源开发战略、新型工业化发展战略、农业现代化战略、科教兴国战略、可持续发展战略等。总之，“科学发展观，是用来指导发展的，不能离开发展这个主题”。从这种意义上说，科学发展观的要义在于，指导当代中国更快更好地实现经济追赶和社会全面进步。

导论：科学追赶：科学发展观视野下的当代中国经济发展战略

从当代中国经济发展的重要主题、重大课题和路径选择等角度，围绕“经济追赶”、“如何追赶”、“科学追赶”等问题，引出并初步论证科学发展观视野下的当代中国经济发展战略这一主题。

第一章：当代中国经济追赶的成就与代价

以韩国、苏联为例，考察了后进国家追赶先进国家的历史经验，回顾了中国经济追赶的历史，肯定了当代中国经济追赶的主要成就，分析了其中付出的各种代价，提出要强化发展的代价意识。

第二章：当代中国经济追赶的条件与机遇

力图站在世界历史的高度，分析当今世界的时代主题与当代中国的发展机遇，并运用发展经济学的分析方法，综合比较了当代中国经济追赶的后发优势与比较优势、后发劣势与比较劣势。

第三章：当代中国经济追赶的目标与动力

从社会主义初级阶段的基本国情出发，分析了当代中国经济追赶的现实起点；着眼于未来，提出了当代中国经济追赶的基本目标；并初步考察了当代中国经济追赶的动力系统（借以引出各个子系统）。

第四章：以人为本与当代中国经济追赶

发挥和运用科学发展观所强调的以人为本的精神，从经济追赶的主体动力角度论述了人力资源在经济发展中的作用，考察了先进国家在人力资源发展问题上的有效做法，并依据当代中国人力资源的现状分析，提出了与中国经济追赶相适应的人力资源发展战略。

第五章：农业现代化与当代中国经济追赶

澄清了将现代化等同于工业化的错误观点，分析了农业现代化对当代中国经济追赶的基础作用；从国际和国内的角度，总结了农业现代化的历史经验；概括出后发性、非均衡性、复杂性等中国农业现代化的基本特征；针对我国农业现代化面临的各种现实问题，提出了解决路径。

第六章：新型工业化道路与当代中国经济追赶

论述了工业化对当代中国经济追赶的牵引作用，梳理了当代中国工业化与经济追赶的历史经验，从国际对比中概括出当代中国新型工业化道路的基本特征，并针对当代中国新型工业化面临的问题，提出了化解路径。

第七章：科技创新与当代中国经济追赶

运用马克思主义科技社会作用原理，分析了科技在经济社会发展中的一般作用；以美国和韩国为例，对科技创新在后发追赶型国家中的重要作用做了样本分析；在历史和现实的比较中，分析了当代中国经济追赶过程中科技创新的现状及制约因素，提出了与经济追赶相适应的科技创新目标和具体路径。

第八章：制度创新与当代中国经济追赶

梳理了制度研究学者和马克思主义者的有关分析，揭示了制度创新对于经济追赶的一般作用；从发展中国家和发达国家的有关实践中，揭示出制度创新的具体作用；结合当代中国的具体实际，论述了制度创新是当代中国经济追赶的必然选择，提出了制度创新的选择路径。

第九章：对外开放与当代中国经济追赶

运用马克思主义的经济全球化理论，分析了对外开放在经济追赶过程中的一般作用；以美国和韩国为例，考察了对外开放在其经济社会发展中所起到的历史作用；从成就与问题、机遇与挑战等方面分析了当代中国经济追赶过程中对外开放的现状，并提出了发挥优势、克服困难的应对之策。

第十章：可持续发展与当代中国经济追赶战略

作为工业化和现代化的后来者，中国面临着在经济追赶中实现可持续发展的特殊难题。反思人类遭遇不可持续发展困境背后的理论渊源、追溯发达国家在解决可持续发展问题上的思路历程、分析世界各国在实施可持续发展战略中的实践经验，有助于我们科学借鉴别国的成功经验，规避可能遭遇的风险和陷阱，从而更好地探寻实施可持续发展战略的正确路径。

结语：世界现代化进程中的中国模式

从世界现代化进程的角度，考察中国现代化追赶的历史遭遇；从各种模式比较中，凸显中国模式的特点；从世界社会主义运动的高度，概括中国发展的历史意义。提出：中国这个世界现代化进程中的迟到者，在久经历史磨难之后，终于在20世纪70年代末踏上了世界现代化的高速列车，并逐渐形成了具有自己特色的现代化模式。这一模式的形成，对于世界现代化进程具有重要意义。

本书总体遵循历史、理论与现实相结合的研究思路，注意总结有关历史经验，梳理有关思想理论，加强对现实问题的关注，注重研究结论特别是政策建议的前瞻性、针对性和可操作性。采取总—分—总的逻辑结构，导论作为总论引出问题，第一、第二、第三章分别论述中国经济追赶的历史、现实与未来（引出动力系统），第四至第九章分别论述中国经济追赶的各大方面和主要动力，第十章又从总体上概括中国经济追赶的基本特点、世界意义。而科学发展观则作为一根红线贯穿在以上各部分中，起到了分析工具和聚焦视野的作用。

本书的学术价值主要体现在如下方面：（1）研究视角具有一定新意。从我们掌握的资料来看，国内外学术界有关研究成果不少，但是直接从经济追赶战略角度来研究科学发展观的成果不多。本书从经济追赶战略的角度对科学发展观做出深度解读和理论挖掘，既充分关注并吸收学术界现有成果，又着意弥补现有研究之不足，选题视角具有一定新意。（2）研究方法具有学科交叉性。本书从总体上看属于社会发展理论研究范畴，关涉哲学、经济学、社会学等多个学科，观照中国与西方、马克思主义与西方发展理论，并重点借鉴和运用了发展经济学、发展哲学的分析范式和话语表达，在研究方法上具有综合、交叉的性质。（3）一些观点具有创新性。本书主编在中国经济追赶主题的概括、代价问题的反思、后发优势的比较、中国模式的分析等方面，提出了一些具有个性化的观点。部分前期成果发表在《政治学研究》、《马克思主义研究》、《科学社会主义》、《当代世界与社会主义》、《经济与社会体制比较》等重要学术刊物上，并获得学界肯定，其中多篇被《新华文摘》、《中国社会科学文摘》以及中国人民大学报刊复印资料《马克思列宁主义》、《哲学原理》、《理论经济学》转载。作为最终研究成果，本书对这些观点进行了进一步提炼和完善。

三 作者分工及有关鸣谢

从20世纪90年代中期起，我开始涉猎发展问题，并将关注重点放在马克思的“跨越论”与落后国家经济发展道路上。在2002年年底以前，我对于发展问题的研究主要是从唯物史观和科学社会主义的学科视角开展的。从2002年年底开始，随着我进入武汉大学理论经济学博士后流动站开始博士后研究，我开始有意识地尝试使用理论经济学的分析范式和话语表达，有关研究渐渐有了一些经济学的色彩。但是，相对于科班出身的经济学人来说，我毕竟只是一个半路出家者，学术积累的不足使我在很多问题的研究上常常捉襟见肘。在合作导师颜鹏飞教授的帮助下，我给自己的研究作了如下定位：坚持以经济学为主，开展多学科综合研究。之所以做如此定位，一是为了深化“跨越论”研究。我们认为，从落后国家经济发展道路角度研究“跨越论”，既回应了学术界关于加强马克思发展理论研究的要求，也弥补了已往“跨越论”研究之不足，凸显其经济学意蕴，确有新意。探讨落后国家的社会变迁不能停留在哲学思辨的层面，诚如恩格斯指出，“一切社会变迁和政治变革的终极原因”，“不应当到有关时代的哲学中去寻找，而应当到有关时代的经济中去寻找”[①]。二是为了提高自己。开展多学科结合研究，允许保留并发挥自己原先的特长；坚持以经济学为主，力争超越自我，有所提高，有所突破。多年以来，我不断克服困难，尽量朝这个方面努力。三是从拉美依附论的综合研究方法中获得了一些启发。依附论是20世纪60年代兴起于拉丁美洲、旨在探讨外围资本主义不发达状态成因及其对策的宏观发展理论。从某种意义上讲，它是现代全球化条件下植根于第三世界的非主流派新发展经济学，它的兴起是对传统“发展经济学的贫困”的一种脱贫解困。[②] 然而，我们很难将依附论划归到某一个具体的学科，因为依附论特别是世界体系论并不受某个学科的局限[③]，它将经济学的规范分析、社会学的实证分析、历史学的过程分析、哲学的整体分析等方法融合到一起，试图全方位地揭示不发达产生的

① 《马克思恩格斯选集》第3卷，人民出版社1995年版，第741页。

② 英国经济学家狄帕克·拉尔在20世纪80年代对传统发展理论进行反思时，得出了传统发展经济学面临着贫困的结论。他甚至认为：“发展经济学的消亡可能会有助于经济学和发展中国家经济的兴旺发达。”参见［英］狄帕克·拉尔《发展经济学的贫困》，刘沪生译，贝多广校，上海三联书店1992年版，第122页。

③ 美国著名学者沃勒斯坦曾多次撰文表示他对社会科学内部传统学科界限划分的质疑。他明确提出：“在所谓的‘学科’内部认可主题、方法、理论或理论化之间的差别比学科之间的差别要大得多，这实际上意味着交叉是相当多的，并且考虑到这些领域的历史发展，交叉又是一直在增加的。”参见［美］伊曼纽尔·沃勒斯坦《沃勒斯坦精粹》，黄光耀等译，南京大学出版社2003年版，第167—168页。

根源以及走出不发达的路径。这一方法论特征具有重要的现实意义。当代发展问题是一个复杂繁难的研究课题，关涉到许多学科。目前，各学科都很重视发展问题的研究，但是，又存在着各学科各自为战的状况，研究水平亟待提高。因此，我们在2005年曾提出一种构想：集各学科之长，整合研究力量，交叉融合，构建一个新的“大”发展学——广义发展学。① 从这种意义上说，我们非常愿意将本书的研究视为广义发展学的一种尝试。

参与本书撰稿的其他作者，都曾是我指导过的研究生，他们现在都已经成为各自所在单位的学术研究骨干。多年来，由于共同的研究兴趣，使我们有许多交流的机会。这些交流，不仅增进了我们之间的师生情谊，而且发展了我们之间的合作友情。可以说，本书既是师生共同探讨的产物，也是朋友间相互切磋的成果。

具体写作分工如下：自序、导论、参考文献，孙来斌；第一章，田辉、孙来斌；第二章，李敏、孙来斌；第三章，李烨红；第四章，刘丹、姚芳；第五章，李铁、黄淑梅；第六章，李烨红、谢成宇；第七章，邱水江、姚芳；第八章，陶爱文、谢成宇；第九章，石慧、谢成宇；第十章，姚芳；结语，孙来斌、薛金华。李烨红、谢成宇、姚芳协助孙来斌对撰写大纲及书稿进行了统改并最后定稿。

本书参考了国内外学术界大量相关研究成果，在注释和参考文献中大多已有说明，对此表示感谢。若有遗漏，欢迎批评、指正。由于水平和时间限制，本书难免存在一些错谬，敬请各位读者不吝赐教。

本书的研究、写作和出版，得到了湖北省社会科学基金“科学发展观视野下的当代中国经济追赶战略”（［2010］213）的资助，以及武汉大学马克思主义学院、中国社会科学出版社的大力支持。在此，对以上各方领导的关照以及责任编辑田文老师的帮助表示衷心的感谢。

孙来斌

2012年5月18日于珞珈山

---

① 孙来斌、颜鹏飞：《依附论的历史演变及当代意蕴》，《马克思主义研究》2005年第4期。

目　录

导论

科学追赶：科学发展观视野下的当代中国经济发展战略

世界经济发展的历史，从一定意义上说就是不同国家相互追赶的历史。从经济上追赶西方发达国家，是近代以来数代中国人的梦想，也是当代中国经济发展的重要主题。但是，经济追赶作为一种非常规的经济发展路径，会遇到一系列的两难选择。而历史和现实的经验表明，不同的选择，会导致截然不同的发展结果。以科学发展观为指导，实施科学的追赶战略，是当代中国经济追赶的正确选择。

一　经济追赶：当代中国经济发展的重要主题

当代中国经济面临着一系列从传统到现代的发展任务：从传统的计划经济向现代的市场经济发展，从传统的二元经济向现代的一元经济发展，从传统的封闭半封闭型经济向现代的开放型经济发展，从数量型经济增长到质量型经济增长等。这些方面，反映了当代中国经济在体制、结构、体系和增长方式等方面的发展主题。在我们看来，经济追赶是一个更宏大的发展主题。

首先，从经济上追赶西方发达国家是近代以来数代中国人的不懈追求。

在历史上很长一段时期，中国是世界上经济最发达、综合国力最强的国家之一。直到1500年，中国经济总量还远远领先于其他经济体。此后的300年，世界工业化萌动，中国则由于各种原因失去了与世界工业化同时起步的战略机遇，被西欧追赶。从1820年开始，世界经济进入加速发展的黄金期，而中国经济则进入持续衰落阶段，并由此导致落后挨打。因此，实现经济上的崛起，重新回到世界发达国家的行列，成为近代以来中国先进知识分子的不懈追求。孙中山曾寄希望于清政府的改革，他在1894年的《上李鸿章书》中指出：如果中国尽快“参行新法”以求政治昌明，做到人尽其才、地尽其利、物尽其用、货畅其流，“以中国之人民材力”，“其时不过二十年，必能驾欧洲而上之”①。辛亥革命以后，孙中山又多次阐发过赶超欧美的思想，他殷切地希望中国人能够团结一心，励精图治，“如是数年，必有一庄严灿烂之中华民国发现于东大陆，驾诸世界共和国之上矣”②。然而，在当时的环境之下，经济追赶对于中国人民来说只能是一种不可企及的梦想。

在中国共产党的领导下，中国人民最终找到了实现富民强国梦想的正确途径。毛泽东在中共七大上的讲话反映了当时大多数中国人的心声：“在新民主主义的政治条件获得之后，中国人民及其政府必须采取切实的步骤，在若干年内逐步地建立重工业和轻工业，使中国由农业国变为工业国。”③ 新中国成立后，面对一穷二白的现实，毛泽东在 1955 年 3 月全国党代表会议的讲话中第一次公开提出，要用几十年的时间追上或超过世界上最强大的资本主义国家。此后，他又多次表达过赶超欧美的思想，并且采取了一系列赶超措施。毛泽东的赶超思想及其实践，既给中国经济社会发展带来了一些积极的变化，但同时也因为一些盲目赶超措施带来了严重的负面影响。党的十一届三中全会以后，邓小平继承毛泽东赶超思想中的合理因素，同时立足于新的国情和世情，提出并实施了新的追赶战略。他明确提出：“要摆脱贫穷，就要找出一条比较快的发展道路。”④ 他还说：“我们拥有各种有利条件，一定能够赶上世界上的先进国家。”⑤ 改革开放的伟大成就，充分证明了邓小平前述论断的正确性。党的第三代领导集体在着力开创中国特色社会主义建设新局面的过程中，进一步推进了我国经济社会的发展追赶。“改变经济落后状态，逐步缩短同发达国家的差距”⑥，仍然是当代中国共产党人的孜孜追求。在新的历史条件下，中央对发展的思路作出新的调整，提出并着力贯彻科学发展观，其目的仍然是促进中国经济社会更快更好地发展。

其次，从经济上追赶西方发达国家是适应当前国际竞争的现实要求。

---

① 《孙中山全集》第 1 卷，中华书局 1981 年版，第 15 页。

② 《孙中山全集》第 3 卷，中华书局 1984 年版，第 323 页。

③ 《毛泽东选集》第 3 卷，人民出版社 1991 年版，第 1081 页。

④ 《邓小平文选》第 3 卷，人民出版社 1993 年版，第 255 页。

⑤ 《邓小平文选》第 2 卷，人民出版社 1994 年版，第 260 页。

⑥ 《十三大以来重要文献选编》（中），人民出版社 1991 年版，第 1052 页。

在战后复杂的国际经济格局中，发达国家与发展中国家的关系问题引人关注。两者既存在相互联系的一方面，也存在着相互竞争的一方面。就相互联系的方面而言，两者在资金、技术、原料、市场等方面存在着纵横交错的相互依赖关系，但总的来看，发展中国家在经济上对发达国家存在着严重的依附性，并且是按照后者的需求而被结合进世界经济体系的。从相互竞争的方面来看，发达国家本身处于先发地位，加之在战后积极调整生产关系和利用科技革命成果，生产力发展到一个较高的水平，因而在竞争中占据优势；而发展中国家大多在战后才取得独立，本身处于后发地位，加之人口、资源、科技等方面的制约，因而在竞争中处于劣势。

当前，经济全球化进程加快，科学技术发展迅猛，经济社会信息化已成趋势，国际经济竞争日趋激烈。发达国家由于较早实现工业化而在世界经济发展中抢得先机并占据有利地位，在全球信息化趋势呈现的时候，它们又利用良好的工业化基础开始了新的国际领先地位的角逐。在这样的情形之下，一个严峻的事实和突出的问题就摆在广大发展中国家面前：如果在发展速度上亦步亦趋，原有的发展差距不仅不会缩小；相反会越拉越大，那就永远无法改变依附地位和劣势地位。出路何在？对于一切不甘心落后现状的发展中国家而言，这个问题的答案是非常明确的。

作为世界上最大的发展中国家，中国在这个问题上的作为具有世界历史意义。正如江泽民指出："国际间的竞争，说到底也是经济实力的竞争。经济发展了，国力强大了，我们才能有力量抵御任何自然的和社会的风浪，顶住任何外来的威胁和压力，才能实现民族振兴，对人类做出更大贡献。"① 而国际经济竞争的现实表明，我们要发展，人家也不会睡大觉，因此，"我们只有加快发展，才能增强国家的综合国力，才能在风云变幻的国际局势中处于主动地位，立于不败之地"②。这就要求我们，既要继续完成别的国家早已完成的工业化任务，又要在新的信息化国际竞争中立足，不至于继续拉大发展差距，就必须走一条工业化与信息化同时并举、良性互动、跨越发展的新型工业化发展路径，在发展速度上就不能慢慢悠悠，而必须急赶紧追。

---

① 《十三大以来重要文献选编》（中），人民出版社 1991 年版，第 549 页。

② 中共中央文献研究室编：《江泽民论有中国特色社会主义（专题摘编）》，中央文献出版社 2002 年版，第 91 页。

再次，从经济上追赶西方发达国家是现实社会主义国家的必然选择。

中国不仅是一个发展中国家，而且还是一个实行社会主义制度的发展中国家，从经济上追赶西方发达国家的任务显得尤为迫切。这是因为，从经济上追赶西方发达国家，既是巩固社会主义国家的需要，也是体现社会主义制度优越性的需要。

从历史上看，社会主义国家从一诞生起就面临着追赶西方发达国家的艰巨任务。十月革命的胜利，开启了经济文化落后国家建设社会主义的历史进程。然而，新生的苏维埃俄国从一诞生起就遭到了资本主义的四面包围。能不能突破资本主义的封锁和威胁，在很大程度上取决于经济发展。对这一点，列宁在十月革命爆发前夕就有所意识，他说："战争是铁面无情的，它严酷地尖锐地提出问题：要么是灭亡，要么是在经济方面也赶上并且超过先进国家。"① 十月革命胜利以后，列宁的危机感更加强烈。这种危机感使列宁更加深刻地认识到实现经济追赶，从而为新生的社会主义提供经济保证的极端重要性。他说：同西方资本主义各国比起来，"我们的文化水平最低，生产力最不发达，工作的本领最差。我们必须承认这一点，这也许令人很不愉快。但是我认为，正因为我们不是用冠冕堂皇的词句和照例敷衍的感叹来掩饰这些事实，而是直率地承认这一切，正因为我们意识到这一切，不怕在讲台上说，我们为改变这种情况花的力量比任何一个国家都多——正因为如此，我们才一定能够以其他国家意想不到的速度赶上它们"。"当然，这不是一种神话般的速度……我们这里谁也不相信任何一种变革会有神话般的速度，但是我们相信，只要运动是由真正革命的政党领导的，就能达到实实在在的速度，比历史发展中曾经有过的任何一个时期还要快的速度。"② 为了尽快实现"在工农政权和苏维埃制度的基础上赶上别国人民"③ 的目标，他在短短几年的时间内进行了艰辛的探索，领导制订了全俄电气化计划，制定了恢复和发展农业的一系列措施，积极探索利用资本主义发展社会主义的途径，等等。

列宁逝世以后，错综复杂的国际形势特别是日益逼近的帝国主义战争

① 《列宁选集》第3卷，人民出版社1995年版，第271页。

② 《列宁全集》第43卷，人民出版社1987年版，第245页。

③ 《列宁选集》第4卷，人民出版社1995年版，第777页。

的威胁，进一步强化了斯大林的追赶意识。他一再重申，在经济上要尽快赶上西方先进国家，“或者我们做到这一点，或者我们被人打倒”①。为此，斯大林领导制定并实施了一系列经济追赶战略和政策。斯大林在探索苏联社会主义追赶道路的过程中犯过一些严重错误，但总的来说，他成功地领导苏联人民把一个经济文化比较落后的农业国建设成为先进的工业国，并取得了卫国战争和反德国法西斯战争的胜利，坚持和巩固了十月革命所取得的社会主义胜利成果，扩大了社会主义的国际影响。

中国人民在选择了社会主义道路以后，同样也面临着经济追赶的艰巨任务。面对着帝国主义的包围和封锁，毛泽东提出：“如果不在今后几十年内，争取彻底改变我国经济和技术远远落后于帝国主义国家的状态，挨打是不可避免的”②。在他看来，从经济上追赶英美诸国是完全有可能的。同美国相比，在自然条件等方面中国与之相当或接近，而我们人口多、社会制度优越，因此，“完全应该赶过它。这是一种责任”③。正是出于这种强烈的责任感和忧患意识，毛泽东采取了一系列的追赶措施，但是由于认识上的偏差，结果走向了脱离中国实际的“大跃进”。改革开放以后，邓小平在总结历史经验教训的基础上明确指出：社会主义制度优于资本主义制度，“这要表现在许多方面，但首先要表现在经济发展的速度和效果方面。没有这一条，再吹牛也没有用”④。他一再强调：“贫穷不是社会主义，发展太慢也不是社会主义。”⑤ 他将经济发展速度问题同我国社会主义的命运紧密相连，认为能不能尽快实现我们的发展目标是一个大问题，“使我们真正睡不着觉的，恐怕长期是这个问题”，因为“中国能不能顶住霸权主义、强权政治的压力，坚持我们的社会主义制度，关键就看能不能争得较快的增长速度，实现我们的发展战略”⑥。

苏东剧变以后，世界社会主义运动处于相对低潮，社会主义在中国的前途命运令世人关注。在新的历史条件下，中国共产党人励精图治，聚精会神搞建设，一心一意谋发展。因为中国共产党人深知，“解决中国的所有问

---

① 《斯大林选集》下卷，人民出版社1979年版，第274页。

② 《毛泽东文集》第8卷，人民出版社1999年版，第340页。

③ 《毛泽东文集》第7卷，人民出版社1999年版，第89页。

④ 《邓小平文选》第2卷，人民出版社1994年版，第251页。

⑤ 《邓小平文选》第3卷，人民出版社1993年版，第255页。

⑥ 同上书，第355—356页。

题，关键在发展；解决人们的思想认识问题，说服那些不相信社会主义的人，坚定人们对社会主义和祖国未来前途的信念与信心，最终也要靠发展”①。

总之，我国近代的历史和当今世界的现实都清楚表明：“我国经济能不能加快发展，不仅是重大的经济问题，而且是重大的政治问题。”② 也正是从这一意义上来说，在经济上追赶西方发达国家也就成为我国经济社会发展的重要主题。

二 如何追赶：当代中国经济发展的重大课题

经济追赶是一种非常规的发展路径，同渐进式经济发展路径相比，其所要求的条件苛刻，实现的难度大。如何更好地推动当代中国的经济追赶，是一个具有重大理论和现实意义的大课题。研究这个问题，既要坚持以马克思主义发展理论为指导，也要从当今世界其他发展理论的有益成果中获取资源；既要正视自身发展过程中的成就和问题，也要善于借鉴世界上其他后发国家经济追赶的经验。

首先，确立当代中国的经济追赶方式，必须总结自身经济追赶的历史经验和教训。

中华人民共和国的成立，开启了中国沿着社会主义道路进行经济追赶的历史进程。在艰难的经济追赶之路上，既有凯歌高奏，也有重大挫折。其中，“大跃进”和“洋跃进”是改革开放前两次比较典型的盲目经济赶超，给我们以深刻的历史教训。

1958年开始的旨在“赶英超美”的“大跃进”战略，由于严重脱离中国实际而带有极大的主观性和盲目性。这种盲目的经济赶超给我国社会主义经济建设带来严重的影响：一是片面追求工业增长的速度，忽视经济增长的质量，造成严重的资源浪费和环境破坏；二是过分突出重工业特别是钢铁工业的战略地位，搞全民大炼钢铁，造成国民经济比例的严重失调；三是不切实际地大幅提高经济增长的指标，并由此导致虚假统计风和浮夸风。

十年“文化大革命”，造成了经济发展的十年停滞。在此期间，中国

① 江泽民：《论“三个代表”》，中央文献出版社2001年版，第123页。

② 《十四大以来重要文献选编》（上），人民出版社1996年版，第16页。

经济不仅没有实现有效追赶，反而拉大了与世界先进国家的差距。“文化大革命”结束后的头两年，我国经济又陷入了“洋跃进”浪潮之中。受当时领导人在经济发展上急于求成思想的影响，许多地方出现了盲目引进国外技术和设备、盲目上马工程项目的现象。大规模投资远远超出了国家财力，并加剧了积累与消费的矛盾，引起农、轻、重比例严重失调，使国民经济陷入新的困境。

十一届三中全会以后，邓小平在反复研究中国国情和深刻反思历史经验教训的基础上，制定并实施了更加符合实际的经济发展战略，大大促进了中国经济社会的发展。邓小平在这方面的贡献主要表现在：其一，确立了正确的追赶基点。他对过去那种脱离中国实际、超越中国社会发展阶段的盲目赶超进行了深刻反思，在科学分析我国国情的基础上，明确指出我们现在虽然在搞社会主义，但事实上还不够格，还处于初级阶段。其二，设计了科学的追赶目标。邓小平认为：“说赶上西方，就是比较接近，至少还要50年。这不是客气话，这是一种清醒的估计。”① 因此，他主张适当降低标准，通过对中国与世界的比较与联系，提出了切合中国实际的现代化标准，并匠心独运地设计出“三步走”的战略目标。其三，找准了有力的追赶支点。邓小平吸取“大跃进”时期“大炼钢铁”的经验教训，根据我国现代化建设所面临的工业化和现代化的双重任务，确立了新的以重点带动全局的战略部署。在他看来，农业是我们这个农业大国的根本，能源、交通等基础产业和基础设施是实现现代化必不可少的物质条件，而教育和科学是国民经济发展的关键，因此，他确立了我国经济发展的重点：“一是农业，二是能源和交通，三是教育和科学”②。其四，找到了有效的追赶路径。经济追赶是一种非常规的经济发展，走经济追赶之路不能因循守旧，要有新的办法。因而，邓小平提出，我们必须摆脱一切老的和新的框框的束缚，要有新的政策，那就是要实行改革开放。他说：“目标确定了，从何处着手呢？就要尊重社会经济发展规律，搞两个开放，一个对外开放，一个对内开放。”③ 邓小平的这些思想，是对我国经济追赶历史经验教训的科学总结，也是我们应该倍加珍惜的宝贵财富。

---

① 《邓小平年谱（1975—1997）》（上），中央文献出版社2004年版，第113页。

② 《邓小平文选》第3卷，人民出版社1993年版，第9页。

③ 同上书，第117页。

其次，确立当代中国的经济追赶方式，必须吸取其他国家经济追赶的经验和教训。

从历史和现实来看，世界上许多后发国家都在进行经济追赶。其中，苏联的经济追赶具有典型研究的价值。苏联的经济追赶曾经取得过辉煌的成就，经济实力在短短几十年内就超过了许多西方国家，跃居欧洲第一、世界第二，就连一些西方学者也认为这是一个奇迹，“是现代史中的最伟大的经济和社会改革”①。然而，任何事情都有两面性。苏联经济追赶模式也存在一些严重的问题，特别是经济结构严重失衡、经济效益较低等问题显得尤为突出。这些方面的问题，在斯大林时期的经济追赶实践中就已经存在。由于当时特殊的历史环境，加之经济追赶的高速度，这些问题当时并未引起人们足够的重视。赫鲁晓夫、勃列日涅夫等其他苏联领导人在形势已经发生了变化的情况下，在经济上仍然沿袭斯大林模式，继承了它的弊端并将其发展到顶峰，使苏联的经济陷入了僵化与停滞。在戈尔巴乔夫错误的改革路线支配下，苏联最后走向解体。苏联兴亡的经验和教训是多方面的，从经济追赶的角度来看至少给我们以如下启示。

其一，在经济追赶的过程中实施非均衡发展战略具有一定的必然性，但在实践的过程中要正确处理非均衡发展与均衡发展的关系。苏联长期实行非均衡发展战略，并且将重化工业置于产业发展的优先地位。从理论上讲，这符合马克思关于第一部类优先发展原理以及当代发展经济学中的非均衡发展理论；从现实来看，这也符合后发国家经济发展条件不充分、难以实现均衡发展的客观实际；从实施效果来看，由于苏联在优先发展的产业上采用了相对先进的技术装备，因而这些产业获得了快速的增长，并在一定程度上发挥了对相关产业的“联动效应”，从而加快了经济追赶的速度。这表明，后发国家实施非均衡发展战略，具有一定的合理性和可行性。但是，非均衡发展必须以一定程度的协调发展为前提，尤其是当经济发展到一定阶段时，必须注意国民经济各部门之间的均衡发展。苏联在实行优先发展重工业的过程中，长期忽视农业和轻工业的发展，造成经济结构的严重失衡并最终加剧社会危机。这是一个值得吸取的教训。

其二，在经济追赶的过程中为了解决资金积累问题，要提倡艰苦奋斗

---

① 参见［苏］罗·亚·麦德维杰夫《让历史来审判》，赵洵、林英译，人民出版社1981年版，第955页。

的精神，但也要注重改善人民生活，处理好积累和消费的关系。后发国家尤其是社会主义不发达国家，不可能重复发达国家进行资金积累的历史道路，必须主要依靠自己的力量来积累资金，为此必须在人民中提倡艰苦奋斗的精神。苏联依靠自己的方式解决了这个问题。但是，它长期实行高积累、低消费的政策，加之经济追赶过程中的一些失误等原因，人民长期过紧日子，感受不到经济追赶带给他们的好处，这势必引起他们对政府的不满，进而为敌对势力颠覆政府提供了可乘之机。对于这个教训，邓小平曾明确指出："世界上一些国家发生问题，从根本上说，都是因为经济上不去……生活水平下降，长期过紧日子"①。

其三，在经济追赶的初期努力扩大经济规模是必要的，但是，当经济发展到一定阶段以后要依靠科技进步，及时实行经济增长方式的现代化转变。苏联在经济追赶初期所进行的外延式扩张带来了经济的高速增长。但是，在实施了一段时期以后，外延式扩张模式资源消耗大、经济效益差等弊端就日益凸显，并制约经济的进一步发展。因此，后发国家经济发展到一定阶段以后，不能再走单纯依靠增加生产要素数量的外延式、粗放型扩张的老路，必须走出一条主要依靠科技进步和现代化管理来实现扩大再生产的内涵式、集约型经济增长的新路径。

其四，在经济追赶的过程中要不断进行制度创新和体制改革，但是变革要从本国的实际出发，特别要坚持正确的方向。后发国家可以学习和借鉴先发国家的某些具体制度和做法，从而少走弯路，这是一种后发优势。但是，不同的历史条件、不同的国情，决定了后发国家不能照搬先发国家的经验和做法，而必须另辟蹊径，走出一条创新发展之路。同时，还应该根据不断变化的实际和生产力发展的新要求，进行经济体制和政治体制的改革。苏联走的是一条社会主义发展之路，本应该像恩格斯要求的那样，将社会主义"看成是经常变化和改革的社会"②。然而，苏联长期坚持带有战备色彩的斯大林经济追赶模式，在不断发展的形势面前缺少应变，体制僵化。戈尔巴乔夫意识到苏联社会改革的必要性，但是他以"人道的民主的社会主义"为指导思想，搞乱了人们的思想，引起社会动乱和经济倒退，最终导致苏联解体。这给我们以深刻的教训。

---

① 《邓小平文选》第3卷，人民出版社1993年版，第354页。

② 《马克思恩格斯选集》第4卷，人民出版社1995年版，第693页。

最后，确立当代中国的经济追赶方式，必须深入了解中国经济发展存在的问题。

经过60多年的努力，特别是改革开放以来30多年的努力，我国经济社会发展取得了长足进步，国民经济高速增长，经济总量大幅提高；人均GDP国际差距缩小，人民生活显著改善；经济结构实现重大调整，工业化进入中级阶段，从总体上看，经济追赶绩效明显。然而，我国的经济发展和经济追赶在取得举世瞩目的成就的同时，也面临着一些突出的问题。

首先，资源消耗过大，生态环境问题突出。我国人均自然资源占有量相对短缺，综合比较只相当于世界平均水平的1/3。总的来看，我国自然资源承载能力相当脆弱，但是对资源的掠夺性开采和粗放利用十分普遍。我国经济的快速增长在很大程度上是靠消耗大量物质资源实现的，我国单位产出的能源消耗和资源消耗水平明显高于国家先进水平。与此同时，我国废弃物排放水平大大高于发达国家，每增加单位GDP的废水排放量比发达国家高4倍，单位工业产值产生的固体废弃物比发达国家高十多倍。此外，我国还是世界上水土流失、土地荒漠化最严重的国家之一。高消耗、高排放、高污染，造成了突出的生态环境问题，严重制约了我国经济社会的可持续发展。

其次，农村发展滞后，二元经济结构矛盾突出。改革开放以来，我国农村和农业取得了较大发展，但是，同城市和工业的发展相比，仍显严重滞后。当前农村发展面临的主要问题是：农业生产力水平落后，社会化程度低，在相当程度上还停留在手工劳动和小农经济阶段；生产组织形式分散，难以形成规模经营，生产效率低、效益差；农业人口多，农村剩余劳动力数量大，农村就业问题日益突出；农村社会发展远远滞后于城市，文化、教育、体育、卫生等各项事业发展缓慢，广大农村地区连最基本的医疗保健体系还很不健全。与此同时，城乡居民收入差距不断拉大，已经到了非解决不可的地步。

再次，技术仍显落后，国际竞争压力突出。当前，经济全球化浪潮席卷全球，国际经济、科技竞争加剧，我国面临着发达国家在经济、科技总体上占优势的巨大压力。我国工业尤其是制造业，在技术装备水平等方面与国际先进水平存在较大差距；我国科技投入占GDP的比重远远低于发达国家和新兴工业化国家；在国际分工和竞争中，我国主要以出口低技术水平的劳动密集型产品为主，科技含量和附加值低，贸易结构和贸易条件不利；在人力资源结构中，每万名劳动力中从事研究与开发的科技人员不及美国、日本等发达国家的1/10。在经济全球化和知识经济条件下，如何发挥我们的后发优势和比较优势，提升我国经济的国际竞争力，是一个亟待解决的课题。

最后，人口和就业压力大，社会问题突出。我国的人口发展和就业仍面临着很大的压力：人口基数大，每年净增人口1400万左右，新增劳动力供给过剩；国有企业改革和经济结构调整必然增加结构性失业，城市化发展、土地荒漠化以及不合理用地等原因造成的耕地面积减少，将加大农村人多地少的矛盾，使农业中的大量隐性失业显性化；人口和劳动力素质偏低，高素质劳动力不足，劳动力供求市场的结构性矛盾突出；我国已经进入老龄化社会，人口老龄化问题日益突出。人口和就业问题在很大程度上影响着社会治安和社会稳定，并引发和加剧其他社会问题。

以上方面的问题，如果得不到高度重视和有效解决，势必影响我国经济社会的良性发展，阻碍经济追赶的历史进程。

此外，确立当代中国的经济追赶方式，必须在坚持马克思主义发展理论的基础上借鉴各种发展理论中的合理因素。

中国是一个以马克思主义为指导的社会主义国家，马克思主义经典作家的有关思想对我们具有重要的方法论意义。其中，马克思晚年关于俄国社会发展道路的有关设想，尤其应该引起我们的关注。马克思关于俄国跨越资本主义卡夫丁峡谷的设想，实质上为落后国家提出了一条不同于西方的、非常规的、跨越式的发展道路。马克思还提出了实现这一道路的具体路径：要有俄国革命，以推翻专制政府；要取得西方无产阶级的帮助，以获得物质和资金上的帮助；要积极利用资本主义的文明成果，特别是先进的科学技术成果；要利用世界市场，以保持同外界的联系，等等。这些思想，实际上已经论及当代经济发展理论分析框架内的诸多问题，如经济发展与政治体制、资本形成、技术进步、国外资源等的关系问题，为我们全面分析经济追赶发展的制约因素、尽可能充分地造就经济追赶的条件，提供了方法论启示。

如何实现经济社会的快速发展，是一个历久弥新的研究课题，也是一个世界普遍关心的研究课题，一切有关探讨的积极成果都可以成为我们的借鉴。

保罗·罗宾克鲁格曼等人提出的“蛙跳理论”认为，在一定条件下，后发国可以直接选择和采用某些处于技术生命周期成熟前阶段的技术，并以此为起点在相关领域和相关产业追赶先发国。这一观点明显区别于新古典主义经济学的渐进发展观，它表明，发达与不发达并非一成不变，经济社会发展既有连续性、累积性，又有非连续性和跳跃性。那么，中国实现“蛙跳”的前提条件是什么？选择哪些领域和产业作为我们的突破口？运用“蛙跳理论”分析前述问题，对于我们确立自己的经济追赶方式应有所启发。

格申克龙等人提出的后发优势理论表明，落后国家可以通过学习和模仿，以较低的代价掌握发达国家经过探索付出很多代价而获得的知识、技术，并借鉴发达国家的经验和教训，进行大胆创新，使经济得到较快的发展，实现“后来者居上”。那么，当代中国的后发优势究竟是什么？如何将潜在的优势转化为现实的优势？运用后发优势理论探寻这些问题的答案，对于我们确立自己的经济追赶方式不无裨益。

联合国倡导的可持续发展理论表明，实现人、资源和环境三者之间相互促进、协调发展，应当成为当今世界各国普遍关心的问题。“既满足当代人的需要，又不对后代人满足其需要的能力构成危害”①，这种可持续的发展理念近年来日益得到世人的认同。那么，如何在保持经济追赶所必需的经济速度的前提下，尽力避免“吃子孙饭、断子孙路”的悲剧，可持续发展理论无疑给我们以重要的警示。

智利发展选择中心于1989年发表的“以人为尺度的发展”研究报告表明，第三世界国家不能满足于单纯的经济增长，必须关注经济增长过程中伴生的贫困、失业等严重的社会问题，减少因经济增长而付出的人的代价，优先满足人民基本需要，尽力实现社会公平。这一新的发展理念在世界范围内引起了广泛的反响，对于我们重视和解决经济追赶过程中的社会问题，无疑也是一个有益的提醒。

三　科学追赶：当代中国经济发展的正确选择

历史与现实、国内与国际、理论与实际的经验表明，我们既要追求经济追赶的目标，也必须扬弃过去那种不计成本和代价的老路子，而必须直

① 世界环境与发展委员会：《我们共同的未来》，王之佳等译，吉林人民出版社1997年版，第52页。

面发展中的问题，探索发展的新思路，努力实现有效追赶。基于这种高度的理论自觉，中国共产党十六届三中全会提出了科学发展观。科学发展观是中国共产党以马克思主义社会发展理论为指导，同时借鉴其他发展理论的有益成果，吸取世界上其他后发国家发展的经验和教训，特别是深刻总结我国经济社会发展的经验和教训的基础上，所提出来的当代中国化马克思主义的新发展观。它的提出，契合了当代中国经济社会发展的时代要求。

科学发展观提出前后，人们对当代中国经济发展战略问题进行了热烈的讨论。讨论中不乏真知灼见，其中有些与经济追赶问题直接相关。如有学者提出：我们不能再犯“狂热症”的老毛病。现在又有人在言多少年赶超日本、美国，摆出当年“赶英超美”的架势。与发达国家比，我们相去太远。人贵有自知之明，中国人要慎言“赶超”。

上述观点，对于提醒我们要牢记“大跃进”的教训、尊重经济发展的客观规律，是很有积极意义的。但是，探讨当前中国经济发展时是否就不能提“赶超”二字呢？在我们看来，赶超不等于冒进，赶超战略不等于“大跃进”战略。所谓赶超战略，是指落后国家为了在经济社会的发展上赶上甚至超过发达国家，从而制定的影响经济全局发展的筹划和决策。这种战略不同于一般自然演进型的渐进型发展战略，其目的主要在于争取发展优势、压缩发展时间、缩小发展差距。这种战略在世界经济发展史上屡见不鲜，不乏成功的先例。而“大跃进”战略只是赶超战略在中国特定历史条件下的一种变形了的表现形式。事实上，如果过滤掉“大跃进”战略中一些违背经济发展规律的具体内容，它本身还是包含了一些积极的成分。

当然，科学发展观同传统赶超战略存在一定的矛盾。科学发展观特别强调发展的人本性（以人为本）、全面性、协调性和可持续性。而从我国以及其他国家的经济赶超实践来看，传统赶超战略一般具有如下几个历史特点：注重GDP增长，在一定程度上忽视了个人发展；注重经济发展，在一定程度上忽视了政治发展和文化发展；大多选择非均衡发展战略，在一定程度上忽视了均衡发展；注重当前的发展，在一定程度上忽视了可持续发展；注重调动人在经济活动中的积极性，在一定程度上忽视了经济发展的客观规律性。那么，既要坚持科学发展观，又要实施经济赶超战略，如何理解和协调两者的关系？我们认为，当代中国所要实施的追赶战略是对传统赶超战略的扬弃，它既要坚持传统赶超战略当中被实践证明是合理的、有效的内容，也要舍弃其中被实践证明是不合理的、低效的东西，并包含传统赶超战略所不具有的、反映新时期发展要求的新的科学内容。概而言之，当代中国发展所要实施的追赶战略，应该是在科学发展观指导下的科学的追赶战略。这种科学的追赶战略，就是既要坚持经济追赶的目标，同时也要正确处理经济追赶过程中的一系列重要关系，超越传统的带有形而上学色彩的经济赶超观。[①] 具体而言，可以作如下理解：

第一，实施科学的追赶战略，就是要走出经济追赶与人的发展的传统对立，协调好 GDP 增长与人的发展的关系。传统赶超战略在追求物的增长的过程中，对人的发展确有一定的忽视。有学者在反思传统赶超战略的弊端时提出，苏联和中国过去实行的计划经济之所以不成功，根源在于它是内生于追赶战略的。因此，中国今后发展的关键问题是放弃追赶战略，以国民福利总量的最大化而不是从所谓“强国”目标出发，真正树立以人为本的发展观。这种观点所强调的发展要以人为本无疑是很正确的。但是，“国强”和“民富”两者有着不可分割的关系，没有经济上的追赶，所谓“国民福利总量的最大化”就只能是奢谈。因此，我们所希望看到的，就是国家在确定发展目标时，应同时考虑 GDP 的增长和国民福利的提高；在实施追赶战略时，要处理好积累与消费、发展经济与提高人民生活水平的关系。

第二，实施科学的追赶战略，就是要澄清将经济发展与社会发展对立起来的错误认识，努力协调好经济发展与政治发展、文化发展的关系。过去强调以经济建设为中心，现在又强调经济、政治、文化全面发展，有人说这是存在着矛盾的两种发展思路。其实不然。唯物史观基本原理告诉我们，生产力是社会发展的最终决定力量，一个国家只有实现了一定程度的经济发展，才有可能为其政治、文化发展奠定一定的物质基础。因此，作为一个后发国家，我国在过去和今后相当长一段时期内都必须坚持以经济建设为中心，致力于经济发展，否则，社会的全面发展就缺乏必要的物质

① 笔者认为，“赶超”与“追赶”在表达上存在一定的字面差别，但从发展经济学和现代化理论的角度来看，两者的基本意思是一致的。但由于我国“大跃进”运动中“赶英超美”的经历让人们常常心有余悸，一些人见到“赶超”这个本来是发展经济学和现代化理论的学术用语，往往习惯性地联想起“大跃进”，并主观赋予其政治和历史的色彩。这里为避免不必要的误会，降低解释成本，本书一般采用“追赶”的提法。

基础。当然，经济发展不是社会发展的全部，政治和文化的发展也是社会发展的必要内容。科学发展观之所以强调经济社会全面发展，不是因为坚持以经济建设为中心这个思想本身有什么错，而是因为在以前的实践中存在着只重经济建设而忽视政治和文化发展的现象，并由此影响了经济发展。在坚持以经济建设为中心的同时，强调政治、文化的发展，在一定意义上可以说，是为了更好地发挥政治、文化的发展对经济发展的能动的反作用，以期为经济建设这个中心提供强大的政治保证和精神动力。

第三，实施科学的追赶战略，就是走出将均衡发展战略与非均衡发展战略对立起来的思维定式，努力处理好先富与共富、优先发展与协调发展的关系。在过去的发展实践中，我们事实上选择了优先发展工业、优先发展东南沿海地区的非均衡发展战略。这种战略在促进我国经济社会发展的同时，也造成了城乡之间、地区之间发展的严重失衡。正是为了矫正这种失衡，科学发展观提出了“五个统筹”，特别强调了协调发展的重要性。然而，有人担心，强调协调发展会不会导致“劫富济贫”、“抑快拉慢”。这种担心其实是没有必要的，它实际上将协调发展误解为平均发展（或绝对的平衡发展）。由于资源的有限性，为了更好地发挥某些产业的联系效应和某些区域的扩散效应，后发国家在经济追赶的初期一般会选择非均衡发展战略。从我国经济发展的实际来看，由于工业的联系效应大于农业，由于东南沿海地区具有作为我国经济的“增长极”的有利条件，因此，在今后相当长的一段时间内，非均衡发展仍将是我国经济发展的主导态势。现在强调发展的协调与均衡，意在弥补以往非均衡发展中的不足，而绝非要否定非均衡发展。从唯物辩证法的角度来看，这符合“重点论”与“两点论”相统一的原理。从发展经济学的角度来看，这正确反映了平衡发展与非均衡发展的相互关系。因此可以说，科学发展观所强调的协调发展，是包含着均衡发展要求的广义的非均衡发展。

第四，实施科学的追赶战略，就是要改变将当前发展与可持续发展对立起来的发展模式，协调好发展与环境的关系。强调可持续发展会不会影响当前的发展？这也是目前人们担心的问题。事实上，强调可持续发展，并非是要牺牲当前的发展。后发国家如果不加快当前的发展，不改变贫穷和落后状态，人口与生态退化之间的恶性循环就不能遏止，可持续发展道路上的种种障碍就不能消除。任何发展都要付出环境和资源的代价。强调可持续发展，就是要在保持一定的发展速度的前提下尽可能减少这种代价，就是要改变过去那种高消耗、高排放、高污染的状况。要做到这一点，既要节制使用自然资源，又要加大治污投入。如果单纯从这个角度来看，它会在一定程度上影响当前的发展速度。但是，这方面的速度损失可以通过改进技术、节约成本等方面得到弥补。而我国经济增长的资源成本远远高出世界平均水平，在可持续发展方面大有潜力可挖。应该说，在当代中国，同时保持发展的较高速度与发展的可持续性，走一条新型的经济追赶之路，是完全可能的。

第五，实施科学的追赶战略，就是要改正将经济规律的客观性与人在经济活动中的主观能动性对立起来的错误观点，在尊重经济发展的客观规律的基础上发挥人们经济追赶的积极性。“大跃进”超越中国社会发展阶段，过分强调人在经济活动中的能动性，人们高涨的追赶热情最终演化成一场悲剧。而一些人在反思“大跃进”的教训时，又走向了另一种极端。他们秉持新古典主义经济学的观点，将经济发展看成是一个渐进的、连续的过程，完全否认经济追赶的可能性。那么，究竟如何看待经济规律的客观性与人在经济活动中的主观能动性的关系呢？真正的马克思主义者一向反对将两者对立起来的形而上学观点，既强调经济规律的客观性，又注意到人在经济活动中的能动性；既强调经济发展的渐进性、连续性，又注意到它在一定条件下的跳跃性、非连续性。实施科学的追赶战略，要求我们在尊重经济发展的客观规律的同时，明确我们的追赶意识，发挥人们经济追赶的积极性。

作为一种科学的发展理念，科学发展观内在地包含了经济发展的战略问题，而科学的追赶战略也是一个比较宏观的提法，我们可以将其理解为一个战略体系，其实践必然要依赖并体现于一些具体战略，包括人力资源开发战略、新型工业化发展战略、农业现代化战略、科教兴国战略、可持续发展战略等。总之，“科学发展观，是用来指导发展的，不能离开发展这个主题”①。从这种意义上说，科学发展观的要义在于，指导当代中国更快更好地实现经济追赶和社会全面进步。我们相信，只要真正将科学发展观落到实处，用以指导当代中国经济发展，我们就一定能够取得更大的发展成就；经过若干年坚持不懈的努力，中国人民的强国之梦、追赶之梦一定会实现。

---

① 胡锦涛：《在中央人口资源环境工作座谈会上的讲话》，《人民日报》2004 年 4 月 5 日。

第一章

当代中国经济追赶的成就与代价

中华人民共和国的成立，翻开了中国现代化发展与经济追赶的新篇章。回顾和反思我国经济追赶的历史，既可以总结成就，从而为进一步追赶增添动力；也可以总结其中的教训，牢固树立发展的代价意识，从而更好地进行下一步追赶。而考察其他后进国家的追赶经验，无疑为我们的自我总结提供了一面镜子。

一 后进国家追赶先进国家的经验借鉴

世界是由多个国家构成的，由于历史和现实的各种原因，各个国家的发展水平不可能完全一致，这就决定了世界的发展过程是各国相互联系、相互竞争的过程，也是落后国家不断赶超发达国家的过程。马克思晚年的“跨越论”揭示了东方落后国家赶超西方发达国家的可能途径，许多当代学者也都在探讨这个问题，[①] 而一些落后国家则通过自己的经济赶超实践在探索这个问题。其中不乏成功的例子，[②] 也有失败的例子，既有经验也有教训。本书选取韩国和苏联两国经济赶超的实例为样本，并试图从历史

---

① 其中，亚历山大·格申克龙认为，落后国家与其说是在经济发展的某些方面相对落后的国家，还不如说是在发动和进入工业化的时间上相对滞后的国家。后发国家可以发挥自己的后发优势从而赶上先发国家的发展水平。See Alexander Gerschenkron, Economic Backwardness in Historical Perspective, Cambridge, Mass.: Harvard University, 1962.

② 清华大学教授胡鞍钢认为，从现代世界经济发展史看，先后出现了三次现代化后进国追赶先行国的成功范例：第一次是 19 世纪与 20 世纪之交，美国花了 43 年时间追上了英国。美、英两国人均 GDP 之比在 1820 年为 73.3%，到 1913 年则为 105.5%。第二次是二战后日本经济起飞，花了 40 年时间追上了美国，日、美两国人均 GDP 水平之比在 1950 年为 19.6%，到 1992 年则为 90.1%。第三次是 20 世纪 60 年代以来亚洲“四小龙”追赶西欧国家。1965—1992 年，韩国和台湾地区的 GDP 年平均增长率为 8.8%，两者人均 GDP 在 1973 年分别相当于西欧 12 国人均 GDP 的 24.3% 和 31.4%，到 1992 年则分别上升至 57.5% 和 66.6%。参见胡鞍钢主编《知识与发展：21 世纪新追赶战略》，北京大学出版社 2001 年版，第 195—196 页。

的考察中总结出一些经验和教训。

（一）韩国：从落后的殖民地到新兴的工业国

二战以前，作为日本的殖民地，韩国形成了畸形的经济结构和“南农北工”的经济布局。二战结束后，朝鲜南北分割。南北经济关系的中断，曾一度使韩国经济陷入空前的衰退。工业部门完全失去了来自北方的动力，金属、矿产和其他原材料以及工业设备等也失去供应，农业也由于美国对韩国倾销农产品而受到打击。韩国经济的衰退由于1950年朝鲜战争的爆发进一步加剧。历时3年的战争，给韩国造成的直接经济损失达30亿美元，其交通、电力等基础设施被破坏殆尽，通货膨胀进一步加剧，再加上农业连年歉收，整个国家的经济濒于崩溃。全国2000万人口（其中难民约占1/4）只能依赖于美国的“战时救济援助”和“联合国韩国重建团援助”等维持生存。①

1953年朝鲜战争结束以后，韩国开始着手医治战争创伤，迈上了经济恢复和重建的艰难道路。李承晚政府着手发展内向型经济，实施消费品进口替代战略，主要以食品、纺织品等消费品生产部门作为进口替代的目标。这些部门多属劳动密集型，所需资金较少，技术要求较低，并有现成而稳定的国内市场。因此，消费品进口替代战略比较适合当时韩国的国情，并取得了一定的成效。到20世纪60年代初，韩国基本完成消费品工业的进口替代，增强了经济自给能力，并在这一过程中培训了大批熟练工人、技术人员和管理人员，兴建了一批工业基础设施，为其后推行外向型经济发展战略并走上经济快速发展道路初步奠定了基础。

1961年，朴正熙就任韩国总统，着手发展外向型经济，由此拉开韩国经济赶超的序幕。在其后30多年当中，韩国政府主要采取了以下经济赶超措施：

第一，推行“出口导向型”战略，发展外向型经济。20世纪60—70年代，世界经济走出二战的阴影，处于发展的“黄金时期”。当时世界市场的商品需求量大，西方国家尚未建立起针对发展中国家的贸易壁垒，国际贸易形势对后发国家十分有利。韩国政府注意到国际经济形势的这一特点，同时从其国内资源不足、市场相对狭小、资金短缺、技术落后、劳动

① 参见金明善、车维汉主编《赶超经济理论》，人民出版社2001年版，第71—72页。

力过剩等客观实际出发，果断地改变原来的内向型进口替代战略，开始实施出口导向的外向型发展战略，提出“贸易立国”、“出口第一”等口号，将对外贸易视为自身经济发展的生命线，将出口增长作为带动经济增长的发动机。经过前后两个阶段（1973 年以前的劳动密集型产业出口导向、1973 年以后的重化工业出口导向）30 多年的实践，韩国外向型经济获得了长足的发展，对外贸易额增长迅速，并拉动了整个国家的经济发展。有关资料表明，韩国出口额从 1962 年的 0.54 亿美元升至 1996 年的 1297.15 亿美元，占世界贸易总额的份额由 0.04% 升至 2.5%，成为世界上第 12 大出口国。

第二，适时调整产业结构，不断推动产业升级。从 20 世纪 60 年代起，韩国产业政策正式出台。此后韩国根据自身条件、发展水平和在国际分工中的比较优势，善于捕捉并积极利用不同时期世界产业结构变动的有利机遇，适时调整产业结构，不断推动产业升级和经济增长。概括起来讲，到 20 世纪 90 年代以前，韩国经历了发展基础产业、发展出口产业、重化工业化和产业自由化四个阶段。[①] 在初期，韩国针对自身基础产业落后、工业原材料进口依赖严重的实际情况，确立了重点发展基础产业和原材料工业的政策。与此同时，韩国利用当时美、日等发达国家大力发展资本密集型产业、将劳动密集型产业转移至发展中国家的机遇，重点发展以轻纺工业为主的劳动密集型产业，凭借其劳动力资源的相对优势成为劳动密集型产业转移的重要承接地。1965 年，韩国开始经济改革，并确立了以出口为导向的产业政策，重点扶植面向出口的轻纺工业来诱发国内中间产品和资本货物的市场，以轻纺工业的出口创汇来支撑原材料、中间产品和生产设备的进口，同时参与国际竞争、利用国际市场机制来激活企业竞争力。[②] 20 世纪 70 年代中期以后，西方主要发达国家经济衰退，贸易保护加强，加之马来西亚、菲律宾等发展中国家的价格竞争，韩国轻纺工业产品出口受限，劳动密集型行业的优势逐渐丧失。韩国抓住发达国家部分重化工业向新兴工业化国家转移的机遇，重点发展重化工业，开始实现由劳动密集型产业向资本密集型产业的升级。20 世纪 80 年代以后，世界新

① 参见金明善、车维汉主编《赶超经济理论》，人民出版社 2001 年版，第 75 页。

② 参见李泊溪等主编《产业政策与各国经济》，上海科学技术文献出版社 1990 年版，第 298—299 页。

技术革命日益深入，韩国开始修正重化工业化战略，决定放弃片面强调资本密集型重化工业的高速增长方式，加快由劳动密集型、资本密集型向技术知识密集型产业转化，重点发展技术密集型产业。

第三，积极引进外资，注重内部积累。为弥补经济发展所需资金的不足，韩国政府确立了积极引进外资的政策，并起到很好的效果：外资的引入，带来了国外的先进技术，促进了产品更新和产业升级；增强了出口商品的国际竞争力，增加了就业机会；保持了高投资率和高经济增长率。据韩国银行分析，1962—1982 年，韩国 GNP 年均增长率为 8.2%，若无外资投入，实际增长率只能停留在 4.9%。在积极引进外资的同时，韩国政府还采取各种措施，完善内部积累机制，提高内部积累率。这些措施主要有：在经济高速增长的基础上，逐步提高税收，增加政府储蓄；在国民中倡导勤俭节约观念，鼓励低消费，动员私人储蓄；尽力处理好利用外资和利用内资的关系，力图达到以外资滋养内资的目的。① 由于实施了以上措施，韩国内部积累率逐年提升，其国内总储蓄占 GDP 的比例由 1965 年的 7% 上升至 1992 年的 36%，国内储蓄占国内总投资的比例则由 1965 年的 47% 上升至 1992 年的 92%。②

第四，注重人力投资，施行“科技立国”。韩国从 20 世纪 40 年代末开始就比较注重发展教育事业。20 世纪 60 年代以后，随着经济的增长，韩国逐渐加大了人力资本投资力度。有关统计表明，韩国公共部门和私人对教育的全部支出通常超过国民生产总值的 10%，这在所有的发展中国家中是最高的。③ 值得注意的是，韩国政府并没有像其他发展中国家那样过于偏好高等教育。在开始，它将重点放在基础教育普及和发展上。当经济发展到较高的水平以后，韩国才将人力资本投资的重点转向高等教育。韩国在人力资本上的投资，造就了大批熟练工人和技术工人，提高了先进技术的吸收水平和引进设备的利用效率，加速了韩国的经济赶超进程。与此相联系，韩国一直比较注重发挥科技在经济发展中的作用。韩国起初施行的是以引进技术为主、自有技术为辅的科技政策。到 20 世纪 80 年代，

① 为了达到这一点，避免形成外资依赖，韩国政府利用外资的主要形式是借贷资本，在 20 世纪 90 年代以前，较少引进外国直接投资。

② 资料来源见［美］吉利斯、波金斯等：《发展经济学》，黄卫平总译校，彭刚等译，中国人民大学出版社 1998 年第 4 版，第 294 页。

③ ［韩］宋丙洛：《韩国经济的崛起》，张胜纪、吴壮译，商务印书馆 1994 年版，第 68 页。

随着自己技术队伍的壮大，韩国将发展高技术工业作为重点，并提出“科技立国”口号。相关政策的施行，促进了技术升级，推动了经济增长方式的现代化转变。

第五，发挥政府主导，实施计划调节。20 世纪 60—70 年代，韩国经济大体处于经济赶超的初期，经济基础较薄弱，市场机制发育不健全。因此，韩国政府为保障经济运行的正常秩序和资源的合理配置，建立了“政府主导型”的经济体制，主要通过政府制订经济计划来实现其国家发展战略。1961 年，韩国政府设立经济企划院这一管理和指导韩国经济活动的中枢机构。从 1962 年到 1991 年，企划院共制订并实行了六个经济发展的五年计划，其中每个计划的内容都与当时的国家经济发展战略目标和指导原则相一致，且各个计划首尾相连，环环相扣，逐步形成了一个由低到高的发展系列。当然，这些计划大都是一些指导性的。韩国政府除了制订经济开发计划、发展战略及产业政策以外，还积极运用财政政策、税收政策、金融政策、价格政策、经济立法等各种手段，用以引导和管理企业，并取得了良好成效。私人企业一般都能遵循国家规定的轨道开展经济活动，资源分配从总体上符合政府的产业发展规划，重点产业得到了较快发展。

由于采取了以上措施，韩国经济经过 30 多年的赶超，取得长足进步和快速增长。1961 年，韩国的 GNP 只有 21 亿美元，人均为 82 美元。到 1996 年，其 GNP 已达 4804 亿美元，人均达 10548 美元。这个只有 4500 多万人口的国家，现已跻身为全球第 11 大经济体，并已成为世界富国俱乐部——经合组织的第 25 个成员国。韩国的经济发展成就引起了世界各国的瞩目，被誉为“汉江奇迹”。其经济发展道路被称为韩国模式，成为世界各国特别是后发国家学习和研究的样本。

然而，韩国经济在实现赶超的过程中也存在一些问题。1997 年爆发的亚洲金融危机，使韩国遭受了前所未有的困难和重大的损失，其中，韩元贬值 50%，股指下跌了 70% 以上，排名韩国前 30 位的大财团已有 8 家宣布破产……韩国经济赶超模式的问题在这场危机中暴露无遗。

第一，外向型经济发展模式遇到了对外依赖严重、出口减少等方面的问题。韩国从 20 世纪 60 年代开始发展的出口导向型经济，主要采取“加工组装型”模式，即先从日本等国进口能源和原材料，经过加工生产以后，再把制成品销往欧美等地。这种模式一度使韩国经济得到了快速的增长。但是，发展到一定的程度，势必产生严重的对外依赖性。有资料表明，韩国经济在1995年的对外依存度（进出口贸易总额与GNP之比）高达57%，而1993年美、日、法三国经济对外依存度则分别为16.8%、14.2%、33.1%。[①] 20世纪90年代以来，这种具有严重对外依赖性的外向型战略遇到了国际新形势的挑战。美国在冷战时代结束因韩国战略地位下降、对韩国贸易逆差直线上升的情况下，从自由贸易的坚强捍卫者转向了贸易保护主义立场，采取各种措施限制从韩国进口，并迫使韩国开放市场，导致韩国1996年对美贸易逆差达到100亿美元左右。日本则由于近年来的经济衰退所采取的日元贬值政策，使韩国在重工业部门的出口竞争力相对减弱。同时，由于近年韩国商品在日本市场上占有率不断扩大，日本政府在对韩贸易方面也采取了限制措施。1996年韩国对日本的贸易逆差超过了150亿美元。此外，韩国的出口能力在劳动密集型部门又受到了来自东盟、中国的劳动力成本优势的挑战。在各种挑战面前，韩国出口主导产品又主要集中在半导体、钢铁、汽车、机械等少数品种上，回旋余地较小。以上种种原因，导致韩国出口锐减、增长放慢。以危机爆发前的1995年到1996年为例，韩国出口增长率从30.3%锐减至3.8%，经常项目赤字则从100.61亿美元激增至237.2亿美元。1997年危机爆发以后情况更为严峻，几乎引起韩国整个经济的崩溃。

第二，政府主导型体制面临改革滞后、政府机构膨胀、经济腐败等难题。政府主导型体制曾对韩国经济发展起过重要推动作用，但在经济规模扩大、信息化时代到来、政治民主化进程加快的新形势下，它遇到了新的问题。政府缺乏全球化所要求的管理经验，无法从容应对国际经济新形势，这大大抑制了市场机制作用的发挥，妨碍了市场对资源的有效配置，破坏了市场竞争机制，削减了市场信号对经济运行的反馈能力。危机爆发前，韩国政府仍执行其对经济的管制和介入政策，其中对经济的各种管制条例规定有11000多种，有30多种准入与退出方面的规定限制企业之间的吸收与合并。政府对金融业的介入过深，使金融业成为改革滞后的部门，进而成为金融危机爆发的重要原因。政府对经济管得过多，势必导致管理成本过大，机构膨胀也在所难免。1993年韩国政府承诺精简公务员

① 参见金承男《重新审视韩国经济发展模式》，《世界经济》1999年第6期。

两万人，但实际上反而增加了5.8万人。此外，由于政府主导型经济使政府掌握了决定企业存亡的权力，这导致“寻租”现象泛滥，官员腐败成风，地下经济盛行，严重影响了整个国民经济健康发展。[①]

第三，大企业发展战略导致大批企业的破产和大企业的高负债率。在本国财力和资源都比较匮乏的情况下，韩国政府制定了由政府指导的“不平衡增长战略”，人为地安排经济发展的优先顺序，即“先工业后农业”，“先轻工业后重工业”、“先大企业后小企业”的战略。20世纪70年代的重化工业化，使政府与实业界的风险伙伴关系决定性地偏向于大企业集团。韩国政府积极扶植大企业，以便参与国际竞争。这种大企业战略在一定时期内确实很见成效，韩国大企业在国际市场中占据了一席之地。但问题在于，依靠政府提供的低成本贷款、出口补贴等便利扶植起来的大企业，往往把占领市场份额看得比获得近期利润重要。它们大都遵循片面追求规模扩张的路线，大举借贷，实施雄心勃勃的投资计划，几乎不考虑清偿风险。此外，在政府保护下的韩国大企业仍然实行家族继承所有制，第二代接过父辈的企业时，又大都急功近利，采取攻击型经营方式，继续举债扩张。这样做，导致了大企业的高负债率和银行的不良债务。企业负债率的国际警戒线标准为230%，而多数韩国大企业的负债率都在500%以上。韩国最大的30家大企业的财富占全国的1/3，但其中的负债与自有资本的比例高达4：1。到1995年，前30家大企业的债务股本比率平均达到347.5%。排在第11名至第30名的企业1993年以来的资产收益平均是负数。在1996年，30家大集团的债务股本比率上升到386.5%，但金融机构仍然支持这些债台高筑的大集团。1997年，30家大集团的债务股本比率达到了519.0%。高负债率导致大企业纷纷破产，而它们的破产又造成了银行的巨额呆账和坏账。[②]

第四，外延扩张型的经济增长方式产生了经济效益降低、浪费过大的弊端。尽管韩国强调科技立国，但是相比欧美发达国家而言，其经济增长中的科技含量还是相对较低，在相当程度上其高速度是依靠人力、财力和物力的高投入来维持的。从总体上看，韩国经济在较长时期内走的是一条

① 参见陈汉林《对韩国经济发展模式的重审与反思》，《经济纵横》2003年第1期。

② 参见［韩］菲利浦·W. 林《路径依赖的作用：韩国经济发展模式的兴衰》，董彦彬译，《经济社会体制比较》2001年第1期。

外延扩张型的经济增长道路。这种道路走到一定的时候，高投入就会导致高成本、低效益，特别是会产生资源消耗过多、能源浪费过大的问题。在能源短缺、97%需要进口的情况下，韩国能源浪费现象却比较突出。有资料表明，每单位 GDP 的能耗（折成石油），韩国是日本的 4 倍。劳动力成本低原本是韩国的一大优势，但由于生产规模的盲目扩张造成了劳动力供应不足，并使其工资大幅增加，结果这一优势削减。1985—1995 年，韩国工资增长率是日本的 3 倍，与此同时，每单位 GDP 投入的劳动量，韩国是日本的 3 倍。此外，一些大企业还盲目扩大投资，结果造成生产能力过剩，进一步造成了资源浪费。例如，历时 3 年、投资 10000 亿韩元、完工于 1995 年的三户造船所，年造船能力为 150 万吨，排世界第四。它的建立使韩国造船能力供过于求，1996 年该厂开工率仅为 30%。[①] 一些企业由于开工不足、投资难以收回，最终走向破产。

综上所述，韩国经过 30 多年的努力从一个落后的殖民地发展成为一个新兴的工业国，成功地实现了经济赶超。但是，在赶超的过程中，也存在着一些问题。正是这些问题，加上一些国际上的因素，才导致了 1997 年的韩国经济危机。近几年来，韩国正处于经济发展模式的调整期。但无论如何，韩国经济赶超模式仍有许多值得其他后发国家学习和借鉴之处。

（二）苏联：从落后的资本主义农业国到先进的社会主义工业国

十月革命的胜利，标志着苏俄以特殊的方式跨越了资本主义发达阶段，走上了一条社会主义的经济赶超之路。苏联的经济赶超具有典型研究的意义：处于资本主义包围之中的苏联，何以能够在短短几十年的时间内就从落后的农业国发展成为比较先进的工业大国？在经过 70 多年的发展并成为世界上唯一能与美国平起平坐的超级大国以后，为什么顷刻间瓦解？这些都是值得研究的重要问题。

从经济上赶超西方发达国家，这是自赫尔岑开始几代俄罗斯知识分子的梦想。随着历史的发展，列宁、斯大林终于把这一梦想变成现实。在十月革命爆发前，列宁根据其对特殊的历史条件的正确判断，明确地提出："由于许多历史原因……俄国比其他国家先爆发了革命。革命在几个月以内就使得俄国在政治制度方面赶上了先进国家"。"但是，这还不够。战

① 有关数据参见金承男《重新审视韩国经济发展模式》，《世界经济》1999 年第 6 期。

争是铁面无情的，它严酷地尖锐地提出问题：要么是灭亡，要么是在经济方面也赶上并且超过先进国家。”[①] 十月革命胜利以后，在资本主义四面包围下，苏维埃政权时刻都面临着被帝国主义颠覆的危险。这种危机感使列宁更加深刻地认识到实现经济赶超，从而为新生的社会主义提供经济保证的极端重要性。同时，他对于在经济相对落后的俄国建设社会主义的先天不足和种种困难，有了更深刻的认识，他将“我们连社会主义经济的基础也没有建设完成”这一认识称做“痛苦的真理”。[②] 他还将俄国社会主义建设道路的探索形象地比喻为攀登一座人迹罕至、未经勘探的高山，其中要经历无法想象的困难和曲折。但是，列宁并没有被困难所吓倒。为了尽快实现“在工农政权和苏维埃制度的基础上赶上别国人民”[③] 的目标，他在短短几年的时间内进行了艰辛的探索，领导制订了全俄电气化计划，制定了恢复和发展农业的一系列措施，积极探索利用资本主义发展社会主义的途径等。在探索中，列宁还深刻地认识到，苏俄要在经济上赶超西方发达国家，最根本的一条就是提高劳动生产率，因为“劳动生产率，归根到底是使新社会制度取得胜利的最重要最主要的东西”[④]。

列宁逝世以后，斯大林在国内外形势错综复杂的情况下继续进行艰难探索。斯大林牢记列宁“要么是灭亡，要么是在经济方面也赶上并且超过先进国家”的告诫，并基于对苏联经济发展状况的分析明确提出：“我们比先进国家落后了五十年至一百年。我们应当在十年内跑完这一段距离。或者我们做到这一点，或者我们被人打倒”[⑤]。为此，斯大林领导制定并实施了一系列经济赶超发展战略和政策。

第一，优先发展重工业的产业发展战略。“苏维埃政权不能长久地建立在落后的工业的基础上，只有不仅不逊于而且过一个时候，能够超过资本主义各国工业的现代大工业才能成为苏维埃政权的真正的和可靠的基础。”[⑥] 根据斯大林的意见，联共（布）十四大提出了实现社会主义工业化的总路线。斯大林强调：“把我国从农业国变成自力生产必需的装备的

---

① 《列宁选集》第 3 卷，人民出版社 1995 年版，第 271 页。

② 《列宁选集》第 4 卷，人民出版社 1995 年版，第 640 页。

③ 同上书，第 777 页。

④ 同上书，第 16 页。

⑤ 《斯大林选集》下卷，人民出版社 1979 年版，第 274 页。

⑥ 斯大林：《列宁主义问题》，人民出版社 1964 年版，第 446 页。

工业国，——这就是我们总路线的实质和基础。”① 在贯彻这条总路线的过程中，斯大林根据其对马克思主义关于再生产理论的理解及其对苏联产业结构发展和国防建设需要的判断，将重工业置于优先发展的地位。在他看来，机器制造业是“整个工业的神经中枢”，“工业化的中心，工业化的基础，就是发展重工业（燃料、金属等等），归根结底，就是发展生产资料的生产，发展本国的机器制造业”②。优先发展重工业战略的实施，使苏联重工业投资在国民经济各部门基础投资总额中的比重，由1918—1928年的11.7%激增至1929—1940年的30%，重工业的投资分别相当于轻工业和农业投资的2—2.7倍和4.5—5.1倍。卫国战争期间，与军工生产相关的重工业投资更是急剧增长。战争结束后，重工业投资比重有所降低，但在恢复国民经济的“四五”计划时期（1946—1950年）仍达33.6%，分别相当于轻工业和农业投资的6.5倍和2.9倍。③ 基于资金投入的倾斜和其他政策的支持，苏联重工业获得了高速增长。

第二，高积累、低消费和挤压农业的资金积累办法。要实现工业的高速增长，资金保证是前提。那么，社会主义国家应该如何积累实现工业化所需要的资金呢？斯大林分析了资本主义发达国家实现资金积累的三条历史道路：一是依靠长期对殖民地的掠夺来积累资金（英国）；二是靠向战败国索取赔款作为工业发展资金（德国）；三是靠在受奴役的条件下举借外债发展工业（旧俄国）。斯大林认为，这些办法与苏联社会主义国家的本质格格不入，因而行不通。苏联的社会主义工业化只能走一条历史上从未有过的资金积累道路，即依靠苏联自己的力量来解决资金来源问题。这些来源包括：被剥夺的地主的土地和资本家的工厂所形成的全民财产；被废除的沙皇政府所负的大量债务和利息；国营企业的收入；对外贸易的收入；国营商业对内贸易的收入；国家银行的利润等。④

但是，苏联当时仍然是一个落后的农业国，要在薄弱的经济基础上解决建设资金问题，绝非易事。斯大林认为这“需要有重大的牺牲”，并要

① 《斯大林全集》第7卷，人民出版社1958年版，第294页。

② 《斯大林选集》上卷，人民出版社1979年版，第462—463页。

③ 参见《苏联国民经济六十年》，生活·读书·新知三联书店1979年版，第412页。另参见金明善、车维汉主编《赶超经济理论》，人民出版社2001年版，第87页。

④ 参见庄福龄主编《马克思主义史》第3卷，人民出版社1996年版，第408页。

求苏联人民“应该公开和自觉地忍受这种牺牲”①。为此，他采取了高积累、低消费的政策。据统计，从1925年到1950年，苏联的积累率由9.7%升至26%，而消费基金在国民收入中的比重则相应地由90.3%降至74%。与此同时，斯大林还将工农业产品价格的“剪刀差”作为积累工业资金的重要手段。国家每年通过向农民征收超额税等办法获得的农产品和资金，几乎占到当年农业总产值的一半。

第三，全盘推行集体化的农业改造政策。列宁在十月革命胜利后就认识到，要从根本上改变落后的农业国地位，必须对农业进行现代化改造。在执政之初，斯大林遵循列宁关于通过合作社吸收农民参加社会主义建设的思路，准备将集体制原则逐步应用于农业。但高速发展的工业同落后的农业之间日益深刻的矛盾，以及1927年年底和1928年年初的粮食收购危机，促使斯大林选择了加快农业集体化的道路。在他看来，要改变苏联农业发展缓慢和商品率低的状况，必须消除分散落后的小农经济，全盘实现农业集体化。“在农业中培植集体农庄和国营农场，结果是使小农经济联合成为以技术和科学装备起来的集体大经济。”② 在这一思想的支配下，苏联从1929年下半年开始进入全盘集体化阶段，开展了轰轰烈烈的建立集体农庄和国营农场的群众运动。到1932年7月，全苏各地加入集体农庄的农户已占61.5%，到1933年年底，全苏各主要粮食产区未加入集体农庄户仅占全部农户的0.2%，到1937年，农村私有经济几乎被完全消灭。1939年，斯大林正式宣布：“集体农庄已经最终地巩固和确立起来了，社会主义的经济体系现在是我国农业的唯一形式”③。

第四，高度集中的指令性计划经济体制。在列宁时期，苏俄成立了国家计划委员会并制订了“俄罗斯国家电气化”计划。但是，这种计划主要是一种指导性的计划。斯大林执政以后，苏联从1926年起开始制订指导性的国民经济年度控制数字。但是，斯大林对这种做法并不满意，他在联共（布）十五大上对此提出了严厉批评，要求制订更为详尽和具体的计划。根据斯大林的意见，联共（布）十五大决定制订第一个五年计划。1929年4月，苏联第一个指令性计划获得通过。该计划规定了近50个工

① 斯大林：《列宁主义问题》，人民出版社1964年版，第448页。

② 《斯大林选集》下卷，人民出版社1979年版，第213页。

③ 《斯大林文集》，人民出版社1985年版，第253页。

业部门的具体任务，还规定了关于劳动、商品流转、文化建设和财政等方面的具体任务。1931 年，苏联将制订年度控制数字过渡到制订年度计划和季度计划，从制订部门计划发展到制订区域计划，并开始向地方行政机关和集体农庄下达播种面积计划和农业技术计划。这些计划一经最高苏维埃批准，即具法律效力。1933 年开始实施第二个五年计划，范围更为扩大，计划更趋详尽，已有 120 个工业部门被包括在计划范围之内。至此，苏联指令性计划经济体制已具有较完备的形态。斯大林强调："我们的计划不是臆测的计划，不是想当然的计划，而是指令性的计划，这种计划各领导机关必须执行，这种计划能决定我国经济在全国范围内将来发展的方向。"① 基于这种认识，加之当时客观形势的推动，指令性计划经济体制在苏联得到全面的实现，并一直延续至 20 世纪 80 年代。

斯大林在探索苏联社会主义赶超道路的过程中犯过一些严重错误，但总的来说，他成功地领导苏联人民，把一个经济文化比较落后的农业国建设成为先进的工业国，并取得了卫国战争和反德国法西斯战争的胜利，坚持和巩固了十月革命所取得的社会主义胜利成果，扩大了社会主义的国际影响。斯大林之后的苏联沿袭斯大林模式，虽然存在严重的问题，但仍然取得了不小的发展成就。十月革命前，沙俄是欧洲经济最落后的国家之一，按苏联疆域计算，战前经济发展水平最高的 1913 年，其工业总产值只相当于英国的 22%、德国的 17%、美国的 6.9%。此后近 70 年中，苏联的经济实力迅速增长。1937 年，工业产值超过了德国、英国和法国，跃居欧洲第一、世界第二，特别是建立了以重工业为中心的、工业部门齐全的工业体系，实现了"由落后国变成先进国，由农业国变成工业国的一个飞跃"②。1950 年工业总产值上升至美国的 30%，1980 年则达到美国的 80%。1910 年，沙俄的生铁和煤的产量分别只有 300 万吨和 2500 万吨，远落后于同期英国的 1000 万吨和 2.7 亿吨、德国的 1500 万吨和 1.5 亿吨，与美国相比则相差更远。而到了 1980 年，包括生铁、钢材在内，苏联 20 多种主要工业产品的产量已先后超过美国，跃居世界第一。在科学技术、教育文化和军事力量等方面，苏联在不少领域都具有优势或者与美国不相上下。尤其值得注意的是，这些成就是苏联在经历了德国法西斯

① 《斯大林全集》第 10 卷，人民出版社 1954 年版，第 280 页。

② 《斯大林选集》下卷，人民出版社 1979 年版，第 495 页。

的入侵给经济造成巨大破坏，在遭受资本主义世界包围、制裁等极其困难的情况下取得的。可以说，社会主义制度不仅在十月革命的故乡深深扎下了根，同时表现出强大的生命力和无比的优越性。事实说明，斯大林的经济赶超模式从总体上看是成功的，许多外国学者对此也给予了高度评价。E. H. 卡尔认为，斯大林式的发展战略模式对于欠发展经济向现代经济转变的一定阶段都具有重要意义。[①] 原西德《世界报》也刊文指出："西方几乎花了二百年的时光才做到的事情……在俄国几十年不长的时间里用残酷的办法、坚定的意志实现了，总而言之，这是现代史中的最伟大的经济和社会改革。"[②]

然而，任何事情都有两面性。苏联经济赶超模式也存在一些严重的问题，这主要表现在以下方面：

首先，经济结构严重失衡。苏联走的是一条牺牲农业和轻工业、确保重工业的经济赶超之路，长此以往，势必造成国民经济结构的严重失衡，农业和轻工业发展远远滞后于重工业的发展。由于集体农庄创建时的一些强制措施，以及1932年、1933年罕见的大饥荒，苏联农业生产力遭到一定破坏。此外，挤压农业的资金积累政策的实施，使农业生产受到进一步影响，粮食生产一直低水平徘徊，直到20世纪50年代初，粮食年产量才超过第一次世界大战前的水平。如果以这一时期人均农产品产量来看，肉、奶、蛋基本未变，而谷物甚至减少了20%。与此同时，由于国家对轻工业投入很少，轻工业的落后状态直到苏联解体前仍未得到扭转，人民日常生活需要的工业品长期供应不足。据统计，1950年与1928年相比，苏联职工工资基金增长了37倍，而国营和合作社商业的零售商品量只增加了1.5倍。[③] 这种日常工业品供应远小于需求的状况，造成了经常性的排队购物和大幅度的物价上涨，并导致人民的不满。

其次，企业和职工的生产积极性受挫。高度集中的经济管理体制，一方面有利于在短时期内集中人力、财力和物力进行大规模的经济建设，另一方面企业的计划、生产、销售乃至人事活动都要由上级主管部门审批决

① 参见靳辉明主编《社会主义历史、理论与现实》，安徽人民出版社2000年版，第324页。

② ［苏］罗·亚·麦德维杰夫：《让历史来审判》，赵洵、林英译，人民出版社1981年版，第955页。

③ 金明善、车维汉主编：《赶超经济理论》，人民出版社2001年版，第91页。

定，企业权力太小，缺乏独立自主经营的积极性。同时，企业内部又存在着严重的平均主义现象，在个人分配上难以体现劳动质量的差别，结果职工旷工、怠工现象司空见惯。苏联官方在1938年的文件中指出，企业中的“不安心工作者、懒汉、旷工者和贪图私利的人”，“给工业、运输业和整个国民经济带来了巨大的损失”，“他们常常只工作4—5小时，白白浪费了其余2—3小时的工作时间，国家和人民因此常常每年损失几百万个工作日和几十亿卢布”[①]。这从一个侧面反映了苏联经济管理体制存在的弊端。

最后，经济效益较低。苏联经济增长保持了高速度，但是，这在相当程度上是通过高积累、高投入、高消耗来实现的，从实质上讲，是一种外延式的扩大再生产。这种经济增长方式在经济赶超的初期具有一定的历史必然性，而且在苏联有巨大的自然资源作后盾，因而经济效益低的弊端在经济增长高速度的掩盖下，并不突出。但资源毕竟是有限的，时间一长，经济效益低下的问题日益突出，并最终制约经济增长。苏联国民经济统计资料表明，1950年与1929年相比，苏联每一卢布基金投资增加的国民生产值降低了44%，每100卢布工业固定生产基金的产值率下降了10%。在20世纪70年代末80年代初，苏联每生产一卢布国民收入的电能、钢材、石油和水泥消耗量，分别比美国高出20%、90%、100%和80%，而苏联的钢材在加工中的有效利用率只有40%—50%，西方国家则为80%。[②] 这些数据是能够说明一些问题的。此外，纯粹的指令性计划和高度集中的管理体制，不符合经济自身发展的规律，常常因不能准确和及时反映需求信息等原因造成重复投资、生产浪费，这又进一步影响了经济效益。

上述几个方面的问题，在斯大林时期的经济赶超实践中就已经存在。由于当时特殊的历史环境，加之经济赶超的高速度，这些问题并未引起人们足够的重视。斯大林去世以后，赫鲁晓夫、勃列日涅夫等其他苏联领导人在形势已经发生了变化的情况下，在经济上仍然沿袭斯大林模式，继承了它的弊端并将其发展到顶峰，使苏联的经济陷入了僵化与停滞。（有关

---

① 《苏联党和政府关于经济问题指示汇编》第2卷，第665—672页，参见靳辉明主编《社会主义历史、理论与现实》，安徽人民出版社2000年版，第331页。

② 参见金明善、车维汉主编《赶超经济理论》，人民出版社2001年版，第99页。

数据见表1－1）

表1－1　第二次世界大战后苏联主要经济指标增长率的变化（年平均%）

年份＼指标	国民收入	工业产值	农业产值	基建投资	社会劳动生产率
1951—1955	11.4	13.1	4.1	12.0	9.6
1956—1960	9.1	10.4	5.7	13.0	7.4
1961—1965	6.5	8.6	2.2	5.4	6.1
1966—1970	7.8	8.5	3.9	7.3	6.8
1971—1975	5.7	7.4	2.5	6.7	4.5
1976—1980	4.3	4.4	1.7	3.7	3.3
1981—1985	3.2	3.6	1.0	3.7	2.7
1986—1990	1.8	2.6	0.5	0.3	2.0

资料来源：相应时期《苏联国民经济统计年鉴》。转引自陆南泉、姜长斌主编《苏联剧变深层次原因研究》，中国社会科学出版社1999年版，第245页。个别数据有变化，根据陆南泉、姜长斌等主编《苏联兴亡史论》，人民出版社2002年版，第631、642页。

1985年3月，戈尔巴乔夫在人们的厚望中上台执政，人们希望他能带领苏联摆脱长期的停滞与僵化困境。他本人似乎也有这个雄心壮志，上台后不久就着手进行改革。他说："改革是迫切的需要，是从我国社会主义社会发展的深刻进程中产生的"，"而拖延改革就会在最近时期造成国内局势的加剧，直截了当地说，这种局势包藏着发生严重的社会经济和政治危机的威胁"①。在开始的两三年间，戈尔巴乔夫多次强调，改革应当在社会主义制度范围内寻找对生活提出的答案，不能将改革看做对苏联制度的动摇。应该说，在这段时间里，戈尔巴乔夫主导的改革主要集中在经济体制方面，从总体上也是在社会主义制度框架内进行的。通过改革，苏联经济社会生活打破了勃列日涅夫时期的单调、沉闷，表现出一定的活力。

然而，好景不长。在戈尔巴乔夫的指导思想中，赫鲁晓夫的人道主义理论逐渐凸显出来，并发展成为"人道的民主的社会主义"改革路线。在这样一条错误的改革路线的指导下，从1988年6月开始，苏联的改革

① ［苏］戈尔巴乔夫：《改革与新思维》，苏群译，新华出版社1987年版，第11—12页。

从经济领域转向政治领域，并在当时复杂的历史条件下引起社会混乱和动荡。面对日益混乱的社会经济、政治局面，苏共逐渐失去控制能力，并最终丧失政权。1991 年年底，苏联解体。一个具有 70 多年历史、经济赶超已经取得辉煌成就、对 20 世纪世界格局发生了重大影响的世界上第一个社会主义国家，竟然在没有硝烟的环境下顷刻土崩瓦解，放弃社会主义制度，重新退回到资本主义卡夫丁峡谷之中。这不能不让人深思。

（三）后发国家经济追赶的经验与教训

韩国和苏联的经济追赶实践表明，后发国家在选择了合乎自己国情的发展道路和发展战略的情况下，可以发挥自己的后发优势，从而实现经济社会发展的追赶。当然，韩国走的是一条资本主义发展道路，而苏联选择的是一条社会主义发展道路，两国的经济追赶实践由于社会制度等方面的不同而各有其特点。但是，这并不妨碍我们从中总结出对一些后发国家具有普遍借鉴意义的经验和教训。

第一，后发国家在经济追赶的过程中实施非均衡发展战略具有一定的必然性，但在实践的过程中要正确处理非均衡发展与均衡发展的关系。从韩国和苏联的经济追赶实践来看，它们都实行了非均衡发展战略，并且韩国在经济追赶的相当时期（特别是在 20 世纪 70 年代）、苏联在经济追赶的整个阶段，又将重化工业置于产业发展的优先地位。从理论上讲，这是符合马克思关于第一部类优先发展原理以及当代发展经济学中的非均衡发展理论的。从现实来看，这也符合后发国家经济发展条件不充分、难以实现均衡发展的客观实际（苏联还面临着国防工业发展的特殊要求）。从实施效果来看，由于韩国和苏联在优先发展的产业上采用了相对先进的技术装备，因而这些产业获得了快速的增长，并在一定程度上发挥了对相关产业的“联动效应”，从而加快了经济追赶的速度。这些情况表明，后发国家实施非均衡发展战略，具有一定的合理性和可行性。但是，非均衡发展必须以一定程度的协调发展为前提，尤其是当后发国家的经济发展到一定阶段时，必须注意国民经济各部门之间的均衡发展。苏联在实行优先发展重工业的过程中，长期忽视农业和轻工业的发展，造成经济结构的严重失衡并最终加剧社会危机。这是一个值得吸取的教训。

第二，后发国家在经济追赶的过程中要积极发挥政府的作用，但也要处理好宏观调控与微观搞活、政府引导与市场主导的关系。由于生产力水平相对落后、市场发育比较迟缓等原因，后发国家的经济追赶需要一个强大的政府出面来进行社会动员、整合力量、配置资源。这正如日本学者富永健一所言，“要使现代化、产业化在这样的社会中扎根，就不能缺少由政府主导的‘自上而下’的切实现代化、产业化政策。后进国家的社会发展只能依靠自上而下的引导”①。韩国、苏联两国政府在各自的经济追赶过程都发挥了主导作用，并且在一定时期都取得了不错的绩效。但是，韩国政府在形势发生了变化且市场发育相对成熟的情况下仍然按老办法管理经济，抑制了市场机制的正常运转，并滋生腐败现象；而苏联则长期实行高度集中的计划经济体制，完全排斥市场机制，结果严重影响了微观经济主体的积极性，同样也产生了严重的腐败现象。这也是一个要吸取的教训。

第三，后发国家在经济追赶的过程中为了解决资金积累问题，要提倡艰苦奋斗的精神，但也要注重改善人民生活，处理好积累和消费的关系。后发国家不可能重复发达国家进行资金积累的历史道路，它们必须主要依靠自己的力量来积累资金，为此必须在人民中提倡艰苦奋斗的精神。就此而言，韩国、苏联依靠各自的方式解决了这个问题。但是，苏联长期实行高积累、低消费的政策，加之经济追赶过程中的一些失误等原因，人民长期过紧日子，感受不到经济追赶带给他们的好处，这势必引起他们对政府的不满，进而为敌对势力颠覆政府提供了可乘之机。对于这个教训，邓小平曾明确指出：“世界上一些国家发生问题，从根本上说，都是因为经济上不去，没有饭吃，没有衣穿，工资增长被通货膨胀抵消，生活水平下降，长期过紧日子。”②

第四，后发国家在经济追赶的初期努力扩大经济规模是必要的，但是当经济发展到一定阶段以后要依靠科技进步，及时实行经济增长方式的现代化转变。由于后发国家原有经济基础薄弱，经济规模小，因此，在经济追赶初期进行经济规模的扩张是必要的。由于现实条件的制约，这个时期的经济规模扩张一般也只能是外延式的扩张。从韩国和苏联的实践来看，它们在经济追赶初期所进行的外延式扩张带来了经济的高速增长。但是，

① ［日］富永健一：《社会结构与社会变迁——现代化理论》，董兴华译，云南人民出版社1988年版，第197页。

② 《邓小平文选》第3卷，人民出版社1993年版，第354页。

在实施了一段时期以后，外延式扩张模式资源消耗大、经济效益差等弊端就日益凸显，并制约经济的进一步发展。虽然它们都曾经努力改变这种状况，但是效果都不明显。[①] 因此，后发国家经济发展到一定阶段以后，不能再走单纯依靠增加生产要素数量的外延式、粗放型扩张的老路，必须走出一条主要依靠科技进步和现代化管理来实现扩大再生产的内涵式、集约型经济增长的新路径。

第五，后发国家在经济追赶的过程中要不断进行制度创新和体制改革，但是变革要从本国的实际出发，特别要坚持正确的方向。后发国家可以学习和借鉴先发国家的某些具体制度和做法，从而少走弯路，这是一种后发优势。但是，不同的历史条件、不同的国情，决定了后发国家不能照搬先发国家的经验和做法，而必须另辟蹊径，走出一条创新发展之路。同时，还应该根据不断变化的实际和生产力发展的新要求，进行经济体制和政治体制的改革。从总体上看，韩国在这方面的工作是成功的，但是，也出现了一些没有及时跟上国际国内形势发展的改革滞后现象，如政府主导型体制在新情况下的改革滞后。苏联走的是一条社会主义发展之路，本应该像恩格斯要求的那样，不要将社会主义看成“一种一成不变的东西，而应当和任何其他社会制度一样，把它看成是经常变化和改革的社会”[②]。然而，苏联长期坚持带有战备色彩的斯大林经济追赶模式，在不断发展的形势面前缺少应变，体制僵化。戈尔巴乔夫意识到苏联社会改革的必要性，但是，他以“人道的民主的社会主义”为指导思想，搞乱了人们的思想，引起社会动乱和经济倒退，最终导致苏联解体。[③] 这给我们以深刻的教训。

二 当代中国经济追赶的历史回顾

中华人民共和国的成立，标志着中国社会开始以特殊的方式跨越资本

① 例如，1971 年，苏共二十四大就正式提出经济向集约化的发展道路过渡，并规定在 1990 年前要完成这一任务。但是，由于各种原因，苏联直到解体前都没有实现经济增长方式的根本转变。

② 《马克思恩格斯选集》第 4 卷，人民出版社 1995 年版，第 693 页。

③ 详见孙来斌《列宁的马克思主义理论教育思想研究》第七章，中国社会科学出版社 2003 年版。

主义卡夫丁峡谷，开启了中国沿着社会主义道路进行经济追赶的历史进程。在艰难的经济追赶之路上，既有凯歌高奏，也有重大挫折；既取得了辉煌成就，也存在着严重的问题。如何更好地推动当代中国的经济追赶，是一个具有重大理论和现实意义的大课题。研究这个问题，既要坚持以马克思主义发展理论为指导，也要从当今世界其他发展理论的有益成果中获取资源；既要正视自身发展过程中的成就和问题，也要善于借鉴世界上其他后发国家经济追赶的经验；既要考虑经济追赶所必需的经济增长速度、体现自身优势的发展重点，也要考虑发展的全面性、协调性和可持续性。科学发展观的提出，充分反映了上述要求。我们应在科学发展观的指导下，制定当代中国的经济发展战略，从而尽快实现中华民族的经济追赶之梦、现代化发展之梦。

在历史上很长一段时期，中国是世界上经济最发达、综合国力最强的国家之一。直到1500年，中国经济总量还远远领先于其他经济体。此后的300年，世界工业化萌动，中国则由于各种原因失去了与世界工业化同时起步的战略机遇，被西欧赶超。[①] 从1820年到1949年，世界经济处于加速发展的黄金期，而此间的中国经济则处于持续衰落阶段，并由此导致落后与挨打。因此，实现经济上的崛起，重新回到世界发达国家的行列，成为这一时期中国先进知识分子的不懈追求。孙中山曾寄希望于清政府的改革，他在1894年的《上李鸿章书》中指出：如果中国尽快“参行新法”以求政治昌明，做到人尽其才、地尽其利、物尽其用、货畅其流，“以中国之人民材力”，“其时不过二十年，必能驾欧洲而上之”[②]。辛亥革命以后，孙中山又多次阐发过赶超欧美的思想，他殷切地希望中国政治民主、人民团结，“如是数年，必有一庄严灿烂之中华民国发现于东大陆，驾诸世界共和国之上矣”[③]。然而，在当时的环境之下，经济赶超对于中国人民来说只能是一种不可企及的梦想。

中国人民最终在中国共产党的领导下找到了实现强国富民梦想的正确途径。毛泽东在中共七大上的讲话反映了当时大多数中国人的心声：“在新民主主义的政治条件获得之后，中国人民及其政府必须采取切实的步

① 另有学者根据其掌握的数据，得出中国被西欧赶超的具体时间与此有所不同。参见安格斯·麦迪森《中国经济的长远未来》，楚序平等译，新华出版社1999年版，第57页。

② 《孙中山全集》第1卷，中华书局1981年版，第15页。

③ 《孙中山全集》第3卷，中华书局1984年版，第323页。

骤，在若干年内逐步地建立重工业和轻工业，使中国由农业国变为工业国。"①

新中国的成立，揭开了中国历史发展的新篇章。经过近三年的经济恢复，中央决定开始进行有计划的国家工业化建设，提出了"一化三改"的过渡时期总路线。这是一个改造与建设并举的总路线，是中国共产党第一次用总路线的形式概述中国的经济发展战略。同时，中央还制定了"一五"发展规划，并将重工业确立为优先发展的战略重点。为了保证有限的物资和资金主要用于国家的重点建设项目，国家将计划经济体制作为资源配置的主要手段。到 1957 年年底，"一五"计划的各项指标全部超额完成，国民收入年均增长率达到 8.9%，工业产值年均增长率高达 18.4%。当然，这种高速度的经济增长，既包含有恢复性经济增长的成分，同时也与人民群众参与建设的积极性、苏联的支援等因素分不开。

1958 年，毛泽东提出了"赶英超美"的大跃进战略。他在是年 4 月提出："我国在工农业生产方面赶上资本主义大国，可能不需要从前所想的那样长的时间了。"② 同年 9 月，他还进一步提出："为 5 年接近美国、7 年超过美国这个目标而奋斗。"③ 这种盲目的经济赶超思想，给我国的社会主义经济建设带来了严重的影响：一是片面追求工业增长的速度，忽视经济增长的质量，造成严重的资源浪费和环境破坏；二是过分突出重工业特别是钢铁工业的战略地位，搞全民大炼钢铁，造成国民经济比例的严重失调；三是不切实际地大幅提高经济增长的指标，并由此导致虚假统计风和浮夸风。

面对"大跃进"带来的严重经济困难，中央着手进行经济调整，采取了一系列措施，如降低经济增长的指标，改变了人民公社化运动中取消社员自留地的做法等。经过调整，经济增长又恢复了较快的速度，1963—1965 年国民生产总值年均增长率超过 10%。尤为值得一提的是，1964 年 12 月，根据毛泽东的建议，周恩来在三届人大一次会议上正式提出了四个现代化建设的宏伟目标。四个现代化的提出，具有重要的历史意义。

---

① 《毛泽东选集》第 3 卷，人民出版社 1991 年版，第 1081 页。

② 《建国以来毛泽东文稿》第 7 册，中央文献出版社 1992 年版，第 177 页。

③ 同上书，第 368 页。

然而，随后发生的“文化大革命”，打乱了中国经济追赶的步伐。“抓革命，促生产”的良好愿望，在实际中造成了经济发展的十年停滞。在此期间，中国经济不仅没有实现有效追赶，反而拉大了与世界先进国家的差距。

“文化大革命”结束后的头两年，我国经济又陷入了“洋跃进”浪潮之中。受当时领导人在经济发展上急于求成思想的影响，许多地方出现了盲目引进国外技术和设备、盲目上马工程项目的现象。大规模投资远远超出了国家财力，并加剧了积累与消费的矛盾，引起农、轻、重比例严重失调，使国民经济陷入新的困境。

为此，1978 年召开的十一届三中全会只好作出再次调整国民经济的决定，翌年 4 月，中央工作会议正式确定“调整、改革、整顿、提高”的新八字方针。这次调整共用了 7 年的时间：1979—1980 年调整的目标仍是积累与消费，农、轻、重比例关系和工业生产结构；1981—1985 年主要调整农业、工业内部的产业结构和产品结构，调整企业的组织结构。从 1978 年起，中国开始实现了经济发展战略的根本转变，开启了我国改革开放的历史新时期。1978 年的十一届三中全会对于中国是一个标志性事件。中央在反复研究中国国情和深刻反思历史经验教训的基础上，将经济建设重新确立为党和国家的中心工作，确立了改革开放的方针，将改革开放当做实现经济社会发展战略的重要途径。1979 年 7 月 15 日，中共中央、国务院决定在深圳、珠海、汕头和厦门试办特区。设立经济特区为国内的进一步改革和开放、扩大对外经济交流起到了极为重要的作用。1982 年家庭联产承包责任制确立，随着承包制的推行，个人付出与收入挂钩，使农民生产的积极性大增，大大地解放了农村生产力。制度变革使中国农业经济取得了重大发展。1978—1985 年，粮食总产量从 30477 万吨增加到 37911 万吨，增长了 24.4%；棉花产量从 216.7 万吨增加到 414.7 万吨，增长了 91.4%；农村居民家庭人均纯收入从 133.6 元增加到 397.6 元，按可比价格计算，增长了 168.9%。[①] 1984 年 10 月 20 日，中国共产党十二届三中全会在北京举行。会议一致通过《中共中央关于经济体制改革的决定》，《决定》提出了有计划的商品经济，《决定》明确了改革的基本目标和各项要求，为打破计划经济体制创造了条件。1987 年的十三

① 参见国家统计局《中国统计摘要》，中国统计出版社 2008 年版，第 101—120 页。

大提出了“一个中心、两个基本点”的基本路线开辟了具有中国特色的社会主义建设之路。并制定了更加符合实际的经济发展战略。这主要表现在：明确提出我国经济社会发展的战略目标是实现社会主义现代化；为确保实现这一战略目标，邓小平明确地提出了“三步走”的战略部署；与此相适应，还确立了这一战略的重点：“一是农业，二是能源和交通，三是教育和科学”①。“十三大”还提出了经济发展战略的实现途径，从根本上说，是要依靠经济体制改革。

1992 年党的十四大上确定了我国经济体制改革的目标是建立社会主义市场经济体制，第一次明确提出了建立社会主义市场经济体制的目标模式。1992—1997 年，国家对国有企业、金融、外贸、医疗住房及外汇等一系列体制进行改革，宏观调控体制进一步健全；1995 年提出“两个根本性转变”目标：一是经济体制从传统的计划经济体制向社会主义市场经济体制转变，二是经济增长方式从粗放型向集约型转变。标志着我国经济建设将朝着深化体制改革、提高质量的方向发展。在邓小平“三步走”的基础上，江泽民根据新世纪的发展变化在党的十五大报告上提出了新“三步走”的战略目标和战略步骤，随着改革开放和现代化建设的发展，中央根据国际国内形势的变化和经济社会发展的需要，先后提出并实施了一系列重大战略，如科教兴国战略、可持续发展战略，1999 年提出了西部大开发战略；2001 年中国正式加入世贸组织，中国经济融入经济全球化进程加快。2002 年党的十六大确定全面建设小康社会的奋斗目标，提出了走新型工业化道路的思想。2003 年提出振兴东北地区等老工业基地战略；2004 年保护私有财产入宪；2005 年 12 月 29 日，第十届全国人大常委会第十九次会议通过《关于废止中华人民共和国农业税条例的决定》；2005 年提出建设社会主义新农村的重大历史任务，2006 年党的十六届六中全会通过了《中共中央关于构建社会主义和谐社会若干重大问题的决定》，2007 年十七大上把科学发展观写入党章，提出迅速转变经济发展方式，实现国民经济发展“又好又快”的目标和要求，为全面实现小康社会而奋斗。

---

① 《邓小平文选》第 3 卷，人民出版社 1993 年版，第 9 页。

三　当代中国经济追赶的主要成就

经过60多年的努力，特别是改革开放以来30多年的努力，我国经济社会发展取得了长足进步，经济追赶绩效明显。国际地位大大提高，2008年的奥运会让世界聚焦中国，2010年的上海"世博"又再次让世界的目光转向中国。无论是"中国模式"还是"北京共识"① 的提法，都证实了一件事情：中国的改革开放取得了巨大成就。

首先，国民经济高速增长，经济总量大幅提高。国家统计局资料表明，中华人民共和国成立60年来国内生产总值以年均8.1%的速度增长，经济总量增加了77倍，位次跃升世界第3位。1952年，我国国内生产总值只有679亿元，到1978年增加到3645亿元，在改革开放的历史新时期，经济总量迅猛扩张，2008年超过30万亿元，达到了300670亿元，年平均增长8.1%，而1961—2008年世界年平均增长速度只有3.6%。其中，1979—2008年年均增长9.8%，快于同期世界经济增速6.8个百分点。2008年的经济总量比1952年增加了77倍，2008年一天创造的财富量就超过了1952年一年的总量。1952年，我国经济总量占世界的比重很小，1978年才达到1.8%。改革开放以来，我国经济总量占世界的比重不断提高，2008年为6.4%，位居美国和日本之后，居世界第3位。根据世界银行资料，折合成美元，我国2008年国内生产总值为38600亿美元，相当于美国的27.2%，日本的78.6%。② 2009年我国GDP现价总量为（340507亿元，按不变价格计算的增速为9.1%。据国家统计局资料初步测算，2010年上半年我国国内生产总值达到172840亿元，按可比价格计算，同比增长11.1%，比上年同期加快3.7个百分点。其中，第一产业增加值13367亿元，增长3.6%；第二产业增加值85830亿元，增长13.2%；第三产业增加值73643亿元，增长9.6%。60年来，我国经济总量与主要发达国家之

① 2004年5月，英国伦敦外交政策中心发表美国高盛公司顾问、清华大学教授乔舒亚·库珀·雷默（Joshua Cooper Ramo）撰写的一篇题为《北京共识》的研究报告，提出"北京共识"概念。在雷默看来，"北京共识"有三条定理：其一是重视和追求创新，或者说，北京共识简直就是以创新所主导的增长模式；其二是要努力创造一种有利于持续与公平发展的环境，从而体现社会发展的清廉性和人文性；其三是要维护自主和自尊。

② 参见国家统计局报告《光辉的历程　宏伟的篇章——新中国成立60周年经济社会发展成就回顾系列报告之一》（http://www.stats.gov.cn/tjfx/ztfx/qzxzgcl60zn/t20090907_402584869.htm）。

间的差距不断缩小。

表 1－2　　中国主要指标居世界位次[①]

指　标	1978 年	1990 年	2000 年	2005 年	2007 年	2008 年
国内生产总值	10	11	6	4	4	3
人均国民总收入[②]	175（188）	178（200）	141（207）	128（208）	132（209）	130（210）
进出口贸易额	29	15	8	3	3	3
主要工业产品产量						
钢	5	4	1	1	1	1
煤	3	1	1	1	1	1
原　油	8	5	5	5	5	5
发电量	7	4	2	2	2	2
水　泥	4	1	1	1	1	1
化　肥	3	3	1	1	1	1
棉　布	1	1	2	1	1	1
主要农业产品产量						
谷　物	2	1	1	1	1	…
肉　类	3	1	1	1	1	
籽　棉	2	1	1	1	1	
大　豆	3	3	4	4	4	
花　生	2	2	1	2	1	
油菜子	2	1	1	1	1	
甘　蔗	7	4	3	3	3	
茶　叶	2	2	2	1	1	
水　果[③]	9	4	1	1	1	

注：①本表资料来源于国际组织，仅供参考。②括号中所列数为参与排序的国家和地区数。③不包括瓜类。

资料来源：联合国数据库，联合国粮农组织数据库。

其次，人均GDP国际差距缩小，人民生活显著改善。人均国内生产总值在由1952年的119元上升到1978年的381元后，基于持续的高增长，1999年我国人均GNP达到780美元，2003年我国人均GDP（略大于人均GNP）超过1000美元。这表明，我国已经迈出低收入国家的行列。[①]其后又迅速提高到2008年的22698元，扣除价格因素，2008年比1952年增长了32.4倍，年均增长6.5%，其中1979—2008年年均增长8.6%。对于我国这样一个经济发展起点低、人口基数庞大的国家，在60年之内能够取得这样的进步，是一个了不起的成绩。[②] 根据OECD世界经济史专家安格斯·麦迪森的研究，20世纪50年代初期，中国人均收入水平大大低于同期欧美工业化国家的人均收入水平，显示了巨大的发展差距，当时中国是世界上最穷的国家之一。经过近60年的发展，特别是改革开放以来的发展，中国大大缩小了与发达国家和世界人均GDP水平之间的差距。1995年中国人均GDP为2653美元（按购买力平价计算），除了与日本人均GDP的相对差距由1952年的4.4倍扩大为7.4倍以外，与欧洲人均GDP的相对差距由1952年的8.15倍缩小为5.3倍，与美国人均GDP的相对差距由1952年的19.8倍缩小为8.8倍，与世界人均GDP的相对差距缩小为1.96倍（见表1－3）。这表明，中国在缩小与发达国家差距方面显示出现代化的追赶模式特征。[③] 人均GNP水平与世界平均水平的差距逐渐缩小，1978年相当于世界平均水平的10.1%，2008年相当于世界平均水平的32.3%，比1978年提高了22.2个百分点。在世界银行209个国家和地区的排序中，居世界的位次由1997年的145位提升到2009年的100位。

---

① 根据世界银行的研究，按1999年人均GNP（以汇率法计算）划分，人均GNP在755美元以下的为低收入国家，756—9265美元的为中等收入国家，9266美元以上的为高收入国家。而2995美元是下中等收入国家与上中等收入国家的分界线。据此标准，中国被划分为下中等收入国家。参见世界银行《2000/2001年世界发展报告：与贫困作斗争》，中国财政经济出版社2001年版，第275页。

② 参见国家统计局报告《国际地位明显提高国际影响力显著增强——新中国成立60周年经济社会发展成就回顾系列报告之十八》（http：//www. stats. gov. cn/was40/reldetail. jsp？docid＝402591155）。

③ 参见胡鞍钢主编《知识与发展：21世纪新追赶战略》，北京大学出版社2001年版，第199—200页。

表 1－3 人均 GDP 水平国际比较（1700—1995 年）

比较项	年份	中国	日本	欧洲	美国	俄罗斯	印度	世界平均
人均 GDP（1990 年，美元）	1700	600	600	870	600	600	531	604
	1820	600	675	1129	1260	751	531	673
	1952	537	2351	4374	10645	2926	609	2268
	1978	979	12581	10860	18251	6565	972	4382
	1995	2653	19720	13951	23377	4383	1568	5194

资料来源：［英］安格斯·麦迪森：《中国经济的长远未来》，楚序平等译，新华出版社 1999 年版，第 57 页。

表 1－4 人均 GDP 水平国际比较（1990—2008 年）

指标	时间/国家	世界	中国	日本	法国	德国	英国	美国
人均 GDP，PPP 方法（按国际美元，现价）	1990 年	4844	794	18832	17755	18416	16088	23064
	1995 年	5668	1505	22570	20813	22542	19483	27574
	2000 年	6922	2357	25588	26027	25912	25569	34606
	2003 年	7735	3195	27483	28270	28572	29293	37586
	2008 年	10415	5962	34099	34045	35613	35445	46716

资料来源：据世界银行数据库资料整理。

与此相应，人民生活水平也得到显著改善，城乡居民衣食住行条件发生了质的飞跃。1979 年以来，我国城乡居民消费水平增速位居世界前列，消费水平连攀几个大台阶。1978—2009 年，城乡居民的恩格尔系数分别由 57.5% 和 67.7% 下降到 37% 和 43%，总体低于 50%。国家统计局有关综合评价结果表明，中国社会的小康进程大致是：20 世纪 80 年代从贫困走向温饱，20 世纪 90 年代逐渐由温饱迈向小康，20 世纪末全国总体平均水平跨进小康社会的初级阶段，有 3/4 的居民过上了小康生活。① 可以说，千百年来困扰中国人民的温饱问题得到根本解决，祖祖辈辈的小康之梦终于变成了现实。

最后，经济结构实现重大调整，工业化进入中级阶段。经过几次大的结构调整，我国产业结构呈现出明显的由低级到高级、由严重失衡到基本

① 参见国务院发展研究中心课题组《新阶段的中国经济》（上），《经济研究参考》2003 年第 1 期。

合理的变动趋向。据世界银行 WDI 数据库资料显示，从 1978 年到 2008 年，三次产业增加值在 GDP 中的比例，由 28.1：48：23.7 变化为 6.3：49.7：44.0。拉动我国经济增长的主要力量，已由第一产业和第二产业变化为第二产业和第三产业。此外，我国已经建成比较完整的工业体系，其中，制造能力比较强，有一定科技水平，能为国民经济提供相当部分的技术装备。交通、运输、通信日益发达，为经济增长创造了有利的基础设施条件。因此，综合起来看，21 世纪初我国工业化进程已跨越初级阶段，进入中级阶段。①

此外，在我国经济社会发展过程中，体制改革已取得突破性进展，初步实现了从传统的计划经济体制向社会主义市场经济体制的转变；全方位对外开放的格局已基本形成，初步实现了从传统的比较封闭的经济向现代的开放的经济的转变；各项社会事业得到全面发展，社会结构从总体上发生深刻的良性变迁等。

四　当代中国经济追赶的代价分析

发展与代价是人类社会面临的永恒课题，它们就像孪生兄弟相伴而生，人类的发展史是一部以代价与进步并存的历史。而代价是人类社会发展的普遍现象，存在于一切社会形态中。无论是社会主义社会还是资本主义社会，无论是发达国家还是发展中国家，都无法回避。工业革命以来，随着生产力的提高和实践范围的扩大，人类在短短几百年间创造了辉煌的物质成果。但与此同时，人类失去的东西也正以几何倍数增长。

改革开放 30 多年来，我国创造了令世人瞩目的奇迹，取得了巨大的发展成就。但与此同时，我们的发展付出了沉重的代价。这些代价大致可以归为以下三大类。

（一）资源环境代价

恩格斯对人类盲目的实践活动早就作过如下的告诫："我们不要过分陶醉于我们人类对自然界的胜利。对于每一次这样的胜利，自然界都对我

---

① 这一结论，由国务院发展研究中心课题组参照世界银行经济学家钱纳里等人提出的工业化阶段划分标准，同时特别考虑中国经济发展和工业化进程自身的特殊性后提出。

们进行报复。每一次胜利，起初确实取得了我们预期的结果，但是往后和再往后却完全发生不同的、出乎预料的影响，常常把最初的结果又消除了。美索不达米亚、希腊、小亚细亚以及其他各地的居民，为了得到耕地，毁灭了森林，但是他们做梦也想不到，这些地方今天竟因此而成为不毛之地，因为他们使这些地方失去了森林，也就失去了水分的积聚中心和贮藏库。”① 然而，恩格斯的警示并未引起人们的高度重视。因为各种原因，当代中国的发展仍然付出了巨大的资源环境代价。

有学者采用边际机会成本法核算矿产资源价格，对 2005 年度我国 31 个省份 16 种主要矿产资源消耗的损失进行了核算。同时，采用收益还原法核算耕地资源单价，计算了耕地转化为城镇用地造成的经济损失。据计算，该年度我国资源消耗损失共有 16724. 9 亿元，占资源环境成本总额的 67. 8%。其中，矿产资源消耗损失为 15812. 03 亿元，占资源消耗损失的 94. 54%，耕地资源消耗损失为 912. 87 亿元。此外，该年度我国生态退化损失为 3364. 1 亿元，其中，水土流失损失为 2876. 18 亿元，沙漠化损失为 487. 92 亿元；环境污染总损失为 4591. 8 亿元，占 GDP 的 2. 32%。② 这一组数字表明，我国经济发展所付出的资源环境代价是惊人的。

那么，这种代价具有什么性质，又是由哪些原因引起的呢？

代价可以分为不同的类型。就性质而言，它可分为必然代价和人为代价。我国处于社会主义初级阶段，人民日益增长的物质文化需要同落后的社会生产之间的矛盾还是这一阶段的主要矛盾。我们当前的主要任务是发展生产力，在追求高速度的经济发展中，不可避免地会带来资源环境代价，因此，资源环境代价属于必然性代价。但是，资源环境付出的大小是可控的，只要国家、社会、人民共同努力，是可以将其减小到最低限度的，因此，它也属于人为性代价。可见，资源环境代价既属于必然代价也属于人为代价。就主体社会层次而言，代价可分为个人代价、集体代价和社会代价。社会代价是相对于整个人类社会发展而言的，是指不同利益集团在追求本集团利益最大化过程中所造成的整个人类利益的损失，因此资源环境代价是社会代价，是全球性代价。就发生

① 《马克思恩格斯选集》第 4 卷，人民出版社 1995 年版，第 383 页。

② 参见石敏俊、马国霞主编《中国经济增长的资源环境代价》，科学出版社 2009 年版，第 5—10 页。

作用的时效性而言，代价可分为近期代价和长期代价。生态环境的优劣，是关系到现在活着的人与自己的后代的根本利益的大事，因此，资源环境代价又属于长期代价。

资源环境代价产生的原因，归根结底是由人与自然的矛盾带来的，而经济发展与资源环境的冲突本来就是一个世界性的难题。[①] 我们用较短的时间走过了西方发达国家用较长时间走过的路，因而积累的矛盾和问题也就可想而知。我们过去大量启用资源环境和人口红利，为经济持续、高速发展提供了重要支撑。因此，付出沉重的资源代价也就具有一定的必然性。西方发达国家通过掠夺或购买资源、转移污染性产业等方式，对我们中国是行不通的。

当然，资源环境代价的产生，还与长期以来通行的经济发展的衡量标准有关。国内生产总值作为国民经济核算体系（SNA）中最重要的总量指标，被世界各国普遍采用以衡量国家或地区经济发展总体水平，然而传统的国民经济核算体系，特别是作为主要指标的GDP，已经不能如实、全面地反映人类社会经济活动对自然资源的消耗和生态环境的恶化状况，这样必然会导致经济发展陷入高耗能、高污染、高浪费的粗放型发展误区，从而对可持续发展产生负面影响。[②]

与此相关，资源环境代价的产生还与经济增长的方式有很大的关系。2007年，我国创造的GDP只占全球的6%，却消耗了全球15%的能源、30%的铁矿和54%的水泥。高能源消耗、高环境污染和生态破坏成为我国经济高速增长的副产品。世界银行的发展报告把中国和印度同列为经济高增长、环境高污染的国家。[③] 中国技术落后，单位GDP能耗高。中国创造等量的产值要耗用高出世界平均水平数倍的能源（见表1-5）。对比在近代与中国同时起步甚至晚于中国起步的后发国家和地区，我们可以看到有些国家和地区发展也很迅速，可是它们却一直保持着较低的能耗。这说明，我们的节能空间是很大的，减少环境污染和生态破坏也是可能的，别

① 参见中国21世纪议程管理中心可持续发展战略研究组《繁荣与代价——对改革开放30年中国发展的解读》，社会科学文献出版社2009年版，第2—3页。

② 参见王金南主编《中国环境经济核算研究报告2004》，中国环境科学出版社2009年版，第i页。

③ 参见石敏俊、马国霞主编《中国经济增长的资源环境代价》，科学出版社2009年版，第111页。

国能做到的，中国也应能做到。[①] 此外，支撑中国经济发展的资源环境红利已基本消耗殆尽，如果要继续保持经济的长期繁荣，我们就必须找到促进中国经济发展的新的、更多的支撑点。因此，转变经济增长方式，从高资源消耗、高环境污染的高增长转向低资源消耗、低环境污染的高增长，已成为科学发展的当务之急。

表 1－5　　单位 GDP 能耗世界水平比较（1990—2004 年）

国家	中国	新加坡	韩国	中国香港	世界高收入国家	世界平均
（1990—2004 年间）单位 GDP 能耗最高值	24.43（1990）	3.63（1990）	4.02（2001）	1.39（1990）	2.43（1990）	3.95（1990）
（1990—2004 年间）单位 GDP 能耗最低值	8.33（2004）	2.36（2003）	3.33（2004）	0.92（2000）	1.66（2004）	2.65（2004）

注：单位 GDP 能耗（标准油吨/万美元）。

资料来源：据《中国环境发展报告（2010）》数据整理，第 14—15 页。

（二）社会代价

新中国成立以来，特别是改革开放以来，中国经济社会发展取得了显著成效，实现了社会的基本稳定，但在发展中也存在不协调、不和谐的音符。正如温家宝在 2010 年“两会”上指出：“经济社会发展中仍然存在一些突出矛盾和问题……医疗、教育、住房、收入分配、社会管理等方面的突出问题亟待解决。”有学者指出，目前在我们国家社会转型时期已形成了代价群，我们面临的发展代价不是一种，而是多种多样的代价相互交织在一起，错综复杂，互为响应。[②] 概而言之，我国发展的社会代价主要表现在以下方面：

1. 政治腐败，权钱交易

伴随着经济的高速增长和改革开放的深入发展，在体制和社会结构转换的真空地带，受利益驱动的催化，大量以权谋私、以权代法、行贿受贿、贪污腐化等严重损害行政职能正常发挥的行政权力腐败现象逐步滋生蔓延。根据历届《最高人民检察院工作报告》及相关资料统计，1978—

---

① 参见杨东平主编《中国环境发展报告（2010）》，社会科学文献出版社 2010 年版，第 14—15 页。

② 参见邱耕田《低代价发展论》，人民出版社 2006 年版，第 249 页。

2003 年间查处的行政官员贪污贿赂等腐败案件平均每年以 22% 的速度增长，其增长速度超过了国民经济的增长速度。英国《金融时报》亚洲版主编维克托·马莱称：尽管中国多次在全国范围内打击腐败，但一些地方上的官员腐败仍然盛行；在中国不少地区，金钱的诱惑仍然超过对惩罚的畏惧。据最高人民检察院统计，2008 年 1—5 月，全国检察机关共立案侦查各类职务犯罪 16725 件，涉案 20294 人，同比分别上升 8. 3% 和 9. 6% ，其中，大案、要案同比分别上升 14. 5% 和 9. 2% ，有罪判决率上升。[①]

改革开放以来，中国腐败程度的演变经历了由低到高、再由高到低的曲折发展过程，呈现出倒“U”字形。目前虽然仍处在腐败的高发期，但已从高峰期缓慢降了下来，腐败程度的演变趋于缓和而不是继续恶化。由于中国实行的是渐进式、探索式的市场化改革，因此，在资源配置上计划体制和市场体制长期并存，政府对市场的干预和管制行为也时有发生，由此造成的资源计划配置价格和市场配置价格的差价收入即“租”，为寻租型腐败创造了大量的机会。

腐败的社会危害性极大，如果长期得不到有效遏制，它往往会扭曲正在实施的各项改革，败坏改革的声誉，损害我国的国际形象；它还影响社会主义市场经济的运行，给国家和集体造成巨大损失，破坏了市场经济秩序；此外，它还直接危及社会稳定。腐败现象对人们的心态的影响比较强烈和直接，能导致人心涣散、信仰丧失、理想和信念崩溃、社会风气败坏。

除了那些大的制度性和大人物的腐败外，我们还要警惕“小腐败”、“小人物的腐败”，即稍稍有一点权势或资源的人就利用自己手中的职权去谋私利的腐败。小腐败对社会的渗透性强，涉及面广，与群众利益直接相关。这种腐败就发生在老百姓身边，因此，老百姓天天能感到腐败的存在。小腐败的泛化，败坏了社会伦理和基本秩序，造成了整个社会的紊乱和社会秩序的解体，社会运行被“潜规则”所左右，“久而久之腐败开始成为一种人人都要去适应的生活方式，甚至成为被人们接受或默认的价值”。[②]

---

① 汝信、陆学艺、李培林主编：《2009 年中国社会形势分析与预测》，社会科学文献出版社 2008 年版，第 20 页。

② 孙立平：《潜规则使我们失去了什么?》，《新远见》2006 年第 9 期。

当前，诱发腐败的因素还大量存在，反腐败斗争犹如逆水行舟，不进则退。只有坚持不懈地努力，不断深化改革，继续加大反腐败斗争的力度，腐败现象才有希望得到有效遏制。

2. 贫富分化，分配不公

当前，我国的贫富分化问题已经非常突出。按照国际通行的判定标准，我国已跨入居民收入很不平等的行列。据2008年中国社会科学院"中国社会状况综合调查"课题组调查数据测算，2007年城乡居民家庭人均年收入最高20%收入组的家庭平均收入是最低20%收入组的17.1倍。区域间的收入差距也相当明显，东部地区的居民家庭人均年收入平均是西部与中部的2.03倍和1.98倍。[①] 我国的基尼系数也远远高于日本、韩国等国家（见表1-6）。2010年"两会"期间，九三学社提交的《关于优化国民收入分配结构，推动经济社会持续健康发展的提案》指出：目前我国基尼指数已达0.46，远远超过警戒线，10%左右的家庭占有了45%的城镇居民总财产。提案认为，我国收入分配结构失衡的一个原因是劳资机制不健全，劳动者工资仅占企业运营成本的不到10%，远远低于发达国家的50%。同时，由于政策的倾斜和行业的垄断，导致一些垄断性企业在非平等竞争中处于优势，失去了斗志，削弱了进取心，提供的产品和服务质量差，科技含量低，从而造成社会资源的浪费。一些单位的干部和职工灰色收入、黑色收入膨胀。

表1-6　居民收入分配

国家和地区	年份	基尼系数	各组占全部收入或消费的比重（%）				
		Index	最低的20%	第二个20%	第三个20%	第四个20%	最高的20%
中国	2005	0.42	5.73	9.80	14.66	22.00	47.81
印度	2005	0.37	8.08	11.27	14.94	20.37	45.34
日本	1993	0.25	10.58	14.21	17.58	21.98	35.65
韩国	1998	0.32	7.91	13.56	17.95	23.13	37.45

① 汝信、陆学艺、李培林主编：《2009年中国社会形势分析与预测》，社会科学文献出版社2008年版，第20页。

续表

国家和地区	年份	基尼系数	各组占全部收入或消费的比重（%）				
		Index	最低的 20%	第二个 20%	第三个 20%	第四个 20%	最高的 20%
加拿大	2000	0.33	7.20	12.73	17.18	22.95	39.94
美国	2000	0.41	5.44	10.68	15.66	22.41	45.82
法国	1995	0.33	7.18	12.62	17.19	22.80	40.21
德国	2000	0.28	8.52	13.72	17.79	23.09	36.88
英国	1999	0.36	6.14	11.41	15.96	22.47	44.02

资料来源：世界银行 WDI 数据库。

目前，分配不公已在我国引发了许多社会问题，给经济发展和社会安定带来了潜在危机，主要表现为：城乡收入差距拉大，直接影响农民生活水平的提高，引起农民的不满，严重挫伤了农民的积极性；地区收入差距悬殊，直接影响低收入地区的生活水平的提高，加剧了地区经济发展的不平衡状况；行业之间收入差距较大，高低收入阶层分化问题严重。收入和财富占有高度分化——一极是占有人口少数的暴富利益群体，另一极则是人数众多的贫民。此外，分配不公还诱发一些带有“劫富”特征的暴力犯罪行为的出现，盗窃、抢劫、绑架等案件屡见不鲜，严重影响社会稳定。

贫富差距问题产生的原因何在？有学者指出，目前中国社会贫富悬殊，主要来自机会的不平等，贫富问题的要害在于，官僚与资本的共谋导致了不公平竞争，使财富与勤劳、智慧这些传统美德关系不大，而更多来自权力与剥削的结合。① 此外，收入差距的扩大与市场化的改革目标有一定的关系。市场化改革有扩大收入差距的作用，因为市场经济是一种竞争经济。当然，体制改革进程中的制度供给不足，也是造成财富分配不公的重要原因。

3. 文化失范，道德滑坡

“一切固定的僵化的关系以及与之相适应的素被尊崇的观念和见解都

① 参见吴敬琏《改革仍需过大关》，《商务周刊》2008 年第 5 期。

被消除了，一切新形成的关系等不到固定下来就陈旧了。一切等级的和固定的东西都烟消云散了，一切神圣的东西都被亵渎了。人们终于不得不用冷静的眼光来看他们的生活地位、他们的相互关系。”① 这是马克思、恩格斯关于资本主义市场经济发展给社会生活带来冲击的一段经典描述。从某种角度看，这段话无疑也非常适合当下中国。中国经济腾飞给人们物质生活带来巨大变化，使中国呈现出历史上少有的太平盛世景象。然而，在这繁华景象的背后，曾经作为世世代代中国人精神依托的一些传统文化、道德观念，正一步步从我们身边离去。于是乎，许多人陷入了从未有过的精神迷惘与困惑。更重要的是，现代化的进程在动摇、瓦解传统价值秩序之后，并未为人们提供一种新的、充分体现人性尊严和生命价值、令人信服的价值信仰体系，使之成为安顿灵魂的新寓所。在失却终极价值理想的生存环境中，世界不再有什么神圣、永恒的东西，人生不再有崇高的价值与意义可言。温馨的故园已遭毁弃，维系着世代和谐与持久意义的生命纽带已经断裂，一种无家可归、四处流浪的放逐者意识笼罩着许多人的心灵。当前许多中国人由此陷入了难以名状的心灵阵痛与精神焦虑之中。有学者曾写道：“在人们的道德、伦理方面发生的种种病变……它使一颗颗敏感而天良尚存的心灵在刺伤中颤抖失望，也一点点地侵蚀着、戕害着、败坏着我们这个古老民族的魂魄。”②

在经济生活领域，欺诈、胁迫、虚假广告等不正当竞争行为增加，经济主体为了追求个人利益最大化，不惜违反、背离社会主义市场经济公平竞争、自愿诚信的基本道德原则；在政治生活领域，官民关系异化，各种腐败现象突出；在文化道德生活领域，人们是非标准模糊、社会责任感淡漠。这些现象的产生，无疑是多种因素综合作用的结果。其中，市场经济制度发展的不完善才是道德滑坡失范的体制原因。市场机制和规则的不完善、不健全，必然会使市场经济行为出现不规范现象，继而引起社会道德行为的不规范。市场经济要求人们依法经营、等价交换、平等竞争，而市场上出现的假冒伪劣、不讲信用等现象，是与这些原则相违背的。这些不公平现象的出现，是市场经济发育不成熟，运行机制不健全造成的。“市场经济假设的商人，是一个以营利为目的的经济人，在这个转型时期，市

---

① 《马克思恩格斯选集》第 1 卷，人民出版社 1995 年版，第 275 页。

② 刘智峰：《道德中国》，中国社会科学出版社 2001 年版，第 8 页。

场关系又是一种纯粹的物质利益关系，导致人们过于追求私利，而淡忘了传统中的尊老爱幼、修身齐家、治国平天下等优秀的美德。”[①] 此外，社会转型的影响也不容忽视。诚如一些学者指出，在中国传统社会中，封建的道德和法制一直占据着主导地位。新中国成立后，社会主义法制虽然得到一定程度的发展，但是在“文化大革命”时期又几乎全部遭到破坏，结果导致了整个社会思想的大动荡。改革开放以后，随着西方生活方式和思想观念的传入，给本来就很迷茫的中国人造成了极大的冲击。由于当下中国社会转型太快，而道德体系建设没有跟上社会主义市场经济体制建立的步伐，是非、善恶、美丑的界限混淆甚至颠倒，由此导致道德行为失范、评价混乱、精神迷失。

4. “三座大山”，民生问题

看病贵、上学难、房价高，近年来被网民们称为加重人们生活负担、影响人们生活质量的新“三座大山”，成为新的民生三大问题。

中国人历来重视住房问题。孟子的“居者有其屋”，就反映了中国传统社会人们的生存梦想。但是，在旧中国，由于受剥削制度的影响，加之天灾人祸，穷人流离失所的现象时有发生，许多人的住房愿望往往落空。于是，像杜甫这样的现实主义诗人不由发出慨叹：“安得广厦千万间，大庇天下寒士俱欢颜”。20 世纪初，中国民主革命先驱孙中山先生也把“居者有其屋”列入其建国方略，从而把中国人的住房权利提高到新的重要地位。中国共产党历来重视广大人民的根本利益，使人民有饭吃、有衣穿、有房住，是其最基本的奋斗目标。

改革开放以来特别是 1998 年以来，随着城镇住房制度改革不断深化，住房消费有效启动，房地产业总体上保持了快速健康发展的势头。城镇居民人均住房建筑面积，已由 1998 年的不到 19 平方米提高到现在的 26 平方米以上，城镇住宅成套率达到 80% 以上。[②] 应该说，能取得如此成绩，确属不易；但在肯定成绩的同时我们也应注意到，在住房方面我国还存在不少困难，尤其是近几年住房市场化带来的问题逐步显现。其一，住房价格偏高，房价收入比远超国际水平。近年来，由于各种因素的综合影响，

① 胡林英：《道德内化论》，中国社会科学出版社 2007 年版，第 137—138 页。

② 建设部：《加强房地产市场调控，促进房地产业健康发展》，《人民日报》2006 年 8 月 6 日。

我国城市住房价格连年飞涨，上涨幅度之快、房价水平之高，远远超出民众购买能力。目前，国际上公认的“合理的住房价格”的“房价收入比”应为3—6倍，而我国的房价收入比早已大大超过了这一数字。2006年第三季度的统计分析显示，京沪穗深四地的“房价收入比”均达到10以上(分别为13.55、15.55、12.67、15.76)①，2007年以来有了更快的增长，远超纽约、巴黎、东京等国际大都市。其二，住房供应结构性矛盾突出，中低收入家庭住房困难。一些地方政府热衷于高价土地转让和表面红火的房地产经济，以此追求GDP增长和政绩，对中低收入家庭住房困难漠然视之。由于经济适用房、廉租房供应量严重不足，而申请者众多，不少地方采用摇号的方式解决问题；其结果是除少数喜极而泣的中号者以外，大多数申请者怅惘失落、继续苦盼。其三，在一些地方的房地产开发过程中，权力寻租、出租现象比较突出。一些地方官员为了私利，由人民的公仆蜕变为少数开发商的私仆，滥用行政权力，操纵土地转让价格，强制野蛮拆迁，严重损害了国家利益和人民利益。其四，住房法制建设滞后，房地产市场秩序比较混乱。我国住房法制建设相对滞后，一些方面的立法还刚刚起步，执法工作的力度又不够。对于房地产行政部门及其工作人员，法律约束偏软，违规审批、索贿受贿等违法违规行为时有发生；对于房地产开发企业，违法违规行为查处不力，操纵信息、哄抬房价、非法预售、合同欺诈、暗箱操作、偷税漏税现象普遍存在；对中介服务机构及其从业人员，也缺乏有效的管理和监督。

从目前来看，上述问题虽然是局部性的，但影响面大，群众意见多，社会广泛关注；如果任其发展，有可能演化成全局性问题，并且有可能引发和加剧各种社会矛盾。孙中山先生称：“管理众人的事便是政治”；邓小平以“人民满不满意”、“人民答不答应”、“人民高不高兴”作为想问题、办事情的标准；江泽民要求我们党要始终代表最广大人民群众的根本利益；胡锦涛多次强调“权为民所用，情为民所系，利为民所谋”。住房问题作为一个牵动全社会、引起广大群众关注的问题，绝不能仅仅从经济角度去认识，还应该从政治角度注意它给社会和谐带来的危害性，认清解决问题的紧迫性。

---

① 袁照沛：《京沪穗深四地“房价收入比”走进红色警戒线》，《中国证券报》2006年11月18日。

众所周知，市场经济有其优势，但是市场本身并不完美，它不能解决外部性、垄断、公共物品等问题，存在着种种弊端。诚如尹中立、郭建波等学者指出，在市场经济条件下，住房作为一种商品，有其特殊性，单靠市场不能解决住房问题。其一，住房具有外部性特征。作为一种商品，住房在生产和消费过程中存在着比较突出的外部性。除了对自然环境、社会治安的影响以外，住房的外部性还表现在它会影响居民的身心健康、教养水平、身份认同乃至社会流动。因此，一个负责任的政府应该制定相关政策，去影响住房的供求关系，从而提高优质住房的外部收益，降低劣质住房的外部成本。其二，住房具有准公共物品特征。住房不是纯粹意义上的公共物品，但具有若干公共物品的属性。住房不仅包括室内空间、室外建筑，而且包括周围的环境（空气、绿化、生活设施、交通条件等等）。在一定意义上，可以将住房及其配套设施（如建筑物外墙、公用道路、公共走廊及楼梯、路灯、绿化带、文体活动室等）视为公共物品。[①] 其三，住房具有社会保障性特征。住房是人类仅次于吃、穿的生存必需品，是人作为人应该享有的基本权利。在当今社会，虽然人人拥有房产并不现实，但是，人人都有住房不应是梦想。保障人人有住房，这绝非政府的施舍或恩赐，而是维护基本人权、实现社会公平的必然要求。早在19世纪70年代，恩格斯在《论住宅问题》中就指出了这一措施“具有公共福利形式”的性质。[②] 此外，住房在价格形成上具有特殊性。由于住房是不动产，它不能像电子产品那样可按同一标准被无限制地复制，这使得住房市场不可能是完全竞争市场；住房不仅是消费品，而且可以成为投资品，因此，住房市场不存在均衡点，因而也没有均衡价格，这是房地产市场经常产生泡沫的原因所在[③]。

住房商品的上述特殊性，决定了政府应该在住房市场上有所作为。事实上，世界上大多数市场经济国家的政府也正是这样做的。许多资本主义市场经济国家都承认单靠市场解决不了低收入家庭住房问题，都采取了一定的政府干预措施。[④] 当然，由于住房问题的复杂性，这些国家取得的干

---

① 尹中立、郭建波：《政府应积极干预住房市场》，《中国经济时报》2005年3月22日。

② 《马克思恩格斯选集》第3卷，人民出版社1995年版，第157页。

③ 尹中立、郭建波：《政府应积极干预住房市场》，《中国经济时报》2005年3月22日。

④ 参见孙来斌《住房问题是一个政治问题》，《探索与争鸣》2007年第11期。

预绩效不尽相同；从根本上讲，只要还存在着不平等的社会制度，就不可能彻底解决住房问题。正如恩格斯所云："要消除这种住房短缺，只有一个方法：消灭统治阶级对劳动阶级的一切剥削和压迫。"① 但是，它们所采取的措施毕竟反映了市场经济条件下住房问题的某些共性。由此可见，将住房问题"政治化"，在世界范围内具有一定的普遍性。

近年来，在"两会"代表、委员的热议声中，在社会关注、媒体聚焦之下，教育不公平也成为一个无法回避的话题，上海社会科学院社会学研究所研究员徐安琪主持了一个名为《孩子的经济成本：转型期的结构变化和优化》的调研报告。② 该报告称，从直接经济成本看，0—16 岁孩子的抚养总成本将达到 25 万元左右，如估算到子女上高等院校的家庭支出，则高达 48 万元，估算 30 岁前的未婚不在读的子女的总成本达到 49 万元（这项追踪调查是以 2003 年的物价水平，0—30 岁孩子的父母在一年中平均花费的相加之和）。以 2003 年为例，中国人均 GDP 已经达到 1000 美元，相当于人民币 8700 元左右，但 5000 元本科学费竟得花去一半还多。③ 20 年间大学每学年的学费增长了 25 倍，一名农民辛辛苦苦 13 年的收入，才能供得起一个孩子上大学。

教育支出高出普通家庭的承受能力是造成学生辍学的重要原因。长期以来的城乡差异，使农村和贫困地区的人向往城市生活。而"跳农门"、改变子女命运的最现实的手段便是让子女受教育。正是在这一希望的支持下，不少农民咬紧牙关、节衣缩食供子女上学，但当他们发现教育收费高出家庭的承受能力时，许多人无奈选择了辍学。由于近年来教育支出上涨太快，连大多数城市家庭也都感到了压力。由于学费增加、失业人数增加等原因，贫困家庭负担子女教育支出越来越困难，使得本应由全体公民共享的公共教育资源（特别是优质教育资源），越来越成为部分人的特权，从而加剧了教育不公平。读大学不容易，大学毕业就业更不容易。近年来，中国大学生就业难开始爆发。大学毕业生猛增，大学毕业生就业率大幅度下降，必将产生很多的社会问题。

---

① 《马克思恩格斯选集》第 3 卷，人民出版社 1995 年版，第 142 页。

② 谢少媛：《养孩子要花 49 万元！教育成本：不能承受之重》（http：//learning. sohu. com/20060302/n242101044. shtml）。

③ 文志传：《啊，谜一样的大学学费》（http：//www. people. com. cn/GB/guandian/1036/2654871. html）。

教育是培养人的社会活动，教师和教育部门领导的一言一行对可塑性极强的青少年一代有着潜移默化的影响。教育不公平影响到学生对社会的认识、生活态度、价值取向等，与其他社会问题相比，教育问题的影响范围更广。教育属于社会性的公益事业，教育问题涉及亿万个家庭，与社会每个人的利益息息相关，直接影响我们民族的未来和国家的富强。

除教育问题外，医疗问题也是全社会关注的焦点。来自卫生部的统计数字显示，20 世纪 80 年代，全国一年的总体医疗费用为 143. 2 亿元，到 2003 年上升到 6623. 3 亿元，20 多年增长了 40 多倍。与此同时，在总体医疗费用中需要个人支付的比例，也由 21. 2% 上升到 55. 5% 。[①] 银行中高达 14 亿元的居民储蓄，也多是老百姓为应付这些问题所准备的。据 2005 年全国卫生工作会议称，医疗资源总体不足、医疗资源分布不均匀、医疗保障覆盖面太小、医疗费用上涨过快、政府投入不足五大因素抑制了群众的医疗服务需求，导致中国内地 48. 9% 的群众有病不去医院就诊，有 29. 6% 的病人应住院治疗而不住院。

百姓看病难、看病贵问题的症结在于医疗体制改革，最大的问题是医院的公益属性与市场化生存方式发生严重分裂。在北京举行的 2005 中国医疗机构改革首届医院品牌与发展论坛上，劳动和社会保障部社会保险研究所医疗保险室主任关志强近日阐明了上述观点。他说，由于国家公共投入不足，又没有及时建立起有利于医院改革与发展的筹资机制，从而使医院生存环境恶化，加上政府监管缺位，导致医院的公益属性与市场化生存方式发生严重分裂，医疗机构陷入无序竞争状态。与此同时，医院依靠信息不对称和行业技术垄断来牟利的做法，进一步加剧了医疗资源浪费和医疗费用畸高的趋势，老百姓“看病难、看病贵”势在必然。原卫生部部长高强在 2006 年 2 月 18 日召开的“中国医院协会报告会”上称：“六大原因导致看病贵看病难：医疗资源结构失衡，财政投入严重不足，医疗保险发展缓慢，药品流通秩序混乱，公立医院逐利明显，医疗市场监管不力。”[②]

---

① 唐勇林：《调查称 85. 3% 公众感觉生活负担比十年前更严重》，《中国青年报》2006 年 3 月 20 日。

② 《卫生部部长高强：六大原因导致看病贵看病难》，来自新华网（http：//www. xinhuanet. com）。

改革开放以来中国经济发展取得了重大成果，但是，在教育改革和医疗改革等方面均没有取得重大突破，这主要是因为改革的进程和发展阶段问题。至少在2000年之前，社会发展在中国公共政策的谱系中并没有独立的地位，而是从属于、依附于经济发展的内在要求。在社会转型过程中，由于原有的“游戏规则”和“稳定的秩序”被冲击和打破，新的行为规范和社会的调控体系尚未完全建立起来，整个社会存在着激烈的矛盾和非常态冲突。社会转型常常需要在各种目标和利益之间作出先后次序的选择和取舍，因此不可避免地造成一些社会矛盾、压力和痛苦。转型的速度越快，深度和广度越拓展，它所产生的矛盾、混乱、压力和痛苦就越多，支付的社会代价就越大，这是历史发展的必然规律，转型社会是社会代价集中付出和产生的时期。

自2003年中央提出科学发展观以来，这种经济主导型的发展观才慢慢被打破，“促民生”成为中国政府新的施政纲领；社会保障体系的建设，成为“促民生”的核心之一。由此，中国的发展有了双轨道，社会发展与经济发展并驾齐驱。[①] 近几年来，在平抑房价、治理教育收费、医疗改革等方面，政府采取了一系列措施，并初见成效。

（三）个体代价

马克思在19世纪50年代指出：“在我们这个时代，每一种事物好像都包含有自己的反面。我们看到，机器具有减少人类劳动和使劳动更有成效的神奇力量，然而却引起了饥饿和过度的疲劳。财富的新源泉，由于某种奇怪的、不可思议的魔力而变成贫困的源泉。技术的胜利，似乎是以道德的败坏为代价换来的。随着人类愈益控制自然，个人却似乎愈益成为别人的奴隶或自身的卑劣行为的奴隶。甚至科学的纯洁光辉仿佛也只能在愚昧无知的黑暗背景上闪耀。我们的一切发现和进步，似乎结果是使物质力量成为有智慧的生命，而人的生命则化为愚钝的物质力量。现代工业和科学为一方与现代贫困和衰颓为另一方的这种对抗，我们时代的生产力与社会关系之间的这种对抗，是显而易见的、不可避免的和无庸争辩的事实。”[②]

---

① 汝信、陆学艺、李培林主编：《2010年中国社会形势分析与预测》，社会科学文献出版社2009年版，第74页。

② 《马克思恩格斯选集》第1卷，人民出版社1995年版，第775页。

马克思认为，在资本主义时代，一方面是机器、技术、财富、科学、现代工业的发展，即物质生产力的发展；另一方面则是人的体力的衰退、道德的败坏、愚昧无知的盛行、人与人之间关系的恶化以及社会对人个性压抑的增长，即反人类力量的增长。生产力的发展与人的发展表现出了极大的不一致性。在马克思看来，在公正合理的共产主义制度建立之前，生产力发展与人的发展的不一致是普遍的、必然的，“只有在伟大的社会革命支配了资产阶级时代的成果，支配了世界市场和现代生产力，并且使这一切都服从于最先进的民族的共同监督的时候，人类的进步才会不再像可怕的异教神怪那样，只有用被杀害者的头颅做酒杯才能喝下甜美的酒浆”①。面对当代资本主义发展给人带来的异化现象，法兰克福学派的马尔库塞指出：“从资本主义向社会主义过渡尽管是一场革命，但它看来依然是量变。人被其劳动工具所奴役的状态，在一种高度合理化的、效率极高、前途远大的形式中得到继续”②。我国由于还处在社会主义初级阶段，人的发展还处于不发达阶段，人的实践活动自身仍然存在着一些负态效应，人自身的活动还受动物性本能、物质力量以及个体局限性的束缚。当然，这与资本主义社会人的异化存在着本质的不同。但是，由于当前中国仍处于社会主义初级阶段，由于我们采取了市场经济的一些做法，因此，马克思所揭示的生产力的发展与人的发展不一致的现象，马尔库塞所批判的人的“单向度”问题，在当前我国也不同程度地存在。可以说，当代中国的社会发展付出了巨大的人的个体代价。

1. 劳动强度加大

当前，人们在就业、就学、住房、交通等方面面临重重困难和压力，一定程度上限制了人们生活方式、交往方式、生活态度向健康文明方向的发展，另外，我国旧的分工格局远未真正打破，脑力劳动与体力劳动、城市与农村、工业与农业及各民族间的差别仍很大，人们的个人才能、兴趣、爱好的施展受到制约。生存、生活使得工薪族不得不“自愿”延长劳动时间、“自愿”加班，农民也一样不得不加班加点多种庄稼，远远超过8小时工作日的时间；机器在提供方便的同时指使着人，人要学会操作

① 《马克思恩格斯选集》第1卷，人民出版社1995年版，第773页。

② ［美］赫伯特·马尔库塞：《单向度的人》，刘继中译，上海译文出版社2006年版，第40页。

机器，去适应机器，随着机器转。据报道，2004 年仅前 9 个月，全国共有 4100 多人死于煤矿事故。而非官方统计显示的意外死亡人数可能还要多。显然，把利润放在第一位，把利润和产值看得高于人的生命，必然忽视安全，忽视严格科学的管理、安全设施的投入和市场规范。制度建设和规范的缺失，是粗放式增长的重要特征，这可以被称为“制度的粗放”。实际上，这种情况在中国的医疗体制、环境与资源保护体制中同样存在。

2. 人际交往异化

在《1844 年经济学哲学手稿》中，马克思通过异化劳动理论表述了他的交往异化思想。马克思说：“人同自己的劳动产品、自己的生命活动、自己的类本质相异化的直接结果就是人同人相异化。”①

适应全球化的趋势，中国目前处于社会转型时期，处于市场经济的不发达阶段。以公有制为主体，多种经济成分并存是目前所有制结构的状况，经济领域内的私有成分等使得交往异化在当代中国社会的存在成为一个不可争论的事实，也是当今中国社会存在交往异化的深层物质根源。当前中国社会人际交往异化主要表现在以下两个方面。

第一，人际交往物化，趋利益化。市场经济的利益最大化原则构成了现代社会的生存逻辑，追求个人利益成为一切行为的出发点，当前，许多人开展人际交往，直接以对自己是否有用为目的，人与人之间的关系变得冷漠、功利。为了钱，人变得自私自利，甚至不惜以身试法、步入歧途。这种“人”是自身异化了的存在，人同其本质是相分裂的。这种“人”不是按人的方式来组织世界的，他们是从个人的需要和利己主义出发进行交往，他们的交往不是人的自觉行为，而是一种被迫行为，交往不是表现为个人目的，而是表现为个人为维持生存的手段，这样的交往是一种异化了的交往。在异化交往中他人和我不是作为同等主体的关系，而是一种互为手段的关系。在异化交往中，人的愿望、活动以及同他人的关系都成了异己的力量，人在异化交往中越来越丧失自身。在商品社会中，货币是把人与人、人与社会、人与自然联系起来的纽带，它是交往的基础和动力来源。由于导致了人们由对货币的依赖转变为对货币的崇拜，并进而把经济关系及其运行机制引入人的交往世界、情感世界中来。②

---

① 马克思：《1844 年经济学哲学手稿》，人民出版社 2000 年版，第 59 页。

② 陈双凤：《现代社会交往异化难题及其破解》，《陇东学院学报》2009 年 5 月第 3 期。

第二，人际交往表面化、疏远化。它指交往主体的交往仅停留在礼节性的应酬、虚假的客套上，是一种模式化的交往。交往主体之间不是坦诚相见，而是戴着面具，人们用言不由衷的语言、机械的动作、规范化的微笑与他人交往。人们花很多时间去谈论一些无关痛痒的、非常表面的话题，害怕被别人窥探到自己的内心情感世界和真实思想，人们戴着面具去审视、揣测交往的对象，对交往对象充满了戒备之心。在这种状态下，人日益失却了自我与个性，日益变得不是他自己，日益感觉到苦闷、孤独、缺乏安全感。在现代社会中，人们虽然时常处于被孤独吞噬的状态中，却“懒于交往”，情愿躲在自己狭小的碉堡中孤立地存在着，人与人的心灵之间隔着厚厚的城墙。人们虽然渴望交谈，渴望倾诉，渴望情感的宣泄，但又没有动力和热情去爬越那厚厚的城墙。交往的“懒散性”带来的是人际关系的冷漠化，“各人自扫门前雪，哪管他人瓦上霜”，人际关系的冷漠化在大城市中表现得尤为突出。人们对面相逢不相识，人声、笑声相闻，但老死不相往来；大家都充满戒备、彼此孤立地生活着，过着一种井水不犯河水的生活。但是，人的精神是要有所寄托的，人的情感是需要寻找出口的，而网络提供了这种情感寄托的平台。人们日益与真实的世界相疏离，人与人之间的距离也越来越遥远。在现实的人际交往中，人往往会自觉地遵守社会规范，让自己在交往的对象面前像个“人样”，但是，在网络世界中，借助网络的虚拟性，真亦假来假亦真，人就可以直接地展现自我，无疑，这将会导致交往进一步异化。

异化现象存在的根本原因是中国目前生产力水平还比较低。马克思曾经明确指出，处于一定生产力水平的分工与私有制是异化产生的根源。根据马克思异化劳动理论的逻辑，异化的消亡需要依靠生产力的高度的、全面的发展。由此可以看出，异化和私有财产一样，都是历史地存在着的。只有私有制消亡，劳动真正成为人的第一需要，异化现象才会完全消失。尽管异化是同私有制和私有财产紧密相连的，但是目前在中国存在的异化现象又不完全是私有财产、私营经济带来的。这些现象的出现与中国封建思想残余以及改革开放过程中外国腐朽思想的侵入有关。

3. 心理机制失衡

现代性制度、网络技术在使人形成丰富的关系的同时逐渐使个体形成一种“生存的孤立”，这种孤立不是物的依赖关系上的孤立，而是指意义关系上的孤立，“是与实践一种圆满惬意的存在经验所必需的道德源泉的分离”。①

人是社会中的人，社会性是人的本质属性。人的心理状态，无论和谐与否，归根结底都是对社会现实的主观反映。社会心理是否和谐，从根本上说，取决于社会现实的和谐与否。当前，我国社会总体和谐，但同时也存在着这样那样的问题和一些不和谐的现象。这些社会的不和谐反映到人的心理，就形成了与之相对应的各种心理的不和谐，其中，最为突出的主要有以下几种：②

一是相对剥夺感和社会不公感。改革开放以来，我国社会生产力有了飞速发展，人民生活水平普遍提高，但改革也是对利益格局的深刻调整，必然触动了部分人在旧体制下的既得利益，使他们形成强烈的今不如昔的心理落差，从而产生相对剥夺感。收入差距的日益扩大，也使不少人通过横向的社会比较认为自己在改革中获得的利益较少，会感到社会分配不公而产生相对剥夺感。

二是话语权缺失的压抑与郁闷。我国是人民民主专政的国家，我国宪法规定了人民当家作主的地位和权利。但是，在现实生活中，普通百姓却越来越多地失去了话语权，很少体会到当“主人”的感觉；体会到更多的则是自己作为社会“主人”话语权缺失的压抑及郁闷以及无法与权力抗衡的渺小与无奈。

三是价值迷失与心灵空虚。改革开放以来，由于国际上不同思想文化的碰撞交流和国内经济政治体制的深刻变革，我国人民的思想观念发生了深刻变化，出现了价值取向的多元并存。增加了人们价值评价和价值选择的难度，使人们对基本的价值判断产生了迷茫和困惑，失去了人生的目标和方向。尤其是随着西方价值观念的日益渗透和市场经济的利益驱动，拜金主义、利己主义、享乐主义日渐泛滥，物质、金钱、权力被异化为统治人的力量，以物为本、以钱为本、以官为本等价值观念沉渣泛起。

四是忧虑心理和不安全感。在现代社会，受各种因素的影响，人们越

① ［英］安东尼·吉登斯：《现代性与自我认同》，赵旭东等译，生活·读书·新知三联书店1998年版，第9页。

② 周玉、马建军：《构建和谐社会中的心理和谐及其实现途径》，《四川理工学院学报》2010年第1期。

来越缺乏安全感，对未来产生忧患心理。就社会因素而言，当前的社会保障体系还不够健全，一些人尤其是低收入阶层对基本生存保障心存忧虑，特别是医疗问题；市场经济的利益驱动性使一些人片面追求经济效益而置其他于不顾，近年来食品安全事件的频频爆发，接二连三地冲击着人们的敏感思维，不少人因此产生了对食品的心理恐惧；制假售假的屡禁不止，使人们对假冒伪劣产品防不胜防；一些地方的社会治安，也使人们时刻担心着自己的人身、财产安全等。就自然因素而言，近年的冰雪灾害、地震洪灾等也在很大程度上使人们感到强烈的不安全感。此外，各种交通事故、非典、禽流感、甲型流感等突发事件的发生都让人感到未来的不确定性而产生不安全感。这种心理挫折或心理上的不和谐虽然不一定都引起攻击，但它毕竟是诱发攻击行为的重要原因，是造成社会不和谐的心理因素。

就人类社会总体发展来讲，代价的付出是不可避免的。由历史主体认识的相对性和历史局限性所造成的代价也是不可避免的。[①] 发展既不能不付出代价，又不能付出过大的代价，这里的关键问题是要把握住代价付出的合理的“度”。在度内才能保证社会健康发展，促进社会进步，超过了度就会抵消发展的积极成果，甚至引起事与愿违的消极后果。

“社会主义改革是我们前人所没有做过的伟大事业，在前进的道路上我们还会遇到困难和阻力。”[②] 因此，我们要进行的经济体制改革，作为社会主义制度的自我完善，在改革的进程中，也势必要承担风险，付出代价。在社会主义市场经济的建立和发展过程中，我们会逐步摆脱人的依赖关系，但同时又会陷入物的依赖关系中，导致人的物化，如人的社会关系的物化，利己主义、拜物教和拜金主义的泛滥等。经济体制的改革势必会在某种程度上打破原有的利益关系和社会格局，引起经济生活、社会生活、工作方式和精神状态的一系列深刻变革，带来许多新的困难和问题，尤其是对国有企业实施股份制改造、产权制度改革的推行，打破了原有的传统经济运行方式，引起了人们思维方式、生活方式的巨大变革，使决策部门在社会发展的公平与效率的两极之间承担一定

---

① 韩庆祥、李欣雁：《关于当代社会发展与代价问题的宏观考察》，《天津社会科学》1994年第5期。

② 《邓小平文选》第2卷，人民出版社1994年版，第206页。

的社会风险。也就是说，在社会主义市场经济体制的逐步完善进程中，付出一定的发展代价是不以人的意志为转移的社会发展的客观要求和趋向，更何况经济体制改革的同时还有与之相配套的政治体制改革，付出代价是必然的。同样，建立新体制、实施新政策也要冒一定的风险，这必然也要带来和承担一定的发展代价。正如邓小平所讲："我们现在所干的事业是一项新事业，马克思没有讲过，我们的前人没有做过，其他社会主义国家也没有干过，所以，没有现成的经验可学。我们只能在干中学，在实践中摸索。"① 因此，我们不能因为付出代价而否定市场经济对社会发展的积极作用，更不能因此而否定社会主义市场经济体制。我们必须看到，这些代价的付出正是社会主义市场经济体制需要完善的地方，要正视代价、承认代价，在当前社会主义市场经济体制条件下积极探索科学的发展道路。

我们党在深刻总结国内外经济发展经验教训的基础上，充分考虑社会发展代价的现实，明确提出了科学发展观的理念。以人为本，全面、协调、可持续的发展观，实质是代价最小、成效最高的发展观。正如胡锦涛指出："树立和落实科学发展观，十分重要的一环就是要正确处理增长的数量与质量、速度与效益的关系。增长是发展的基础，没有经济的数量增长，没有物质财富的积累，就谈不上发展。但增长并不简单的等同于发展，如果单纯扩大数量，单纯追求速度，而不重视质量和效益，不重视经济、政治和文化的协调发展，不重视人与自然的和谐，就会出现增长失调、从而最终制约发展的局面。忽视社会主义民主法制建设，忽视社会主义精神文明建设，忽视各项社会事业的发展，忽视资源环境保护，经济建设是难以搞上去的，即使一时搞上去了最终也可能要付出沉重的代价。"②

总之，随着经济全球化进程的不断加快，我们将进入一个竞争愈演愈烈的国际环境。中国未来的社会发展必须把经济效益、社会效益和生态效益三者有机统一起来，始终坚持以经济发展为主导的原则，协调经济、政治、社会、文化、生态以及人自身综合全面发展，科学决策，减少不必要

① 《邓小平文选》第3卷，人民出版社1993年版，第258—259页。

② 胡锦涛：《树立和落实科学发展观》，载《十六大以来重要文献选编》（上），中央文献出版社2005年版，第484页。

的失误、损失和挫折，使我们的发展道路、发展方式有所创新。同时以合理的代价意识指导我国现代化发展，正确处理好改革、发展、稳定之间的关系，经济发展和生态发展的关系，社会发展和人的发展的关系，走出一条科学发展的道路。

第二章

当代中国经济追赶的条件与机遇

机遇是事物发展的有利条件，可以改变事物的发展状态和方向，甚至能使事物的发展发生质的飞跃。“能不能抓住机遇，加快发展，是一个国家、一个民族赢得主动、赢得优势的关键所在。”① 世界经济发展史表明，谁抓住了发展机遇，其发展速度就快，国势就迅速强盛；反之，发展速度就慢，国势逐渐衰弱，甚至沦为落后，导致被动挨打。二战后的德国、日本以及其后的韩国、新加坡等，分别抓住战后和平的国际环境、新科技革命以及西方国家产业结构调整的机会，创造了经济发展史的奇迹，实现了经济追赶，从而跻身于世界比较先进的国家行列。反观中国，曾经创造了灿烂的古代文明、经济曾长期处于世界领先地位的中华民族，到了近代以后，国力逐渐衰退，与西方国家的差距越来越大，并最终沦为帝国主义肆意凌辱的对象，国家、民族、人民的尊严丧失殆尽。江泽民回顾了这段历史并且总结了经验教训：“在 15 世纪以前，出现过汉唐盛世，中国的经济技术在世界上一直处于领先地位。15 世纪以后，中国的经济技术逐渐落后了，很重要的原因是丧失了一个重要的机遇，没有做好发展的文章。”所以，“抓住机遇、加快发展，在政治上、经济上、文化上对我们都很紧要。解决中国的所有问题，关键在发展”。②

当代中国的经济追赶，既面临着和平与发展的时代机遇、经济全球化与新科技革命的历史机遇，又拥有自身特殊的后发优势与比较优势，同时也存在着诸多后发劣势与比较劣势。邓小平曾说过：“对我们有利的条件存在着，机遇存在着，问题是要善于把握。”③ 我们要吸取错失机遇的历史教训，牢牢抓住历史赋予当代中国的发展机遇，充分发挥后发优势与比较优势，努力克服后发劣势与比较劣势，唯有如此，才能真正实现经济追赶。

---

① 江泽民：《论“三个代表”》，中央文献出版社 2001 年版，第 123 页。

② 同上书，第 123 页。

③ 《邓小平文选》第 3 卷，人民出版社 1993 年版，第 354 页。

一　当今世界的时代主题与当代中国的发展机遇

所谓时代主题，是指在一定时期内反映世界基本特征并对世界形势的发展具有全局性影响和战略性意义问题。任何一个国家的政党要正确把握国际形势，制定正确战略、路线、方针和政策，首要的前提就是要正确把握时代主题。正如列宁所说："只有在这个基础上，即首先考虑到各个'时代'的不同的基本特征（而不是个别国家的个别历史事件），我们才能够正确地制定自己的策略；只有了解了某一时代的基本特征，才能在这一基础上去考虑这个国家或那个国家的更具体的特点。"①

二战以后，世界的时代主题经历了从战争与革命向和平与发展的转变。和平是发展的前提和基础，只有在和平的环境里，世界各国才能保持正常的经济交往和实现发展。当代中国要实现经济追赶，也需要一个和平的环境。正如邓小平同志指出："中国要搞四个现代化建设，没有一个稳定的政治形势不行。"② 实现社会主义四个现代化建设目标，"需要两个条件，一个是国际上的和平环境，另一个是国内安定团结的政治局面"③。除此之外，当代中国也正如江泽民所言："和平与发展的世界进步潮流，蓬勃兴起的新科技革命，为我国的改革开放和经济发展提供了契机。我们要牢牢把握这一难得的历史机遇。"④ 同时，"经济全球化是随同社会生产力发展而产生的一种客观趋势……它使各国的经济联系更加紧密，也为各国的发展提供了机遇"⑤。

（一）和平与发展的时代主题为中国经济追赶提供了有利的国际环境

二战以后，战争与和平问题成为国际社会所面临的突出问题。以毛泽东为代表的党的第一代中央领导集体密切关注世界形势的发展变化，在战争与和平的问题上，坚持新的世界大战既可能发生也有可能防止的"两

① 《列宁全集》第26卷，人民出版社1988年版，第143页。

② 《邓小平文选》第3卷，人民出版社1993年版，第207页。

③ 同上书，第210页。

④ 江泽民：《论科学技术》，中央文献出版社2001年版，第43页。

⑤ 高广温、王成福主编：《党的第三代领导集体治国决策述要》，红旗出版社2001年版，第615页。

点论”。20 世纪 50 年代中期以后，国际环境出现复杂的变化，毛泽东错误地估计了世界革命的形势和战争的危险性，在实践中作出了“过火”反应。他不仅把自力更生与对外开放对立起来，关起门来搞建设，而且多次提醒全党、全军和全国人民要做好战争准备，在国内大搞阶级斗争，结果偏离了经济建设这一中心，错失发展良机。

到了 20 世纪 70 年代末，和平与发展逐渐成为时代的主旋律。邓小平在对国际形势进行了全面深入的分析后，改变了以往“战争不可避免”的观点，作出了世界战争可以推迟或避免的重要结论。他的主要根据在于：第一，世界上能打世界大战的国家只有美国和苏联，但它们都没有准备好。“苏美两家都在努力进行全球战略部署，但都受到了挫折，都没有完成，因此都不敢动。”第二，“真正支持战争的没有多少，人民是要求和平、反对战争的”，“和平力量的增长超过战争力量的增长”。第三，“世界新科技革命蓬勃发展，经济、科技在世界竞争中的地位日益突出，这种形势，无论美国、苏联及其他发达国家和发展中国家都不能不认真对待”。各国都致力于本国经济、科技的发展，交流与合作日益加强。因此，“在较长时期内不发生大规模的世界战争是有可能的，维护世界和平也是有希望的”。[①] 1985 年，邓小平在会见日本商工会议所访华团时指出：“现在世界上真正大的问题，带全球性的战略问题，一个是和平问题，一个是经济问题或者说发展问题。”[②] 这里实质上已经提出“和平与发展”这两大主题。

邓小平不仅准确地把握了国际形势的发展变化，而且为当代中国经济追赶指明了方向——“中国太穷，要发展自己，只有在和平的环境里才有可能”[③]；“现在国际形势看来会有个比较长时间的和平环境，即不爆发第三次世界大战的环境。我们都是第三世界国家，要紧紧抓住经济建设这个中心，不要丧失时机”[④]；“我们要抓住时机，现在是改革的最好时机”[⑤]。基于这些正确认识，邓小平果断地将党和国家的工作重心转移到经济建设上来，并开启了改革开放的伟大航程。30 多年改革开放的成功

---

① 《邓小平文选》第 3 卷，人民出版社 1993 年版，第 127 页。

② 同上书，第 105 页。

③ 同上书，第 82 页。

④ 同上书，第 270 页。

⑤ 同上书，第 132 页。

实践证明，这是一项有助于尽快实现经济追赶，从而使中华民族自立于世界民族之林的英明决策。

20世纪末，随着苏联解体、“冷战”结束，国际局势发生深刻变化。经济全球化、政治多极化成为不可逆转的时代潮流，以经济和科技为中心的综合国力的竞争成为国际社会生活的主要内容。面对新的国际局势，江泽民明确指出：“多极化趋势的发展有利于世界的和平、稳定和繁荣……要和平、求合作、促发展已经成为时代的主流。维护世界和平的因素在不断增长。在相当长的时期内，避免新的世界大战是可能的，争取一个良好的国际和平环境和周边环境是可以实现的。”① 他还反复强调：“和平与发展仍然是当今世界两大主题”②，我们必须“抓住国内和国际的有利时机，加快改革开放和现代化建设的步伐，这个指导思想要坚定不移，要深入贯彻到各方面工作中去。对于中国这样的大国来说，发展的机遇不是很多。”③

进入21世纪后，世界进一步处于大变革大调整之中。胡锦涛在十七大报告中对时代主题作出这样的判断：“和平与发展仍然是时代主题，求和平、谋发展、促合作已经成为不可阻挡的时代潮流。”在这样的时代主题下，“全党要抓住和用好重要战略机遇期，求真务实，锐意进取，继续全面建设小康社会、加快推进社会主义现代化，完成时代赋予的崇高使命”④。

（二）经济全球化为中国融入世界经济发展潮流提供了重要契机

全球化是当前出现频率较高，同时也存在诸多争议的一个概念，至今没有一个公认的定义，多数学者将经济全球化作为全球化的主要形式和基础。⑤ 对于经济全球化，定义也是歧见纷呈。其中，国际货币基金组织的定义具有一定代表性：“经济全球化是指跨国商品和服务交易及国际资本流动规模和形式的增加，以及技术的广泛迅速传播使世界各国经济的相互依赖性增强。”⑥ 目前，“经济全球化作为世界经济发展的客观趋势，是不

① 《十五大以来重要文献选编》（上），人民出版社2000年版，第42页。

② 《十四大以来重要文献选编》（上），人民出版社1996年版，第35页。

③ 同上书，第120页。

④ 本书编写组：《十七大报告辅导读本》，上海人民出版社2007年版，第44—45页。

⑤ 孙来斌：《“跨越论”与落后国家经济发展道路》，武汉大学出版社2006年版，第171页。

⑥ 国际货币基金组织：《世界经济展望》，中国金融出版社1997年版，第45页。

以人们的意志为转移的，任何国家也回避不了。当今世界是一个开放的世界，谁也不可能孤立于世界之外去发展自己的经济”[①]。中国要实现经济追赶，也必须参与到经济全球化的进程中去。对于经济全球化的影响，越来越多的人认识到它的双重性：积极作用与负面影响兼具，风险与机遇并存。正如美国学者罗伯特·塞缪尔逊指出：“全球化是一把双刃剑——它既是一个加快经济增长速度、传播新技术和提高富国与穷国的生活水平的有效途径，但也是一个因为侵犯国家主权、侵蚀当地文化和传统、威胁经济和社会稳定的而引起很大争议的过程。”[②] 对于当代中国而言，经济全球化既是机遇也是挑战。我们既可以利用它来发展生产力，但也有可能被纳入国际资本运行的轨道上并为其左右，受其控制。从发展机遇层面来讲，主要表现在以下几个方面。

首先，经济全球化促进了国际分工的深化发展，为当代中国调整和优化产业结构，加速工业化和现代化进程提供了有利条件。经济全球化推动国际分工由产业间、国家间的分工向产业内和行业内的分工发展，水平分工更趋普遍化。在这样的条件下，一方面，我们既要破除劳动密集型产业一定是技术落后产业、发展高技术产业就无法利用中国低成本劳动力资源的传统观念，又要正视发达国家正在运用高技术改造劳动密集型产业和高技术产业中也有劳动密集型的生产环节这一事实，把发达国家技术先进的劳动密集型产业，包括高技术产业中的劳动密集型生产环节转移到中国。这不仅能提高中国产业的整体竞争力，而且可以在较长时间内因中国地区结构差异较大而保持劳动力低成本的优势，并解决十分重要的就业问题。[③] 另一方面，我们要顺应当代国际分工以发展高新技术产业为主流方向的变化，既要通过加强与国外大跨国公司的交流与合作，吸收和利用他们的高新技术，也要利用外资以引进先进技术、管理模式和高新技术人才。在“引进来”的同时加快“走出去”的步伐，积极推动和不断扩大有条件的企业到境外搞跨国经营，直接而有效地参与国际分工，为国家中长期产业结构的不断调整升级提供技术和产

① 《江泽民文选》第2卷，人民出版社2006年版，第201页。

② Robert Samuelson, Growing Market Offers Huge Potential — but Also Peril: Globalization's Double Edge, International Herald Tribune, January 4, 2000.

③ 汪斌：《经济全球化背景下中国产业结构的战略性调整》，《财贸经济》2001年第12期。

业上的准备，提升我国企业的国际竞争力，加速工业化和现代化的进程。

其次，经济全球化促进了资源在世界范围内的配置，为当代中国利用国内外两种资源提供了有利条件。现代经济的发展表明，一国经济运行的效率无论多高，总要受到本国资源和市场的限制。也就是说，一个国家仅仅单纯依靠本国的力量来实现经济的快速发展，是远远不够的，它必须充分利用国外的资金、技术、管理经验、资源才能为经济增长创造良好的条件。从资源配置来讲，经济全球化就是指资本、信息、技术、劳动力、资源等在全球范围内进行流动、配置、重组的过程。我国是一个资源相对紧缺的国家，要实现经济的追赶必须充分利用国外资源，经济全球化提供的机遇，弥补这一缺陷。因此，我国必须积极参与经济全球化，从而获取相对稀缺的资本、技术、知识、信息、人才等优势资源；同时，也应该充分发挥我国现实的、潜在的自然资源、廉价劳动力、广阔市场等比较优势资源，最终实现两种资源优化配置。

最后，经济全球化促进了世界各国的经济交往，为当代中国经济由原先相对封闭的传统经济走向开放的现代经济提供了有利条件。经济全球化实质就是马克思所讲的世界市场扩大化①。马克思关于世界市场扩大化动因的分析，坚持了从生产力与生产关系相结合的两个角度来进行。无疑对经济全球化也可以做同样的分析。从生产力的角度来看，经济全球化本质就是市场经济全球化；从生产关系的角度看，经济全球化本质就是资本主义全球化②。因此，无论是市场经济的开放性还是资本的扩张本性，都表明经济全球化的过程是一个逐渐打破封闭走向开放的过程。而这一思想十分明显地体现在马克思的世界市场理论之中。马克思、恩格斯早在《共产党宣言》中就指出："资产阶级，由于开拓了世界市场，使一切国家的生产与消费都成为世界性的了……过去那种地方的和民族的自给自足和闭关自守状态，被各民族的各方面的互相往来和各方面的互相依赖所代替了。物质的生产是如此，精神的生产也是如此。"③ 在经济全球化的影响下，世界各国或主动或被动地打破了过去

① 孙来斌：《"跨越论"与落后国家经济发展道路》，武汉大学出版社 2006 年版，第 173 页。

② 龚鉴瑛：《论经济全球化的本质》，《经济师》2005 年第 4 期。

③ 《马克思恩格斯选集》第 1 卷，人民出版社 1995 年版，第 276 页。

自我封闭的状态，逐渐走向开放，各国的经济也由原先相对封闭的传统经济走向开放的现代经济。新中国成立以后的很长一段时间，特别是“文化大革命”期间，由于各种因素的影响，中国在相当程度上把自己置于自我封闭的状态，从而拉大了与发达国家之间的差距。反思历史经验教训，邓小平指出：“经验证明，关起门来搞建设是不能成功的，中国的发展离不开世界。”① 在这种思想指导下，他提出了对外开放的基本国策，并进行了经济体制改革，打破了原有的、封闭的计划经济体制，建立了现代的、开放的社会主义市场经济体制。随着经济全球化的进程加快，我国的市场经济体制改革也逐步深入，市场经济体制也更加趋于完善，经济开放的程度更深。随着开放的现代经济的形成与不断发展，我国经济发展的步伐也进一步加快。

当然，经济全球化具有两重性，机遇与挑战是并存的。经济全球化给我国带来了前所未有的发展机遇，同时也提出了严峻挑战：其一，发达国家把劳动和资源密集型产业以及污染环境的企业转移到我国，使我国在资源的合理利用、生态环境的保护上遭遇挑战；其二，经济全球化使世界各国相互依赖程度不断加深，使我国的经济日益受到其他国家乃至世界经济的影响，经济风险尤其是金融风险加大；其三，跨国公司的进入，对我国的民族企业、中小企业形成了巨大压力与冲击。② 因此，我国在利用经济全球化带来的机遇时，也要保持清醒的头脑，坚持以审慎的态度防范风险，从容应对挑战。正如江泽民指出：“经济全球化是社会生产力发展的客观要求和必然结果，有利于生产要素在全球范围内的优化配置，带来了新的发展机遇。当今世界是开放的世界，任何一个国家都不可能完全脱离世界经济而孤立地发展。如能加以正确引导和驾驭，经济全球化有利于各国各地区加强经济技术合作，也有利于世界经济的发展和国际社会的稳定。”③ 因此，一方面，我们要积极参与经济全球化；另一方面，“必须始终注意维护国家的主权和经济社会安全，注意防范和化解国际风险的冲击，防范和抵制各种腐朽思想和生活方式

① 《邓小平文选》第3卷，人民出版社1993年版，第78页。

② 杨秋宝：《经济全球化：新世纪中国经济发展的机遇与挑战》，《中共青岛市委党校青岛行政学院学报》2001年第2期。

③ 中共中央文献研究室编：《江泽民论有中国特色社会主义（专题摘编）》，中央文献出版社2002年版，第519页。

的侵袭”①。

（三）新科技革命浪潮的兴起为中国掌握最新科技成果提供了客观条件

科技革命即科学技术革命，包含着科学革命与技术革命。一般地讲，科学革命是指人们认识客观世界的质的飞跃，它表现为新的科学理论体系的诞生；技术革命是指人类改造客观世界的新飞跃，它表现为生产工具和工艺过程方面的重大变革。科学革命是技术革命的基础和出发点，科学革命引起技术的进步；而技术革命是科学革命的结果，先进的技术及其应用成果反过来又为科学研究提供了有力的工具，二者是辩证统一的关系。新科技革命亦称为第四次科技革命，始于20世纪70年代，以信息技术的广泛应用为标志，共有六大前沿学科，分别为信息电子学、分子生物学、材料科学、能源科学、航空航天科学和海洋科学，人类从此由电子时代进入到信息时代和知识经济时代。此前人类历史共经历过三次科技革命②，分别是18世纪60年代以蒸汽机和纺织机为标志的第一次科技革命、19世纪末20世纪初以电气化为标志的第二次科技革命和20世纪40—60年代以原子能、电子计算机和高分子技术为标志的第三次科技革命③。

纵观人类历史的发展，每一次科技革命都为一些国家、民族提供了发展的历史机遇。谁最先抓住和利用了这个机遇，谁就会在世界竞技场上领先一筹，甚至由落后变为先进。历史上，英国、法国抓住第一次科技革

① 中共中央文献研究室编：《江泽民论有中国特色社会主义（专题摘编）》，中央文献出版社2002年版，第189页。

② 关于人类历史上的科技革命到底有几次，学术界争议很大。时间划分不同，次数也就不同。大致有三种观点：一是“三次说”，参见吴于廑、齐世荣《世界史·现代史编》下卷，高等教育出版社1994年版，第280页。二是“四次说”，参见于德惠、赵一明：《理性的辉光：科学技术与世界新格局》，湖南出版社1992年版，第39页。三是“五次说”，参见张瑞民《世界科技革命的历史简介及启发》，《社科纵横》2004年10月。总的来讲，持前两种观点的学者较为普遍。

③ 在第三次科技革命的起讫时间问题上，学术界存在争议。大体有两种观点：一种观点认为，第三次科技革命始于战后初期，20世纪50年代中期至70年代初期达到高潮，70年代以后进入一个新阶段。参见吴于廑、齐世荣主编《世界史·现代史编》下卷，高等教育出版社1994年版，第280页。另一种观点认为，第三次科技革命发生于20世纪40—60年代，70年代以后的科技革命是第四次科技革命（或称“新科技革命”），两者不可混为一谈。参见于德惠、赵一明《理性的辉光：科学技术与世界新格局》，湖南出版社1992年版，第39页。

命，成了老牌的先发国家。美国、德国抓住第二次科技革命，经济迅速超过英、法，顺利登上当时世界资本主义工业强国冠亚军的宝座。二战后的日本、德国抓住第三次科技革命，经济迅速恢复并得以快速发展。其中，德国经过短短的十多年的发展，于20世纪60年代初成为西欧最强大的经济大国；而日本在20世纪60年代末已经成为仅次于美国的世界第二号经济强国。而中国自近代以来却屡屡错失三次科技革命带来的发展机遇，从而造成近代以来中国与西方国家在科技、经济等方面差距扩大。① 如今，始于20世纪70年代的新科技革命方兴未艾，而中国也于1978年踏上了改革开放新的发展征程。这就意味着，当代中国可以充分利用这个与我们时代发展同步进行的新科技革命，掌握世界最新的科技成果，缩短与发达国家在科技上的差距，最终成功实现经济追赶。

首先，新科技革命促进了经济全球化的发展，为当代中国利用经济全球化获取丰富的资本、知识、技术、人才等优质资源提供了有利条件。从一定意义上讲，经济全球化的形成与发展过程，也就是资本不断地促进科技发展并将其运用于生产的过程。② 因此，经济全球化促进了科技革命的发展。而人类社会自近代以来经历的几次科技革命，也使经济全球化由模糊变得越来越清晰起来。因此，新科技革命作为经济全球化的引擎③，也促进了经济全球化的发展。新科技革命与经济全球化这种相互促进、紧密联系的辩证关系，提示了当代中国可以借助经济全球化这一路径达到掌握世界最新科技成果的目的。众所周知，我国要掌握最新的科技成果，总的来说有两条途径：一是引进，二是在引进的基础上，吸收、消化并创新。对于第一条途径，我们可以采取多种方式引进技术，如直接购买或利用外资加以引进等。而这里的资金、技术都可以在参与经济全球化的过程中获取。对于第二条途径，要实现技术的消化、吸收并创新，关键就是人才，尤其是高科技人才。我们可以充分利用经济全球化条件下人才自由流动的机制，鼓励和吸引在国外的优秀人才回国或来华工作。

---

① 陈兰芝：《“李约瑟难题”与近代以来中国发展机遇的错失——基于三次科技革命的视角》，《南华大学学报》2009年第2期。

② 孙来斌：《“跨越论”与落后国家经济发展道路》，武汉大学出版社2006年版，第173页。

③ 魏澄荣：《论以新科技为动力的经济全球化对中国的影响及应对之策》，《求实》2001年第4期。

其次，新科技革命加速了知识、信息、技术的传播速度，扩大了它们的应用范围，为当代中国利用信息网络技术这一物质手段获取最新科技成果提供了有利条件。新科技革命是以信息技术为主要标志的，主要表现在因特网的广泛运用。随着20世纪90年代信息高速公路——互联网的开通，全世界掀起一场网络革命，使知识、信息、技术的传播和应用扩大到了全球，促使了整个世界紧密地联系在一起。同样，它可以使世界上所有先进的科技、交通、通信等设施和手段为我国所利用，为我国掌握最新科技成果提供了技术基础和支撑。

新科技革命给当代中国带来机遇的同时，也对当代中国的发展构成了挑战与威胁。其一，西方发达国家引领和主导着新科技革命，处于优势地位。它们可以凭借科技优势，吸收利用最新科技成果以推动其经济发展。因而，西方发达国家长期占据经济与科技优势，我国短期内难以摆脱在经济、科技方面的弱势地位。其二，西方发达国家凭借其科技优势，利用信息技术和国际互联网等方式，多手段地加大西方文化输出力度，向我国输出其生活方式、价值观念、政治体制，传播其意识形态，扩大其对我国政治、社会生活的影响，以达到“西化”、“分化”的目的。因此，我国必须承受其政治上的压力和文化上的渗透。[①]

那么，当代中国应该如何应对新科技革命，从而实现经济追赶呢？江泽民在1999年8月全国技术创新大会上的讲话中指出：“大家既要充分估量新的科技革命带来的严峻挑战，更要珍惜它带来的难得机遇。”[②]“现在世界的发展，特别是高科技领域的发展一日千里，中国不能安于落后，必须一开始就参与这个领域的发展……因为你不参与，不加入发展的行列，差距就会越来越大”。[③] 所以，“我们必须抓住机遇，正确驾驭新科技革命的趋势，全面实施科教兴国战略，大力推动科技进步，加强科技创新，加速科技成果向现实生产力转化，掌握科技发展的主动权，在更高的水平上实现技术发展的跨越”[④]。与此同时，我们也要充分估计并积极迎接新科技革命带来的严峻挑战。新科技革命时代，我国在积极主动地吸收和利用西方国家先进的技术、设备、知识、信息时，

① 关耀辉：《略论新科技革命条件下的社会主义发展》，《理论探索》2003年第2期。

② 江泽民：《在全国技术创新大会上的讲话》，《人民日报》1999年8月24日。

③ 《邓小平文选》第3卷，人民出版社1993年版，第279—280页。

④ 江泽民：《在全国技术创新大会上的讲话》，《人民日报》1999年8月24日。

也要有足够的思想准备，增强忧患意识，克服依赖思想，防止西方发达国家对我国经济、政治、文化、社会等领域产生的不利影响。如西方发达国家凭借其发达的信息网络技术，强占国际市场、施加政治压力、实施文化渗透，大搞“和平演变”，以保持其长期的经济、科技优势，从而在与社会主义的竞争中占据有利地位，甚至试图颠覆社会主义制度，对此，我们要保持高度警惕。我们要积极利用信息网络技术，开展电子商务，创办高科技企业，加强网络社会主义思想文化阵地建设，建设高水平信息化的国防，确保我国经济安全、政治安全、文化安全、军事安全、社会安全和生存环境的安全。除此之外，我们还要加大科技投入力度，重视科技人才的培养，不断提升科技自主创新能力，抢占科技制高点。只有这样，我们才能在新科技革命的浪潮中，变被动为主动，实现经济追赶，赢得与资本主义的比较优势。

进入21世纪后，世界进一步处于大变革大调整之中。胡锦涛在十七大报告中指出：“和平与发展仍然是时代主题，求和平、谋发展、促合作已经成为不可阻挡的时代潮流。世界多极化不可逆转，经济全球化深入发展，科技革命加速推进，全球和区域合作方兴未艾，国与国相互依存日益紧密，国际力量对比朝着有利于维护和平方向发展，国际形势总体稳定。”在这样的时代主题下，“中国面临的发展机遇前所未有，面对的挑战也前所未有。机遇大于挑战……全党要抓住和用好重要战略机遇期，求真务实，锐意进取，继续全面建设小康社会、加快推进社会主义现代化，完成时代赋予的崇高使命”①。

二 当代中国经济追赶的后发优势与比较优势

后发优势与比较优势，是发展中国家和地区在经济发展中可以利用的两种主要优势。两者都是近年来发展理论特别是发展经济学探讨的热点。当代中国要实现经济追赶也必须充分利用好后发优势与比较优势。

（一）当代中国经济追赶的后发优势

后发优势（Advantage of Backwardness）源于古典经济学家李嘉图、

① 本书编写组：《十七大报告辅导读本》，人民出版社2007年版，第44—45、2页。

赫克歇尔和奥林等提出的“相对有利条件论”以及德国经济学家李斯特的动态比较费用学说。学术界公认，20 世纪美国经济学家格申克龙是比较早地提出并系统阐发后发优势理论的代表人物。在其研究基础上，后来的西方学者从不同角度对后发优势理论加以丰富和发展。如美国经济学家列维从现代化理论角度对后发优势加以论证；阿伯拉莫维茨提出“追赶理论”，列出后发优势的具体表现；拉美、东亚的罗索夫斯基、南亮进和大川一司等人将格申克龙的后发优势论应用于对日本工业化过程的分析；渡边利夫运用这一理论对韩国经济的分析，先后验证了后发优势的客观性。近年来，有学者结合经济全球化的条件来谈论后发优势，进一步推进了相关研究。如范艾肯等指出，在全球化条件下，后发优势更加突出，由此提出开放经济条件下的经济追赶模型，探讨了后进国家基于后发优势与先进国家经济趋同的问题，使后发优势理论在新形势下得到了进一步的拓展。

我国学者的研究主要是从四个角度进行的：一是从发展经济学角度，如郭熙保从发展经济学的基本理论出发，深入研究了西方经济追赶理论，对涉及后发优势与后发劣势的各种流派和观点进行了总结和归纳，并对全球化与信息化条件下后发优势与后发劣势的新变化作了有益的探索。① 二是从政治经济学角度，如陆德明初步形成了基于后发优势的“发展动力理论”框架，提出了后发国家的发展动力转换假说，认为通过学习型追赶，后发国家与先发国家的发展差距逐步缩小，但总还有一恒定差距无法消除，要超越这一“最后最小差距”，后发国家的发展动力必须更新转换，即从原来的主要由后发利益驱动的引进学习转向主要由先发利益驱动的自主创新。② 三是从现代化理论角度，如罗荣渠归纳了后发优势与后发劣势的表现形式，并且论证了它们在现代化发展历程中的重要作用和重要影响。③ 四是从技术经济学角度，如傅家骥、施培公探讨了作为后发优势重要表现的技术模仿创新问题，对模仿创新造就后发优势的内在机理进行了探讨。④

① 郭熙保：《经济发展：理论与政策》，中国社会科学出版社 2000 年版，第 212 页。

② 陆德明：《中国经济发展的动因分析》，复旦大学出版社 1999 年版，第 21 页。

③ 罗荣渠：《现代化新论》，北京大学出版社 1993 年版，第 312 页。

④ 施培公：《模仿创新的理论与实证研究》，清华大学出版社 1999 年版，第 217 页。

那么，到底什么是后发优势呢？亚历山大·格申克龙认为，“后发优势”是指后起国在推动工业化方面所拥有的由后起国地位所致的特殊益处，这种益处既不是先进国家所同样能拥有的，也不是后进国家通过自身努力创造的，而完全是与其经济的相对落后性共生的，也常被称做“后起之益”或“落后的有利性”等。它主要表现在经验借鉴、科学技术文化利用、后发国家联合、产业转移、外资利用和榜样激励等方面。① 事实上，学术界已经注意到后发优势的表现是多方面的。如有学者认为，后发优势主要体现在引进先进国家的技术和设备，学习和借鉴先进国家的成功经验、吸取失败的教训，激发后发国家强烈的“赶超”意识三个方面。② 有学者认为后发优势包括技术引进优势、制度创新优势、结构变动优势、规模扩张优势、人力资源优势五个方面。③

比较优势（Comparative Advantage）的理论起源于亚当·斯密的绝对优势理论，随后发展为大卫·李嘉图的比较优势理论、赫克歇尔和奥林的要素禀赋理论。大卫·李嘉图、赫克歇尔和奥林分别从生产技术与资本、劳动力等要素禀赋的角度揭示比较优势的来源，其理论被称为传统比较优势理论④。传统的比较优势理论由于自身的局限性，难以解释当今经济全球化条件下国际贸易多元发展的实践，因而受到后来诸多学者的挑战。以克鲁格曼、赫尔普曼和格罗斯曼为代表，在引入规模经济、产品差异等概念体系借以批评传统比较优势理论的基础上，形成了所谓的新主流，而其他学者们又在批评这一新主流的基础上，从专业化、技术差异、制度、博弈以及演化等不同的角度对比较优势理论进行了拓展。⑤

总之，“各种理论对比较优势原则持基本肯定的态度，只是对比较优势形成原因、作用、内涵等有不同解释。19 世纪初至今，研究者从多个角度提出见解，比较优势理论经历了一个不断深化和扩充的过程，建立起

---

① Alexander Gershenkron, *Economic Backwardness in Historical Perspective*, Boston : Harvard University Press, 1962, p. 344.

② 胡鞍钢等：《知识与发展：21 世纪的新追赶战略》，人民出版社 2001 年版，第 196—197 页。

③ 简新华等：《后发优势、劣势与跨越式发展》，《经济学家》2002 年第 5 期。

④ 张小蒂、李晓钟：《经济全球化与我国比较优势理论的拓展》，《学术月刊》2001 年第 6 期。

⑤ 崔浩：《比较优势理论研究新进展》，《经济学动态》2003 年第 12 期。

了综合的国际比较优势模式”。[①]

由于“比较优势”这一概念涉及亚当·斯密的绝对优势理论、大卫·李嘉图的比较优势理论、赫克歇尔和奥林的要素禀赋理论，亚当·斯密、大卫·李嘉图、赫克歇尔和奥林等学者依据各自理论，对比较优势的内涵作出不同表述：亚当·斯密所说的比较优势就是低成本优势；大卫·李嘉图所谓的比较优势就是同质产品在不同地区间的机会成本差异，该差异的根源就是不同地区间劳动生产率的差异；赫克歇尔和奥林的比较优势就是不同国家和地区由于生产要素的禀赋差异引起的成本差异。[②] 可见，亚当·斯密、大卫·李嘉图、赫克歇尔和奥林是从比较优势的来源这一角度来概括它的含义。近年来，国内有学者将比较优势的内涵视为一个国家或地区与另一个国家或地区在经济发展上相比较而存在的优势，在这两个国家或地区进行贸易时，这种优势使双方能够从中得到不同的比较利益，呈现出一种状态优势。[③]

对于后发优势与比较优势之间的关系，学术界也是众说纷纭。其中，胡汉昌、郭熙保对两者的关系阐发得较为详细。他们认为，两者存在明显区别：其一，优势来源不同。比较优势来源于分工与专业化所带来的成本的降低；后发优势是与落后本身相联系的，来源于落后本身。其二，所涉范围不同。比较优势理论属于国际贸易的范畴，主要探讨一国经济如何通过对外贸易获益的问题；后发优势理论属于以发展经济学研究为主的综合性研究范畴，主要研究后进国家的整体经济如何发展、特别是如何追赶发达国家的问题。除此之外，两者研究的领域与角度也不同。就研究领域而言，比较优势涉及的主要还是局部的对外贸易领域，后发优势问题研究则可以说涵盖了经济发展的各个领域，属发展问题的综合性研究。就涉及方面而言，比较优势主要涉及生产特别是各生产要素，后发优势则涉及经济发展的各个方面，不仅包括要素、结构，而且还涉及制度乃至文化因素等。其三，作用机制不同。比较优势强调价格竞争和市场机制的作用，即发挥市场价格机制的作用以实现稀缺资源在国际范围内的最优配置。后发

① 王诺贝、段愿：《比较优势理论及其政策应用争论述评》，《华东经济管理》2009 年第 6 期。

② 吴红雨：《比较优势理论的再认识》，《中共浙江省委党校学报》2005 年第 2 期。

③ 何国勇、徐长生：《比较优势、后发优势与中国新型工业化道路》，《经济学家》2004 年第 5 期。

优势强调市场机制基础上竞争主体作用的发挥，如竞争主体可以通过有意识的战略选择，利用模仿创新等方式提高要素的素质与水平，缩小差距。其四，作用目的不同。比较优势理论着眼于优势互补，其目的是通过国际贸易获得比较利益，因而发展中国家与发达国家都可以利用。后发优势理论主要是针对发展中国家的经济发展、特别是经济追赶问题，一般适用于发展中国家。他们同时指出，两者的区别不是绝对的，在某些方面存在交叉重叠。如发展中国家的劳动力成本比发达国家低，从要素禀赋论而言这是比较优势，但它又产生于发展中国家的落后性，因而也是后发优势。同时，比较优势的提升需要发挥后发优势的作用。① 何国勇、徐长生侧重阐述了比较优势与后发优势之间的联系。他们认为两者相互依存、相互促进。后发优势的发挥促进了比较优势的提升，是比较优势提升的动力；比较优势的不断提升可以促进经济的逐步发展，从而为后发优势的实现积累和创造条件。② 王锡俊、赵雯认为，在经济全球化的背景下，比较优势的内涵应该从狭义拓展到广义。劳动力资源禀赋是狭义的比较优势，而技术进步与制度创新的后发优势则是广义比较优势的重要组成部分。③ 这一观点进一步证实了后发优势与比较优势在某些方面存在交叉和重叠。而赵宇新、耿玉德则认为“后发优势”和“后发劣势”实质上也就是后发国家和地区的“比较优势”和“比较劣势”。④ 这种观点将“后发优势”与“比较优势”、“后发劣势”与“比较劣势”简单地等同，难免有失偏颇。

我们比较赞成胡汉昌、郭熙保两位学者的观点，承认后发优势与比较优势之间既有区别，也存在联系。关于区别和联系，以上诸学者的阐述已较为全面。在此，我们仅从其他角度再做扼要补充。我们认为，两者之间的区别还应包括以下两个方面：其一，涉及的方面不同。由于后发优势与先发优势是相对而言的，因而后发优势涉及的主要是时间维度；比较优势涉及的主要是人口规模、资源禀赋、土地面积等。其二，两者归属对象不

① 胡汉昌、郭熙保：《后发优势战略与比较优势战略》，《江汉论坛》2002 年第 9 期。

② 何国勇、徐长生：《比较优势、后发优势与中国新型工业化道路》，《经济学家》2004 年第 5 期。

③ 王锡俊、赵雯：《经济全球化背景下中国的比较优势分析》，《市场周刊》2005 年第 1 期。

④ 赵宇新、耿玉德：《发展中国家和地区“后发优势”与“后发劣势”辩证关系及战略选择分析》，《商业研究》2007 年第 12 期。

同。后发优势是由后发国地位所致的特殊益处，专属于后发国家所有；而比较优势是国与国之间经济比较的一种结果或态势，无论是先发国还是后发国都拥有。一般来讲，先发国拥有资本、知识、技术的比较优势，而后发国拥有自然资源与劳动力的比较优势。两者的联系也有两点：其一，两者都是一国所具有的一种优势，是一国经济发展所具备的有利条件，若能有效加以利用，必能实现一国经济快速发展。其二，两者都是一种潜在的优势，需要一国的政府与人民的努力才能将这种潜在的优势变成现实。

学术界关于后发优势与比较优势的理论研究，为我们认识和发挥当代中国的后发优势与比较优势从而实现经济追赶，提供了重要的理论指导。作为一个发展中国家，中国在经济追赶的过程中同样具有后发优势与比较优势。这种后发优势主要表现在以下方面：

1. 民族发展意识的后发优势

民族意识是民族精神的灵魂，任何民族都具有自己的民族意识。优秀的民族意识是推进整个民族、国家发展的巨大的精神动力。当代中国在民族意识方面同样也具有令人惊赞的后发优势。

促使中国兴盛的民族意识的后发优势之一，就是中国人民具有强烈的民族自尊心和自信心。中华民族不仅历史悠久，而且创造了光辉灿烂的文明。然而自鸦片战争以后，中华民族遭受西方列强宰割的屈辱历史和沉重灾难，使中国人民的民族自尊心受到了极大的伤害。中华人民共和国的成立，使中国人民重新站起来了。中国人民永远不会忘却不堪回首的历史。国家要富强，人民要幸福，中华民族要屹立于世界民族之林，已经成为全体中国人民的共同心声。中国人民这种强烈的民族自尊心和自信心，又转化成建设强大国家的无穷精神动力。中国与西方发达国家之间还有很大的差距，这种差距会唤醒中国人民强烈的民族自尊心。落后就要挨打的历史教训，在无形中会变成一种压力感、紧迫感和历史责任感，激起中国人民奋起直追，从而变成进行社会主义现代化建设的强大精神力量。

促使中国兴盛的民族意识的后发优势之二，是中国人民自强不息的民族精神。中华民族自古以来就是一个自强不息、不甘落后的民族。中华民族的历史证明，中国人民具有强烈的民族兴亡意识，有为民族振兴、国家富强顽强奋斗，不达目的誓不罢休的民族精神。近代以来，无数中华儿女为了救国救民，前仆后继、浴血奋战，直至在中国共产党领导下，推翻了三座大山，取得了新民主主义革命的伟大胜利。这种在历经坎坷终不悔的艰难探索中所表现出来的不屈不挠的中华民族精神，是我们进行社会主义现代化建设，实现追赶先发国家的最宝贵、最伟大的精神力量。为振兴中华而奋斗一生的邓小平曾说过："中国人民既然有能力站起来，就一定有能力永远岿然屹立于世界民族之林。"① 江泽民在党的十六大报告中指出："民族精神是一个民族赖以生存和发展的精神支撑。一个民族，没有振奋的精神和高尚的品格，不可能自立于世界民族之林"②。中华民族自强不息的民族精神，减小乃至弥合了国内各民族、各阶级、各阶层之间的隔阂，形成一种强烈的民族归属感、凝聚力、向心力。

促使中国兴盛的民族意识后发优势之三，是中国人民对人类要有更大贡献的历史使命感与荣誉感。中国不仅是一个大国，而且是一个对世界和人类的发展具有强烈责任感的大国。中国历来都把自身的发展同世界人类的发展联系在一起。孙中山先生曾经说过："中国如果强盛起来，我们不但是要恢复民族的地位，还要对于世界负一个大责任。"③ 新中国的历届领导人都强调要对世界和平和发展作出更大的贡献。毛泽东 1956 年就说过："因为中国是一个具有九百六十万平方公里土地和六万万人口的国家，中国应当对于人类有较大的贡献。而这种贡献，在过去一个长时期内，则是太少了。这使我们感到惭愧。"④ 改革开放以后，邓小平也曾多次满怀豪情地表示：中国要"力争在本世纪内实现四个现代化，使我们的社会主义国家兴旺起来，使我们党的事业兴旺起来，使我国的无产阶级专政更加巩固，使我们能够为国际共产主义运动，为全人类，作出更大的贡献"⑤。中国要对人类作出应有的贡献，是当代中国在民族意识方面又一强劲的后发优势。因为这一神圣的历史使命感和荣誉感，将激发中国人民更加努力地建设好自己的国家。只有把中国自己的事情办好了，我们才有能力去援助世界上其他与中国曾经有过同样历史命运的发展中国家，才有能力维护世界的和平与发展。

2. 技术开发的后发优势

技术对社会发展有着重要作用，马克思就曾对此作过很高的评价，强

---

① 《邓小平文选》第 3 卷，人民出版社 1993 年版，第 323 页。

② 《江泽民文选》第 3 卷，人民出版社 2006 年版，第 559 页。

③ 《孙中山全集》第 9 卷，中华书局 1981 年版，第 253 页。

④ 《毛泽东文集》第 7 卷，人民出版社 1999 年版，第 156—157 页。

⑤ 《邓小平文选》第 2 卷，人民出版社 1994 年版，第 47 页。

调“劳动生产力是随着科学和技术的不断进步而不断发展的”①。邓小平继承并发展了这一思想，他在1988年会见捷克斯洛伐克总统胡萨克时的谈话中指出：“马克思说过，科学技术是生产力，事实证明这话讲得很对。依我看，科学技术是第一生产力。”② 这就更加鲜明地揭示了科技对发展生产力的巨大作用。

然而，发展中国家的技术水平很低，远远落后于发达国家，这就给发展中国家的经济发展带来了一定困难。如何解决发展中国家技术落后这一难题呢？马克思主义经典作家曾直接或间接地提出利用国外资本主义先进技术为落后国家服务的思想。马克思曾说过，“历史不外是各个世代的依次交替。每一代都利用以前各代遗留下来的材料、资金和生产力”。③ 所以，马克思、恩格斯在研究俄国革命的社会主义前途的问题时，也就明确地指出，像俄国这样的不发达国家，“可以不通过资本主义制度的卡夫丁峡谷，而吸取资本主义制度所取得的一切积极成果”④ 来实现向社会主义的过渡，直接进入社会主义。这里面“一切积极成果”就包含了利用资本主义国家先进的技术来为社会主义服务的思想。

列宁在探讨经济文化落后的俄国如何建设社会主义时，也有过利用资本主义技术的思想。在他看来，弥补苏俄建设社会主义的先天不足的必要的也是可行的办法，就在于向西方国家学习先进的技术和管理经验。“社会主义能否实现，就取决于我们把苏维埃政权和苏维埃管理组织同资本主义最新的进步的东西结合得好坏。”⑤ 苏维埃国家必须尽快从发达国家引进技术设备，采用“一切有价值的科学技术成果”，“必须充分利用科学、技术和资本主义俄国给我们留下来的一切东西”⑥，“要建设共产主义，就必须掌握技术，掌握科学，并为了更广大的群众而运用它们，而这种技术和科学只有从资产阶级那里才能获得”⑦。对此，列宁非常重视对资本主义先进技术及其设备的引进，并采取租让制、合作制、代销制、租赁制等

① 《马克思恩格斯全集》第23卷，人民出版社1972年版，第664页。

② 《邓小平文选》第3卷，人民出版社1993年版，第274页。

③ 《马克思恩格斯选集》第1卷，人民出版社1995年版，第88页。

④ 《马克思恩格斯全集》第25卷，人民出版社2001年版，第479页。

⑤ 《列宁全集》第34卷，人民出版社1985年版，第170页。

⑥ 《列宁全集》第36卷，人民出版社1985年版，第6页。

⑦ 《列宁全集》第38卷，人民出版社1986年版，第283页。

国家资本主义形式作为吸收西方资本和技术的主要途径。他还提出了一个著名的公式："苏维埃政权+普鲁士的铁路秩序+美国的技术和托拉斯组织+美国的国民教育等等++=总和=社会主义"。①

马克思主义经典作家的上述论述，揭示了发展中国家，尤其是落后的社会主义国家利用发达资本主义国家先进技术实现经济发展的道理。从另一个角度讲，这也是发展中国家技术开发的后发优势。何谓技术开发的后发优势？众所周知，发达国家花费了巨大的资本和时间发明创造了许多先进的科学技术，而这些先进的科学技术作为公共产品或准公共产品，具有很大的溢出效应。发展中国家科学技术虽然落后，但可以从发达国家引进先进技术，并在此基础上进行适合本国的技术创新，以较低的成本和代价获得技术和经济发展。

作为一个后发国家，当代中国同样具有技术开发的后发优势。它包含两个方面：一是技术引进的后发优势，二是技术创新的后发优势。目前，由于发达国家占世界研发总支出的96%，我国与发达国家存在巨大技术差距，对外国技术引进是技术开发的后发优势的主要表现。在技术引进方面，从新中国成立之初到改革开放前，由于国内外环境和经济发展战略的影响，我国在技术引进上力度较小，而大规模的技术引进则在改革开放以后。经过30多年的发展，我国逐步形成了以外国直接投资为主，各种途径并用的技术引进模式。我国不仅引进了一大批外国的先进技术，而且某些行业如我国的电视机、计算机等电子行业取得了飞速的发展，与国际先进技术差距迅速缩小。在其他领域，包括高科技领域（如通信技术、航天技术），通过学习、模仿和改进，我国的整体科技水平很快得到了提高。

技术引进在后发国家经济起飞的初期是必要的，但如果只是一味地引进技术，就很容易使其陷入"引进—模仿—引进—模仿"的被动循环之中，因而缺乏自主创新与提升的能力，最终反而阻碍国家技术的进步。技术引进与技术创新是相互联系的两个方面，但技术引进的本身不是目的，最多也只是提高后发国家技术进步的一种方式，最终的目的是在技术引进的基础上吸收、消化，从而达到技术创新。唯有技术创新，才有超越先发国家的可能性。江泽民说得好："创新是一个民族进步的灵魂，是国家兴旺发达的不竭动力。如果自主创新能力上不去，一味靠技术引进，就永远

① 《列宁全集》第34卷，人民出版社1985年版，第520页。

难以摆脱技术落后的局面。一个没有创新能力的民族，难以屹立于世界民族之林。”① “历史反复证明，推动科技发展，关键是要敢于和善于创新。有没有创新能力，能不能进行创新，是当今世界范围内经济、科技竞争的决定性因素。”② 他殷切地“希望我国广大科技工作者，牢记自己的历史使命，坚持创新，创新，再创新”③！所以，中国在社会主义现代化建设的过程中，不仅要技术引进，而且更要技术创新。技术创新才是我国实现技术开发后发优势的关键所在。

3. 制度创新的后发优势

早在1859年，马克思在《〈政治经济学批判〉序言》中已经揭示出了制度在经济社会发展中的作用，他关于生产力与生产关系、经济基础与上层建筑关系的论述，强调了制度可以调动生产力、激发社会活力。而关于作为上层建筑的制度对经济基础和生产力发展的能动作用，恩格斯论述得更为明确：“政治、法、哲学、宗教、文学、艺术等等的发展是以经济发展为基础的。但是，它们又都互相作用并对经济基础发生作用”④。马克思、恩格斯关于制度对经济反作用的思想对当代中国利用制度后发优势实现经济追赶有着重要的指导意义。

人类历史告诉我们，一种有效率制度的形成，是一个不断试错、改进的过程，有的甚至是以动荡、危机以至战争等高额代价换取的。而制度具有公共产品性质，可以被后来者移植或模仿、借鉴，为后来者节约制度创新的时间和成本，这就是制度创新的后发优势。简言之，制度创新的后发优势主要指学习、模仿和借鉴发达国家的制度、管理，并结合本国实际加以改造、创新而产生的益处或优势。作为后发国家，我国同样具备制度创新的后发优势。主要表现在以下几个方面。

第一，改革过程中确立的社会主义市场经济体制。众所周知，中华人民共和国成立之初，我们学习苏联经验，实行高度集中的计划经济体制、政治体制。这种体制在当时经济建设中发挥了一定的积极作用。但随着经

① 江泽民：《论科学技术》，中央文献出版社2000年版，第55—56页。

② 中共中央文献研究室编：《江泽民论有中国特色社会主义（专题摘编）》，中央文献出版社2002年版，第249页。

③ 江泽民：《在中国科学技术协会第六次全国代表大会上的讲话》，《人民日报》2003年6月23日。

④ 《马克思恩格斯选集》第4卷，人民出版社1995年版，第732页。

济发展，其高成本、低效率、易致腐败等弊端日益凸显，及时进行经济体制改革成为我国制度创新的必然选择。不可否认，在从传统的计划经济体制向市场经济体制转变的过程中，我们借鉴了西方市场经济国家许多行之有效的经验和做法。例如，在政府宏观经济调控上，发达国家较为成熟的财税和货币政策工具为我们建立宏观调控体系提供了借鉴。在此基础上，我国创造性地建立了社会主义市场经济体制。这种体制包含了竞争、高效的市场资源配置，以此区别于传统的计划经济，同时又避免了由私人资本无限扩张带来的两极分化，以此区别于资本主义市场经济，具有巨大的优越性。社会主义市场经济体制实现了市场经济体制与我国基本制度有机结合，是我国经济体制创新的一次伟大实践。

第二，与社会主义市场经济体制相适应的微观经济运行制度、法律法规。随着社会主义市场经济体制的逐步建立，随之而来的就是要及时建立与之相适应的微观经济制度、相关的法律，以促进市场经济顺利运行。在这方面，我国同样借鉴了西方发达国家诸多经验，因而具有制度创新的后发优势。在企业微观经济层面，我们借鉴了西方国家的现代企业制度和先进管理方法，以此建立的现代企业制度与国企的党建工作有机结合，彰显了中国特色。在市场经济秩序的建立上，我国借鉴了西方国家的法律规章体系，从而初步建立起我国社会主义市场经济的法律框架。

总之，社会主义市场经济体制的建立，使中国经济更快融入世界经济发展潮流，从而缩短与西方发达国家的差距，这就是制度创新带给中国的益处。

（二）当代中国经济追赶的比较优势

当代中国经济追赶除了具有后发优势以外，还具有比较优势，主要表现在社会主义制度的潜能、劳动力资源丰富与劳动力成本低、国内消费市场巨大、资本总量不断增加四个方面。

1. 社会主义制度的潜能

社会主义国家发展的实践证明，社会主义制度具有资本主义制度不可比拟的优越性。只有社会主义才能救中国，只有社会主义才能发展中国。当代中国完全可以利用这种社会主义制度的优越性实现后发追赶。

旧中国是一个半殖民地半封建的国家，腐朽的封建阶级统治和生产关系严重阻碍了社会生产力和经济社会的发展。1949 年以前，旧中国的钢产量一年只有几十万吨，而农业长期陷于凋敝不堪的状态，4.5亿中国人缺衣少粮、忍饥挨饿、贫病交加，被贬为“东亚病夫”。新中国成立后，中国共产党带领人民走上了社会主义道路。以生产资料公有制为基础的社会主义经济制度，不仅消除了劳动者与生产资料的分离和阶级剥削，实现了劳动者与生产资料的统一，而且也消除了资本主义制度下企业内部生产的有组织与整个社会生产的无政府状态之间的矛盾，避免了经济危机的产生，而对国民经济实行有计划的宏观管理，又保证了新中国的工农业生产和国民经济以资本主义不可比拟的速度发展；建立在以生产资料公有制为基础的经济基础之上的社会主义政治制度，则从根本上改变了劳动人民的政治命运，确保了劳动人民当家作主的地位，同时也保证了人与人之间、民族与民族之间的平等关系。无产阶级和人民群众由于在政治上获得了翻身解放，物质文化生活得到了很大的改善，精神面貌焕然一新，从而以主人翁的姿态、以空前的历史首创精神，改变着中国的落后面貌。

中国依靠社会主义制度的优越性，有效地动员和组织人民，集中有限的人力、物力和财力进行大规模的经济和社会的重点建设，从而大大加快发展的速度。在1949—1979年这30年间，中国的社会主义建设尽管出现过失误，包括像“文化大革命”那样全局性的错误，中国工业产值每年仍然平均增长12.5%；而同一时期，美国为4%、西德为5.8%、法国为5%、英国为2.3%，日本虽然较高且达到11.5%，但仍低于中国。[①] 特别是改革开放30多年以来，在世界经济普遍滞胀、西方经济不景气的情况下，中国的经济发展一枝独秀，GDP几乎每年都以10%左右的速度增长。截至2008年，中国工业产品产量居世界第一位的已有210种，主要产品产量位次不断前移。[②] 这些骄人的业绩和惊人的发展速度，充分显示了作为后发国家的中国在社会主义制度方面的巨大优势。

历史上的封建主义制度和资本主义制度，都只能在一定的历史时期内促进生产力的发展。当封建地主阶级和资产阶级失去进步性、革命性变成反动统治阶级之后，社会阶级矛盾激化并导致对抗，封建生产关系和资本

① 《求是》课题组：《社会主义制度旺盛的生命力——二论社会主义发展的历史进程》，《求是》2000年第22期。

② 中国网：《改革开放30年中国主要工业产品产量位居世界前列》（http：//www. china. com. cn/economic/txt/2008 - 11/06/content_ 16721133. htm）。

主义生产关系就成了阻碍生产力进一步发展的桎梏。然而，建立了社会主义制度的中国就不会出现这种情况和局面。因为社会主义生产关系与生产力的矛盾、上层建筑与经济基础的矛盾是非对抗性的，完全可以在社会主义制度的范围内解决，而解决的途径就是改革。社会主义能够始终解放和发展生产力，这是中国在社会制度方面显示出的最大的比较优势。

2. 劳动力资源丰富

资源是任何国家社会发展的物质基础，而人口资源又在总资源中起着主导作用，因为一定的人口是社会经济发展的“第一前提”。毛泽东曾指出：“中国人口众多是一件极大的好事”，对提高和发展生产力十分重要。“世间一切事物中，人是第一个可宝贵的。在共产党领导下，只要有了人，什么人间奇迹也可以造出来。”①

中国是当今世界上人口最多的发展中国家。根据国家统计局公布的2010年年底开展的第六次全国人口普查调查结果显示，目前我国大陆总人口为1339724852人，② 约占世界人口的1/5。因为人口众多，在生产和生活资料的分配上，尽管我国的国民生产总量、工农业主要产品的产量都跃居世界前列，但在人均占有量方面仍然居后。所以我们在进行社会主义现代化建设的过程中，坚持将计划生育作为一项基本国策。但是，在人口资源方面，中国同时也具有其他国家无法比拟的巨大的比较优势。这种优势突出地表现在中国拥有极为丰富的劳动力资源与相对低廉的劳动力成本。

第六次人口普查显示，全国劳动力资源人口为92148万人，比10年前增加了近1亿人。丰富的劳动力资源使得我国劳动力市场彰显劳动力价格相对低廉的比较优势，特别是在制造业上，优势更加明显。根据《世界发展指标2001》显示，1995—1999年间，制造业每个工人的劳动力成本，中国仅为729元，相当于美国的1/40，日本的1/43，韩国的1/5，泰国的1/4，甚至比印度还低。③ 在国际以成本竞争的大环境下，低廉的劳动力成本具有无法抵挡的竞争优势。中国经济转型和产业升级，造成了巨

① 《毛泽东选集》第4卷，人民出版社1991年版，第1512页。

② 新华网：《统计局：中国总人口为13.39亿人》（http：//news. sina. com. cn/c/2011－04－28/145322375215. shtml）。

③ 马良华、郑志耿：《比较优势、比较劣势和战略路径的调整——基于中国未来经济可持续增长条件的分析》，《社会科学战线》2005年第4期。

大的劳动力流动需求，凸显了我国劳动力资源丰富的优势。

丰富而又低廉的劳动力资源，为中国发展劳动密集型产业提供了有利条件。现实的劳动密集型产业是不可缺少的重要产业，主要依靠劳动力，投资少见效快，多数情况下技术要求也不高。发达国家资本充足，技术先进，劳动力价格昂贵，人口老龄化现象严重，人口增长缓慢甚至出现负增长，发展资本和技术密集型产业更为有利，一般不适合发展劳动密集型产业。这就给中国自己的优势产业发展提供了广阔的空间。改革开放以来，我国坚持从劳动力资源丰富这一优势的国情出发，制定了以劳动密集型为主要特征的制造业立国的发展战略，创造了举世瞩目的中国经济奇迹，使我国从一个落后的农业大国发展成为“世界工厂”和“全球制造业基地”。

3. 国内消费市场巨大

丰富的人口资源这一比较优势，又使中国同时具备了另一个优势，即巨大的国内消费市场。正如江泽民同志指出：“我国是人口众多的发展中大国，加快经济建设，提高人民生活水平，有很大的发展空间。国内市场广阔，这是我国最大的优势。”[①] 中国不仅是世界人口第一大国，也是一个人均收入处于中低水平阶段的发展中国家。由于城乡二元结构的存在，加之区域经济发展不平衡，使得我国消费需求呈现明显的多样化，消费潜力很大。

早在2008年，商务部副部长于广洲表示，随着中国人均国内生产总值超过2000美元，内地消费市场总体空间进一步扩大，中国正在向消费型国家过渡。目前，中国是世界上消费市场增长最快的国家之一，已成为世界上第一大手机市场、内地旅游市场、宽带市场，也是第二大黄金饰品市场以及第三大奢侈品市场和医疗市场。[②] 在汽车消费领域，2010年中国汽车产销分别为1826.47万辆和1806.19万辆，同比分别增长32.44%和32.37%。产销量双双突破1800万辆，不仅蝉联世界第一，且创全球历史新高。[③] 除此之外，中国手机用户早于2002年年底达2.66亿户，超越美国成为全球用户数第一的国家。对于旅游业来说，2010年我国旅游业总

① 江泽民：《论“三个代表”》，中央文献出版社2001年版，第79页。

② 新华社：《国内消费市场总体空间扩大，正向消费型国家过渡》（http://home.focus.cn/news/2008-09-23/116097.html）。

③ 新华社：《2010年国内汽车产销量双双突破1800万辆，创新高》（http://www.gov.cn/jrzg/2011-01/10/content_1781693.html）。

收入1.57万亿元，同比增长21.7%。其中，国内旅游人数达21亿人次，同比增长10.6%；国内旅游收入1.26万亿元，同比增长23.5%。入境旅游人数达1.34亿人次，同比增长5.8%；出境旅游人数5739万人次，同比增长20.4%。[①] 中国将继续保持全球第四大入境旅游接待国和亚洲第一大出境旅游市场的地位，并将成为世界上最大的国内旅游市场。正是由于在这些行业存在着巨大的消费市场和消费潜力，使得房地产业、汽车制造业、旅游业等成为拉动我国经济增长的几大支柱产业。

广阔的消费市场和巨大的消费潜力，也使得中国成为国外企业竞相投资的对象。近年来，中国吸引外国直接投资占全亚洲外商实际投资的90%，占全球跨国投资的10%左右，成功地拉动了中国经济的增长。由于2008年全球金融危机的影响，全球投资额不断下降，2009年全球外国直接投资额下降达39%，尽管如此，联合国贸发会议所做的《2009—2011世界投资前景调查》表明，稳定的经济增长、庞大的国内市场规模、低成本劳动力、市场开放等因素使中国继续成为最具吸引力的投资东道国。[②] 外国直接投资额依然是仅次于美国而排名世界第二。

4. 资本总量不断增加

资本是促进经济增长的必要因素，在经济起飞阶段甚至起着决定的作用。对此，马克思曾指出，商品生产的整个过程都“要求货币形式的资本或货币资本作为每一个新开办的企业的第一推动力和持续的动力”[③]。虽然资金在现代经济发展中不再被视为唯一的决定要素，但是，诚如吉利斯等人所言，“在任何情况下，尽管资本积累不再被视为贫困国家摆脱困境的灵丹妙药，然而非常清楚的是，只有社会能够在国内生产总值中保持一个相当规模的投资比例时，才能在长时期内维持适当却是强劲的收入增长率”[④]。然而，后发国家在实现经济起飞与现代化的过程中，普遍面临的一个最大困难就是资本短缺，这成为制约后发国家经济发展的“瓶颈”。而解决这一问题的途径就是进行资本积累，提高资本积累水平。那

---

① 人民网：《2010年我国旅游业总收入1.57万亿元》（http://finance.people.com.cn/GB/13761729.html）。

② 陆培法、赵向新、秦天：《联合国报告称：中国仍是最具投资吸引力的国家》，《人民日报》2009年8月6日。

③ 《马克思恩格斯选集》第2卷，人民出版社1995年版，第341页。

④ ［美］吉利斯等：《发展经济学》，中国人民大学出版社1998年版，第288—289页。

么如何进行资本积累呢？学界一致认为，后发国家不能效仿或重复西方国家依靠武力掠夺其他弱小民族来进行资本积累的历史道路，而只能外靠开放，采取多种渠道引进外资；内靠提倡艰苦奋斗的精神，运用政权力量最大限度地动员国内储蓄。①

我国作为当今世界最大的发展中国家，同样面临着资本积累的问题。近代鸦片战争以来，中国就是一个工业基础极为薄弱、社会资源极度匮乏的国家。而经济起飞和工业化建设则需要大量资本投入。新中国成立初期，我国面临着极其恶劣的国际国内环境。国内百废待兴，国家财力极其有限，国外又面临外国敌对势力的封锁和包围。而作为社会主义国家，又不可能通过掠夺弱小民族的方式进行资本积累，在这种背景下，如何解决资本原始积累这一难题呢？一方面，我国坚持“一边倒”的外交策略，向社会主义苏联寻求资金援助，从苏联借贷3亿用于工业化建设。依靠外援的同时，我国也号召人民发扬艰苦奋斗、自力更生的精神，把资本积累的重点放在内部积累上，其主要的途径就是农业为工业提供资本积累，采取的具体方式就是对农产品实行统购统销、征收农业税以及实行工农产品价格“剪刀差”、鼓励国内储蓄。这种政策在一定程度上促进了工业化的进程，但也给我国农业发展带来了不利影响：对农业剩余过度的抽取，导致了农民负担过重，生活水平很低，生产积极性不高；农民自我积累能力较差，城乡差距不断扩大。然而，这些不利影响又是新中国成立初期工业化建设所必需的，不可避免的。正如有学者所言：“一个资本贫乏的国家，在她的资本蓄积初期，人民生活之必须压低，是不能避免的，这对于生活程度已经非常低下的人民，是一种极其痛苦的事。”② 随后的改革开放以及市场经济体制的逐步建立，为我国资本的原始积累提供有利条件。一方面，计划经济体制下的统购统销、价格“剪刀差”等先后被取消。随着2006年农业税的取消以及政府实行的“以工促农，以城带乡”的政策，农民的积极性不断提高，收入不断增加，国内储蓄持续增加，另一方面，在同许多国家建立平等的外交关系的基础上，我国多渠道地引进和利用外资。改革开放为我国赢得了30多年经济高速增长的黄金期，在此期

① 孙来斌：《“跨越论”与落后国家经济发展道路》，武汉大学出版社2006年版，第278页。

② 罗荣渠：《从“西化”到现代化》，北京大学出版社1990年版，第965页。

间，我国的资本积累取得了巨大成就，资本总量大幅上升，主要表现在：

第一，外汇储备增长迅速。1980 年外汇储备总额仅为 22.62 亿美元，1990 年达到 110.93 亿美元，首次突破百亿美元大关；1996 年突破千亿美元大关；2001 年 10 月底，突破了 2000 亿美元；2006 年 10 月底，我国外汇储备增至 10096.26 亿美元，突破万亿大关；截至 2007 年年底，我国外汇储备 15282.49 亿美元，相当于全球外汇储备总额的 20%。[①] 2009 年中国外汇储备余额突破 2 万亿美元，达到 2.399 万亿美元，占全球近三成，居世界第一。[②]

第二，我国居民财富迅速积累，储蓄额不断增加。1978 年的居民储蓄存款余额为 210 亿元，2008 年增加到 21.7885 万亿元，30 年增长近 1038 倍。2009 年达到 26 万亿多元，创历史之最。[③]

第三，我国引进外资总量逐年增加，成就显著。从 1979 年到 2007 年，我国累计吸收外商直接投资 7500 亿美元，2008 年一年超过 1000 亿美元。从外资在 GDP 和投资中的比重来看，外国直接投资在过去 5 年平均约占中国 GDP 的 2.5%。[④] 2009 年，在全球跨国直接投资下降近 40% 的情况下，中国吸收外资仍保持在 900 亿美元的高位，仅下降 2.6%。自 1993 年，中国引进外资水平连续 17 年居发展中国家首位，世界第二。[⑤]

以上各种数据均表明，我国已经跨越了资金短缺的时代，相对充裕的资本为我国经济持续增长提供了资金保证和重要动力。

三 当代中国的后发劣势与比较劣势

后发优势和比较优势是后发国家所具有的两种优势，同时，后发国家也客观存在两种基本劣势，即后发劣势和比较劣势。

① 潘伟：《我国外汇储备过高的不利影响及对策》，《商业现代化》2008 年第 34 期。

② 中国新闻网：《我国外汇储备占全球近三成，居世界第一》（http://news.cn.yahoo.com/10-02-/346/2jx61.html）。

③ 新华社：《2005—2009 年城乡居民人民币储蓄存款余额》（http://news.sohu.com/20100225/n270434217.shtml）。

④ 新华社：《世界银行高度评价中国吸引外国直接投资成就》（http://www.gov.cn/jrzg/2010-07/19/content_1658396.htm）。

⑤ 中国新闻网：《2008 年中国吸引外资水平连续 17 年居发展中国家首位》（http://news.163.com/09/0115/12/4VMUPIIR000120GU.html）。

（一）当代中国的后发劣势

后发劣势（Curse To The Late Comer）是美国经济学家沃森首先提出来的，其意思就是“对后来者的诅咒”。后经华裔经济学家杨小凯的阐发而引起广泛关注。杨小凯认为，后发国家对先发国家进行模仿，由于改革制度必然会触犯一些既得利益，所以制度模仿比技术模仿困难，落后国家也因此倾向于技术模仿。单一的技术模仿可以使落后国家在短期内取得非常好的发展，却会给长期的发展留下许多隐患，甚至可能使长期发展归于失败。[①] 可见，杨小凯将技术模仿代替制度模仿视为落后国家的后发劣势，实际上是从制度建设滞后会带来隐患的角度来谈后发劣势的。也有学者认为，后发劣势有两种产生方式和类型。杨小凯所讲的后发劣势，实际上是从后发国家利用后发优势的过程中内生而出，可谓内生性后发劣势。此外，还有一种外生性后发劣势，即由于后发而处于不利的发展地位，这是一种客观的后发劣势。[②]

我们认为，对于我国而言，后发劣势也有两种类型：一种是内生性后发劣势，它是我国在利用后发优势过程中内生而出的劣势，主要表现在技术模仿易产生对外技术依赖、制度供给不足影响社会和谐两个方面；另一种是外生性后发劣势，即由于后发而处于不利的发展地位，主要表现为先发国家人为设置诸多障碍。

1. 技术引进易产生对外技术依赖

作为后发国家，我国在技术引进、开发等方面具有巨大的后发优势。正是利用这一后发优势，我国逐渐缩小与发达国家技术方面的差距。新中国成立初期，我国在引进外资时就注重对发达国家技术的引进。改革开放之初，我国又提出了“以市场换技术”的战略，使得我国在技术引进的规模与数量上发展迅猛。然而，在技术引进过程中，由于我国一些地区和部门片面强调技术引进，缺乏在此基础上的消化、吸收及二次创新，导致创新的动力不足，自主创新能力较差，由此形成了“引进—落后—再引进—再落后”的恶性循环，最终造成我国掌握的核心技术很少，大部分核心技术及设备在很大程度上还是依

---

① 杨小凯：《后发劣势》，《新财经》2004 年第 8 期。

② 杨绍江、谢作诗：《论后发劣势》，《绵阳师范高等专科学校学报》2002 年第 4 期。

赖于国外，对外技术依存度很高。据统计，我国几乎全部的光纤制造装备、集成电路制造装备的85%，石油化工制造装备的80%、数控机床的70%、医疗装备的95%依赖进口，对外技术依存度超过50%。具体表现在：

第一，技术引进与技术消化的投入不合理，用于技术消化吸收的投入过低。国际上公认的技术引进费与消化费的合理比例为1：10，2002年，日本、韩国分别为1：5与1：8，而中国在引进技术上的费用与消化吸收费用之比为12.7：1。[①] 可见，我国技术引进与消化费用不仅远远低于国际公认标准，且与发达国家相差很大。

第二，企业作为技术创新的主体地位没有真正确立。根据国际发展的经验，企业是技术创新的主体，一国技术创新能力的提升关键在于企业能否成为这一主体。胡锦涛同志提出的建设创新型国家战略中就多次明确强调企业的创新主体地位。但目前来看，企业还未真正成为创新的主体。目前我国的科技人员主要集中在科研机关，分布在企业的仅占27%，与发达国家相比（例如，日本占64.8%，美国占75.4%），有很大差别。[②] 据调查，在我国2800家大型企业中，75%的企业没有技术研发机构，50%的企业一年都不开展研发活动。

第三，企业的技术研发经费投入过少。技术研发费用主要分政府对企业研发费用的投入与企业自身研发费用投入两个方面。发达国家政府科技投入经费流向企业的比重高达30%，而我国大约在10%左右。发达国家企业自身研发费用一般占营业收入的5%以上，而国际知名公司的比重就更大。如韩国的三星电子，每年研发投入在25亿美元以上，占营业收入的10%以上。在我国，只有极少数企业如华为、中兴等可以达到其营业收入的10%左右[③]，其他绝大多数公司均远远低于5%。据2008年中国企业500强数据显示，中国企业500强平均研发费用为5.68亿元，研发费用占营业收入的比例平均为1.32%，远低于世界500强大企业研发费用占营业收入平均3%—5%

---

① 肖武岭：《我国技术引进中存在的问题与对策》，《科技与管理》2006年第1期。

② 吴玉满、吴玉柱：《我国技术引进的问题及发展研究》，《当代社科视野》2008年第11期。

③ 王娟、丁森林：《我国企业自主创新的现状、分析及评价》，《商场现代化》2007年第34期。

的水平。①

那么，如何避免“技术陷阱”，实现我国技术上真正进步，进而促进经济腾飞呢？我们认为应该注意以下几点：首先，要有选择地引进与我国经济发展相适应的技术，避免一味追求“先进”，造成不必要的资源浪费；其次，注重在引进基础上的消化与吸收；最后，大胆创新。要明白真正的核心技术是买不来的，发达国家绝不会把最先进的技术卖给我们，它们甚至还专门设置技术陷阱，利用知识卡我们的脖子。唯有创新，才能抢占技术的制高点。

2. 制度供给不足影响社会和谐

当今我国正面临社会的全面转型，这一转型时期不仅带来了利益结构的变化，并且在利益关系变动中产生的矛盾和冲突，构成了转型中的社会和谐问题。而协调利益关系与缓解社会矛盾、实现社会和谐，是现代政府的重要职责。制度具有协调社会利益、维系社会秩序、促进社会团结的重要作用。从这个意义上讲，政府及时作出必要的制度供给，使制度安排适应当今社会转型的需要，已经成为构建和谐社会的制度保障。

然而，目前我国制度供给存在许多不足，制度建设滞后的现象大量存在，并且影响到社会和谐。这主要体现在以下几个方面：

第一，产权制度不健全。产权制度不健全包括国有企业的产权制度与农村土地产权制度两个主要方面。国有企业（包括国有银行）自 20 世纪 90 年代初开始产权改革，目标是建立与社会主义市场经济相适应的现代产权制度，激发国有企业活力。时至今日，国有产权制度仍存在产权主体虚设、产权边界不清、产权结构一元化、产权关系不顺、产权配置凝固化等诸多弊端②。不仅如此，随着国企产权改革的不断深化，国有资产流失日益凸显并呈增长态势。据有关部门统计，每年至少流失 800 亿—1000 亿元③。同时造成了更大的社会不公：国企改革的结果使得少数既得利益者个人财富急剧膨胀，大批职工被“提前退养”、“买断工龄”，被迫下岗失业。由此引发多起大规模职工维权对抗事件，直接影响社会稳定与和谐。

---

① 新华网：《2008 中国企业 500 强研发投入远低于世界 500 强企业》（http：//news.163．com/08/0830/15/4KJT8Q2O000120GU．html）。

② 罗晓云、彭光良、李国臣：《国有企业产权制度的选择》，《企业经济》2006 年第 11 期。

③ 康永智：《当前企业国有资产流失的形式及对策》，《西安财经学院学报》2003 年第 6 期。

与此同时，农村土地产权制度存在弊端，这主要表现在：所有权主体虚置，产权归属模糊，名义上为国家与集体所有，地方基层政权组织成了实际占有者，农民的土地以集体的名义被廉价“征用”，而农民作为弱势群体很少有话语权。近年来，围绕农民土地征用、补偿问题而产生的侵害农民利益的案件屡见不鲜、数不胜数。这些案件的发生，反映了农村干群关系存在比较紧张的一面，影响农村的发展、稳定与和谐。

第二，市场规则不够公平。市场规则是以法律、法规、契约、公约等形式规定下来的市场运行的准则，主要包括市场进出规则、市场竞争规则和市场交易规则。规则公平才能保证竞争的自由与公平，才能维持有序的市场秩序，发挥市场资源配置的高效。但中国至今依然存在严重的行业垄断现象，假冒伪劣、坑蒙拐骗现象，拖欠借款现象，资本市场定位错乱现象，政企不分现象，等等。这些现象可归结为信用缺失、市场规则不公。其结果必然导致市场主体的信用关系得不到有效维系，地区、行业、部门等之间的差距日益扩大，钱权交易和腐败现象屡禁不止。长此以往，影响社会和谐。

第三，社会保障制度不完善。社会保障制度是政府和社会对弱势群体实施最低生活保障的一项制度，维系着经济改革与社会发展，是和谐社会的安全网①。然而，目前，我国社会保障制度还不完善，存在“内容不全面，立法滞后，保障面小，水平低，实施范围窄，项目单一，负担比例不合理，管理机制不完善，社会化程度低，基金管理分散，信息化建设水平落后，政策差异大”等主要问题。②

3. 先发国家人为设置诸多障碍

先发国家在经济、科技等各方面均处优势地位，而中国作为发展中国家必然处于劣势地位。先发国家为了确保这种优势的存续性，往往凭借自身优势，人为设置诸多障碍，企图阻止中国经济追赶。

第一，国际贸易领域设置诸多贸易壁垒，损害中国经济利益。随着国际贸易的发展和世界经济一体化进程的加快，各种贸易保护措施也随之产生并不断变化。发达国家在国际贸易中，设置大量的贸易壁垒，包括关税壁垒与非关税壁垒。这些壁垒的出现一方面是国际经济、社会、科技不断

① 李婷：《社会保障制度与和谐社会》，《湖北社会科学》2005 年第 9 期。

② 刘湘毅：《从和谐社会的构建论中国社会保障体系的建设》，《湖南农业大学学报》2005 年第 3 期。

发展的产物，但更多的是发达国家限制、打击我国出口贸易的发展，借以维护本国利益的体现。近几年，随着我国出口贸易规模的不断扩大、在世界上的贸易排名不断前移，中国遭受国外传统的关税壁垒逐步弱化，而非关税壁垒的频率逐渐增多，已成为国外非关税壁垒的最大受害者。这表现在以下几个方面：其一，反倾销案日益增多。对中国实施反倾销的国家，不仅有欧美、澳大利亚、日本等发达国家，也有像土耳其、埃及、印度这样一些发展中国家；所涉及的产品既有日用品行业，也有机电行业；既有制造品，也有矿产和养殖品。资料显示，20 世纪 90 年代以来，针对中国的反倾销案件占世界总量的 1/7—1/6，而加入 WTO 后，这一比例大大增加，中国已经成为外国反倾销的主要目标国家。其二，技术性壁垒、绿色环保壁垒、劳工标准壁垒等非关税贸易壁垒已成为我国出口的主要障碍。随着我国经济的崛起、对外贸易的增长，发达国家打着“保护环境”、“维护消费者利益”、“关注工人健康”、“维护人权”、“公平竞争”等旗号，千方百计地推出名目繁多的非关税贸易壁垒，大行贸易保护主义，进一步打击中国的出口贸易。资料显示，中国有 70% 的出口企业和 40% 的出口产品遭遇技术性贸易壁垒的限制，我国每年受影响的出口额占全年出口额的 25% 以上，约为 400 亿—500 亿美元，由此带来的损失也呈现增长过快的势头。其中，我国纺织品服装出口因技术性贸易壁垒造成的损失，已从 20 世纪中后期的每年 4 亿—5 亿美元上升到 21 世纪初的每年 10 亿美元左右。如 2002 年受限制而损失的金额比 2000 年增加 3.6 亿美元，增幅高达 54.55%①。其三，涉及知识产权的技术性贸易壁垒也逐渐增多。2002 年 5 月的“温州打火机事件”、我国地板行业应对美国 337 调查案、浙江通领科技集团与美国电器业巨头莱伏顿公司的专利侵权诉讼案等表明，中国已成为发达国家及其跨国公司设置知识产权壁垒的主要受害者。劳工标准壁垒使我国丧失了劳动力低成本的国际竞争优势，对吸引外资、扩大出口也带来负面影响。

第二，制造多种“中国威胁论”，制造不利于中国发展的国际舆论环境。伴随近几十年来中国经济的快速发展，日益强大的中国正越来越多地受到世界各国的高度关注。美国、日本等西方国家掀起一波又一波、各种

① 左丹：《技术性贸易壁垒对我国纺织品出口贸易的影响及对策》，《辽东学院学报》2005 年第 5 期。

形式的“中国威胁论”，诸如“经济威胁论”、“资源环境威胁论”、“军事威胁论”、“社会主义威胁论”、“科技威胁论”、“间谍威胁论”、“软实力威胁论”、“意识形态威胁论”、“新民族主义威胁论”等，涉及经济、政治、文化、军事、科技、外交等诸多领域，且该论调在世界各国都有市场。西方国家如此大造声势，其目的就是从舆论上造势，夸大崛起的中国对世界的影响力，企图拉拢各国共同防范与遏制中国的发展，在世界范围内造成非常恶劣的影响。

（二）当代中国的比较劣势

除后发劣势之外，我们还应当注意另外一种影响中国经济追赶的不利因素，即比较劣势。比较劣势与比较优势是相对而言的，主要指由于要素禀赋的不利或技术的差距，导致本国生产某些产品的机会成本比较高，在生产率上处于劣势，在国际分工与国际贸易中处于一种不利地位。单独对比较劣势进行探讨的学者不多，而一般是将其与比较优势、后发劣势结合起来加以研究。

我们认为，当代中国的比较劣势主要表现在三个方面。

1. 封建思想文化影响深远

中国是一个具有几千年封建历史的国家。1911 年，孙中山先生所领导的辛亥革命最终将腐朽没落的中国封建帝制送进了历史博物馆，而后爆发的五四运动则高举彻底反帝、反封建的大旗，特别是新中国成立后，更是把封建思想作为革命的首要目标来加以消灭。那么，是否意味着封建思想就此消失了呢？事实并非如此。正如马克思所讲述的，尽管社会存在决定着社会意识，但社会意识具有相对的独立性，作为社会意识的各种封建思想并没有随着封建体制一起消亡，几千年的封建思想残余是不可能靠一次或几次革命就能够完全肃清的。由于封建思想在我国根深蒂固，其影响在当今社会生活的各个层面都广泛存在，主要表现在以下几个方面：

第一，在政治生活中，宗法专制、等级特权的思想观念的存在影响了我国民主法制建设的完善与发展。宗法专制、等级特权的思想观念反映在党和国家的政治生活中就是各地存在官僚主义、家长制作风和一言堂等压制民主的现象。如一些干部官僚主义作风严重，个人凌驾于组织之上，专权擅权，搞“家长制”，当“土皇帝”；一些领导干部不把自己看成是人民的公仆，而是以“主人”、“救世主”自居，大搞特权，生活糜烂甚至腐化堕落。有的干部搞权力私有化，买官卖官，任人唯亲，搞裙带关系，拉帮结派；权大于法、人治代替法治，扰乱了社会政治生活秩序，社会主义民主法制遭到践踏。

第二，在经济生活中，“官商”思想、“诸侯经济”思想、平均主义思想的存在影响了我国市场经济的健康发展与不断完善。“官商”思想主要表现在官商勾结、官商不分。一些干部滥用权力，谋取私利，进行“权力寻租”。由于政治权力介入市场经济，使得各类经济组织难以真正成为独立的法人实体和市场竞争的主体，市场正常的竞争秩序难以得到保障。“诸侯经济”表现在一些地方和部门片面强调自身经济利益，画地为牢，以邻为壑，大搞地方保护主义和部门保护主义，条块分割严重，导致了各种社会资源和要素难以合理流动，企业的兼并和联合发展缓慢，而发展跨地区、跨行业、跨所有制的企业困难重重，统一、竞争、有序的国内市场体系难以形成。由于受“不患寡而患不均”的封建思想的影响较深，“平均主义”、“大锅饭”、“铁饭碗”等弊端还难以从根本上加以克服，使得按劳分配和按生产要素分配难以真正激发人的竞争意识，从而调动生产的积极性。

第三，在思想文化上，许多封建主义的思想意识、价值标准和道德观念的存在阻碍了我国思想文化和教育体制的改革。具体包括：其一，社会关系中残存的宗法观念、等级观念，上下级关系和干群关系中在身份上的某些不平等现象①。其二，公民权利和义务观念淡薄，以至于部分公民既不愿自觉履行自己应尽的义务，又不能正确行使自己享有的权利。更有甚者，只知道享受权利不想尽义务。其三，民主和法制意识不强，养成了崇尚权力而不崇尚法律、畏权不畏法的习惯。其四，受“学而优则仕”的影响较深，教育观念落后，职业技术教育观念淡薄，职业技术教育发展缓慢。这不仅贻误了我国诸多优秀学子，而且造成人力资源的大量浪费。其五，对科技和教育重视程度不够，先进技术的普及推广和科学思想的教育难度较大，一些地区封建迷信盛行、非法宗教活动猖獗，影响社会稳定。其六，在农村仍不同程度地存在“小富即安、自我满足”的小农经济意识，缺乏长远的战略眼光和发展规划，甚至为了个人和眼前利益而不惜损害集体和长远利益。其七，在文化领域仍不同

① 《邓小平文选》第2卷，人民出版社1994年版，第334页。

程度地存在专制主义作风，以致压制社会科学理论和学术探讨，排斥外来进步的思想和文化艺术。其八，择业观念落后，“官贵民贱”和“官本位”制的思想烙印还比较深，以致许多优秀专业人才“误入仕途”难以挥自己的专长和作用，进而形成官民比例严重失衡。这些弊端与建设中国特色社会主义所要求的民主、法制、科学、平等的社会意识是完全对立和不相容的，它阻碍我国思想文化和教育体制改革的进程。[①]

2. 劳动力素质亟待提高

一个社会或国家的发展，不仅取决于这个社会或国家劳动力的数量，更主要取决于劳动力的质量。劳动力的质量，也就是劳动力的素质，主要包括劳动力的文化素养、科学知识、专业水平、职业技能、创新能力、职业发展潜力，以及与此相联系的职业道德、职业态度、身体素质、心理素质、智力素质等。[②] 现在的世界已经进入知识经济时代，劳动力的素质特别是科学文化知识、工作能力和智力将成为决定因素。在1960年美国经济学年会上，美国著名经济学家西奥多·威廉·舒尔茨发表了著名的《人力资本投资》的演讲。在这次演讲中，他明确提出：人的知识、能力和健康等人力资本的提高对经济增长的贡献远比物质资本、劳动力数量的增长更为重要。

综观我国，改革开放以来，随着经济的发展以及国家对教育的重视和投入的增加，我国劳动力素质有了长足进步。最新“六普”结果显示，中国大陆大学（指大专以上）文化程度的人数是1.2亿，具有高中（含中专以上）文化程度的人口为1.88亿，具有初中文化程度的人口为5.2亿，具有小学文化程度的人口为3.59亿。从相对数量看，每10万人口中的大学生人数达到8930人，比2000年人口普查增加了1.5倍。每10万人口中受高中教育的人口增加了26%，受初中教育的人口增加了14%，受小学教育的人口减少了25%。[③] 尽管我国人口素质整体上较之10年前有了较大提高，但与发达国家相比，

① 许苏静：《试析封建思想残余对我国现今社会的影响和对策》，《宁夏大学学报》2008年第4期。

② 周金龙：《提高劳动者的素质在降低劳动力成本中的作用》，《天津市经理学院学报》2009年第3期。

③ 2000年人口普查的相关数据出自于《中国统计年鉴2010年》。

依然有很大差距。这主要表现在以下几个方面：其一，劳动者文化素质低，受教育年限水平低。我国目前的成人平均受教育年限，比韩国和日本2000年的水平略低，与加拿大、澳大利亚、英国、美国、法国等受教育水平最高的国家相比，还相差3—5年。[①] 其二，劳动者技能素质低，技术水平不高。现有技术工人7000万，占全国工人总数的1/3，其中，初级技术工人占技术工人的60%，中级技术工人占36%，高级技术工人只占4%。高级技术工人数量和素质偏低，与发达国家高级技术工人占35%、中级工占50%、初级工占15%的结构大相径庭。而技术工人素质低下带来的问题日益严重。据统计，我国企业产品平均合格率只有70%，不良品每年的损失达2000亿元。我国科技成果转化率只有15%左右，技术进步对经济增长的贡献率只有29%，远低于发达国家60%—80%的水平。[②]

3. 产品国际竞争力不强

我国凭借低廉的劳动力成本、广阔的国内市场等优势成为吸引外资最多的发展中国家。伴随对外贸易的发展，贴着“中国制造”标签的产品源源不断涌向世界各地。“中国制造”及中国的制造加工业越来越引人注目。中国是继美国、日本、德国之后的世界第四大工业基地，中国在不少重要工业产品方面已成为世界上数一数二的生产大国，现在已有100多种制造产品的产量处于世界第一位，囊括了家电制造业、通信设备、纺织、医药、机械设备、化工等十多个行业。同时，中国制造业增长是全球最快的。其中，1985—1990年的工业生产指数上升了1.86倍，1991—1996年，中国的工业生产指数又上升了3.75倍。快速发展的制造业使得其占全球份额呈不断上升之势。1980—1997年的17年间，中国占世界制造业增加值的份额从1.4%上升至5.9%，平均每年上升约0.26个百分点。世界上出售的照相机有50%以上，30%以上的空调和电视机，25%以上的洗衣机和近20%的电冰箱都在中国生产。[③] 经过十几年的迅速发展，中国

---

① 原新：《“六普”人口素质大起底，中国人口正从“口”向“手”跃升》，《社会观察》2011年第6期。

② 何磊：《16万年薪聘一名技工，我国哪类人才严重缺乏?》，《中国青年报》2001年10月19日。

③ 新浪读书：《中国是“世界工厂”吗?》(http://book.sina.com.cn/2003-06-27/3/10247.shtml)。

被冠以“世界工厂”这一称号。然而，我们不能忽略了另一个事实，就是中国工业产品国际竞争力不强，主要表现在：

第一，技术水平低下，产品技术含量低，附加值低。如我国钢铁、有色金属、电力、机械、石油化工、煤炭、建材等传统工业的技术水平与国际先进水平差距较大，国际先进技术装备仅占1/10；产品结构不合理，国际达标优质产品仅占1/10；我国传统产业劳动生产率只有世界平均水平的1/3、发达国家的1/10。① 2004年美国的中国问题专家乔治·吉尔波在《中国奇迹背后的神话》一文中称，美国制造业的所谓“中国威胁”被过分夸大了，中国的经济奇迹并没有产生世界一流的企业，中国内地在技术上仍是个落伍者。

第二，中国拥有的自主知识产权、自主知名品牌很少。世界著名的广告大师史蒂芬·金（Sterphen King）曾说过：产品是在工厂所生产的东西，而品牌则是消费者所购买的东西。一件产品可以被竞争对手模仿，但品牌则是独一无二的。产品很快会过时落伍，而成功的品牌是持久不衰的。可见，当今国际竞争中，品牌才是产品走向更广阔市场的通行证。2004年，商务部在发布的高新技术产品出口报告中承认，中国拥有自主知识产权、自主品牌和高附加值的产品出口比重很低，在国际贸易中获取的比较利益较少，国际竞争力和抗风险能力较弱。目前在国际市场上，中国名牌所占比例仍不到3%，全国出口企业中拥有自主品牌的不到二成，自主品牌出口占全国出口总额的比重低于一成，称得上世界名牌的更是寥寥无几。例如，我国虽是世界最大的纺织品服装出口国，但服装自有品牌出口不足10%；我国优良的加工质量得到世界公认，世界著名服装品牌绝大部分在国内加工，但我国尚无一个具有自主知识产权的世界级服装品牌；即使在内销市场上，本土品牌影响力也不强，我国服装（含鞋帽）注册商标超过20万个，但有自主知识产权和全国认知度的品牌不足百个，国内高档服装市场几乎被洋品牌主导。

---

① 中国经济改革与发展研究院：《中国成为世界工厂问题讨论综述》（http：//www. wj78. com/about/bin/detail/1－15－52. html）。

第三章

当代中国经济追赶的目标与动力

探讨当代中国经济追赶问题，既要准确把握当代中国的基本国情，从而正确看待追赶的现实起点，也要明确中国经济的发展方向，从而确立合理的经济追赶目标。同时，还必须系统梳理推进中国经济追赶的各种动力，即探讨经济追赶目标何以实现的内在依据。

一　当代中国经济追赶的现实起点

在中国经济追赶现实起点的认知上，中国共产党人经历了一个不断深入的过程。新中国成立初期，毛泽东指出："我们一为'穷'，二为'白'。'穷'，就是没有多少工业，农业也不发达。'白'就是一张白纸，文化水平、科学水平都不高。"① 这是对当时中国国情的客观认识，但是，恰恰是这种过低的起点，加之当时党内普遍存在的"左"倾错误倾向，激发了第一代领导集体在追赶目标和手段上的急躁冒进。党的十一届三中全会后不久，邓小平深刻而正确地分析了我国国情，指出中国还处在社会主义初级阶段，人口多、耕地少、底子薄，生产力落后。党的十三大第一次把社会主义初级阶段作为事关全局的基本国情加以把握，明确了这一问题是制定党的路线、政策的出发点和基本依据。进入 21 世纪，在我国人民生活总体达到小康水平后，党的十六大强调指出，我国正处于并将长期处于社会主义初级阶段，建成高水平、更全面、更平衡的小康还需要长时期的艰苦奋斗。党的十七大报告重申，尽管我国取得了举世瞩目的发展成就，但我国仍处于并将长期处于社会主义初级阶段的基本国情没有变，人民日益增长的物质文化需要和落后的社会生产之间的矛盾没有变。可以说，中国的经济追赶之路依然任重道远。

① 《毛泽东文集》第 7 卷，人民出版社 1999 年版，第 43 页。

（一）中国现阶段的经济总量

一方面，中国在GDP总量、经济增长速度、人均GDP增长速度等方面取得重大进展，正成为世界经济的增长的发动机。

截至2010年，中国以GDP总值核算的经济总量已占世界经济的近6%，仅次于美国，居世界第二位。根据国际货币基金组织（IMF）数据库计算，自1980年以来，中国GDP年均增长9.9%，而同期世界经济平均增长才3.3%，中国经济增长速度是世界平均水平的3倍，不仅远高于发达国家，也高于其他主要新兴工业化国家。中国经济飞跃时期的增长速度也超过了世界上其他主要经济体在起飞阶段的增长速度。1980—2007年间，美国、日本、德国、法国、英国等发达国家的GDP年均增长速度分别为2.9%、2.4%、1.9%、2.1%、2.4%，俄罗斯、印度、巴西、新加坡、韩国等新兴工业化国家GDP年均增长速度分别为2.0%、6.0%、2.7%、7.1%、6.5%；而美国在经济起飞的1870—1913年间GDP年均增长速度为4.1%，日本在经济起飞的1950—1978年间GDP年均增长速度为8%，韩国在经济起飞的1960—1990年间GDP年均增长速度为8.1%，都低于中国9.9%的水平。

中国经济不仅增长快，而且离散程度更低，相对更加稳定。根据国际货币基金组织数据库计算，1980—2007年这28年间中国经济增长的变异系数①只有0.29，而同期美国、日本、德国、法国、英国、印度、俄罗斯、巴西、韩国、新加坡分别为0.61、0.79、0.82、0.55、0.73、0.31、3.57、1.28、0.59、0.54，世界平均水平为0.34。

与此同时，中国人均GDP增长速度也在加快，与世界平均水平的差距在缩小。国际货币基金组织数据库的数据显示，按当年汇率计算，1980年，中国人均GDP只有321美元，世界排名第129位；1995年，人均GDP为601美元，世界排名第127位；2000年，人均GDP达到946美元，世界排名上升到第115位；2005年，人均GDP上升到1715美元，达到世界平均水平的1/5左右，排名也上升到第109位；2007年人均GDP达到

① 变异系数，指一组数据的标准差与其相应的均值的比值，反映一组数据的离散程度，其值越大，表明该组数据离散相对程度越大，这里用来比较经济增长离散程度，其值越大，表明经济增长偏离均值程度越大，经济增长就越不稳定。

2461 美元，已经超过世界平均水平的 1/4，排第 106 位。1995—2007 年间中国人均 GDP 年均增长速度高达 13.8%，仅低于俄罗斯 15.4% 的增长速度，远高于发达国家和其他新兴工业化国家。同期，在发达国家经济体中，人均 GDP 增长速度最快的英国也只有 7.5% 的水平，日本则出现了 0.4% 的负增长；新兴工业化国家中印度和韩国人均 GDP 增长速度较快，也不过只有 8.4% 和 7.1%。

此外，世界银行 2008 年的数据显示，截至 2007 年，过去 25 年全球脱贫事业成就的 67% 来自中国，我国脱贫人口占发展中国家脱贫人口的 3/4，是唯一提前完成联合国大会 2015 年使贫困人口减半的千年发展目标的发展中国家，成为全球消除贫困的成功范例。

如今，随着经济实力的增强，加之对外开放国策的深入实施，中国与世界经济增长的相关系数不断提高，中国经济与美国经济一起成为拉动世界经济增长的发动机。尤其是在 1997 年亚洲金融危机、2001 年美国 IT 泡沫破灭以及 2007 年以来美国金融危机期间，中国经济持续增长对世界经济的拉动作用更加显而易见。正如国际货币基金组织在最近的《世界经济展望》报告中指出："受次贷危机的影响，美国经济衰退风险增长，但是由于像中国这样的新兴工业大国正成为世界经济增长的新支柱，世界经济将免于衰退。"如按当年汇率计算，2005 年中国对世界经济增长贡献率为 9.4%，仅次于美国排名世界第二，到 2007 年中国对世界经济增长贡献率上升到 10.3%，而美国对世界经济增长贡献率则下降到 11.0%。若按购买力平价（PPP）计算，2007 年中国对世界经济增长贡献率已达到 19.1%，超过美国 5 个百分点，成为世界经济增长第一贡献大国，中国经济已成为世界经济增长的"格兰杰原因"①。

另一方面，中国在收入分配的公平性、人文发展指数、幸福指数、人均 GDP 水平等方面与其他国家还存在较大差距。

改革开放以来，中国居民收入不断增长，社会贫困人口数量由 1978 年的 2.5 亿人减至 2007 年的 1479 万人，贫困发生率由 1978 年的 30.7%

---

① "格兰杰原因"名称因 2003 年诺贝尔经济学奖获得者克莱夫·格兰杰开创的一种用计量统计方法分析变量之间因果关系的办法而得名。两个经济变量 X、Y 之间的格兰杰因果关系的检验原理为：若在包含了变量 X、Y 的过去信息的条件下，对变量 Y 的预测效果要优于只单独由 Y 的过去信息对 Y 进行的预测效果，即变量 X 有助于解释变量 Y 的将来变化，则认为变量 X 是引致变量 Y 的格兰杰原因。

降至2007年的1.6%。但是，与此同时，社会贫富差距也在逐渐扩大。据2005年世界银行的发展报告，经调整后的中国基尼系数2001年已达到0.415；1993—2004年，中国的基尼系数从0.407扩大到0.473，已经达到拉丁美洲的平均水平。而以国家统计局城乡住户抽样调查为依据，并参考世界银行的调整数，用五分法测算出的城乡贫富差距，也从1978年的2.7倍扩大至2004年的7.2倍，26年中扩大了4.5倍。中国已从一个平均主义色彩较浓的国家，转变为贫富悬殊的国家。此外，根据2007年亚洲开发银行发布的《亚洲的分配不均》的研究报告显示，在22个纳入其研究范围的国家中，中国贫富差距居首位，在衡量分配不均的两个常见指标中，收入最高的20%人口的平均收入与收入最低的20%人口的平均收入的比率，中国是11倍，高出其他国家一大截。

近年来，关于收入分配问题存在较多的议论。有人认为，中国处于快速发展和快速市场化的阶段，根据库茨涅兹的倒“U”形曲线，在发展进程中出现收入分配差距扩大的现象不足为奇。但问题在于，中国目前过大的收入分配差距与发达国家发展进程中的收入分配差距扩大有明显不同，主要体现在：一是中国收入分配根源于体制性因素，尤其是源于城乡二元的制度安排。二是中国的收入分配差距超出了社会承受度。对合法经营获得的财富，社会不会“仇富”，但对因权力、身份等因素获得的财富，社会并不认同。例如，垄断行业的高收入，一直是社会批判的一个焦点。三是中国当前的收入分配差距已对经济的持续增长带来负面影响。一方面，持续扩大的收入分配差距很难像改革开放初期那样调动人的积极性；另一方面，持续扩大的收入分配差距制约了中等收入阶层的培育，降低了社会的消费能力。占社会绝大多数的中低收入者边际消费倾向高但收入水平低，致使中国消费率逐年走低，成为制约经济增长的突出矛盾。

另外，联合国开发计划署公布的《2007年人文发展报告》显示，2005年世界人文发展指数（HDI）① 为0.743，其中，中国的人文发展指数为0.777，高于世界平均水平，但仍居第81位。而在衡量人民生活满意度的“幸福指数”方面，据2008年7月大型跨国项目“世界价值观调查”公布的结果显示，中国内地的幸福指数为1.64，全球排名第54位，

① 人文发展指数是由出生时预期寿命、受教育程度、实际人均GDP三大要素指标合成的一个复合指数，通常作为衡量人类生活质量、人类发展水平的综合尺度。

在所调查样本涉及的98个国家中排名偏后。另外，如前所述，中国人均GDP仍然排世界百名之外，2007年的人均GDP只相当于美国的1/20。如果再考虑到中国各个地区和行业的收入差距，中国大多数人生活水平还处于世界平均水平之下。

以上分析说明，在中国经济高速增长的背景下，人民生活质量没有得到与经济增长同比例的提高，中国依然没有摆脱低收入发展中国家的行列。

（二）中国现阶段的经济结构

1. 三大产业的结构转变顺利，中国已经进入"工业化中期区间"

新中国成立之初，我国是一个极其落后的农业国，工业基础非常薄弱，生产力水平低下，产业结构不合理。1952年，"农、轻、重"三种产业产值在我国工农业总产值中的比重分别为56.9%、27.85和15.3%。改革开放以来，我国通过优先发展轻工业、扩大耐用消费品进口、加强基础设施建设、大力发展第三产业等一系列措施，使产业结构明显改善，比例日趋合理。到2008年，第一产业的增加值占整个GDP的比重由1952年的51%下降为11.3%，第二产业的增加值由20.8%上升为48.6%，第三产业的增加值则由28.2%上升至40.1%。[①] 经过大规模建设，中国的工业结构也极大改善，实现了从门类简单到齐全，从以轻工业为主到轻、重工业共同发展，从以劳动密集型工业为主导向劳动、资本和技术密集型工业共同发展的转变。目前我国已经形成一个行业比较齐全的工业体系，拥有联合国产业分类中所列的全部工业门类。

与此同时，三大产业对经济增长的贡献率[②]也发生了深刻变化。第一产业增加值的缓慢增长和比重的逐步缩小，使第一产业对GDP增长的贡献率逐步下降，在改革开放的初期曾经超过50%，到20世纪末则降低到10%以下。第二产业由于规模逐步扩大而且增长速度较快，已成为经济增长的主要支柱，对经济增长的贡献率是先逐步上升后有所下降，在20世纪90年代之前基本上都在50%以上，特别是1991—1998年间，基本上都在60%以上。2000年之后，由于第三产业的贡献率上升，第二产业的贡

① 国家统计局：《中国统计年鉴2009》，中国统计出版社2009年版，第102页。

② 产业贡献率是指各产业增加值增量与GDP增量之比。

献率没有继续上升，控制在60%以下。第三产业对经济增长的贡献率总体趋势是逐步上升，但波动较大，最大值在2007年，超过30%。[①]

从三大产业的结构看，一个国家的产业结构高级化表现在三大产业的结构从“一、二、三”到“二、三、一”，最终到“三、二、一”的结构演进（以产值或增加值的比重排序）。中国三大产业的结构变化基本符合世界发达国家产业结构演变的一般规律。

与三大产业的增加值结构的显著变化不同，我国三大产业就业结构的转变要缓慢得多。与1978年相比，2006年第一产业就业比重下降了27.9%，第二产业就业比重仅增加7.9%，第三产业就业比重增加20%。到目前为止，第一产业就业人数仍然是最多的。在进入21世纪之前，我国仍然是一个以农业就业为主的国家，非农就业人口不超过50%。在非农就业中，1994年是一个转折年，此前，第二产业就业人数超过第三产业，此后，则是第三产业就业人数超过第二产业。[②] 就业结构转变速度滞后于产值结构转变，是我国城市化进程滞后于工业化进程的主要原因。

至于工业化，其进程的直接表现是工业部门在国民经济中的比重上升，因而工业的比重是衡量工业化阶段的一个主要指标，但不是唯一的指标。在现有经济发展阶段理论中，钱纳里的工业化阶段理论是目前应用最广泛的。他比较分析了1950—1970年期间101个国家（地区）经济结构转变的全过程，勾画出了经济增长过程中三大产业产出结构与就业结构转变的“标准形式”。按他的分析方法，我国2004年工业增加值占GDP的比重为46.2%，已进入后工业化时期；但我国2003年第二产业的就业比重为22.5%，又处在工业化前期。对比钱纳里多国模型的工业化阶段分期理论，中国目前接近于美国工业化历程中的中期阶段。我国第二产业占GDP的比重对应于美国1950—1960年的水平，即美国工业化后期阶段。就业比重对应于美国1900年的水平，即工业化初期阶段。而我国第三产业就业比重相当于美国1900年的水平，即工业化初期水平；第三产业产值占GDP的比重相当于美国1870年以前的水平，还达不到工业化初期水平。综合考量，我国经济处于“工业化中期区间”的结论是基本可以成立的。

---

① 国家统计局：《中国统计年鉴2008》，中国统计出版社2008年版，第97页。

② 国家统计局普查中心：《中国第三产业统计资料汇编》，中国统计出版社2007年版，第102页。

2. 已进入城市化发展的中期，但城乡二元结构依然突出

从世界城市发展的经验看，城市化发展带有明显的阶段性。美国著名经济学家诺瑟姆在总结世界各国共同发展经验的基础上提出了城市人口占总人口比重的城市化率模型，结合城市形态特征和内在机制的变化，这一模型将城市化分为三个阶段：城镇人口占区域总人口的比重在30%以下时，属于初级阶段；城镇人口占区域总人口的比重在30%—60%之间，属于中级阶段；城镇人口占区域总人口的比重在60%以上，属于高级阶段。并认为，当城市化水平达到30%时，城市化进程将是一个相对快速发展的时期。从实际情况看，世界大多数国家城市化的进程经历了相同的“S”形曲线：当一个国家农村人口占总人口比例为90%以上，也即城市化水平低于10%时，城市化进程开始，城市化速度开始加快；当城市人口占总人口比例达到30%时，也即城市化率达到30%时，城市化速度会明显大幅攀升，城市化进入急速发展阶段，这一过程会一直持续到城市化水平达到60%以上；当城市化率达到60%后，城市化重新进入平缓发展阶段。

目前，中国城市化水平正进入快速提高时期。历年城市化率的数据显示，中国的城市化进程大体符合“S”形曲线规律：改革开放初期中国城市化水平为17.92%，城市化速度每年基本在0.6%。其中可以划分为三个阶段，第一个阶段，1979—1995年，城市工业化率从18.96%提高到29.04%，年均增长0.63%；第二个阶段，1995—2005年，城市化率由29.04%提高到42.99%，年均增长1.4%；第三个阶段，2005—2008年，城市化率从42.99%提高到45.68%，年均增长0.9%。2008年，中国城市化水平达到45.68%。由此可以得出，中国经济发展处于城市化发展中期的结论。

与此同时，我国新农村建设取得重大进展，但城乡一体化尚未取得实质性突破。“十一五”期间，中央在促进农村和农业发展上下了大力气，连续的中央一号文件不断加大支农惠农政策力度，各级政府在“多予、少取、放活”方面有很大进展，也取得了很好的效果。根据2009年中国改革问卷调查结果显示，在“十一五”规划提出的六大重点中，建设社会主义新农村得到的评价最高，占50.85%。在推进改革开放的10项主要任务中，全面深化农村改革落实得相对较好，占43.50%，仅次于社会保障体系建设。

城乡关系是城市化进程中的一对重要关系。但从发展方式转型的要求看，城乡一体化进程仍然滞后，其根本原因是城乡二元制度尚未有实质性改变，城市支持农村、工业支持农业的体制机制尚不成熟。首先，城乡二元土地制度尚未实现根本性突破，土地资源分配实际是“以乡补城”。在城乡二元的土地制度下，政府获得的大规模城市建设用地和经费是从农民征地卖地中获得，以2007年为例，全国土地出让金估计达1万亿元。随着城市化进程的展开，地价大幅度升值，升值规模过万亿元，但土地收入分配的不规范，已成为收入分配差距扩大的重要因素。有资料显示，土地用途转变增值的权益分配中，地方政府大约得60%—70%，村集体组织得25%—30%，失地农民只得到5%—10%，甚至更少。[①] 城市土地、住房基本实现市场化，但政府对农村的土地、住房的市场化仍然存在诸多限制与顾虑。农民工的农村宅基地不能买卖，造成农民工不能将农村房产变现，无法在城市安居。其次，城乡二元的财政金融体制尚未实现根本性突破。在现行财政体制下，财政支出的重心仍然是城市，三要素（土地、劳动力、资金）流出农村的格局没有变。例如，金融成为从农村抽取资金的一个抽水机。据估计，1994—2003年10年中净流出近3.3万亿元。[②] 最后，城乡二元的公共服务体制尚未实现根本性突破。自“SARS”危机后，中国推进了城乡义务教育免费制度，为农民建立了新型的农村合作医疗制度，这些都是历史性的进步。然而，当前城乡基本公共服务的差距仍然相当大，目前，城乡名义收入差距为3.3倍，再加上公共服务和社会保障的因素，城乡实际差距达到6倍以上，城乡二元的基本公共服务体制在形成城乡居民实际收入差距中至少占有40%的权重。[③] 城乡公共服务的差距主要表现在由于城乡分治的管理体制以及向城市倾斜的公共资源配置机制导致的城乡居民享有的公共服务的种类、水平和可及性的差距，最突出的是城乡分割的社会保障系统导致的差距。

3. 各区域的经济都有所增长，但地区经济发展不平衡态势也有所增强

---

① 夏锋：《让土地成为农民财产性收入来源》，《上海证券报》2008年3月6日。

② 何冬妮、张飞：《加快形成城乡一体化的新格局——第二次中国改革国际论坛综述二》，《中国（海南）改革发展研究院简报》（总第778期）2009年12月15日。

③ 中国改革发展研究院：《中国人类发展报告2007/2008：惠及13亿人的基本公共服务》，中国对外翻译出版公司2008年版，第102页。

从总产值看，东、中、西部和东北地区的生产总值（GRP）自改革开放以来在不断增长。东部地区在1978年的生产总值为1590.3亿元，到2006年增加到133421.6亿元，增加了82.9倍。中部地区1978年生产总值为807.9亿元，到2006年增加到48009.5亿元，增加了58.4倍。西部地区从1978年生产总值的593.6亿元，增加到2006年的29907.2亿元，增加了48倍。东北地区1978年生产总值为486.0亿元，到2006年这一数值达到19715.2亿元，增长了39.6倍。但就四个地区的比较来看，产值上的差距在30年中也是在不断拉大。在1978年，东部产值是中部产值的1.97倍，是西部产值的4.46倍，是东北地区的3.27倍。到2006年，东部产值133421.6亿元，是中部产值的2.78倍，为西部产值的4.46倍，为东北地区的6.77倍。从产值比重变化看，东部产值的比例自从1978年以来一直都在45%以上，在1995年之后超过了50%，此后一直在50%以上。在1978年，东部产值比例为45.7%，到2006年达到57.7%。中部地区产值比例则呈不断下降的趋势，但一直保持在20%以上，1978年为23.2%，2006年下降到20.8%，下降了不到2.4个百分点。西部地区产值比例也是处于下降的过程，1978年为17.1%，2006年下降到12.9%，下降了4.2个百分点。东北地区1978年总产值占14.0%，到2006年这一数值下降到8.5%，下降了5.5个百分点。[①] 这说明，在市场力量的作用下，中国的经济活动在逐步向经济繁荣的东部地区转移和集聚，它主要表现为各种生产要素以及工业尤其是制造业向东部地区的集聚。从某种程度上讲，这种集中化有利于提高资源配置的总体效率，但也会加剧区域差距的扩大趋势，不利于区域经济的协调发展，也不利于经济社会的稳定发展。

4. 消费率偏低，投资消费比例失调

马克思在分析生产与消费的关系时指出："没有生产，就没有消费；但是，没有消费，也就没有生产，因为如果没有消费，生产就没有目的。"[②] 正如后来有学者所言，消费对于生产的作用，就在于它能"创造出新的生产的需要，也就是创造出生产的观念上的内在动机，后者是生产

① 中国社会科学院工业经济研究所：《2008中国工业发展报告》，经济管理出版社2008年版，第460页。

② 《马克思恩格斯选集》第2卷，人民出版社1995年版，第9页。

的前提。”①

但是，在“GDP增长主义”理念和投资主导型经济发展模式的指导之下，加之中国外部需求恶化等因素影响，中国的消费比例长期低迷。从横向看，中国消费率不仅远远低于发达国家，而且落后于同等发展水平国家。1978—2005年，全球年均消费率呈逐步上升趋势，从1978年的75.6%上升到2005年的78.8%。2005年，美国、日本、德国、英国等发达国家的年均消费率分别为86.5%、75.2%、77.7%、86.5%。同为“金砖四国”成员、保持较快经济发展速度的巴西、印度、俄罗斯，2007年的消费率也分别达到75.7%、64.9%、67.0%，而中国2007年的最终消费率仅为49.0%，落后于同等发展水平国家20多个百分点。1978年，中国的消费率为62.1%，2008年降至48.6%，为改革开放以来的最低水平。2000—2008年，消费率下降更为明显，8年间下降了13.7个百分点。从纵向看，中国消费率呈下降趋势，1978年居民消费率为48.8%，2008年降到历史最低点35.3%。②

根据世界银行的划分标准，人均GDP 3000美元位于中下收入和中上收入国家水平之间。目前，中国人均GDP超过3000美元，整体上处于这一阶段，且部分省市（如上海）已经达到中上收入国家水平。从客观趋势看，进入中上收入国家水平，中国的投资率将逐步下降，消费率将相应提升。但是，从当前的走势看，改革开放以来，中国投资与消费关系失衡的状况在经济周期变动中继续加重，其总趋势是：经济扩张期投资率上升、消费率下降，经济收缩期投资率回落、消费率回升；但是每一个经济周期与上一个经济周期相比，投资率都提高了一个台阶，消费率降低了一个台阶。从1981—1991年、1991—2000年、2000—2007年三个经济周期来看，1981—1991年间，消费率最高点是1981年的67.1%，而同年投资率为32.5%，消费率的最低点是1988年的63.9%，同年投资率为37.0%；1991—2000年间，消费率的最高点是1991年的62.4%，而同年投资率为34.8%，消费率的最低点是1995年的58.1%，同年投资率为40.3%；2000—2007年间，消费率最高点是2000年的62.3%，而同年投资率为35.3%，消费率的最低点是2007年

① 郑新立：《增强消费对经济增长的拉动作用》，《中国城市经济》2006年第11期。

② 国家统计局：《国际统计年鉴2009》，中国统计出版社2009年版，第69页。

的48.8%，同年投资率为42.3%。[①] 上述数据表明，投资消费关系失衡已成为长期困扰中国经济发展的突出问题，亟待解决。

衡量消费率是否偏低应考虑三个因素：一是这样的消费率是否与发展阶段相适应；二是这样的消费率能否维持经济增长的可持续性；三是这样的消费率是否能使多数人在增长中获益。从这三点来看，投资消费失衡，确实成为影响中国公平与可持续发展的突出矛盾，造成了经济发展的诸多弊端。例如，国民经济运行容易大起大落，波幅较大，不能稳定快速增长。因为如果经济增长主要依靠投资拉动，当投资增长过快时，物价可能上涨；为了稳定物价，就会控制贷款规模；而过度收紧贷款规模，经济就缺乏消费足够的支撑，很容易陷入低迷。如此一来，就很容易形成宏观调控一紧就大落、一松就大涨的恶性循环。再如，易造成居民之间、城乡之间的收入差距越来越大。由于大量的GDP被用于投资，资本所有者分配的国民收入会越来越多；同时，压低工资、缺乏社会保障等使劳动者收入分配水平降低，特别是产业工人、农民工、失业人员等收入水平受到资本分配的影响，阶层之间的收入差距会越拉越大。

（三）中国现阶段的经济效率和质量

1. 全要素生产率不断上升，但对经济增长的贡献率仍比较低

经济学中常用全要素生产率（TEP）[②] 来判断经济增长是否具有可持续性。一国经济要想获得持续增长，就必须提高经济增长的效率，以摆脱投入要素边际报酬递减规律的约束，换言之，就是要提高全要素生产率的增长。根据美国学者钱纳里等人的研究，在工业化过程中，全要素生产率增长对经济增长的重要性不断上升，先是超过劳

---

① 郭克莎：《我国投资消费关系失衡的原因和“十二五”调整思路》，《开放导报》2009年第6期。

② 一般来说，产出的增长扣除投入增长之外就是全要素生产率的增长，在经济增长核算理论中全要素生产率是一个“余值”，等于产出增长率与全部投入要素增长率加权和之差。全要素生产率最初是由索洛在1957年提出的，也称为索洛残差。最初，索洛认为，全要素生产率增长就是技术进步率，但后来人们发现，这两者并不是一回事，实际上全要素生产率增长除了技术进步因素外，还包括由于制度改进、组织效率提高等导致的能力实现改善即技术效率提升。

动对产出的贡献，进一步发展到超过资本对产出的贡献，成为经济增长最重要的贡献来源。经计算，1978—2005 年我国 TEP 增长率平均为 2%，TEP 对经济增长的贡献率为 20.7%。[①] 这表明，全要素生产率增长是中国经济增长的一个重要来源，一系列资本投入和劳动投入之外的因素，如技术进步、体制改革和人力资本提升等因素对我国改革开放以来的经济发展产生了重要作用。同时，中国全要素生产率水平还比较低，中国仍属于较为典型的投入型增长方式。1978—2005 年，中国 TEP 的平均增长速度远远低于同一时期资本投入增长速度 12.32% 的水平，也低于劳动投入增长速度 2.38% 的水平。1978—2005 年，我国经济增长中，资本投入对经济增长的平均贡献率为 67.4%，剔除人力资本提升影响的劳动投入对经济增长的平均贡献率为 11.9%，两者合计为 79.3%，远远高于全要素生产率对经济增长的贡献。从改革开放初期到 20 世纪 90 年代中期，我国全要素生产率总体上不断提高而波动幅度较大。根据 2007《中国统计年鉴》的相关数据显示，在改革开放初期，TEP 总体不断上升，例如，从 1978—1984 年分别为 0.162%、0.165%、0.168%、0.169%、0.172%、0.179%、0.191%，这表明经济增长率在不断提高；在 20 世纪 90 年代中期，TEP 增长率总体水平较高，但波动程度开始加剧。20 世纪 90 年代以后全要素生产率尽管仍在增长，但增长幅度有缩小的趋势，对产出增长的贡献程度比前一阶段有所下降，表明经济增长提升效率在下降。改革开放初期 TEP 的增长，表明中国经济转型存在明显的"增量"特征，新增加的资源或收入按市场信号进行配置并从边际上对被扭曲的经济结构进行修正，从而改善资源的配置效率，实现产出的增长；但到了 20 世纪 90 年代以后出现了持续的 TEP 增长率的减缓，经济转型的"增量"特征并不明显。目前，我国全要素生产率对经济增长的贡献仍处于超过劳动对产出增长的贡献，但远远落后于资本对产出增长的贡献的状态，经济增长方式仍属于典型的粗放型。

2. 产业国际竞争力增强，但民族企业竞争力下降

可以用贸易竞争力指数和显示性优势指标来衡量我国的产业国际竞争力。

---

① 国家统计局：《中国统计年鉴 2006》，中国统计出版社 2006 年版，第 89 页。

贸易竞争力是衡量一国或地区产业或产品国际竞争力的一个常用指标，它是指一国或地区某一产业或产品的净出口与其进口总额之比，即：贸易竞争力 = （出口 - 进口）/（出口 + 进口）。贸易竞争力指数在 -1 和 +1 之间。该指标大于0，表示国际竞争力相对较弱，越接近 -1 表示越弱。1980—2006 年，我国产业整体贸易竞争力指数呈上升趋势，从 80 年代的 -0.05，逐步上升到 90 年代后的正数状态，到 2006 年达到 0.1，但是，上升速度较慢，维持在一个并不是很高的水平上，该指数一般小于 0.1。[①] 这说明，我国产业国际竞争力目前还不是很强。分行业来看，初级产品的国际竞争力指数不断下降，而工业制成品则稳中有升，这说明我国初级产品的国际竞争力逐步下降，工业制成品的国际竞争力则逐步上升。这种变化反映了我国在国际贸易和生产分工体系中的结构升级。而在工业制成品内部，杂项制品维持在较高的国际竞争力水平，化学品及有关产品维持在较低的国际竞争力水平，轻纺产品、橡胶制品、矿冶产品和机械及运输设备则从较弱的国际竞争力水平逐步上升到具有一定的国际竞争力。工业制成品内部产品国际竞争力的变化说明，改革开放以来，我国劳动密集型产业国际竞争力较强，而资金密集型产业国际竞争力较低。

从贸易竞争力指数看，尽管内资企业贸易竞争力指数基本上一直高于外资企业，但在过去的时间里，内资企业的贸易竞争力指数基本上呈下降趋势，但外资企业的竞争力则稳步上升。从这个趋势看，外资企业的贸易竞争力指数将很快超过内资企业。根据 2004 年第一次全国经济普查资料数据，我国全部企业总营业收入为 440976.46 亿元，其中，内资企业为 354206.23 亿元，外商投资企业为 55784.66 亿元，港、澳、台商投资企业为 30985.57 亿元。也就是说，内资企业占全国企业营业收入的 80%，外资企业所占比例为 20%。但是，外资企业在我国进出口贸易中的比重却越来越大，2001 年以来外资企业在全国货物进出口贸易中的比例超过 50%。这说明，外资企业比内资企业更具国际竞争力。由此可见，过去我国产业国际竞争力的提升主要是由于外资企业引起的。因此，如何提升民族企业的国际竞争力，确保我国经济安全，将是今后我国面临的一个非常重要的课题。

另一个衡量国际竞争力的指标是显示性优势指标。显示性优势

---

① 国家统计局：《中国统计年鉴 2007》，中国统计出版社 2007 年版，第 59 页。

（RCA）＝某国某产业（产品）出口占该国出口总额的比重/世界贸易中该产业（产品）占总贸易额的比重。这个指标反映了一个国家某一产品的出口与世界平均出口水平比较来看的相对优势，它剔除了国家总量波动的影响，较好地反映了该产业或产品的相对优势。一般而言，若 RAC＞1，该国该产业或产品处于比较优势，取值越大，优势越明显；反之，若 RAC＜1，则该国该产业或该产品处于比较劣势，取值越小，劣势越明显。

据世界贸易组织（WTO）数据库提供的数据显示：一方面，中国出口占世界出口总额的比重不断上升且上升幅度较大，从 1990 年的 1.8% 上升到 2006 年的 8%，反映了国际竞争力水平的提高；另一方面，中国除了制成品的显示性优势指标大于 1 之外（近年来总体呈上升趋势，但最大值只有 1.36），其他类别产品如农业原材料、食品、燃料、矿物和金属等显示性优势指标均小于 1，且总体上呈不断下降的趋势。这既说明了贸易结构和产业结构的变化由比较优势向竞争优势的变化，也反映了我国目前竞争优势仍然是很脆弱的。因此，如何在我国传统产业比较优势不丧失的情况下，尽快选择一些产业发挥竞争优势，或将竞争优势和比较优势有机结合起来，如将制造业发展与利用低成本劳动力比较优势结合起来，重塑中国产业竞争力，仍然是一项非常紧迫的战略任务。

3. 资源利用效率提高但速度趋缓，高排放高污染问题依然突出

我们可以采取单位国内生产总值能耗来度量我国改革开放以来能源消耗强度的变化，其计算公式是：单位 GDP 能耗＝能源消耗总量（吨标准煤）/GDP（万元）。1978—2006 年我国能源消耗强度不断降低。从当年价格来看，1978 年单位 GDP 能耗是 15.68 吨标准煤/万元，2006 年仅为 1.17 吨标准煤/万元①。尽管能源消耗强度总体趋势是不断下降的，但总体来说能源利用效率不高。1993—2004 年，中国能源消耗强度的均值为 2.41 万吨当量煤/亿元，同期欧盟的能源消耗强度均值为 0.31 万吨当量煤/亿元，两者相比，中国是欧盟的 7.77 倍。这就是说，生产同样单位的 GDP，中国的能耗是欧盟的 7.77 倍。伴随着经济总量提升的资源消耗总量也很庞大。2004 年，我国创造的 GDP 仅占世界 GDP 总量的 4%，竟消耗了全球 48% 的水泥、27% 的钢铁、35% 的铁矿石、20% 的铝和铜。2006 年，中国 GDP 约占世界总量的 5.5% 左右，却消耗了世界钢材消费

① 国家统计局：《中国统计年鉴 2007》，中国统计出版社 2007 年版，第 108 页。

总量的30%，水泥消耗总量的54%。①

资源的高投入、高消耗必然带来环境污染物的高排放。2005年，尽管中国人均二氧化碳排放量仅为3.9吨，远低于美国的19.6吨，也低于世界平均值4.2吨，但由于巨大的人口基数，排放总量仍占到当年全球的14.6%，位居世界第二。而二氧化硫排放量为2468万吨，位居世界第一。经济增长过分依靠资源消耗，势必影响中国经济的可持续发展。

二 当代中国经济追赶的基本目标

在正确认识中国经济追赶现实起点的基础上，进一步确立经济追赶的合理目标意义重大。这是对中国历史经验教训的深刻总结。新中国成立之初，在国民经济恢复后不久，毛泽东就提出，我们“要在大约几十年内追上或赶过世界上最强大的资本主义国家”②。并把追赶的着力点较片面地放在钢铁产量方面。这种指标单一、时间过短的追赶目标，说明我们还没有认识社会主义现代化建设的规律，扭曲了人们对追赶战略的认识，实际上也降低了社会主义工业化和现代化的标准。十一届三中全会以后，邓小平以社会主义初级阶段的中国国情为基点，以实现社会主义现代化为追赶目标，并提出了分“三步走”的战略，用100年左右的时间追赶世界发达国家的战略宏图，为我们构建经济追赶的目标体系奠定了科学而坚实的理论基础。

（一）我国经济追赶的“三步走”战略

根据邓小平关于分阶段、有步骤地实现我国现代化的战略思想，1987年党的十三大正式确立了我国经济建设“三步走”战略。第一步，实现国民生产总值比1980年翻一番，解决人民温饱问题。第二步，到20世纪末，使国民生产总值再增长一倍，人民生活达到小康水平。第三步，到21世纪中叶，人均国民生产总值达到中等发达国家水平，人民生活比较富裕，基本实现现代化。我国在提前实现了“三步走”战略的第一步和第二步战略目标之后，为了把第三步战略

① 林伯强：《中国的节能减排比发达国家难得多》，《南方周末》2008年3月6日。

② 《毛泽东文集》第6卷，人民出版社1999年版，第392页。

和第三步战略很好地衔接起来，党的十五大把“三步走”战略的第三步具体化，提出了三个阶段性的目标：21 世纪第一个 10 年实现国民生产总值比 2000 年翻一番，使人民的小康生活更加宽裕，形成比较完善的社会主义市场经济体制；再经过 10 年努力，到建党 100 周年时，使国民经济更加发展，各项制度更加完善；到 21 世纪中叶新中国成立 100 周年时，基本实现现代化，建成富强、民主、文明的社会主义国家，从而使“三步走”的战略和步骤更加具体、明确。党的十六大又提出在 21 世纪头 20 年实现全面建设小康社会的目标。党的十七大在十六大确立的全面建设小康社会目标的基础上，从经济、政治、文化、社会事业、生态文明等方面对我国发展提出了新的更高要求，并把和谐提升为中国特色社会主义的本质，为我国实现经济追赶的远景目标奠定了更为坚实的基础。

“三步走”的发展战略，最终指向了我国经济追赶的总体目标，即把我国建设成为富强、民主、文明、和谐的社会主义现代化国家，并把我国社会主义现代化建设的目标具体化为切实可行的步骤，体现了我们党对我国国情认识的深化和对时代特征的深刻把握，展现了美好的前景，统一了全党和全国人民的意志，成为我国人民为实现经济追赶的共同理想而奋斗的行动纲领。

（二）我国实现经济追赶的具体任务

1. 提高自主创新能力，建设创新型国家

当前我国科技的总体水平与自主创新能力同世界先进国家相比仍有较大差距，在国际竞争中处于劣势。据科技部 2007 年的统计，我国科技自主创新能力在 49 个主要国家中位居第 28 位，处于中等偏下水平；我国在关键技术上自给力低，对外技术依存度在 50% 以上，特别是航空设备、精密仪器、医疗设备、工程机械等具有战略意义的高技术含量产品，80% 以上的关键技术尚依赖进口；此外，在重大装备制造业中，70% 的数控机床，76% 的石油化工装备，80% 以上的集成电路芯片制造装备，100% 的光纤制造装备，均为国外产品所占领。由于自主创新能力薄弱，缺乏核心技术开发能力，使得国内一些行业和企业在国际市场竞争中处于不利地位。

总体而言，我国科技发展和自主创新能力的现状与调整经济结构、转变经济增长方式的迫切要求还不相适应，与把经济社会发展切实转入以人为本、全面协调可持续发展轨道的要求还不相适应，与全面建设小康社会、不断提高人民生活水平的迫切要求也不相适应。为此，2005 年 10 月，胡锦涛在党的十六届五中全会上明确提出了建设创新型国家的重大战略思想。2006 年 1 月，他又在全国科学技术大会上指出，要坚持走中国特色自主创新道路，用 15 年左右的时间把我国建设成为创新型国家。根据科学发展观的要求，党和政府已经把建设创新型国家作为一项事关社会主义现代化建设全局的重大战略决策，要求把增强自主创新能力作为发展科学技术的战略基点，走中国特色自主创新道路，推动科学技术的跨越式发展；把增强自主创新能力作为国家战略，贯穿到现代化建设各个方面，激发全民族创新精神，培养高水平创新人才，形成有利于自主创新的体制机制，大力推进理论创新、制度创新、科技创新，不断巩固和发展中国特色社会主义伟大事业，成功实现中国经济的追赶。

2. 转变经济发展方式，推动产业结构优化升级

促进国民经济又好又快发展的关键是转变经济发展方式。十七大正式用“转变经济发展方式”这一术语取代了“转变经济增长方式”，指出：“加快转变经济发展方式，推动产业结构优化升级。这是关系国民经济全局紧迫而重大的战略任务”①。经济增长与经济发展是两个相互区别又密切联系的范畴。经济增长一般是指更多的产出，或者说是指一个国家在一定时期内产品和劳务产出的增长，通常用国民生产总值的增长速度表示，是引起人类经济生活发生质的变化的量的积累。而经济发展比经济增长有更广的外延，它既包括更多的产出，同时也包括产品生产和分配所依赖的技术和体制安排上的变革，如经济结构的变化、一个社会的平等化状况、就业状况、教育水平等，它表明了人类经济生活的质的变化。显然，经济增长并不能等同于经济发展，如果经济增长了，但经济结构和其他经济条件没有发生变化，这既可能造成贫富悬殊，又可能引致经济效益低下，最终造成“有增长无发展”。因此，在追求经济又好又快发展和经济社会全面发展的背景下，用“转变经济发展方式”取代“转变经济增长方式”，提出的要求更高，用语也更为科学。

---

① 胡锦涛：《高举中国特色社会主义伟大旗帜　为夺取全面建设小康社会新胜利而奋斗》，人民出版社 2007 年版，第 22 页。

经济发展的核心是产业结构的优化升级。而在此过程中，应特别注意致力于以下目标的实现：

第一，要加快发展现代服务业。党的十六大、十七大都提出要加快发展现代服务业。现代服务业又称新兴第三产业，一般包括金融保险、信息服务业、旅游业、物流业、房地产及社区服务业等。服务业由于其对其他产业的关联效应以及现代服务业高科技知识与技术密集的特点，其比重的提高已成为现代化的重要标志。坚持市场化、产业化、社会化大方向，大力发展主要面向生产者的服务业，深化、细化专业分工，使服务业增加值占 GDP 的比重、服务业就业人员占全社会就业人员的比重、知识密集型服务业增加值占 GDP 的比重不断提高。

第二，要提升高新技术产业。高新技术产业是一个国家的科技实力的核心体现。要促进产业集聚，提升国际竞争力，就必须重点发展信息、生物、新材料、航空航天、海洋等高新技术产业。应促进高新技术产业由装配制造向自主研发和集成创新延伸，提高高新技术产业增加值占 GDP 的比重。支持一批拥有自主知识产权和知名品牌、具有国际竞争力的企业进入世界 500 强和世界 2000 强。

第三，要构建现代产业体系。为此，必须大力推进信息化与工业化相融合，提升整体技术水平和综合实力，促进工业由大变强；必须大力发展绿色农牧业、绿色工业、生态旅游业等绿色产业，培育新的经济增长点；必须严格限制钢铁、建材和非金属矿业、化工和石化业等几大高能耗产业的发展，加快淘汰落后产能。

第四，要加快现代化基础设施建设，促进基础设施高速化、新型化、信息化，推进高速铁路网、高速公路网、天然气网、原油网、成品油网、智能电网、信息网等现代化基础设施网络建设。

3. 发展现代农业，加快城乡一体化进程

“三农”问题事关经济追赶的全局。自改革开放以来，我国综合国力大为增强，工业化、城镇化进程迅速推进，国民经济总体上已到了以工促农、以城带乡的发展阶段，我国已初步具备工业反哺农业，城市支持农村的基础和实力。

要加强农业的基础地位，走中国特色农业现代化道路。随着工业化、城镇化的推进，农业创造的产值在 GDP 中的比重逐步下降，但这并不能改变农业始终应是国民经济基础的现实。历史表明，包括德国、日本在内的一些发达国家在推进工业化、城镇化的过程中，都出现了因忽视农业而导致农业衰退进而制约国民经济发展的教训。为此，必须强化农业的基础地位。农业的产业化和现代化又是现代化的重要标准之一。发展现代农业，必须顺应我国经济发展的客观趋势和当今世界农业发展的一般规律，坚持走中国特色的农业现代化道路。应正视我国农业区域广阔、各地农业资源禀赋差异较大、农业技术应用不够充分、农业投入不足、农村劳动力数量庞大而素质低下、城乡二元结构明显等客观现实；现代农业发展路径的选择，应借鉴国际上一些国家的经验教训，充分利用当前世界农业科技革命的成果改造传统农业。2007 年，中央一号文件《中共中央国务院关于积极发展现代农业扎实推进社会主义新农村建设的若干意见》提出了发展现代农业的总体要求，也为工业化、城市化、农业现代化同步推进指明了方向。文件指出：要用现代物质条件装备农业，用现代科学技术改造农业，用现代产业体系提升农业，用现代经营形式推进农业，用现代发展理念引领农业，用培养新型农民发展农业，提高农业水利化、机械化和信息化水平，提高土地产出率、资源利用率和农业劳动生产率，提高农业素质、效益和竞争力；建设现代农业的过程，就是改造传统农业，不断发展农村生产力的过程，就是转变农业增长方式，促进农业又好又快发展的过程。

要着力破除城乡二元结构、形成城乡经济社会发展一体化新格局。2008 年 10 月《中共中央关于推进农村改革发展若干重大问题的决定》从制度层面谋划了促进城乡一体化的进程和趋势。即尽快在城乡规划、产业布局、基础设施建设、公共服务一体化等方面取得突破，促进公共资源在城乡之间均衡配置、生产要素在城乡之间自由流动，推动城乡经济社会发展融合。具体要求是：统筹土地利用和城乡规划，合理安排市县域城镇建设、农田保护、产业聚集、村落分布、生产涵养等空间布局；统筹城乡产业发展、优化农村产业结构，发展农村服务业和乡镇企业，引导城市资金、技术、人才、管理等生产要素向农村流动；统筹城乡基础设施和公共服务，全面提高财政保障农村公共事业的水平，逐步建立城乡统一的公共服务制度；统筹城乡劳动就业，加快建立城乡统一的人力资源市场，引导农民有序外出就业，鼓励农民就近转移就业，扶持农民工返乡创业；统筹城乡社会管理，推进户籍制度改革，放宽中小城市落户条件，使在城镇稳定就业和居住的农民有序转变为城镇居民。

4. 推动区域经济协调发展，优化国土开发格局

自1978年实施非均衡发展战略以来，在坚持效率优先的前提下，我国实施了一系列向东部沿海地区倾斜的政策措施，在对外开放的时间安排和开放程度上向东部地区倾斜，优惠政策向东部倾斜，投资向东部倾斜，使东部沿海地区获得了较快的经济增长，对我国综合国力的提升起到了重要作用。但在我国经济取得快速增长的同时，区域非均衡战略的实施也带来了一些不良的效果。例如，东部快速发展，吸引了中西部大量的生产要素，使中西部发展缺乏动力，东中西区域差异逐渐扩大。同时，在缺乏协调规划的情况下，区域产业同构现象严重，地区恶性竞争，经济社会与自然环境的矛盾日益突出，能源紧缺、环境污染等日益成为经济发展的瓶颈。这些问题的出现，对中西部地区的经济发展带来了一定的影响，也引发了一些不安定因素，加剧了社会矛盾，给我国保持宏观经济平稳较快持续发展带来了不良影响。

为推进我国经济社会持续健康发展，党的十六届三中全会在立足我国基本国情，总结国内外基本经验教训的基础上，明确提出了科学发展观。科学发展观的根本方法是统筹兼顾，并提出要统筹区域发展，这成为我国深入推进统筹区域协调发展的重要指南。

要按照发挥比较优势、基本服务均等化、生产要素合理流动、资源环境可承载的要求，逐步形成四大板块良性互动，主体功能定位清晰的区域协调发展格局。

首先，要形成四大板块协调发展的总体战略。应着力加大对中西部落后地区基本建设的投资力度，加大东北三省经济体制的改革力度，加大东部地区高新技术产业的发展力度，形成各有特色、相互补充、相互带动的区域经济发展格局。

其次，要加快推进形成主体功能区。应加强国土规划，按照形成主体功能区的要求，通过推动优化发展区域、大力发展区域、限制性发展区域、禁止发展区域四大主体功能区战略，形成“两横三纵”为主体的城市化格局，形成“七区二十三带”为主体的农业安全格局，形成“两屏三带”为主体的生态屏障格局，同时，应遵循市场经济规律，突破行政区划界限，形成若干带动力强、联系紧密的经济圈和经济带，促进各地区基本公共服务均等化。

最后，要推动形成有中国特色的城镇化布局。按照布局合理、节约土

地、功能完善、以大带小的原则，促进大中小城市和小城镇协调发展，形成若干辐射作用大的城市群，培育新的经济增长极。

此外，要加大对革命老区、民族地区、边疆地区、贫困地区发展的支持力度，同时帮助资源枯竭地区实现经济转型。

5. 提高开放型经济水平，为追赶营造良好的外部环境

对外开放是当今经济全球化趋势对中国经济追赶提出的要求。应按照内外统筹、化危为机、互利共赢、安全高效的要求完善开放型经济体系，形成经济全球化条件下参与国际合作和竞争的新优势。目前，我国对外开放中存在诸多问题，显示我国的对外开放水平较低：我国出口增长仍属于数量扩张型的较为粗放的增长方式；对外贸易的依存度较高；出口产品的技术含量和附加值比较低；自主品牌产品出口比较少；引进的技术主要是生产线和机器设备等硬技术和成熟技术，核心技术比较少；利用外资的产业和区域不尽合理，对外投资比较薄弱；等等。为提高我国开放型经济水平，应着重致力于以下几个方面。

第一，加快转变外贸发展方式。优化出口结构、提高出口产品附加值，培育出口产品竞争新优势。支持优势产品、劳动密集型产品、高技术产品出口，严控高耗能、高污染及资源性“两高一资”产品出口。扩大工程承包、设计咨询、技术转让、金融保险、国际运输、教育培训、民族文化等服务贸易出口。扩大先进技术、关键设备及零部件和国内短缺的能源、原材料进口，促进资源进口多元化。

第二，积极稳定外需。支持扩大外贸市场，扩大传统优势产业销售市场，积极培育参与经济全球化的新竞争优势，把对外投资和扩大出口以及劳务输出结合起来，支持各类所有制企业“走出去”以带动出口。

第三，尽快实现国内区域规划与国际区域经济合作对接。与各国发展双边、多边经贸合作，积极参与多边贸易、投资规则的制定，推动建立国际经济新秩序。实施自由贸易区战略，促进区域一体化合作机制的形成。

第四，继续积极有效地利用外资，着力提高利用外资质量。努力把吸引外资与促进国内产业升级、区域协调发展、国有企业改组改造相结合，优化吸收外资结构，引导外商投资高新技术产业、先进制造业、现代服务业、集约农业和环保产业。

第五，降低国际经济风险。降低出口贸易风险，完善出口信用保险政策，提高出口信用保险覆盖率。降低外汇储备风险，提高外汇资产的多元

化水平。积极参与防范国际金融体系风险。扩大双边贸易互换协议范围，积极参与推动国际货币多元化进程。

6. 发展低碳经济，实现经济可持续发展

在我国工业化初期，重化工业并不发达，人均能源消耗量相对较小，人均碳排放也较小；但随着中国进入重化工业阶段，能源消耗急剧上升，碳排放也明显增加，中国经济的高速增长依赖于大规模的投资和资源环境的消耗，形成了"高碳经济"的发展模式。从发展进程看，高碳经济在增加经济总量等方面具有重要的历史贡献，但从未来趋势看，高碳经济因为能源消耗大、污染大，因而是不可持续的。高碳经济也极大降低了人的生活质量。据建设部 2005 年对全国农村 74 个村的抽样调查，我国 96% 的村庄没有排水沟渠和污水处理系统，89% 的村庄将垃圾随意堆放，无人负责垃圾收集与处理。在城市，污染造成的酸雨已经对居民生活造成了重大影响。以经济发展程度较高的珠三角为例，珠三角大部分城市江段、河涌水质污染严重，局部河段水体劣于 V 类。酸雨频率居高不下，以 2008 年为例，除江门外其余各市都属于重酸雨区，酸雨频率为 53.4%，比 2007 年上升 7.1%。而世界银行 2007 年发表的《中国污染的代价》指出，中国污染每年造成 70 多万人非正常死亡，其中空气污染每年导致大约 39.4 万人死亡，中国农村地区的水污染每年致使大约 6.6 万人死于严重腹泻、胃癌、肝癌和膀胱癌。另外，燃煤和食用油造成的室内空气污染对于中国经济造成的健康和非健康损失的总和，每年相当于 1000 亿美元，约占中国 GDP 的 5.8%。随着中国发展阶段的变化，碳排放量上升带来的压力日益明显。

与此同时，基于各国资源环境方面的经验教训，遏制全球气候变暖，削减二氧化碳的排放量，从高碳经济向低碳经济转型，已成为 21 世纪世界各国的共识。国际社会积极推进低碳社会建设，具有国际法律约束力的碳减排将成为必然趋势。而所谓的低碳经济，其实质是能源高效利用和清洁能源开发，核心是能源技术和减排技术创新、产业结构和制度创新，即摒弃传统的经济增长模式，通过低碳经济模式，减少温室气体排放，实现世界经济的可持续发展。

发展低碳经济既是一种生产约束条件，也是一种现代发展方式，更体现了大国责任。2009 年 9 月 22 日，胡锦涛主席在联合国气候变化峰会上表示，争取到 2020 年，中国单位国内总值二氧化碳排放（即碳排放强度）比2005年显著下降。这是中国首次正式使用碳排放强度指标的概念。同年11月25日，国务院召开常务会议决定，通过大力发展可再生能源，积极推进核电建设等行动，到2020年中国非化石能源占一次能源消费的比重达到15%左右。许多专家认为，从首次提出碳排放强度，到提高非化石能源比重，标志着中国已进入低碳经济时代。低碳经济将对国内的能源结构带来重大影响，成为经济发展方式转变和产业结构调整的新主题。

低碳经济是中国跨越式发展的契机。中国应抓住这次机遇，立足于基本国情，顺应世界发展趋势，把低碳经济作为国家经济社会发展的战略目标之一，搭建低碳经济的政策框架和制度框架。从中国的现实情况看，应权衡经济发展与气候保护、近期目标与远期目标，处理好利用战略机遇期实现重化工业阶段的跨越与低碳转型的关系，充分考虑碳减排、能源安全、环境保护的协同效应，有效降低减排成本。一方面，充分利用目前国内外相对较好的资源能源条件加速完成重化工业的主要任务；另一方面，利用低碳商机，提高重点行业节能减排和低碳技术与产品的竞争力，最大限度地以低成本的清洁增长方式和现实的低碳技术实现阶段跨越，减少潜在的碳排放锁定效应的影响。只有这样，才能跨过先前发达国家走过的“先污染后治理”的老路，将依附、跟进为主的经济发展模式转为自主创新为主的模式，迅速实现经济发展模式调整和产业结构的转型，实现生产力的跨越式发展。

7. 以人为本，加快推进以改善民生为重点的社会建设

民生概念主要是从社会层面上着眼的。从这个角度看，所谓民生，主要是指民众的基本生存和生活状态，以及民众的基本发展机会、基本发展能力和基本权益保护的状况等。目前，看病难、就业难、上学难、收入差距扩大等是全社会关注率极高的热点问题。而这些都是与人民生活息息相关的民生问题。为此，必须在经济发展的基础上更加注重社会建设，加大对医疗、教育和社会保障的投入，着力保障和改善民生，以人为本，“努力使全体人民学有所教、劳有所得、病有所医、老有所养、住有所居，推动和谐社会建设”①。

教育是民生之基。目前中国人均受教育年限整体不高，低于发达国

① 胡锦涛：《高举中国特色社会主义伟大旗帜　为夺取全面建设小康社会新胜利而奋斗》，人民出版社2007年版，第37页。

家平均水平3年以上。农民的受教育程度更是整体偏低。目前发达国家人力资本对经济增长的贡献率高达75%左右，而中国仅为35%左右。劳动力素质不高，自主创新能力不强，已经成为制约中国产业升级的重要因素。为此，要按照优先发展、育人为本、德育为先、素质为基、提高质量、促进公平的要求，大力提高教育发展水平，牢固树立科学人才观，优化人才结构，完善用人机制，以使我国从人力资源大国走向人力资源强国。首先，应加大财政对教育的投入，坚持教育尤其是初、中等教育的公益性质。应促进义务教育均衡发展，尤其是要加强农村义务教育，实行“两免一补”，解决进城务工子弟上学难等问题。从2007年春季开始，国家免除全国农村地区义务教育阶段学生学杂费，使农村1.5亿中小学生家庭经济负担普遍减轻，这是义务教育机会均等化进程的可喜成就。同年，政府还启动了免费师范生教育计划，并增加财政拨款140多亿元完善国家助学体系。其次，要构建终身学习社会，实现普通教育与职业教育相互沟通，职前教育与继续教育相互衔接，学历教育与非学历教育、有组织学习与自主学习相互补充，使人民普遍具有终身学习能力。此外，应更新教育观念，深化考试招生制度、教学质量评价制度，不断提高高等教育质量。

就业是民生之本。要坚持实施和完善积极的就业政策，实行“劳动者自主择业，市场调节就业，政府促进就业”方针，形成城乡劳动者平等就业的制度。应加强政府引导，强化政府在城镇新增就业、转移农业劳动力、降低城镇登记失业率等方面的责任。鼓励以创业带动就业，尤其应积极引导青年人自主创业，建设一批创业园和创业孵化基地，为青年人创业提供“一条龙”服务，实施行政事业性收费优惠、税收优惠、小额担保贷款及贴息等扶持政策。应完善市场就业机制，健全面向全体劳动者的职业教育培训制度，促进人力资源供求的有效衔接。应完善就业援助制度，大力解决下岗职工再就业，引导农村富余劳动力向非农产业转移，及时帮助零就业家庭解决就业困难，完善和落实国家对农民工的政策，依法保护劳动者权益。

收入是民生之源。个人收入分配制度的完善，对改变投资与消费比例失调的状态形成消费主导的新格局，从而为经济追赶提供内生动力，具有直接的重大意义。要深化收入分配制度改革，完善以按劳分配为主、多种分配方式并存的分配制度，增加城乡居民收入，“逐步提高居民收入在国民收入分配中的比重，提高劳动报酬在初次分配中的比重"[①]。最终实现改革发展成果由人民共享。"初次分配和再分配都要处理好效率和公平的关系，再分配更加注重公平。"[②] 应建立正常的工资增长机制，形成"两头小、中间大"的分配格局，逐步扭转收入分配扩大的趋势。调节劳动、资本、技术、管理等各种要素参与初次分配的格局，维护机会公平，保障程序公正，通过建立永久信托基金，实现自然垄断国有企业的全民分红，打破经营垄断，加大市场准入，鼓励充分竞争。应加大再分配调节力度，由政府通过对资源重新定价、征税，通过财政转移支付进行调节；强化税收调节，建设稳定、可持续的现代税制，可积极探索开征物业税；积极引导、鼓励企业、公民进行慈善捐赠、公益捐赠。

社会保障是民生之依。社会保障制度能增强社会成员的生活安全感，维护社会稳定；调节国民收入再分配，促进社会公平；实现劳动资源的合理配置，平衡社会供求关系。因此，社会保障制度被形象地称为社会的"安全网"、"稳定器"。我国目前社会保障制度应坚持广覆盖、保基本、多层次、可持续方针，在体系构建上"要以社会保险、社会救助、社会福利为基础，以基本养老、基本医疗、最低生活保障制度为重点，以慈善事业、商业保险为补充"[③]。我国社会保障制度建设面临的主要任务：一是尽快实现社会保障在水平、种类等方面的城乡一体化。2007 年 7 月，国务院发出《关于在全国建立农村最低生活保障制度的通知》，要求将符合条件的农村贫困人口全部纳入保障范围，稳定、持久、有效地解决全国农村贫困人口的温饱问题。我国将全面建立农村低保制度，目前纳入农村低保的人口超过 2000 万人。城乡低保制度的全面建立，意味着长期以来城乡之间存在的又一道"二元结构"鸿沟将逐步被填平，城乡一体化再次提速。二是在保障人民基本生活的基础上逐步提高保障水平。除了政府财政责任的强化，社保基金最大限度的保值增值也是重要的一环。社会保险是社会保障制度的核心，而在社保基金运行方面，应采取多种方式充实社会保障基金，尝试基金投资新渠道，如投资基础设施建设等，以最大限度实现基金的保值增值。此外，

---

① 胡锦涛：《高举中国特色社会主义伟大旗帜　为夺取全面建设小康社会新胜利而奋斗》，人民出版社 2007 年版，第 39 页。

② 同上。

③ 同上。

应积极探索从基金征缴、基金保管、基金运营到基金发放各个环节的机构职能分工，探索有效的基金监管机制，防范、杜绝挤占、挪用社保基金的行为。

医疗是民生之需。要着眼于人人享有基本医疗卫生服务的目标。“人人享有”的本质含义是“平等享有”，任何公民，无论年龄、性别、职业、地域、支付能力等，都享有同等权利。“基本医疗卫生服务”是指与我国社会主义初级阶段经济社会发展水平相适应的，国家、社会、个人能够负担得起的，投入低、效果好的医疗卫生服务。坚持公共医疗卫生的公益性质，加大政府财政投入力度，坚持“预防为主、以农村为重点、中西医并重。实行政事分开、管办分开、医药分开、营利性和非营利性分开”① 的医疗卫生管理体制。应健全制度体系，加强监督管理，创新体制机制，鼓励社会参与，建设覆盖城乡居民的基本医疗卫生体系，不断提高全民健康水平。

社会稳定是民生之盾。为此，要完善社会管理，坚持政府管理和社会自我管理相结合，实行源头治理和应急处置相结合的方针，妥善处理人民内部矛盾。要健全社会矛盾纠纷处理机制，排难解纷，把各种矛盾化解在萌芽状态，加强社会治安防控体系和综合治理，依法严厉打击各种刑事犯罪，争取社会治安状况的根本好转，增强人民群众的安全感。要强化政府责任，重视社会组织建设和管理，加强流动人口服务和管理，逐步使得流动人口与户籍居民享有平等的公共服务。要强化全社会公共安全意识，加强公共安全保障能力建设，特别是各级政府应对突发事件能力建设，切实保障全体人民的人身安全、食品安全、药品安全、健康安全和环境安全。

值得注意的是，在推进社会建设的过程中，政府肩负着不可推卸的重大职责。为此，有必要实现以公共服务为目标的政府职能转型。政府转型是理论界在 2003 年 SARS 危机期间提出的一个概念，近年来已成为理论界的一个共识。SARS 危机等公共卫生安全事件的发生，反映出政府在社会事业方面的历史欠账太多。应当加快政府改革，实现由“经济建设型政府”向“公共服务型政府”的转变，这是市场经济体制改革和经济社

① 胡锦涛：《高举中国特色社会主义伟大旗帜为夺取全面建设小康社会新胜利而奋斗》，人民出版社 2007 年版，第 40 页。

会协调发展的迫切要求。传统的经济建设型政府的存在，反映了我们在市场经济条件下对政府职能界定上的严重误区：一方面把政府作为经济发展的主体力量，在该放开的领域如竞争性产业领域抓得过紧；另一方面却不恰当地把本应由政府或政府为主提供的某些公共产品，如公共卫生产品，推向市场和社会。此外，政府在宏观目标的设定上，奉行“GDP 增长主义”的理念，忽视了经济社会协调发展和社会公平的增长，致使经济缺乏可持续增长的能力。市场经济的主体是企业而不是政府，从政府主导型经济向市场主导型经济转变，是市场经济体制改革的必然趋势。在市场经济条件下，政府的主要职责是为经济发展提供有效的宏观调控，为市场经济的发展创造安全、稳定、公平的大环境。政府必须摒弃“GDP 增长主义”的经济管理理念，通过为经济发展营造良好的法规政策环境和有序竞争的秩序，加大公共管理力度，保证公共产品和公共服务的充分供给，从而为经济发展保驾护航。虽然不是市场经济的主体，但是，在经济转轨时期，政府在发展经济中的作用依然十分重要。市场经济发展到一定阶段，随着社会不确定因素的逐步增多，政府必须强化其公共服务的职能，通过大力发展和引导社会公共事务，为社会提供更为有效的公共服务，这样，才能使社会发展与经济发展协调同行。

三　当代中国经济追赶的动力系统

在马克思主义看来，社会历史是一个动态的发展过程，推动社会发展的动力是多方面的，构成人类社会的一切要素和矛盾，都是推动社会发展的动力。这些动力从不同方面，以不同方式推动着社会历史的发展，它们之间相互联系、相互制约，形成了一个有机统一的经济追赶动力系统。

（一）解放思想为中国经济追赶提供精神动力

解放思想是马克思主义活的灵魂，是中国共产党思想路线的本质要求。邓小平指出：“我们讲解放思想，是指在马克思主义指导下打破习惯势力和主观偏见的束缚，研究新情况，解决新问题。”① 发展经济必须解放思想，经济发展的前提是解放思想。因为在经济发展的过程中，我国会

① 《邓小平文选》第 2 卷，人民出版社 1994 年版，第 279 页。

不断面临新情况、新形势、新任务，而解放思想是认识新事物、适应新形势、完成新任务的根本思想武器。没有思想的解放，就不可能有理论的创新与实践的创新，改革开放就不可能顺利进行，也就无法找到经济发展的新出路。经济发展是一个不断实践、不断认识客观世界的过程，而解放思想的过程则是统一认识、寻求出路、不断创新的过程，是解决发展中的问题、推动发展的过程，没有思想的解放，就不可能实现经济追赶的目标。新中国成立以来，尤其是改革开放以后，我国在经济、政治、文化、社会等领域取得了重大成就，其制胜的法宝就是解放思想。实践证明，思想解放的程度越高，经济发展的速度就越快；思想越落后，经济就越落后。胡锦涛在党的十七大报告中就明确指出："解放思想是发展中国特色社会主义的一大法宝。"① 这一重要论断，是对中国特色社会主义经济建设经验的科学总结，也是对在新的历史起点上如何进一步推进中国特色社会主义这一关键问题的深刻揭示。总之，解放思想是经济发展的保证，也为经济追赶提供了思想前提和精神动力。

（二）社会基本矛盾是中国经济追赶的根本动力

矛盾动力论从一般层面上阐释了社会发展的动力问题。唯物史观认为，物质资料的生产方式制约着整个社会生活，决定着社会性质以及社会形态由低级向高级的发展。而物质资料的生产方式是生产力与生产关系的对立统一。生产力与生产关系的矛盾、经济基础与上层建筑的矛盾，是一切社会的基本矛盾，是社会发展的根本动力。因为它概括了社会生活的基本领域，贯穿于每一个社会形态的自始至终，决定着整个社会的基本面貌。马克思指出："人们在自己生活的社会生产中发生一定的、必然的、不以他们的意志为转移的关系，即同他们的物质生产力的一定发展阶段相适合的生产关系。这些生产关系的总和构成社会的经济结构，即有法律的和政治的上层建筑竖立其上并有一定的社会意识形式与之相适应的现实基础。"② 显然，在马克思看来，作为与一定阶段的生产力相适应的生产关系的总和即社会经济结构，决定着社会的政治结构和意识结构，从而成为

① 胡锦涛：《高举中国特色社会主义伟大旗帜 为夺取全面建设小康社会新胜利而奋斗》，人民出版社 2007 年版，第 1 页。

② 《马克思恩格斯选集》第 2 卷，人民出版社 1995 年版，第 32 页。

社会结构的基础。接着，马克思又从动态上揭示了社会结构、社会形态变革的机制，他说："社会的物质生产力发展到一定阶段，便同它们一直在其中运动的现存生产关系或财产关系（这只是生产关系的法律用语）发生矛盾。于是这些关系便由生产力的发展形式变成生产力的桎梏。那时社会革命的时代就到来了。随着经济基础的变更，全部庞大的上层建筑也或慢或快地发生变革"①。而毛泽东在1957年的《关于正确处理人民内部矛盾的问题》的讲话中，创造性地概括了社会主义基本矛盾的性质和解决方式，指出社会主义的基本矛盾是在人民利益基本一致基础上的非对抗性矛盾，两者之间既相适应又相矛盾的特点决定了要以调整和改革为主的方式解决。

此后，邓小平基于对社会主义初级阶段基本国情的科学分析，指出社会主义初级阶段的主要矛盾是人民日益增长的物质文化需要同落后的社会生产之间的矛盾。党的十七大进一步强调："我国仍处于并将长期处于社会主义初级阶段的基本国情没有变，人民日益增长的物质文化需要同落后的社会生产之间的矛盾这一社会主要矛盾没有变。"② 并强调要深刻把握新世纪新阶段我国发展面临的新课题新矛盾，指出要通过走科学发展道路去减少和化解矛盾。

在此基础上，"十二五"规划纲要更加明确地指出我国新阶段矛盾的突出表现："我国发展中不平衡、不协调、不可持续问题依然突出，主要是，经济增长的资源环境约束强化，投资和消费关系失衡，收入分配差距较大，科技创新能力不强，产业结构不合理，农业基础仍然薄弱，城乡区域发展不协调，就业总量压力和结构性矛盾并存，物价上涨压力加大，社会矛盾明显增多。"③ 并提出解决社会矛盾的具体途径："完善化解社会矛盾的领导协调、排查预警、疏导转化、调解处置机制，加强人民调解、行政调解、司法调解联动，整合各方面力量，有效防范和化解劳动争议、征地拆迁、环境污染、食品药品安全、企业重组和破产引发的社会矛盾。建立重大工程项目建设和重大政策制定的社会稳定风险评估机制。完善群众

① 《马克思恩格斯选集》第2卷，人民出版社1995年版，第32—33页。

② 胡锦涛：《高举中国特色社会主义伟大旗帜　为夺取全面建设小康社会新胜利而奋斗》，人民出版社2007年版，第14页。

③ 《中华人民共和国国民经济和社会发展第十二个五年规划纲要》（http：//news. xinhuanet. com/politics/2011—03/16/c_ 121193916. htm）。

工作制度，依靠基层党组织、行业管理组织、群众自治组织，充分发挥工会、共青团、妇联的作用，共同维护群众权益，兼顾好各方面群众关切，积极化解社会矛盾。”①

（三）改革是实现中国经济追赶的直接动力

改革是社会主义基本矛盾运动的客观要求，是在不改变社会根本制度的前提下，积极调整生产关系和上层建筑以适应生产力发展的性质、水平和要求的变革。社会主义改革是社会主义制度的自我完善和发展，是解放生产力、发展生产力的根本途径，是实现经济追赶的重要动力。改革开放政策的实施对中国的经济发展有着巨大影响，中国改革开放的发展历史证明，改革开放是我国经济发展的直接而强大的动力。

对于“改革动力论”，邓小平的重大贡献在于从社会基本矛盾的前提出发，指出社会主义基本制度确立之后，还要从根本上变革束缚生产力发展的经济体制，以促进生产力的发展，所以，改革也是解放生产力、是中国的第二次革命。对此，党的十四大报告作了提纲挈领式的概括：“在社会主义的发展动力问题上，强调改革也是一场革命，也是解放生产力，是中国现代化的必由之路，僵化停滞是没有出路的。”② 江泽民在党的十五大报告中也强调指出：“在社会主义初级阶段，围绕发展社会生产力这个根本任务，要把改革作为推进建设有中国特色社会主义事业各项工作的动力。”③ 党的十七大进一步强调：“改革开放是决定当代中国命运的关键抉择，是发展中国特色社会主义、实现中华民族伟大复兴的必由之路；只有社会主义才能救中国，只有改革开放才能发展中国、发展社会主义、发展马克思主义。”④ 包括经济体制改革在内的全面改革的必要性在于：其一，体制改革是解决社会主义基本矛盾、主要矛盾和其他各种矛盾的中心环节和根本方法。其二，改革有利于社会主义制度的自我完善和发展。邓小平

---

① 《中华人民共和国国民经济和社会发展第十二个五年规划纲要》（http：//news. xinhuanet. com/politics/2011 -03/16/c_ 121193916. htm）。

② 《江泽民文选》第 1 卷，人民出版社 2006 年版，第 219 页。

③ 江泽民：《高举邓小平理论伟大旗帜　把建设有中国特色社会主义事业全面推向 21 世纪》，人民出版社 1997 年版，第 18 页。

④ 胡锦涛：《高举中国特色社会主义伟大旗帜　为夺取全面建设小康社会新胜利而奋斗》，人民出版社 2007 年版，第 10 页。

曾精辟地指出："社会主义制度并不等于建设社会主义的具体做法"①，必须通过体制改革去不断完善社会主义制度，必须通过变革具体制度和体制去不断巩固和完善社会主义基本制度。其三，改革是实现中国现代化的必由之路。"如果现在再不实行改革，我们的现代化事业和社会主义事业就会被葬送。"② 基于此，"十二五"规划纲要明确指出：要"以更大决心和勇气全面推进各领域改革，更加重视改革顶层设计和总体规划，明确改革优先顺序和重点任务，深化综合配套改革试验，进一步调动各方面积极性，尊重群众首创精神，大力推进经济体制改革，积极稳妥推进政治体制改革，加快推进文化体制、社会体制改革，在重要领域和关键环节取得突破性进展"③。

（四）科学技术是实现中国经济追赶的第一推动力

人类社会的不断发展，社会经济由传统经济到现代经济的转变，本质上是社会生产力发展的过程。而现代社会生产力的发展，本质上又是科学和技术不断进步的过程。世界经济的角逐，发展中国家的经济追赶，本质上是科技的角逐和科技进步的过程。早在19世纪，恩格斯就指出：马克思"把科学首先看成是伟大的历史杠杆"。④ 科学技术是生产力的潜在性要素，其对生产力的杠杆作用的基本原理在于它对生产力的实体性要素和运筹性要素的渗透性影响。科学技术通过提升劳动者素质、扩大劳动对象的范围、提升劳动资料的技术含量、改善经济管理的方式与手段而造成的劳动生产率和经济增长率越来越高。随着科技在生产上日益广泛的运用，科学技术已成了调整产业结构、转变经济增长方式的加速器。在现代社会，科技作为第一推动力的作用具体表现在：（1）节省要素投入，增加产出数量和产出质量。索诺曾用余值法分析了1909—1949年间，美国的非农业部门的劳动生产率翻了一番，其中87.5%归功于技术进步，其余12.5%来源于单位劳动资本量的增加。（2）减弱对自然资源的依赖，增强经济发展的稳定性及其在国际市场上的竞争力。（3）促进产业结构的

① 《邓小平文选》第2卷，人民出版社1994年版，第250页。

② 同上书，第150页。

③ 《中华人民共和国国民经济和社会发展第十二个五年规划纲要》（http：//news. xinhuanet. com/politics/2011－03/16/c_ 121193916. htm）。

④ 《马克思恩格斯全集》第25卷，人民出版社2001年版，第592页。

多样化、高度化和劳动生产率的增长。（4）形成新兴产业，扩大产业关联效应，引起社会新的劳动需求。

在这种背景下，中国要想实现“三步走”的经济追赶目标，必须实施科教兴国战略、推进科技管理体制的创新、为科技发展创造良好环境。正如十七大报告所指出：要“深化科技管理体制改革，优化科技资源配置，完善鼓励技术创新和科技成果产业化的法制保障、政策体系、激励机制、市场环境”①。“十二五”规划纲要也进一步强调：应“全面落实国家中长期科技、教育、人才规划纲要，大力提高科技创新能力”。② 特别要注重推进物质科学、生命科学、空间科学、地球科学、纳米科技等重大科学技术的突破；加强科技基础设施建设；强化科技创新支持政策。在科技发展的过程中，除了广泛借鉴发达国家的科技优势以发挥我们的后发优势，更重要的是通过加大对科技研发投入，加强科技自主创新能力，实现高新技术与传统产业创新并举，完成生产力结构的优化升级。据美国2005年《财富》杂志的统计，2001年中国政府的研发投资仅占中国GDP的1.1%；美国的研发投资则占GDP的2.8%；2004年中国研发投资仅占中国GDP的1.36%，而许多发达国家已超过3%。中国研发投资增长缓慢的另一重要原因是企业没有大幅度增加研发投资，这也是中国企业缺乏国际竞争力的主要原因所在。为此，“十二五”规划纲要强调：应“加快以建立企业为主体的技术创新体系”。在政府加大对基础科学和应用科学研发投资力度的同时，企业转变发展理念、改变短视行为，显然已成为经济追赶的当务之急。

（五）创新是实现中国经济追赶的不竭动力

发展离不开创新，创新意味着发展。从某种意义上说，创新与发展是同义语。按照创新理论奠基人约瑟夫·阿洛伊斯·熊彼特的解释，创新就是建立一种新的生产函数，把一种从未有过的关于生产要素和生产条件的新组合引入生产体系。创新是对真理的发展，也是对实践的推进。可以

① 胡锦涛：《高举中国特色社会主义伟大旗帜　为夺取全面建设小康社会新胜利而奋斗》，人民出版社2007年版，第22页。

② 《中华人民共和国国民经济和社会发展第十二个五年规划纲要》（http://news.xinhuanet.com/politics/2011-03/16/c_121193916.htm）。

说，实践基础上的理论创新和理论指导下的实践创新相结合，共同推动了经济社会的发展，正如恩格斯所说："人的思维的最本质的和最切近的基础，正是人所引起的自然界的变化"①。涉及理论、制度、科技、体制等诸多内容的创新已成为时代的引擎，是社会发展的不竭动力。正如江泽民所说："创新是一个民族进步的灵魂，是一个国家兴旺发达的不竭动力，也是一个政党永葆生机的源泉。"②

关于创新的重要意义，诺贝尔经济学奖获得者威廉·阿瑟·刘易斯曾指出，经济发展的基础要素包括自然资源、资本、智力和技术，受边际效益递减规律的作用，自然资源和资本对经济发展的贡献度是递减的，从长期来看，经济发展取决于人的创造力和技术。而在1990年，西方著名经济学家迈克尔·波特提出了经济发展的四阶段理论，这一理论把一个国家的经济发展分为四个阶段：要素驱动阶段、投资驱动阶段、创新驱动阶段、财富驱动阶段。资源驱动型经济与投资驱动型经济都是粗放型经济，都无法实现经济社会的可持续发展，而创新驱动型的经济增长是一种结构型的增长，它可以消除要素报酬递减、资源稀缺等制约因素；可通过加快实现比较优势的动态转换，提升产业和产品的技术含量和附加值，从而构筑新的比较优势和竞争优势；具有内生的经济增长适应机制，能够使区域经济结构、发展水平随着国际竞争环境的变化而进行相应的调整。

中国当前的经济发展处于从资源驱动与投资驱动转向创新驱动的拐点处。我国的投资驱动型经济增长模式起源于20世纪50年代，政府力图通过大量的资金投入迅速实现以重工业为核心的国家工业化，缩小与英美等先进国家经济发展的差距。这个时期，我国在工业体系的构建和工业化进程的推进中取得了巨大成就，投资驱动在经济发展中逐渐显示出有力的推动作用。同时，我国的资源驱动在经历了30多年的历程之后，最初的强大生命力已渐渐逝去，长期过度依赖资源投入实现经济增长的粗放型增长方式带来一系列的资源和环境问题，转变经济发展驱动力已成为必然趋势。随着我国经济发展迎来增长的"刘易斯拐点"，生产率提高的速度加快，全要素生产率对经济增长的贡献率逐渐提高，从而使增长方式从主要依靠资源和资本投入向依靠创新驱动转变成为可能。

① 《马克思恩格斯选集》第4卷，人民出版社1995年版，第329页。

② 《江泽民文选》第3卷，人民出版社2006年版，第537页。

在我国，创新驱动不是为了实现经济追赶的权宜之计，而是有其自身的发展动力：首先，我国在资源和投资驱动下的经济发展造成了巨大的人口、资源、环境压力，资源短缺、生态恶化和环境污染严重，无法实现全面、协调、可持续发展的目标，这就为创新驱动提供了内在动因。其次，创新驱动可以促成经济的结构性增长，解决经济长期增长中的要素递减和稀缺资源制约问题，为经济持续稳定增长提供可能，使我国在日益激烈的国际竞争中取得主动权。这使得创新驱动型经济天然具有一种自发的导向作用。最后，进入21世纪，我国逐步作出落实科学发展观、构建和谐社会和全面建设小康社会的重大战略决策，而要真正实现这一系列的长远目标，就必须发展创新型经济，因此，国家的政策引导也成为发展创新型经济的重要动力来源。

（六）人民群众是实现中国经济追赶的主体动力

唯物史观认为，人民群众是历史的创造者，正如马克思所说：“‘历史’并不是把人当做达到自己目的的工具来利用的某种特殊的人格。历史不过是追求着自己目的的人的活动而已。”① 历史是社会的人通过自己的活动创造的，“人们自己创造自己的历史”②，社会的发展就是人的发展和为人的发展，社会的进步就是人们追求幸福和发展的结果。“人们的社会历史始终只是他们的个体发展的历史。”③ 邓小平认为：“中国的事情能不能办好，社会主义和改革开放能不能坚持，经济能不能快一点发展起来，国家能不能长治久安，从一定意义上说，关键在人。”④ 唯物史观从社会存在决定社会意识、生产方式决定社会发展的基本观点出发，强调物质资料的生产是人类社会存在和发展的前提和基础。而人民群众是社会物质生产的主体，从而成为推动社会发展的决定力量；人民群众的物质生产和生活实践是一切精神财富形成和发展的源泉，人民群众也是社会精神财富的创造者；人民群众还是社会变革的决定性力量。人民群众通过推动物质生产、精神生产的发展而不断发展和变革生产关系和上层建筑，最终成

① 《马克思恩格斯全集》第2卷，人民出版社1957年版，第118—119页。

② 《马克思恩格斯选集》第4卷，人民出版社1995年版，第732页。

③ 同上书，第532页。

④ 《邓小平文选》第3卷，人民出版社1993年版，第380页。

为推动经济社会进步的决定性力量。可见，社会发展的动力是内在的，社会发展的最终动力归根结底决定于人自身。这为我国坚持以人为本构建和谐社会提供了理论依据和重大启示。

科学发展观继承了马克思主义人本思想的精髓，把以人为本作为核心，把人作为价值的核心和社会的本位，把人的生存和发展作为社会发展最高的价值目标，使人本观得到重大提升。2004 年胡锦涛在中央人口资源环境工作座谈会上的讲话中指出："坚持以人为本，就是要以实现人的全面发展为目标，从人民群众的根本利益出发谋发展、促发展，不断满足人民群众日益增长的物质文化需要，切实保障人民群众的经济、政治和文化权益，让发展的成果惠及全体人民。"① 坚持以人为本，是对社会发展动力思想的深度开发。坚持以人为本，既是我们实现经济追赶的长远指导方针，也是实际工作中必须坚持的重要原则。为此，要着力解决关系人民群众切身利益的突出问题，不断满足人们多方面的需求和促进人的全面发展。为此，要积极实施人才强国战略，尤其要通过分配体制改革、政治体制改革等充分调动人民群众的积极性，通过教育体制改革等不断提升人的综合素质，这样，才能充分发挥和显示人民群众创造历史、推动社会发展的巨大力量。

（七）社会和谐为实现中国经济追赶提供整体合力

历史的经验教训反复证明，实现中国的经济追赶必须走中国特色社会主义道路。而党的十七大报告指出："社会和谐是中国特色社会主义的本质属性。"② 这个命题既是对社会主义建设长期历史经验的总结，也是对中国特色社会主义经济追赶动力的凝练。

和谐动力论符合对立统一规律。矛盾的同一性和斗争性是矛盾对立面之间的两种基本关系或基本属性。"和谐"一词由"和"和"谐"两个字组成，"和"者，"和睦"也，有和衷共济之意；"谐"者，相合也，有协调、顺和、无抵触、无冲突之意。一般意义的和谐是指事物和现象的各个方面的配合协调，是多样性的有机统一。和谐体现了矛盾的同一性，

① 《科学发展观学习教程》，中央文献出版社 2008 年版，第 157—158 页。

② 胡锦涛：《高举中国特色社会主义伟大旗帜　为夺取全面建设小康社会新胜利而奋斗》，人民出版社 2007 年版，第 17 页。

而且是建立在多样性之上的同一性，而矛盾的同一性是事物存在和发展的必要前提，所以和谐也就是社会发展的动力。值得注意的是，和谐不是无差别、无冲突，每一种矛盾的两个方面，各以其对立面为自己存在的前提；矛盾着的对立面相互依存、相互影响、相异相合、相反相成，既统一又斗争，推动事物的运动和变化，达到动态的和谐。这是实现和谐的根本途径。因此，和谐是有条件的、相对的。单一的、同质的社会和谐是不可能存在的。正如辩证法大师黑格尔所说："简单的东西、一种音调的重复并不是和谐。差别是属于和谐的，它必须在本质上、绝对的意义上是一种差别。和谐正是绝对的变或变化——不是变成他物，现在是这个，然后变成别的东西。本质的东西是：每一不同的、特殊的东西之与他物不同——不是抽象的与任何他物不同，而是与它的对方不同：它们每个只在它的对方本身被包含在它的概念中时才是存在的。变化是统一，是两个东西联系于一，是一个有，是这物和他物。在和谐中或在思想中我们承认是如此的；我们看到、思维到这个变化——本质上的统一。"①

和谐动力论也符合历史合力论。对于历史合力论，恩格斯在 1890 年《致约·布洛赫》的信中有过这样一段论述："历史是这样创造的：最终的结果总是从许多单个的意志的相互冲突中产生出来的，而其中每一个意志，又是由于许多特殊的生活条件，才成为它所成为的那样。这样就有无数互相交错的力量，有无数个力的平行四边形，由此就产生出一个合力，即历史结果，而这个结果又可以看做一个作为整体的、不自觉地和不自主地起着作用的力量的产物。"② 在这里，恩格斯强调了社会系统中诸因素的相互依存，特别阐述了经济基础和上层建筑的辩证关系。历史合力论把一切经济的、政治的、思想的、社会的等各种因素都纳入社会历史发展的动力系统之中，并从总体上确定了这些因素在整个系统中的方位。当社会的各种力的因素配合适当、匀称，相互之间的差别与斗争相互抵消并走向均衡时，社会即呈现出和谐状态。

从以上意义看，和谐实质上也是一种关系性范畴，既体现了矛盾双方的对立统一关系，也体现了它附着并渗透于其中的生产力、经济基础、上

---

① ［德］黑格尔：《哲学史讲演录》第 1 卷，贺麟、王太庆译，商务印书馆 1983 年版，第 302 页。

② 《马克思恩格斯选集》第 4 卷，人民出版社 1995 年版，第 697 页。

层建筑、人等实体性范畴的关系，是社会系统所呈现出的一种相对均衡的状态。如果社会系统的各范畴之间因不协调或无序互动形成社会张力，且当这种张力值的积聚超过一定阈值时，就会对社会系统形成巨大的冲击力，并在社会系统最薄弱的环节释放出来，从而对社会造成巨大的破坏并导致社会失衡；反之，社会就相对均衡并趋于和谐。

总之，只有不断解放思想、注重用科学的理念和手段不断深化各项社会改革，解决和缓解各种社会矛盾，社会主义中国才能真正达到相对和谐的状态，并以此成为与以往社会形态的重要区分点。为此，我们必须善于协调各种社会关系、调动所有积极因素、妥善处理各种社会矛盾，努力构建社会结构均衡、社会系统良性运行、相互协调，人与人之间相互友爱、相互帮助，社会成员各尽其能、各得其所，人与自然之间协调发展的和谐社会，最终实现中国经济的成功追赶。

第四章

以人为本与当代中国经济追赶

坚持以人为本，是社会主义发展的目标和动力所在，也是实现经济追赶的根本保证。当前，将人看做一种最宝贵、最活跃的资源，是对人自身价值和自身特性的新认识。人口数量众多且整体素质不高是我国的基本国情，因此，开发人力资源，是实现科学发展观的内在要求。全面贯彻以人为本的要求，研究人力资源在经济发展中的一般作用，追溯发达国家利用人力资源实现经济发展的典型案例，理性剖析我国人力资源发展中的困境和难题，有助于我们立足于“以人为本”，在经济追赶中更好的探寻实施人力资源发展战略的正确路径。

一　以人为本的内涵及其与经济追赶的关系

党的十七大明确提出：“科学发展观的本质和核心在于以人为本，在社会发展过程中，人是社会发展的主体，是社会发展的决定力量。实现好、维护好、发展好全体人民的权益，全力促进人的全面发展，既是发展的目的，也是衡量社会主义事业发展功过成败的根本依据，是党的执政理念和宗旨的集中体现。”

（一）以人为本的内涵

“以人为本”一词，最早可见之于我国春秋时期的《管子》一书中的《霸言》篇。管子指出：“夫霸王之所始也，以人为本。本理则国固，本乱则国危。”在等级森严的封建社会中，管子是站在统治者的角度来看待老百姓的，他所讲的“人”，是指与君王相对应的“民”、“百姓”，也就是被统治者。可以说，我国历朝历代所讲的“人本”或“民本”，基本上都是从两个阶级之间的关系角度而言的。而当代中国是消除了阶级对立的社会主义社会，我们今天所强调的“以人为本”中的“人”，不再是被统治者，而是具有平等地位的国家主人。理解当代中国共产党人强调的

"以人为本"，主要涉及两个问题：一是如何理解"以人为本"中的"人"；二是如何理解"以人为本"中的"本"。

1. "以人为本"中"人"的内涵

"人"的问题是理解以人为本的关键和要害。[①]"以人为本"中的"人"有多重含义，首先应该认定的是，"人"是现实生活中的人，不是作为自然科学研究对象或生物层面的人，也不是费尔巴哈的"抽象的人"。按照马克思的唯物史观，所谓"现实的人"，是指在现实生活中存在和实践着的人，其中包含三种形态：个人、群体以及整个人类。人生活在社会中相互之间能够结成特定的人与人之间的关系即社会关系，而且人类能够不断地从事生产实践和社会实践活动，使得自身不断延续。因此，"真正的人"是现实的、社会的、从事实践活动的人，任何脱离社会和实践活动存在的人，都是抽象的、虚幻的个人。具体来说，其一，"现实的人"是作为一个独立特殊个体的人，是摆脱了封建依附关系，并且立足于现代文明社会中的人。其二，作为群体意义上的人，主要强调人的社会性，不同群体有各自特殊的利益需求，由此形成民族、阶级、阶层。其三，作为整体的人，是能够将人和动物区别开来的类的存在物。这三个方面是同时存在的，不能将任何一方面割裂开来看待。如果将"以人为本"看成是以个人为本，也就是主张个人的真实性，否定集体的权威性，进而否定社会主义集体主义的价值观，是明显歪曲马克思主义的行为。其次，"以人为本"中的"人"还指人民。人民是个历史概念，但在社会发展的各个阶段上，人民始终是以占人口大多数的劳动者为主体、根本利益一致的基础上形成的人群共同体。在当代中国，人民是指所有社会主义劳动者、社会主义建设者、拥护社会主义的爱国者，以及维护祖国统一的爱国者[②]。人类的全部历史表明：人民是社会物质财富和精神财富的创造者，是历史进步的主要动力。因而人民应当是社会的真正主人，理应成为社会财富的占有者。

① 王善超：《"以人为本"的内涵和实质研究综述》，载俞可平等主编《人的基本理论研究》，中央编译出版社 2007 年版，第 61 页。

② 王善超：《"以人为本"的内涵和实质研究综述》，载俞可平等主编《人的基本理论研究》，中央编译出版社 2007 年版，第 62 页。

2. “以人为本”中“本”的内涵

“本”有多重含义，原意是指植物的根或者主干，引申为事物的根据、本原、基础、核心、价值目标、本位。我们认为，应该从哲学的高度，即世界观、历史观和价值观的高度，深入探讨并把握“以人为本”之“本”的内涵。

在世界观层面，“本”通常是指万事万物的本原、事物运动的主体。“人本”思想在欧洲文艺复兴时期提出，主要针对封建专制统治盛极一时的“神本”思想以及“君本”思想，后来逐步成为以“人”为中心，反对宗教神学及封建专制统治的意识流派“人本学”。此间，康德为强调人的主体性，提出了“人是目的而不是手段”的著名论断，为以后的人本主义者开辟了理论研究的先河。其后，费尔巴哈尖锐地批判宗教神学，否定机械论的宇宙观，主张“新哲学将人连同作为人的基础的自然作为哲学唯一的、普遍的、最高的对象”①。费尔巴哈的人本主义，用“人本”反对“神本”，并指出机械唯物主义“见物不见人”的片面性，在当时起到了积极的作用。但是，由于其对人的抽象理解，结果在社会历史领域重蹈唯心主义覆辙，最终走向“见人不见物”的极端。马克思摒弃了费尔巴哈“半截子唯物主义”的弊端，将唯物主义原理深入社会历史领域，他强调：“社会存在”中包括人，而且“人”是社会存在的主体，是唯一起到能动作用的因素，“整个所谓世界历史不外是人通过人的劳动而诞生的过程”②。但人并不是社会存在的唯一因素，除了人之外，社会存在中还包括人所赖以生存的各种环境资源、人通过劳动所创造的各种生活资料等。一方面，人类征服自然与改造自然的最终目的，是满足人的需要；另一方面，人们在改造自然的过程中，也改造了人本身。因此，社会领域中可以说是“人”为“本”。承认“人本”，但不能因此用“人本”排斥“物本”，两者的关系是相互依赖、互为前提。

就价值观而言，“本”指明了发展的价值取向和目标，也就指出了我们在发展过程中为了谁、依靠谁的问题。人为价值之本，强调人在社会中的主导和支配作用，即一切行动的出发点和归宿就是要实现好、维护好人

---

① ［德］费尔巴哈：《未来哲学原理》，载《西方哲学原著选读》下卷，商务印书馆 1982 年版，第 491 页。

② 《马克思恩格斯全集》第 42 卷，人民出版社 1979 年版，第 131 页。

的切身利益。毫无疑问，人是发展的目的而不仅仅是手段，无论是经济发展还是文化、社会各项事业的发展，归根结底，都是要以人的幸福生活为根本前提，人是具有对一切实践活动的起主导性作用的因素。

唯物史观告诉我们，人民群众是历史的创造者，是社会发展和历史进步的决定性力量。在社会主义社会中，真正的国家主人是人民，衡量社会进步的决定性因素也是人民。因此，在实际生活中就需要我们确立"以人民为本"的思想，全力保障人民当家作主的主人翁地位，一切从人民群众的实际利益出发，最大限度地满足人民日益增长的物质文化需要，为最终实现人的自由全面发展而努力。

因此，正确把握党中央提出的"以人为本"理念，关键在于坚持马克思主义的世界观、历史观和价值观三者的统一。① 坚持物是基础，人是主导，在承认世界统一于物质的同时，充分发挥人的主导性、能动性作用，相信人民群众是历史的创造者，确保人民的主人翁地位不动摇。

（二）以人为本与人力资源发展的关系

在一定程度上，人的发展程度是由人力资源的发展成果来量化的。人的主体性需要直接关系到人力资源的发展，而人力资源发展更从侧面印证了人的发展状况。总之，人力资源是当代社会映射人的发展的一面镜子。具体来说：

第一，人的主体性需要是人力资源发展的内在动因。1846 年，马克思、恩格斯在其合著的《德意志意识形态》中指出："生命的生产"分为"通过劳动而达到的自己生命的生产"和"通过生育而达到的他人生命的生产"②。所谓人自己生命的生产，是指作为主体的人在社会中不断完善、创造并发展自身的过程。在物质层面，生命的过程是人类不断繁衍的过程，也是不断增加人力资源数量的过程；在精神层面，生命的过程是人通过教育实践活动和物质生产实践活动不断完善自我、发展自我的过程，也是从本质上提升人力资源质量的过程。由此可见，人作为一种社会性动物，生命的发展需要与人力资源的发展需要是统一的，需要在实践中不断

① 任学忠：《以人为本与人本主义、民本主义》，载俞可平等主编《人的基本理论研究》，中央编译出版社 2007 年版，第 42 页。

② 《马克思恩格斯选集》第 1 卷，人民出版社 1995 年版，第 80 页。

学习和完善自己，从而实现个人价值和社会价值的和谐统一。同时，科学发展观所蕴涵的“以人为本”的思想，与人在物质生存条件得到改善后追求精神的富足也是统一的。可见，科学发展观所蕴涵的“以人为本”，不仅是我国人力资源现代化的客观要求，也是人的自我完善和自我发展的迫切需要。

第二，“以人为本”理念的提出对人力资源发展起带动作用。传统的发展战略把经济增长作为社会发展的唯一准绳，片面注重经济建设的物质成果，忽视人自身的发展，结果导致“见物不见人”的境地，人民生活水平并没有得到相应的提高。科学发展观的提出，犹如新时代的一道曙光，它迎合了新时代条件下改革和发展的需求，摒弃了传统的以物为本单一的经济增长方式，而将人置于发展的中心，充分说明了党在新的历史条件下发展观的核心和走向：发展应该是整体的、全局的，发展的目的是与民族密切相关的人的价值、文化和精神的全面发展。将“以人为本”作为国家发展战略的价值核心，充分体现了国家在新的发展高度上所指出的，发展要始终以人的自由发展为终极尺度，以提高人的价值尊严为终极价值目标，以提高人民的生活水平为现实内容的新的发展导向。这不仅体现了我国当前利益价值的发展取向，同时也表明我国已经由一个注重人口数量的时代进入了一个注重人口质量的时代。在我国迈向人力资源强国的过程中，不仅需要不断改善人的生存环境，还要注重生活质量的提高和个人能力的提升，通过教育的发展营造良好的学习氛围，加强人才队伍的建设，逐步提升可利用的人力资源的质量。

（三）以人为本与经济追赶战略的关系

经济追赶型战略又名经济赶超战略，是指落后国家为了在经济社会的发展中赶上甚至超过发达国家，制定的影响经济全局发展的筹划和决策。这种战略不同于一般自然演进型的渐进性发展战略，其目的主要在于争取发展优势、压缩发展时间、缩小发展差距。① 经济追赶战略是国家坚持谋发展、促发展的手段之一，在经济追赶战略中起主导作用的依然是人。

第一，经济追赶的关键在于人的发展。人本经济学告诉我们，人类为

① 孙来斌：《科学赶超：科学发展观视野中的当代中国经济发展战略》，《马克思主义研究》2006 年第 7 期。

了满足自身的需要，产生各种各样的经济活动。在与自然界物质资料交往的过程中，人始终处于经济活动的主体地位。马克思指出："历史不过是追求着自己目的的人的活动而已。"[①] 国家间、民族间的经济差异，归根结底，是由于人们在各自的经济活动中采用了差异很大的制度形式与管理方式造成的。[②] 从整个社会发展进程来看，社会的存在和发展无不建立在以人为主体的基础之上，任何社会都不存在游离在主体之外的社会客体要素之间独自进行的互动作用。社会客体要素互动规律的唯一基础是作为社会发展主体的人的能动性，是人的自我超越。[③] 从一定意义上讲，无论是经济发展、政治发展还是文化发展，本身都不是目的，而只是手段，只有完善人的发展才是社会发展的最终目的。

经济追赶源于在经济上我国与发达国家的差距，是经济落后国家在经济发展过程中面临的普遍性问题。新中国成立初期，我们实行的经济赶超战略虽然取得了阶段性成功，为以后的经济发展奠定了基础。但是，由于产业结构不合理，片面追求产业发展速度，因此制约了人民生活水平的提高。有学者认为，"赶超"是经济上的后进国追赶先进国并最终要赶超先进国的一种经济发展过程。[④] 所以，传统追赶战略的本质在于对经济赶超目标的强调，因此，容易导致经济发展过程中结构比例失衡和盲目注重眼前、不顾长远的发展意识。而当前的经济追赶过程中，如何提高人的生存发展水平才是我们亟待解决的问题。

第二，人的现代化是经济追赶的最终目的。经济追赶战略的目的就是要促进社会经济、文化、科技的全面发展，使人民的物质生活得到根本改善。人越全面发展，现代化赶超战略就越能顺利推进，社会的物质文化财富就会创造得越多，人们的生活就越能得到改善。在当今社会主义现代化建设中，人的现代化建设是基础，人民的素质和精神是民族之魂。一个国家和民族如果仅仅依靠技术移植和外物的依托，而不从民族内部去培育民族的精神文化，没有从本质上提高国民的素质，也许短期的繁荣能够实现，但从长远来看，由于缺少民族发展和进步的原动力，民族崛起将很难实现。

---

① 《马克思恩格斯全集》第 2 卷，人民出版社 1957 年版，第 118—119 页。

② 陈惠雄：《人本经济学原理》，上海财经大学出版社 1999 年版，第 19 页。

③ 王雅林：《中国的"赶超型现代化"》，《社会学研究》1994 年第 1 期。

④ 吴申元、王晓博：《从毛泽东到江泽民：赶超战略思想的继承与发展》，《河南师范大学学报》2003 年第 5 期。

文化是一种有意识的对象性活动，它可以将人的观念外化为一种价值和意义的存在，并以此直接引导人们的行为。后发国家在经济发展过程中将面临文化选择问题，文化是一个民族认同的符号，人们往往通过文化去认识历史、理解现实，并且产生变革未来的动力。文化的本质是“人化”，“人化”的过程就包括“化人”和“化己”。“化人”是指丰富他人的内心和灵魂，用现有的知识武装其头脑，完善其身心，通常表现为各种各样的学校教育及家庭教育。“化己”是指通过人内心的富足而达到修为的提升，一般是指个人的自我教育。教育的根本目的在于全面提高全民的文化素质水平，个人的发展是民族发展的希望，所以发展教育实质上是为实现人的全面发展做准备。改革开放以来的实践证明，没有人的解放和发展，就难以实现生产力的解放和发展，也就没有现代化的经济追赶。

二　人力资源在经济发展中的一般作用

自古以来，经济学家始终非常重视“人”在社会经济发展中的重要作用。追溯不同历史时期的经济学家对于“人”与经济发展关系的相关论述，有助于我们深刻理解人力资源在现代经济发展中的重要作用。

（一）人力资源概念的提出

公元前427年至公元前347年，古希腊哲学家柏拉图在其著作《理想国》中论述了人口因素在国家中的作用，但仅限于对人口因素一般作用的解释，并未涉及深层次经济学的系统论证。随着经济的发展，英国古典政治经济学的创始人威廉·配第在其著名的《政治算术》中对“生产”人口和“非生产”人口进行区分，并提出了人口素质的差异决定了生产力差异的论断。随后，亚当·斯密在《国民财富的性质和原因的研究》一书中指出，人的能力素质差异源于后天习得，而人在后天所获得的能力是资本的重要组成部分。在此之后，人们开始关注经济发展中“人”的作用。

在汲取前人思想的基础上，马克思用精辟的语言概括了人在自然界中的作用，认为人只有通过自己的本质力量，不断去改变自然界的原初状态，才能创造出一个各种资源“为我支配”的“人化”的自然。“正是在改造对象世界中，人才真正地证明自己是类存在物。"[①]"所有的人的关系和职能，不管它们以什么形式和在什么地方表现出来，都会影响物质生产，并对物质生产发生或多或少是决定的作用。"[②]而"生命的生产"可分为"通过劳动而达到的自己生命的生产"和"通过生育而达到的他人生命的生产"[③]。在精神层面，人自身的完善和生产不仅仅是生命的养育，更是一个在更高层面接受教育、通过实践完善自身的过程。

二战后，经济发展依赖于"人"的观念日渐深入人心，美国援助西欧各国的"马歇尔计划"的成功实施使人们逐步看到，经济发展关键在于具有"技术知识"和"基本技能"以及"学习新技术能力"的工人。20 世纪 50 年代，美国经济学家在研究时发现，本国的产出增长率远远超出生产要素的投入增长率，根据传统的经济增长理论，二者应该相等。那么，是什么导致了这部分"余值"？传统的增长理论走入了困境，形成了"现代经济增长之谜"。与此同时，著名经济学家库兹涅茨在研究资本形成时发现，在经济增长的同时，资本形成的速度却下降了。这意味着相对于国民收入的增长，美国的净资本形成在减少，传统的资本理论再次受到置疑，产生了著名的"库兹涅茨之谜"。事后，经济学家分别对来源不明的经济因素进行研究发现，产出增长率高于投入增长率的重要原因在于人力因素的不断注入。

1954 年，为了进一步解释人力的作用，美国著名管理大师彼得·杜拉克（Peter Drucker）在《管理的实践》一书中首次明确提出"人力资源"的概念。所谓人力资源，是指能够推动整个经济和社会发展、为社会创造物质文化财富、具有劳动能力的人口总和。从量上来说，它反映了一个国家劳动力的人口总数；从质上讲，它是一个国家和地区在劳动生产过程中，可以直接投入的体力、脑力和心力的总和。彼得·杜拉克将人力资源看做一种资源，而且是一种最宝贵、最活跃的资源，是对人自身价值和自身特性的新认识。从另一层面上讲，人力资源反映的是人力的资源存量，具有资源的基本特征，即人是与其他资源一样具有使用价值性、共享性、可开发性等特性的社会存在物，需要进行有效的开发、管理和配置。

---

① 《马克思恩格斯全集》第 42 卷，人民出版社 1979 年版，第 97 页。

② 《马克思恩格斯全集》第 33 卷，人民出版社 2004 年版，第 350 页。

③ 《马克思恩格斯选集》第 1 卷，人民出版社 1995 年版，第 80 页。

同时，他强调指出：人力这种资源是任何其他资源都没有的具有“特殊能力”的资源。[①] 拥有了高质量的人力资源，就拥有了与他国竞争的实力。

1962 年，美国经济学家西奥多·威廉·舒尔茨在《人力资本投资》一书中首次明确提出了“人力资本”的概念。他指出：“人力资本体现在人身上，表现为人的知识、技能、经验和熟练程度等，即表现为人的素质。”[②] 人力资本概念是相对于物质资本概念提出的。它从资本的角度反映了人力的特性，即人力是“凝聚在劳动者身上的知识、技能及其所表现出来的能力的总和”，是经济发展的内生变量。可见，作为资本的人力，既可以积累或产生，也会随社会环境和历史条件而变更或丧失，因此需要经营。当时这些西方经济学家提出人力资本理论，主要是受当时为了解释投入与产出守恒以及数学思想影响的结果。“投入”一词与“资本”是相宜的，而与“资源”是不相宜的。[③]

20 世纪 80 年代，以保罗·罗默、罗伯特·卢卡斯为代表的经济学家提出了“新经济增长理论”。其重要内容之一就是把经济增长模型中的“劳动力”的定义扩大为人力资本范畴，即人力资本不仅包括绝对的劳动力数量和该国所处的平均技术水平，而且还包括劳动力的教育水平、生产技能训练和相互协作能力的培养等。

（二）人力资源的特性

“人”历来是古今思想家探索的重要问题。马克思在论述人的重要性时指出，历史不过是追求着自己目的的人的活动而已，“历史什么事情也没有做，它‘并不拥有任何无穷尽的丰富性’，它并‘没有在任何战斗中作战’！创造这一切、拥有这一切并为这一切而斗争的，不是‘历史’，而正是人，现实的、活生生的人。”[④] 的确，与其他生产要素相比，人力资源是最积极、能动的、可塑的生产要素，并且人力资源的特性在创造历史的过程中得以形成和不断丰富。

---

① 李桂华：《人力资源管理》，中国金融出版社 2005 年版，第 3 页。

② ［美］西奥多·威廉·舒尔茨：《论人力资本投资》，吴珠华译，北京经济学院出版社 1990 年版，第 8—13 页。

③ 萧鸣政：《中国政府人力资源开发概论》，北京大学出版社 2004 年版，第 4 页。

④ 《马克思恩格斯全集》第 2 卷，人民出版社 1957 年版，第 118 页。

1. 人力资源的能动性

人力资源的开发和利用，是通过拥有者自身的活动来完成的，人与动物的根本区别在于人的主观能动性。从哲学的角度来讲，人类的活动过程，就是人类在实践基础上认识世界和改造世界，把“自在之物”转化为“为我之物”的过程。即在凝聚了人的本质力量的基础上，使得物质资源被人利用和改造，从而打上人的意志的印记。人的能动性还表现在，人的活动具有灵活性和创造性。在很多情况下，能够在利用物质资源的基础上，根据外部环境的特征和自身的条件，有目的地确定经济活动的未来方向，并根据这一方向，作出精确的选择。

2. 人力资源的时效性

就人力资源的再生产来说，它是在自然可以提供资源的条件下，通过人类生物性的繁衍实现的。在生产过程中，人力资源是以人为载体的，所拥有的智能、体能、技能都依附于人而存在，而这些因素都会受到人的年龄的影响，不同的年龄阶段，人力资源的效用不同。目前，国际上规定15—65岁人口定义为劳动年龄人口，而我国规定男性16—60岁、女性16—55岁为劳动年龄人口。处在这个年龄段的人所具备的人力资源效用最高，若过早地利用人力资源，或者强迫适龄的人离开工作岗位，都会造成人力资源的巨大浪费。因此，就时间而言，人力资源的时效性是绝对的，而不是相对的。

3. 人力资源的社会性

人是社会性的动物，人力资源的属性也必然通过社会得以体现。马克思指出：“人们为了能够‘创造历史’，必须能够生活。但是，为了生活，首先就需要吃喝住穿以及其他一些东西。因此第一个历史活动就是生产满足这些需要的资料，即生产物质生活本身。”① 人力资源的产生也需要消耗一部分自然资源和社会资源，“人从出现在地球舞台上的第一天起，每天都要消费，不管在他开始生产以前和在生产期间都是一样”②。人类就是在消费中实现自身的再生产，并不断发展、完善自身的。因此，人类自身生产与物质资料生产相适应，是一切社会形态所共有的，人类社会之所以和动物界相区别，就在于人类社会的两种生产。

① 《马克思恩格斯选集》第1卷，人民出版社1995年版，第79页。

② 《马克思恩格斯全集》第23卷，人民出版社1972年版，第191页。

4. 人力资源的流动性

“人能否生存，根本问题首先是从事生活资料再生产条件有无的问题。当人类赖以生存的劳动条件短缺或丧失之后，也就丧失了获取生活资料的条件，因而人类也就不能生存。”① 人的生存性本能证明人是一种趋利避害的动物，会自发地脱离不利于自身生存的环境，而朝向有利于自身生存的地方移动。因此，人力资源的流动性是必然的。可以说，人们在主观地不断地选择适应自己的工作环境过程中，在客观上造成了人力资源的地区差异。在经济发展水平较低、资源没有得到充分开发和利用的地区，人力资源存量不足，后备人才往往滞后于经济发展的需要；而在经济发达、资源得到充分开发和利用的地区，人力资源的密度较大，经济发展所需要的人才会源源不断地得到补充。

5. 人力资源的可塑性

人力资源作为一种特殊的宝贵资源，能够能动地支配其他资源。这种支配作用，就其形成来说，需要通过对人本身进行有计划、有目的的培育和开发才能完成。我们可以说，人力资源的开发过程，就是不断地挖掘人的潜能、提高人的自身能力和层次的过程。在这个过程中，每个人可根据自己实践和愿望的需要进行学习并掌握各种技能。个人能力的提升与否，是人力资源是否发挥效用的关键。人自身所掌握的技能越充分，人力资源的利用效率越高，使用的范围就越宽。同时，作为一种资源，在使用中也会出现资源利用不足或下降的情况，在这种条件下，需要后天通过学习和培训来进行补充，以便于充分开发和反复开发。可以说，人力资源就是在反复开发和使用的过程中变得更有可塑性的。

6. 人力资源的层次性

西奥多·威廉·舒尔茨认为：“人力资本是由人们通过对自身投资所获得的有用的能力所组成的。②” 在现实生活中，由于个人自身的社会经济、文化、地域、环境的不同，人力资源会因此表现出明显的差异性和层次性。就内容层次性来看，人力资本可分为教育资本、技术和知识资本、体力资本、健康资本、迁徙和流动资本。就人力资源对应的社会分工角色

① 刘铮：《人口理论问题》，中国社会科学出版社1984年版，第35页。

② ［美］西奥多·威廉·舒尔茨：《论人力资本投资》，吴珠华译，北京经济学院出版社1990年版，第205页。

来看，人力资本可分为一般型人力资本、专业化人力资本、企业家人力资本。[①] 另外，在现代社会中，人力资源的层次性还表现在，伴随着科技的进步，人力资本构成要素的比重也在不断地发生变化。在生产力水平较低的社会中，健康、体能要素的价值比重较大；而在知识经济下，体能要素的价值比重削减，技术、智力要素所占的比重越来越大。

（三）人力资源在经济发展中的一般作用

当今社会，物化劳动在商品价值中所占比重逐渐减少，活劳动特别是人的智力劳动在商品价值中所占比重逐渐增加；劳动者对非人力资本的依赖程度趋向弱化，对人力资本的依赖程度趋向强化。[②] 可以说，在信息化社会和知识经济条件下，人力资源对经济发展的作用日益凸显。

1. 人力资源是经济和社会发展的内驱力

人力资源作为经济增长的内生要素，有其自然成长和发育的过程。为适应经济发展对人力资源的要求，需要对现实的人力资源进行培养、更新，从而不断提高其品位、质量，这是一种内涵型开发的道路。通过教育发展对人力资源进行开发，是人力资源开发的根本途径。我国在 1995 年提出科教兴国战略，目的是要将教育和科技摆在经济、社会发展的重要位置，提高全民族的科学文化素质，大规模提高我国人力资源的质量。如果只依靠技术进步，而劳动力的素质不变，两者的结合注定会不利于生产范围的扩大，从这个角度来说，教育是提升劳动力素质进而提升人力资源质量的关键，劳动力质量越高，对新技术的掌握和应用就越容易。事实证明，通过教育培养高素质的、具有创新能力的人才，能够促进经济的高速增长，反过来，经济的高速增长，又保证对教育的进一步投资，这种良性循环对后发国家来说非常重要。

2. 人力资源是增强国际竞争力的基础

人力资源是国民经济发展的根本要素，不同的经济活动对物力要素的要求或多或少、或有或无，但是，对人力要素的要求必不可少。人力要素不仅可以根据自身状况对国民经济的宏观状况、物质资料的生产进行调节，还可以运用人力独有的智慧和能力制订详细的生产发展计划，实现国

① 张一力：《人力资本与区域经济增长》，浙江大学出版社 2005 年版，第 41 页。

② 霍文达：《人力资源在知识经济中的地位和作用》，《江汉大学学报》2000 年第 2 期。

民经济的稳步增长。目前，世界正步入以信息技术为基础的全球性的工业社会，在这场激烈的国际较量中，物质资本的取得和利用正在变得越来越容易，但是人才的引进、发展和更新变得越来越困难。对于后发国家来说，往往容易忽视人力资源的巨大潜力和作用，习惯于仅仅从寻求眼前的、短期的物质资源上找办法。殊不知，任何物质资源作用的发挥都离不开劳动者的知识和技能的运用。而更多的是自然资源的开发和资本资源的取得，同样离不开具有创新能力的高层次人才。

3. 合理开发和利用人力资源是实现可持续发展的客观需要

人类要维持自身的生存，必须进行生产劳动，并同自然界进行物质、能量和信息交换，而自然界不会自动地满足人类的需要。因此，人类征服和改造自然的过程，就是人类不断地利用自身潜力，改造并支配其他资源以满足人类需要的过程。

可持续发展的实质是实现人与自然的和谐共生。实现可持续发展的关键在于能否合理地开发和利用好人力资源，以实现人与自然的和谐。一方面，人类改造自然的能力取决于人本身，人力资源自身的数量和质量，决定了其具有的调配其他资源的能力。人类要生存和发展，必须根据外部环境的可能性和自身发展状况，灵活运用现有的物质资源，调节物质资料的总量和结构，最终达到为人类服务的目的。“在这个意义上，确实可以证明，所有人的关系和职能，不管它们以什么形式和在什么地方表现出来，都会影响物质生产，并对物质生产发生或多或少是决定的作用。”① 另一方面，人力资源自身的数量和质量，也决定了对自然资源的深度开发和有效利用程度。只有积极发挥人自身的能动性和创造性，加快技术创新，创造出更多更好的新能源，实现自然资源的替代，才能缓解自然资源紧缺的状况。因此，合理开发和利用人力资源是实现可持续发展的客观需要，人类能否实现可持续发展，关键在于人本身。

三 人力资源发展战略的国际借鉴

当今世界，是否拥有高层次优秀人才是衡量一个国家国际竞争力的重要标准。世界各国虽然社会制度不同、经济社会发展水平不同，但

① 《马克思恩格斯全集》第26卷（Ⅰ），人民出版社1972年版，第300页。

是，无一例外都将引进和培养优秀人才作为人力资源发展战略的重要内容之一。学习和借鉴发达国家在人力资源管理方面的经验，理性分析后发国家人力发展的理论基点和战略选择，有助于我们更好地实施人力资源发展战略。

（一）发达国家人力资源发展战略的历史考察与借鉴

由于历史和现实的种种原因，世界上各个国家的人力资源发展水平不可能完全一致。但是，发达国家人力资源管理方面的经验，值得后发国家学习和借鉴。

1. 发达国家人力资源发展战略的历史考察：以美国为例

人力资源是一个国家或地区经济发展的重要基础。美国在全球的霸主地位，是与其高度发达的教育及积极的人才培养机制密不可分的。

第一，多样化的办学模式。美国教育的发展，与其多样化的办学模式是分不开的。为了保证教育的大众化、全民化的实现，美国政府实施义务教育制度和教育向民间开放的制度相结合的方针。例如，19 世纪末创建的社区学院，是一种从中等教育向高等教育过渡阶段的教育。主要是为社区培养专门人才，社区内学生就近入学，收费较少，办学比较灵活。20 世纪 70—80 年代，美国在教育领域结合实际进行了市场化改革，引入私立学校竞争机制，对公立学校的体制模式进行改造，改造的目的是使得公立学校的制度更加透明化、人性化。为鼓励教育投入，有关高等教育的联邦立法几乎都含有财政补助的条款以鼓励各州兴办高等教育，公立高校教师的工资福利待遇超过公务员。由此造就了一批世界一流大学，会聚了大量高层次人才。[①] 有资料表明，1996 年美国高等教育毛入学率达到 80.9%，居世界第二。美国 25—64 岁劳动力平均受教育年限达 13.17 年，居全球首位。

第二，高水平的教育投入。美国发达的教育是与长期高水平的教育投入密不可分的，其重视教育的传统集中体现在州一级，各州 40% 的经费都用于教育，地方政府的财产税主要支出于教育。[②] 在继续教育和企业培

---

① 何增科：《美国、新加坡、印度等国家在人才资源开发管理方面的做法和经验的比较研究》，《马克思主义与现实》2004 年第 2 期。

② 何增科：《美国、新加坡、印度等国家在人才资源开发管理方面的做法和经验的比较研究》，《马克思主义与现实》2004 年第 2 期。

训方面，国家制定了《成人教育法》，用法律形式保障国家整体的教育水平。其中包括：联邦政府要求所有雇主每年必须至少以其全员工资总额的1%用于雇员的教育与培训，并逐年递增。未达标的公司和机构，每年必须上交其工资总额的1%作为国家技能开发资金。不仅如此，大部分的公司还设有专门的培训经费，并且制订了完善的人才培训计划。据资料显示，1999—2000年间，美国R&D支出占GNP支出的2.5%，在OECD国家中列第四位，人均R&D支出额在世界上仅次于日本。① 统计资料表明，1975以来多数年份美国机构教育经费占GDP的比例长期保持在5%—6%左右的高比例。其中，1999年美国教育机构经费总投入达到6468亿美元，各级教育生均经费均居世界前列。②

第三，独具特色的人才政策。在国际人才争夺中，美国凭借优势的资源和完善的人才引进政策吸引了大量国外优秀人才。“移民政策”是美国人才吸引的重要措施之一。美国在1952年和1965年两次修改移民法，1965年颁布了通称“优惠制”的新移民法，规定每年专门留出29000个名额给来自其他国家的高级专门人才。还特别规定：凡著名学者、高级人才和有某种专长的科技人员，不考虑国籍、资历和年龄，一律允许优先入境。③ 20世纪90年代，布什总统又实施新的移民政策，重点鼓励技术移民和投资移民。近年来，美国加大对高科技信息人才的争夺，通过发放临时工作签证等手段，吸引具有特殊专长的人才留美工作。在公司的用人制度上，普遍实行配股制，除了给职员支付一定的薪资外，还会给高科技人才额外分配一定的股份，要求员工只有达到一定的工作年限才可获得最初的配额。如此做法，既刺激了员工的工作热情，又有效地留住了人才。同时，公司还实施不同级别和名目繁多的奖金制度，包括短期奖、长期奖、利益分成、收益分成等。另外，还通过国际合作，到他国设置研究机构等途径，使本国利用他国优势资源达到自身人才发展的目的。

---

① 张振助：《美国：人力资源第一，保持“美国第一”强国地位》，《教育发展研究》2003年第2期。

② 郑新立：《提高人力资源能力问题研究》，中国计划出版社2008年版，第238页。

③ 郭祥焰、汤庭芬：《借鉴发达国家人才引进的举措》，《特区理论与实践》2000年第3期。

2. 发达国家人力资源发展战略的历史考察：以日本为例

日本是一个物质资源十分匮乏的国家。早在19世纪中后叶，日本就从闭关锁国的教训中悟出要依靠人力资源的开发来弥补物质资源的不足，进而发展经济的道理。

第一，高等教育大众化政策。1945年，二战结束后，日本吸收了美国教育模式的优点，在教育和人力资源开发上采取追赶战略。有资料表明，此后，制定了一系列促进教育的政策法规，加大对教育的投资力度。从20世纪60年代到80年代初，日本的教育经费增加了37.6倍，居各发达国家之首。近20多年来，日本全国教育经费占GDP的比例基本处于6%以上，有的年份高达6.8%。[①] 同时，日本大大降低入学门槛，发展高水平的高等教育、职业教育。其中，仅1965年至1966年的一年间，大学、短期大学的数量就分别增加了29所与44所。1960—1970年间，日本的高等教育入学率从10.2%增加到18.7%。同一期间，日本在亚洲率先完成了从高等教育精英化阶段向大众化阶段的转型。[②] 在此过程中，政府加强对私立学校的资金扶持，启动降低人才门槛的职业学校制度，着力推进以培养专业技术人才为主的技术性中等院校和高等院校的发展，并注意保持人力资本的数量、结构与产业发展进程之间的协调。

第二，科学的人才综合培养计划。日本经济的快速发展，与注重研究与开发的投入分不开。从2002年开始，日本文部科学省每年选择多所大学的多项重点科研项目进行资助，每个项目资助时间为五年，每年1亿到5亿日元不等。这一计划使日本大学的科研更具战略性，同时有助于快出人才。[③] 在此基础上，日本改变过去主要依靠引进、消化国外技术的基本模式，逐步过渡到依靠科技创新立国阶段。21世纪伊始，日本政府制订并实施了第二期"科学技术基本计划（2001—2005年）"，确立了"科学技术创造立国"的战略目标。2002年以来又推出一系列科技人才培养、吸引、使用的重要举措，包括终身教育计划、人才培养机构评价推进计划等。近年来，日本的基

① 谢小琼：《日本的教育政策与经济发展》，《广州师院学报》（社会科学版）1999年第11期。

② 张珏：《日本：教育对日本现代化起了主要作用》，《教育发展研究》2003年第2期。

③ 李元亮：《日本的人才培养战略》，《人才开发》2004年第3期。

础创新和研究都取得了空前进展，日本每百万人获得专利994项（1998年），居世界第一，每百万人中科学家和工程师有4960人，列世界第二位。①

第三，适合本国的人才引进策略。由于国土面积狭小，资源匮乏，因此，日本大力发展涉外经济，并将其作为发展经济的有效途径。为借助涉外经济实施本国的人才战略，日本总结出一套适合本国国情的“重金”招揽人才的方法，通过购买、吞并外国企业或公司，将被购买或吞并的企业或公司里的人才据为己有。另外，还通过购买或资助的方式，占有或部分占有美国名牌大学的实验室，在那里获取美国高级人才的智力资源。②为吸引国外优秀人才，文部科学省设立了“特别研究员”制度，积极招收国外青年优秀科技人才。③许多人日后成为日本重要的研究机构创新人才的骨干。在留学政策上，1998年日本教育白皮书提出要健全“官民一体”的留学体制，目的是大幅度网罗各国优秀的留学生。为留住国家急需的优秀人才，政府实施了关于科技人员资格的国际相互认证制度、国际养老金相互补充制度，并积极改善外国人子女的教育环境以及科技人员家属的工作环境。通过这些配套措施，为日本经济稳固和积累了一大批适应产业发展的优秀人才。

3. 发达国家人力资源发展战略的经验借鉴

与西欧各国相比，美国、日本现代化起步较迟，但两国仅用30—40年的时间走过了西欧国家100多年的发展道路，其顺利实现经济追赶的关键之一就在于成功的人力资源开发战略。两国的经验表明，只有将人力资源放在经济追赶的优先地位，加大人力资源的资金投入，才能为经济发展提供有力支撑。

第一，提升教育的普及化、均衡化程度。美国和日本的成功经验表明，教育是否实现大众化、普及化，是衡量人力资源开发好坏的首要准绳。国家教育大众化的发展，是迅速扩充人才的第一步。这个步子是否走得稳健，直接决定着国家人力资源的储备与开发。义务教育及高等教育的普及，使得美国和日本能够在短时期内集聚大量的人才，适应了产业结构

---

① 张珏：《日本：教育对日本现代化起了主要作用》，《教育发展研究》2003年第2期。

② 王明杰：《发达国家人才战略的比较》，《中国行政管理》2005年第8期。

③ 杨书臣：《近年日本人才战略浅析》，《现代日本经济》2004年第6期。

发展的需要。因此，重视发展高水平、均衡化、多层次的教育，是我们目前建设人力资源强国亟待解决的问题。

第二，建立多层次的教育体系。以市场为导向的终身教育体系是促进美国和日本教育事业蓬勃发展的持续动力。就我国而言，公办教育长期处于绝对主导地位，而私人部门的教育目前在我国主要表现为民办学校，且暂时处于发展的初期，同时面临着社会认可度不高、发展政策还未充分落实的困境。不仅如此，民办高校投资者的利益得不到充分保证，资金的再投入难以实现。因此，如何在加强政府教育投入的同时，吸引更多的社会资金，是目前发展中国家教育发展遇到的普遍性难题。美国和日本公立学校与私立学校并存发展的模式值得我们学习和借鉴。

第三，重视科学技术的开发投入。能否拥有一支高水平的科研队伍，对于一个国家的技术崛起具有至关重要的作用。美国之所以在国际竞争中立于不败之地，与其重视科技人才的发展密切相关。对于发展中国家而言，关键是要加大科研投入力度，着力培养一大批科技人才，特别是要重点培养一批年轻的科学家和工程师。创新的源泉是人才，只有形成高层次人才的战略优势，才可能形成科技优势、产业优势。

第四，建立有效的人才激励机制。美国和日本的经济发达与其广泛网罗世界各国优秀人才的做法有很大关系。为了保持科技创新能力，它们制订了详细的人才引进计划，吸引了大量人才的相继涌入。改革开放以来，我国政府在吸引留学人才方面，取得了一定成绩。但是，也应该看到，尽管留学回国人才的数量呈增长态势，但回流比例仍然较低，远远不能适应国内建设的需要。[①] 国内的工作环境较差，国家投入的科研经费不足，适合人才生活发展的空间较小，是制约海外人才来华或回国工作的主要障碍。因此，建立长期有效的人才激励机制，营造适应优秀人才发展的整体环境，是关系到能否吸引人才、留住人才的关键。

（二）后发国家人力资源发展的理论基点与战略选择

1. 人力资源后发优势的理论基点

亚历山大·格申克龙等人提出的后发优势理论表明，后发国家可以通

---

① 秦剑军：《知识经济时代人才强国的战略研究》，博士学位论文，华中师范大学，2008年4月。

过学习和模仿，以较低的代价掌握发达国家经过探索付出很多代价而获得的知识、技术，并借鉴先发国家的经验和教训，进行大胆创新，使经济得到较快的发展，实现“后来者居上”[①]。与先发国家相比，后发国家在人力资源方面具有自身的优势与劣势。

第一，后发国家的人力资源后发优势。“相对于劳动力价格昂贵、人口增长缓慢、人口老龄化现象严重的发达国家来说，后发国家具有人力资源丰富、劳动力价格低廉的优势。因此，后发国家可以发挥人力资源优势，发展劳动密集型产业，参与国际市场竞争，促进经济发展。[②]”人力资源后发优势是以提高人的能力和素质为先导，并通过教育、培训等一系列手段得以实现的。基于人的主观能动性和知识的溢出效应，后发国家不仅可以利用本国丰富而廉价的劳动力资源进行扩大再生产，而且还可以学习、利用先发国家的先进知识和技能，加快本国的精英阶层的扩充速度，迅速提高人力资源的总体质量。我们常常在讲技术后发优势的先导性，而就人力资源后发优势与技术后发优势的关系而言，前者是后者的基础和前提，如果人力资源后发优势得不到充分发挥，技术后发优势也就不可能实现。

第二，后发国家的人力资源后发劣势。人力资源是后发国家的最大优势和潜力所在，但同时也是制约其经济社会发展的最大瓶颈。在后发国家，虽然人口总量较大，但由于教育发展的滞后，人口素质还有待提高，尤其是适应现代化建设的人才总量不足，人才结构不合理。人口陷阱理论告诉我们，当后发国家人均收入提高时，由于生活条件改善，人口增长率也必随之上升，在一个最低人均收入水平上升到与人口增长率相等的人均收入水平之间，存在着一个“人口陷阱”，在这个“陷阱”中，任何超过最低水平人均收入的增长都会由人口增长所抵消，最后又回到原来的水平，并由此产生严重的失业现象。

2. 后发国家人力资源发展的战略选择

后发国家人口众多，但并没有为发展经济提供丰富的人力资源；相反却表现为人口素质偏低、人力资本的匮乏和合格劳动力的不足。贝克尔等

① 孙来斌：《科学赶超：科学发展观视野中的当代中国经济发展战略》，《马克思主义研究》2006 年第 7 期。

② 郑享清：《论后发优势的实质及其实现机理》，《南昌大学学报》（人文社科版）2006 年第 3 期。

人的分析表明：一个经济落后的国家要进入经济发展阶段，最重要的因素并不是物质资本，而是人力资本。人力资本投资不仅会改变物质资本投资需求边际生产率，而且还可以创造降低生育的必要条件。这一结论具有重要意义，因为高生育率和人口增长率被认为是当前发展中国家实现经济发展目标的主要障碍。如果说人口增长和经济停滞是目前许多发展中国家面临的两难困境（或者说马尔萨斯人口陷阱），那么人力资本投资将是解决这个两难问题的双刃剑。①

第一，优先发展教育，提高全民教育水平。就后发国家目前的教育现状来说，人口过多和人力资源缺乏始终是阻碍后发国家发展的沉重负担。只有牢固树立“科教兴国”战略，加大人力资源开发，才能变沉重的人口包袱为巨大的人力资源。在经济发展到一定阶段时，要适时地加大教育的投入。根据发达国家的经验，要使一国的人力状况适应经济发展的需要，用于教育的投资要占国民收入的5%—10%和国民生产总值的7%左右。后发国家必须根据本国的教育需求程度，大力发展职业教育、民办教育等多种形式的教育，并将其与市场相结合，以便为经济发展和产业结构升级提供必要的人力资本支撑，实现人才强国的目的。同时，后发国家要构建终身教育的模式，充分调动各方面的积极性，实现全方位教育的突破，稳固人力资源的积累。

第二，加强对外交流与合作，引入优质人力资源。罗伯特·卢卡斯（1990）认为，物质资本之所以不能流向穷国，是因为这些国家缺乏相应的人力资本。人力资本对物质资本吸收能力影响人力资本与物质资本的高度互补性，并且技术程度越高，这种互补性也就越强。② 对于后发国家来说，解放和发展生产力，首先应该是解放和发展人的能力。人才的发展与人才的生长环境有很大的关系，保障人才发展的良好环境必须从政府的政策、法律等多方面入手，要打破人才发展的文化、制度等各方面的限制，发展人才首先要留住人才。同时，要加强人才的国际交流和合作，不仅要鼓励本国的人才进行出国深造，还要通过与外方进行教学设备、资料等物质资料的交流、教育代表团的互访、国际项目合作等方式进行互动。力求通过一系列交流和合作，不断更新优质教育资源，

---

① 李建民：《人力资本通论》，上海三联书店1999年版，第155页。

② 同上书，第156页。

避免发展的盲目性。可利用外方成熟的办学经验，兴办本国较为急缺的专业，培养经济发展的急缺人才，力争用较低的成本培养出高质量的人才，完善本国的人才格局。

第三，完善和深化社会保障体制，创造宽松的就业机会。由于人口增长较快，后发国家劳动力的数量急剧增长，而工业化过程中创造的就业岗位是有限的，结果出现了大量失业和就业不足的状况。目前，就后发国家而言，亟待制定促进国家技术发展的政策，以逐步减少对发达国家技术密集型产品的依赖，通过资金和技术鼓励支持本国的民族企业。同时，须逐步消除要素价格的非市场化变动，稳定工人的工资水平，增加本地的工业部门能够吸纳的劳动力数量。在此过程中，要有计划地制定有效措施以减少城乡差距，为外来务工人员营造宽松的就业环境。在社会保障方面，应该逐步建立覆盖城乡的社会保障体系，尤其要保证农村人口和弱势群体享受到公平合理的社会保障制度。可根据实际情况，鼓励发展多层次、非正式医疗保障机制，缓解人员的因地区分散等带来的实际难题，要注重加强社会保障的公平性、层次性，尽量确保将更多的公民纳入社会保障体系中。

第四，建立完善的奖励和激励机制，营造人才良好的发展环境。后发国家迫于本国经济发展的资金局限，人才“资本”的作用与地位没有得到普遍重视，令很多本国的优秀人才往往留驻他国。对于本国已有的人才而言，很多用人单位大多都把人才资源放到生产要素的次要位置，重物而轻人，更缺少现代理念指导下的人才经营机制。而人才重在选拔，贵在管理。人才激励机制直接体现着人才开发管理的状况，而后发国家的历史发展状况造就了人才激励机制特有的落后状态，能上能下的激励机制还有待形成。因此，首先，应根据后发国家发展的需要，建立人才成长的流动机制，使得各类人才能够各尽所能，各得其所。其次，应及时制定人才激励的宏观政策，并视市场用人主体和人才需求变化情况，建立人才激励措施基本规范。就激励方式而言，应逐步建立物质激励与精神激励相结合的方式，可以对达到一定标准层次的人才给予一定的补贴、奖励或住房、医疗等待遇；亦可充分发挥政府掌握政治资源等优势，对人才给予一定的名誉、荣誉激励。

四　当代中国人力资源的现状分析

据《中国教育与人力资源问题报告》分析，我国人力资源现状是：人力资源整体水平依然偏低，中高层次人才严重缺乏，人力资源整体水平与发达国家和新兴工业化国家相比存在较大差距，产业、行业人力资源结构性矛盾突出，劳动力整体文化素质不能适应产业高度化发展和劳动生产率的持续提升，城乡、地区间的劳动力文化素质的不均衡性问题十分突出。[①] 正确看待我国人力资源的发展现状，有助于我们提出切实可行的人力资源发展战略。

（一）当前我国人力资源的发展环境分析

人在本质上是一切社会关系的总和。人的生存和发展的环境，直接影响人的后天能力以及素质的形成，也影响人才的资源配置范围。在新的历史条件下，社会环境的变化对人力资源的发展和管理提出了新的要求。

1. 社会主义市场经济的新要求

相对于计划经济体制，社会主义市场经济体制对人力资源发展模式提出了新挑战。在计划经济体制下，由于人力资源短缺，国家实行统一分配的就业安置政策，企业用人完全靠国家调拨。而市场经济条件下，一方面，企业作为自主经营、自负盈亏的独立法人实体，可以根据自身生产发展的需求和人才本身的能力和层次自主选择人才。因为不同类型的企业对人才的需求程度不同，客观上要求教育培训机构能够培养出更多适应不同层次、不同专业需要的高素质人才队伍。我国劳动力的平均受教育年限普遍偏低，并且职业技能培训滞后，大量劳动力需要实现人力资本的“阶梯”跳跃，才能满足不同职业和行业对人力资源的具体要求。因此，加大教育和培训方面的人力资本投资，是完善人力资源合理流动和配置的客观要求。另一方面，个人可从自身需要出发选择合适的工作岗位。当人才供过于求的情况下，出于就业所限，包括企业在内的用人单位可以大范围挑选所适用的人才；当人才供不应求的情况下，人才会理性评价并选择适

---

① 陈国良：《中国人力资源开发与教育发展战略研究报告》，上海人民出版社 2007 年版，第 64 页。

合自身的企业环境，不能为个人提供稳定的发展环境和空间的企业将会不被认可。目前，随着我国劳动力队伍的相对减少、“民工荒”现象的出现，客观上要求企业不断改善工作环境，建立和完善竞争与激励机制，以保持对人才的吸引力。事实上，在市场经济体制条件下，人才的流动变得越来越频繁，人们可以通过自主选择企业以实现自我价值。例如，我国高层次人才由内地向沿海地区“孔雀东南飞”的现象，就是这种人才自主选择的结果。

2. 人力资源配置国际化的新挑战

马克思、恩格斯说：“资产阶级，由于开拓了世界市场，使一切国家的生产和消费都成为世界性的了……过去那种地方的和民族的自给自足和闭关自守状态，被各民族的各方面的互相往来和各方面的互相依赖所代替了。”① 经济全球化时代，由于国际产业链的纵深发展和国际交流与合作的不断增强，人才资源配置也日益显现出国际化的发展趋势。事实上，全球化竞争的过程往往伴随着全球人才的竞争与抢夺。其中，发达国家由于经济基础较为深厚，能够为各类人才提供一个良好的事业发展和成长环境，往往能够吸引发展中国家最优秀的人才。而发展中国家由于先天条件的劣势，不仅不能吸引国外优秀人才，而且国内高层次人才外流现象严重。

当前，我国人力资源现状突出表现为：人口数量众多且整体质量不高，拔尖人才匮乏。因此，如何借助国际市场发挥我国人力资源的后发优势，培养现代化建设需要的高素质专业技术人才，以促进国外优秀人才的回流，是我国人才队伍建设面临的现实而紧迫的任务。

3. 转变经济发展方式的新要求

胡锦涛在党的十七大报告中指出：“要加快转变经济发展方式。经济发展方式的转变，对我国人力资源发展提出了严峻的挑战。”

传统的粗放型经济增长主要依赖生产要素的高投入和低廉的劳动力成本优势获得。多年来，由于缺少高科技的创新型人才，我国产品的科技含量不高，在国际市场上往往处于产业链的低端。随着我国工业化和城市化的深入发展，土地、原材料和劳动力价格的低成本优势正逐步减少。与此同时，我国周边的泰国、越南、缅甸等国家已成为更具有劳动力成本优势

① 《马克思恩格斯选集》第1卷，人民出版社1995年版，第276页。

的地带，我国“世界工厂”的比较竞争优势正逐年趋弱。如果我们不创新人才发展模式，满足于粗放型经济模式下的人才发展模式，必然导致我国经济结构和人力资源矛盾的进一步加大。因此，改变只注重数量而不注重效益的发展方式，实现依靠科技进步带动经济发展，客观要求我们加大技术创新力度，培养适应产业发展需要的技术创新型人才，并形成培养、发展、利用和考核人才的良好机制。

（二）当前我国人力资源发展取得的主要成就

改革开放以来，我国的人力资源发展取得了巨大的成就，完成了九年义务教育的普及，开拓了高等教育精英化阶段向大众化阶段的新局面。同时，近几年来，人力资本投资不断增长，其中，2008 年，中国人力资本投资占 GDP 比例达到 10. 75%；2009 年，中央财政用于教育支出 1981. 39 亿元人民币，比 2007 年增长 84. 1%[①]。具体来说，我国人力资源发展取得的成就主要表现在以下方面。

1. 教育体系日趋完善

新中国成立以来，我们逐步克服了人口众多、经济发展水平较低的国情所带来的困难，形成了中国特色的教育发展模式和人才培养机制。

第一，普及九年义务教育。由于人口多、底子薄、地区发展不均衡的特殊国情，我国实现教育的普及存在诸多困难，国务院于 1986 年颁布的《中华人民共和国义务教育法》明确规定：凡具有中华人民共和国国籍的适龄儿童、少年，均有享有平等接受和履行义务教育的权利和义务。到 2000 年，我国基本上普及了九年义务教育，成为世界上几个人口大国中唯一普及九年义务教育的国家。从 2006 年开始，政府开始改革并逐步调整、完善了农村义务教育经费保障机制，并从 2008 年开始，免除城市义务教育阶段学生学杂费，将九年义务教育全面纳入国家财政保障范围。[②]截至 2009 年年底，全国 15 岁以上人口平均受教育年限接近 8. 9 年；主要劳动年龄人口平均受教育年限达到 9. 5 年，其中受过高等教育的比例为 9. 9%；新增劳动力平均受教育年限达到 12. 4 年。[③]

---

① 国务院新闻办公室：《中国人力资源状况白皮书》，人民出版社 2010 年版。

② 同上。

③ 同上。

第二，建立多层次的高等教育体系。1993年，国务院颁布《中国教育改革和发展的纲要》，标志着我国高等教育进入了全面探索建立与市场经济体制适应的教育体制的新阶段。

表4－1　　　　　　1995—2004年高等教育规模　　　　　　（单位：万人）

年份	在校生（合计）	普通本专科毕业生	研究生	高等教育毛入学率（%）
1995	562.2	290.6	14.5	7.2
1996	583.9	302.1	16.2	8.3
1997	607.5	317.4	17.6	9.1
1998	643.0	340.9	19.9	9.8
1999	742.3	408.6	23.4	10.5
2000	939.9	556.1	30.1	12.5
2001	1214.4	719.1	39.3	13.3
2002	1512.6	903.4	50.1	15
2003	1732.8	1108.4	65.1	17
2004	1835.3	1333.5	82.0	19
年均增长（%）	14.0	18.4	21.2	

注：在校生数据包括研究生、普通本专科、成人本专科。

资料来源：《中国教育统计年鉴》（1995—2004年），人民教育出版社1996—2005年版。

到2004年年底，高等教育在校生合计1835.3万人，其中，本专科在校生1333.5万人，是1995年的3.6倍；研究生人数82万人，是1995年的4.7倍。2008年，全国普通高校招生607.7万人，在校生人数达到2021万人。全国高等教育在学人数达到2900万人，毛入学率达到23.3%，[①] 高等教育规模的迅速扩大，迅速提升了我国的人力资源质量，带动了综合国力和国际竞争力的成倍提高。同时，为数以千万计青年学子提供了有可能改变他们命运的机会，有力促进了教育公平。对于贫困地区的学生"上学难"问题，国家建立了相对健全的国家助学体系，2009年年底，中等职业学校受助面达到90%，高等学校学生受助面超过20%，

① 《周济介绍新中国成立60年来教育事业发展成就》，www.jyb.cn，2009年9月11日。

资助学生 4306 万人次。[①]

2. 人才体系建设步伐加快

1992 年，江泽民在党的第十四次全国代表大会上指出："必须把经济建设转移到依靠科技进步和提高劳动者素质的轨道上来。[②]" 2003 年，胡锦涛总书记在全国人才工作会议上进一步指出："要牢固树立人才资源是第一资源的观念。[③]" 改革开放以来，我国人才制度建设成就显著，其主要表现为：

第一，深化干部体制改革。正如有学者在前些年指出：我国与其他获得经济成功的国家和地区比较，最大的差距是至今未建立起一种激发全民族人力资源开发和人力资源积累热情的机制。[④] 为了进一步消除人才机制的制度性障碍，鼓励人才的全面流动和发展，国务院于 2004 年出台《中共中央、国务院关于进一步加强人才工作的决定》（以下简称《决定》），《决定》指出，要消除人才市场发展的体制性障碍，必须健全专业化、信息化、产业化、国际化的人才市场服务体系。要进一步消除人才流动中的城乡、区域、部门、行业、身份、所有制等限制，疏通三支队伍之间、公有制与非公有制组织之间、不同地区之间的人才流动渠道。[⑤] 该决定的出台，加快了我国人才市场体系的建立，规范了市场的人才准入和流出制度。近年来，在干部人事制度改革方面，中央先后颁布《深化干部人事制度改革纲要》和《2010—2020 年深化干部人事制度改革规划纲要》，针对党政机关、事业单位和国有企业的特点进行分类管理，逐步形成了广纳群贤、人尽其才、能上能下、公平公正、充满活力的干部人事制度。[⑥]

第二，加快创新型人才的培养力度。近年来，为落实建设创新型国家的需要，国家相继实施了"863 计划"、"973 计划"、国家科技支撑计划、自然科学基金等国家科技计划，已建成多个国家工程研究中心和实验室，

---

① 国务院新闻办公室：《中国的人力资源状况白皮书》，人民出版社 2010 年版。

② 《加快改革开放和现代化建设步伐，夺取有中国特色社会主义事业的更大胜利——江泽民在中国共产党第十四次全国代表大会上的报告》，人民网，1992 年 10 月 12 日。

③ 《胡锦涛总书记在 2003 年人才工作会议上的讲话》，《人民日报》2003 年 12 月 19 日。

④ 李广智、曾佐伶：《论我国人力资源现状及其发展战略》，《重庆大学学报》（社会科学版）2002 年第 3 期。

⑤ 国务院：《中共中央、国务院关于进一步加强人才工作的决定》，2004 年 1 月。

⑥ 国务院新闻办公室：《中国的人力资源状况白皮书》，人民出版社 2010 年版。

相继实施了“百千万人才工程”、“长江学者奖励计划”等一系列人才项目。2010年6月6日，制定了《国家中长期人才发展规划纲要（2010—2020)》，《纲要》指出：到2020年我国人才发展的总体目标，即培养和造就规模宏大、结构优化、布局合理、素质优良的人才队伍，确立国家人才竞争比较优势，进入世界人才强国行列，为在21世纪中叶基本实现社会主义现代化奠定人才基础。

第三，落实人才引进政策。大量留学人员和海外侨胞是境外的优秀人才，也是新时期人才争夺的焦点。1985年，国家提出“支持留学，鼓励回国，来去自由”的出国留学方针。随着对外开放步伐的加快，越来越多的国内人才加入留学大军中。从1978年至2009年年底，中国各类出国留学人员总数达162.07万人，留学回国人员总数达49.7万人。① 在鼓励人才出国深造的同时，国家也制定优惠政策以吸引人才的回归。2000年人事部印发的《关于鼓励海外高层次留学人才回国工作的意见》规定：高等院校、科研院所引进海外高层次留学人才，由国务院主管部门制定办法，严格审批，所需资金按现行资金渠道解决。回国后主持的科研项目，确属国际先进水平或国内急需的，申报立项后由国家提供科研配套经费。② 在吸引人才方面，分别实施了“中国留学人员回国创业启动支持计划”和“海外赤子为国服务行动计划”等。③ 近20年来，上海、北京、山东、江苏等省、市建立了30多个留学人员创业园，吸引留学人员创办企业1000多家；近10年来，仅人事部就资助了4000多名留学回国人员的科研项目，资助1000多人次海外留学人员短期回国服务，金额达1亿多元。④ 近年来，国家还采取灵活措施，先后在许多单位建立留学人员工作站，并抓紧制定投资移民法、技术移民法和海外高级人才聘用的管理办法，同时研究制定聘用海外高级人才从事公务工作的条例，积极建立海外人才信息网络。

3. 发展和完善劳动力市场

1993年11月，党的十四届三中全会正式提出培育和发展“劳动

---

① 国务院新闻办公室：《中国的人力资源状况白皮书》，人民出版社2010年版。

② 人事部：《关于鼓励海外高层次留学人才回国工作的意见》，2000年7月。

③ 国务院新闻办公室：《中国的人力资源状况白皮书》，人民出版社2010年版。

④ 《中国高层次留学人才回国工作政策有突破》（http：//www. china. com. cn/chinese/TCC/2331. htm）。

力市场”的目标。从宏观意义上讲，劳动力市场即人力资源配置市场。[①] 劳动力市场的建立是市场经济条件下人力资源优化配置的有效手段。我国是劳动力大国，随着改革开放进程的深入，劳动力市场机制也日益完善，人口结构等影响劳动力供给的长期因素开始发生转变，政府正在逐步深化改革，进一步完善市场机制在调节劳动力供求关系中的作用。

第一，解除劳动力流动的限制。劳动力市场的运作，形式上是劳动力供求双方一系列自由的交易活动，但这种交易活动实际完成的是劳动力资源在各个部门之间的分配。[②] 改革开放之初，为改变劳动力区域整体发展较为分散、户籍制度和人事制度导致市场分割化状况，政府制定了解除限制劳动力流动的政策。在保障农民工权益方面，实施了取消各种农民工进城就业的不合理限制，加强劳动安全培训，建立了养老保险接续转移制度等措施。在保障弱势群体的就业方面，制定和实施促进残疾人就业的政策，规定用人单位安排残疾人就业的比例不得低于1.5%，对安置残疾人员达到职工总数25%的集中使用残疾人的用人单位给予税收优惠等措施。[③] 截至2009年年底，有8014.82万农民工成为工会会员，近80%的农民工随迁子女在城镇公办中小学免费接受义务教育，全国参加工伤保险、医疗保险、城镇企业职工基本养老保险、失业保险的农民工分别达到5587万人、4335万人、2647万人和1643万人。2009年，在各类人力资源服务机构登记求职的劳动者达到9700万人次，成功实现就业和转换工作的达到3600万人次，分别比2000年增加7700万人次和2600万人次。[④] 与此同时，城乡劳动力市场统筹发展的步伐进一步加快，城乡二元分割的社会体制也逐步得到完善。

第二，建立健全劳动关系的协调机制。改革开放以后，国家加大了对劳动力市场的建设。2007年6月29日，《中华人民共和国劳动合同法》正式出台。这部法律结合当前劳动力市场的现状，详细规定了劳动用工的一系列事项，为构建新时期和谐稳定的劳资关系奠定了法律基础。截至

① 姚裕群：《人力资源概论》，中国劳动出版社1992年版，第199页。

② 许经勇、曾芬钰：《竞争性的劳动力市场与劳动力市场分割》，《当代财经》2000年第8期。

③ 国务院新闻办公室：《中国的人力资源状况白皮书》，人民出版社2010年版。

④ 同上。

2009年年底，全国规模以上企业劳动合同签订率达到96.5%，劳动合同履行情况良好。全国当期有效集体合同达到70.3万份，覆盖职工9400多万人。[①] 近年来，国家大力提倡构建和谐劳动关系的创建活动，截至2009年年底，全国31个省（区、市）开展了和谐劳动关系的创建活动，工会组织在维护劳动者权利方面正发挥越来越重要的作用。2009年，全国基层工会组织有184.5万个，覆盖企事业机关单位395.9万家，全国工会会员总数达2.263亿人。[②] 针对企业用工方面的问题，政府正在采取积极措施，着力改善职工生活条件，完善职工诉求机制，积极引导社会形成共建和谐劳动关系的良好氛围。

第三，形成就业服务和保障机制。改革开放以来，我国的就业制度发生了较大变化，实现了由统包统配为主到主要由市场配置劳动力资源的转变。1999年，党的十五届四中全会明确提出建立市场导向的就业机制，劳动者自主择业、市场调节就业、政府促进就业的就业新机制由此开始形成。20世纪90年代以来，因社会职业结构调整引起的下岗职工较多，失业率上升。1998年5月，中央召开国有企业下岗职工基本生活保障和再就业工作会议，强调加强宏观调控，加强职业培训和就业服务的重要性。1998年年底，国有企业下岗职工中有604万人进入了企业再就业服务中心，其中，有93.2%领到了基本生活费。全年共有610万下岗职工实现了再就业，再就业率达到50%，大大缓解了面临的失业压力。[③] 同时，保障劳动者就业的服务体系也逐步完善，领域和内容包括招聘服务、人事代理、人才培训、就业指导等。2008年，全国各类人力资源服务机构达4.9万余家，基本形成由公共就业和人才服务机构、民营人力资源服务机构、中外合资人力资源服务机构共同组成的多层次、多元化的人力资源市场服务体系。[④] 为了保障劳动者的合法权益，国家实施了全面的劳动人事调解仲裁制度。2009年，全国各级劳动人事争议仲裁机构共处理劳动人事争议案件87.5万件；立案受理劳动争议案件68.4万件，比上年下降1.3%，涉及劳动者101.7万人，比上年下降16.3%。全国各级人民法院审结劳

---

① 国务院新闻办公室：《中国的人力资源状况白皮书》，人民出版社2010年版。

② 同上。

③ 莫荣：《我国就业制度改革30年发展历程》，《工人日报》2008年11月4日。

④ 国务院新闻办公室：《中国的人力资源状况白皮书》，人民出版社2010年版。

动争议案件31.7万件，有效维护了当事人双方的合法权益。[①]

（三）当前我国人力资源发展面临的突出问题

改革开放以来，虽然我国的人力资源建设取得了一定的成就，为我国经济和社会发展提供了人才保障，但我们也应该清醒地看到，当前我国人力资源发展还面临严峻的挑战。

1. 教育事业的发展面临着严峻挑战

当前，我国教育事业的发展存在诸多问题，突出表现在以下方面：

第一，教育发展不均衡。突出体现在城乡教育发展的不平衡。以1999年的数据为例，当年普通中学全国的招生数为25460060人，其中城镇共招生12554449人，农村共招生12905611人。从这个数据可以看出，占约64%的人口的广大农村只比占34%的城镇人口多招生351162人，二者的比例几乎相等，这说明二者的教育机会严重不均。[②] 长期以来，我国教育发展的两极化现象比较严重，地区差异仍在加剧，西部地区和广大农村地区的教育普及水平，较东部地区存在较大差距，并且难以达到平均水平。单就小学入学率而言，2004年，全国小学入学率为99%，其中东部地区达到99.8%，西部地区为97.8%，低于全国平均水平1.2个百分点，也就是说，西部地区有76万适龄儿童失学。[③] 在教育资源和环境的投入方面，教育经费的省际差距也在日益升高，并且逐步高于GDP的省际差距。经济发达地区由于经费充足，教育出现超前发展的现状，而在广大的西部地区和农村部分地区，教育经费却出现了严重的短缺。在这些地区，办学条件差，师资力量短缺，严重制约了教育的普及化程度。

第二，教育体制不完善。长期以来，我国教育体制改革进程较为缓慢。在中小学教育阶段，政府虽然倡导素质教育，然而在实际生活中，并未做到与学校制度的有效衔接，学生的激励机制和评价标准较为死板和单一，学生的自主性和创新实践能力难以得到根本的提升。在高等教育阶

---

① 国务院新闻办公室：《中国的人力资源状况白皮书》，人民出版社2010年版。

② 郑克岭、张庆霞：《公平与均衡：发展中国家教育变革的体制探析》，《黑龙江高教研究》2006年第6期。

③ 陈国良：《中国人力资源开发与教育发展战略研究报告》，上海人民出版社2007年版，第76页。

段，政府并没有将高校管理权真正下放到高校，反而在专业设置、招生、预算等方面设置重重限制，从而使大学难以实现自主办学的教育原则。另外，在教育管理中，官本位化倾向严重，学校常常与行政级别紧密联系在一起，各级各类学校的校长和其他管理干部都是按照行政级别来划分并享受相应的待遇。

第三，教育资源配置不合理。教育资源的投入除了资金的投入，还包括技术、智力等软投入。在我国，由于教师的投入不足而导致教育质量欠佳的情况屡见不鲜。全国普通高校的生师比由 1998 年的 11.0：1 提高到 2004 年的 17.0：1，全国 31 个省、直辖市、自治区中有 25 个地区普通高校生师比超过了 15：1 的国家标准。[①] 教师的课时明显增多，因此长期超负荷工作，分配到学术研究上的时间必然减少，长此以往，势必影响整个教育质量的提高。另外，专业教师的合格率偏低，长久以来，由于师范类院校每年毕业的专业教师人才有限，加之教师分配的地区差异，全国高中乃至职业院校仍有部分不合格的教师存在，这在西部地区更为明显。不完备的教育资源，严重制约了教育的发展。

2. 人才队伍建设面临严峻形势

当今世界的竞争，归根结底是人才的竞争。然而，我国人才队伍建设面临严峻形势。《国家中长期人才发展纲要》（2010—2020）指出：当前我国人才发展的总体水平同世界先进国家相比仍存在较大差距，与我国经济社会发展需要相比还有许多不适应的地方，主要是：高层次创新型人才匮乏，人才创新创业能力不强，人才结构和布局不尽合理，人才发展体制机制障碍尚未消除，人才资源开发投入不足，等等。

第一，智力外流现象突出。有关统计资料表明，从 1978 年到 2008 年，我国各类出国留学人员达到 139.15 万人，回国人员仅 39 万人，回国率为 28%。事实证明，一个国家的教育成本绝大多数是由国家支付的，受教育程度越高，国家支付的越多。一个国家的人才发生外流，因此不作为国家的人力资本储备下来，对国家形成巨大的资源损失。发展经济学家托达罗指出，智力外流不仅减少了发展中国家的高知识密集的人力资源，还对国内的专业人才在心理上造成不好的影响，使他们产生眼光向外的倾

---

① 陈国良：《中国人力资源开发与教育发展战略研究报告》，上海人民出版社 2007 年版，第 92 页。

向。他们不去思考和研究国内迫切需要解决的问题，而是把注意力只盯在国际最尖端的科学技术和学术成就上。[①] 目前我国已成为世界上人口流失最严重的国家之一，如何保留并利用好我国的人才问题，值得我们深思。

第二，高层次科技人才短缺。我国拔尖人才稀缺，按照测算，我们现在有4000多万名科技人员，其中创新型科技人才也就是在1万人左右。还需注意的是，我国科研人员逾2/3留在高校和科研机构等非生产领域，而发达国家恰恰相反，主要分布在企业。[②] 由于长期的劳动力市场分割，使得科研和生产完全分离，产学研一体化的新型科研机制还未形成。此外，除去人才流失的数量，每年培养的人才也不在少数，但人才的专业化分布不均，个别专业人才供过于求，真正稀缺的高、精、尖的人才却寥寥无几。《国家中长期人才发展纲要》（2010—2020）中指出新时期我国科技人才的发展目标为：围绕提高自主创新能力、建设创新型国家，以高层次创新型科技人才为重点，努力造就一批世界水平的科学家、科技领军人才、工程师和高水平创新团队，注重培养一线创新人才和青年科技人才，建设宏大的创新型科技人才队伍。

第三，人才竞争和激励机制相对滞后。在市场机制的条件下，人才的流动性和自主性增强，因此能否建立与市场经济相适应的人才竞争机制，以使各类专业人才人尽其才，对于我国的人力资源发展至关重要。就人才竞争机制而言，一方面，受长期的官本位制度的影响，社会往往容易忽视竞争的效用，造成按资排辈的现象，同时由于高层次管理人才的欠缺，政府及相关机构未能根据实际情况更新有利于人才机制的法规，使得人才对于本职工作的依赖感和满意度不高。另一方面，国内的用人环境较为单一，满足人才生活的配套制度（如加薪、升迁、户籍制度等）还未落实到位，加之在许多科研机构中由于未能形成产学研一体化的格局，科研人员得不到有效地激励，致使他们的科研成果得不到社会投资并产生经济效益。因此，大大削弱了人才的积极性和创造性。

3. 劳动力市场建设亟待提高

劳动力市场是劳动力流动和交流的场所。我国劳动力市场建设虽然取得了一定成绩，但从总体上看，仍有不适应市场经济发展的地方，主要表

---

① 谭崇台：《发展经济学概论》，武汉大学出版社2001年版，第78页。

② 孙靓：《从人口大国到人力资源强国，路有多远》，《中国信息报》2010年7月7日。

现在以下方面：

第一，劳动力市场分割现象的长期存在。由于严格的户籍制度以及城乡二元制分治、劳动力区域壁垒、行政壁垒的存在，使得我国城乡之间、区域之间劳动力的流动受到很大限制，很大程度上制约了劳动力市场的资源配置。正如有学者指出：中国劳动力市场分割表现为多重性，城乡分割、地区分割、部门分割、正式劳动力市场与从属劳动力市场的分割等多重分割交织在一起。[①] 在这种分割的劳动力市场上，由于流动的成本较高，劳动者不能得到预期的投资回报，因此，导致了在体制内和体制外就业的劳动者都缺乏人力资本投资的积极性。[②] 在体制外，农村的劳动力人口由于种种限制，缺乏进入体制内就业的机会；而在体制内，必要的淘汰机制和激励机制的缺乏，人才的积极性和能动性受限，导致人力资本总体利用效率不高。

第二，劳动力市场存在结构性矛盾。目前，我国的劳动力市场结构问题凸显，供需失衡状况加剧。一方面，专业技师、技术工人存在短缺现象；另一方面，某些行业劳动力供大于求，结果表现为普通高校毕业生就业形势严峻。一般而言，职业中介机构能够调配部分劳动力资源。但就目前来说，由于过多的行政审批，中介机构职能单一、规模较小，加之管理法规尚不完善，中介机构在保障就业方面发挥的作用不大。另外，从整个劳动力市场来看，供求双方存在着信息不对称、劳动力市场信息网络化程度较低等现象，因此，它在短期内对优化劳动力资源配置的导向作用成效不大，劳动力供求双方在较大的领域内实现双向选择较为困难。

第三，劳动力市场制度建设相对滞后。具体表现在：首先，制度发挥作用的上下级渠道不畅导致的劳动者利益受损现象时有发生，部分利益体利用劳动力市场上的法规漏洞进行不正当招聘，直接损害了劳动者的合法权益。其次，保障劳动力市场的户籍制度、教育制度、医疗制度方面的改革步伐较慢，很大程度上影响了劳动力市场整体建设的进度，成为制约劳动力市场制度建设的瓶颈。最后，劳动力市场上的市场监测、监督机制尚不完善，对就业形势和未来的发展趋势缺乏科学的分析和预测，市场监管

---

① 李建民：《中国劳动力市场的多重分隔及其对劳动力供求的影响》，《中国人口科学》2002 年第 2 期。

② 徐林清：《中国劳动力市场分割问题研究》，经济科学出版社 2006 年版，第 119 页。

部门的监管也多半是事后监管，影响了劳动力市场合法性、有序性的建设。

五　与中国经济追赶相适应的人力资源发展战略

新世纪新阶段，我国在科学发展观的指引下确立了“人才强国”的战略目标。但是，由于我国的工业化起步较晚，加之人口多、底子薄，与世界发达国家的差距还长期存在。因此，实施与当代中国经济追赶相适应的人力资源发展战略，尽力发挥我国人口大国优势，是实现我国由人力资源大国转化为人力资源强国的关键。

（一）教育发展：促进人力资源发展的关键

教育是一种特殊的生产，它要培养和造就生产力中最活跃的因素——人才。[①] 教育的本质是培养人的特殊社会活动，其根本目的是在教育实践中通过引导、激励和评价，促进被教育者各方面的提升。

1. 教育对促进人力资源发展的一般贡献

教育发展的状况从根本上影响经济发展的质量、速度和水平，这已是不争的事实。在当今世界，科学技术实力和国民教育水平始终是衡量综合国力和社会文明程度的重要标志，也是每个国家走向繁荣昌盛的两个不可缺少的飞轮。20 世纪 90 年代初，世界银行的报告——《投资于民》分析了“58 个国家 1960—1990 年的数据”后得出结论：当国民平均受教育年限达到 4 年后，每提高一年，对国民生产总值贡献会提升 3%。[②]

第一，教育与生产劳动存在内在联系。马克思认为，教育与社会生产之间存在必然联系，劳动力的生产与再生产过程，就是工人维持自身及家庭必要的物质、文化生活的过程。在这个过程中，教育是连接物质生活和精神生活的纽带。马克思指出：“教育会生产劳动能力。”[③] 教育能力可以间接转化为劳动能力，可以将一个简单的“劳动能力”加工成为“专门

① 高光：《自然的人化和人的自然化——生产力理论的新探索》，中共中央党校出版社 1989 年版，第 84 页。

② 谈松华：《人力资源开发与人才强国战略》，《国家教育行政学院学报》2005 年第 2 期。

③ 《马克思恩格斯全集》第 26 卷（Ⅰ），人民出版社 1972 年版，第 210 页。

的”和“复杂的”劳动力，将可能的劳动力培养成现实的劳动力。教育和生产劳动的结合，是社会主义建设的要求和任务。对此，列宁指出：“没有年轻一代的教育和生产劳动的结合，未来社会的理想是不能想象的，无论是脱离生产劳动的教学和教育，或是没有同时进行教学和教育的生产劳动，都不能达到现代技术水平和科学知识现状所要求的高度。”①由此我们可以看出，生产劳动在社会生活中同教育是相互衔接、相互促进的。

第二，教育与个人发展密切相关。马克思指出：“从工厂制度中萌发出了未来教育的幼芽，未来教育对所有已满一定年龄的儿童来说，就是生产劳动同智育和体育相结合，它不仅是提高社会生产的一种方法，而且是造就全面发展的人的唯一方法。”② 卡尔·雅斯贝尔斯则说：“教育是人的灵魂的教育，而非理智知识和认识的堆集。”③ 从一定意义上说，教育不仅满足了社会发展的需求，同时也满足了个人全面发展的要求。国际21世纪教育委员会向联合国教科文组织递交的有关报告指出：“教育不仅仅是为了给经济界提供人才，它不是把人作为经济工具而是作为发展目的加以对待的。”④可以说，促进教育发展的过程，是一个全面提升人力资源的科学文化素质的过程。现代教育不断向社会提供一支在科学上有发现、生产技术上有创新、管理技术上有改进的专业化人才队伍，并且将这个队伍不断扩大。教育程度的提高，在客观上也为人们带来了较好的就业机会和待遇。

2. 促进我国教育发展的战略选择

党的十六大报告指出：“要全面贯彻党的教育方针，坚持育人为本、德育为先，实施素质教育，提高教育现代化水平，培养德智体美全面发展的社会主义建设者和接班人，办好人民满意的教育。”2010年7月发布的《2010—2020年国家中长期教育改革和发展规划纲要》指出：我国教育的总体方针是“优先发展、育人为本、改革创新、促进公平、提高质量”⑤。要提高我国的综合国力和国际竞争力，必须坚定不移地实施科教兴国战略

① 《列宁全集》第2卷，人民出版社1984年版，第461页。

② 《马克思恩格斯选集》第2卷，人民出版社1995年版，第212页。

③ ［德］卡尔·雅斯贝尔斯：《什么是教育》邹进译，生活·读书·新知三联书店1991年版，第4页。

④ 联合国教科文组织：《教育——财富蕴藏其中》，教育科学出版社1996年版，第70页。

⑤ 教育部：《国家中长期教育改革和发展规划纲要》，2010年7月。

和人才强国战略，通过教育的跨越式发展，促使我国由人力资源大国转变为人力资源强国。

第一，关注教育公平，保障教育均衡发展。所谓教育均衡，可以理解为教育资源配置相对合理、各区域间教育相对协调、校际之间教育质量相对平衡的教育。教育均衡，充分体现了教育事业的公益性，赋予了教育全民公平共享的特质。就目前而言，教育资源的地区差异、城乡差异和受教育者的机会公平问题是目前我国教育面临的突出问题。推动教育的全面均衡，就是要全面改善经济欠发达地区由于经费不足而带来的办学条件困难、教学质量差、师资水平不高的现状，尤其要关注农村薄弱中小学校适龄儿童入学问题，保证教育资源的合理配置。教育均衡的前提是教育平等，教育平等有完全平等和比例平等、形式平等和实质平等之分。要做到教育公正，就是要根据教育权利、教育机会和教育资源等的性质不同，实现完全平等和比例平等、形式平等和实质平等的统一。① 教育公平的实现，不仅要抓基础教育的均衡发展，也要注重高等教育和职业教育的全面发展，不仅要制定区域教育规划，平衡投入保障的力度，还要落实教育优先发展的战略方针。同时要充分调动各方面的积极性，尤其是要充分发挥民间组织在调研、咨询、评价、培训等方面的重要作用。

第二，加大制度的改革和创新，全面提升教育质量。改革是教育制度可持续发展和充满生机的前提。目前，制约中国教育改革的场域将长期存在，主要包括考试竞争、区域差异、关系网络、社会基础等。② 《国家中长期教育发展纲要》指出：加快解决经济社会发展对高质量多样化人才需要与教育培养能力不足的矛盾、人民群众期盼良好教育与资源相对短缺的矛盾、增强教育活力与体制机制约束的矛盾，为教育事业持续健康发展提供强大动力。③ 对于基础教育来说，需要政府积极制定教育均衡投入的方针，创新制度安排，扩大基础教育的资金来源。同时，应逐步引入竞争机制，保证学校间的公平竞争，突出办学特色和效率，全面提升教育质量，要建立政府的公共治理结构和社会参与和间接影响机制。④ 为了完善

① 冯建军：《教育公正需要什么样的教育平等》，《教育研究》2008 年第 9 期。

② 吴康宁：《制约中国教育改革的特殊场域》，《教育研究》2008 年第 12 期。

③ 教育部：《国家中长期教育改革和发展规划纲要》，2010 年 7 月。

④ 刘微：《我们的教育制度应该如何创新》，《中国教育报》2004 年 11 月 28 日。

高校的教育体制改革，应该加速建立独立自主办学机制，加强制度创新意识，为学校提供宽松的发展空间。

第三，完善师资队伍建设，注重教育理论体系的创新。由于经济发展的区域不平衡性，使得教师分布、教师素质和教师专业水平普遍存在差异。就我国目前的现状来说，首先，要进行教育人事制度的革新，破除长久以来教师资源的地区差异。政府可以适当采取教师定期流动制度，优化配置优质师资。其次，在教师的选拔录用上，需要合理地解决教师的资格认定制度和岗位聘任制度。应逐步由人治过渡到法治，同时要提高教师待遇，完善教师竞争激励机制改革。最后，教育理论的创新和教学方式的改革也是必不可少的。对于理论创新而言，不能简单地搬用外国的理论，要建立有中国特色的教育理论体系，要从中国的实际出发，建立中国教育的话语体系和理论概念。①

（二）制度发展：促进人力资源发展的核心

制度创新是人力资源发展的核心。新制度经济学家道格拉斯·C. 诺思认为：制度是一系列被制定出来的规则、守法程序和行为的道德伦理规范，它旨在约束追求主体福利或效用最大化利益的个人行为。② 邓小平曾经说过："我们过去发生的各种错误，固然与某些领导人的思想、作风有关，但是组织制度、工作制度方面的问题更重要。这些方面的制度好可以使坏人无法任意横行，制度不好可以使好人无法充分做好事，甚至会走向反面。"③ 因此，好的制度发展可以调动大多数人的积极性、主动性、创造性，营造培养人、塑造人的良好环境，而坏的制度不仅对人的发展起不到促进作用，甚至会阻碍个人乃至社会的发展。

1. 创建科学的人才机制

目前，制度性因素是我国人力资源优化的一大障碍。有了好的机制，没有人才可以培养人才、引进人才，有了人才可以留住人才、用好人才；没有好的机制，有了人才也发挥不了作用，引来了人才也留不住。④ 在人

① 顾明远：《改革开放以来我国教育科学的重建与发展》，《教育研究》2008 年第 9 期。

② ［美］道格拉斯·C. 诺思：《经济史中的结构与变迁》，陈郁等译，上海三联书店 1994 年版，第 225—226 页。

③ 《邓小平文选》第 2 卷，人民出版社 1994 年版，第 333 页。

④ 白琦瑞：《我国人才机制创新的对策思考》，《生产力研究》2006 年第 12 期。

力资源的开发过程中，必须建立有利于人才脱颖而出、充分发挥作用的机制。就我国现有的人才机制来说，僵化的用人制度还普遍存在。因此，优化人才机制、创新人才管理模式，已成为现实之需。

第一，建立健全人才吸引政策。竞争既有人才本身为了谋求理想职位的竞争，也有用人单位为了吸引人才而展开的竞争。竞争必然会产生优胜劣汰，因此，营造尊重知识、尊重人才的良好环境，有利于人才脱颖而出，形成人尽其才、能上能下、充满活力的用人局面。就政府而言，在信息资源上，可以充分利用政府统计等各方面的宏观优势，促进各个单位与人才之间的信息沟通，进一步帮助用人单位建立合理的用人规划，设置适度的人才壁垒以防止本地区人才的外流。另外，对企事业等用人单位来讲，既要加快人事管理体制的改革，积极推行和完善公开的招考和招聘，制定倾斜的政策吸引社会的优秀人才，又要通过制订培训计划、人才奖金条例等进一步盘活现有的人力资源。此外，创新人才激励机制也是加强人才队伍建设的重点。如何改变传统僵化的象征性激励方式，建立立体、多维、能动的激励格局，是保障人才发展的重点。

第二，全面完善人才评价体系。树立科学的人才观，是新时期确立人才发展战略的基础，而全面对人才进行科学评价，是科学人才观在社会实践中的具体应用。目前，我国的人才评价体系基本上是借鉴国外的人才评价标准，但由于我国特殊的文化背景和民族习惯，往往不能够完全解决我们的现实问题。有学者指出，建立人才评价指标体系的基本思路是：人才评价指标在设计选择时要有所侧重，具体问题具体分析，对不同类型、不同层次、不同行业的人才评价指标选择时不能千篇一律。① 因此，在人才测评过程中，可采用科学的系统分析与专家评估相结合的方法，尽量减少人为统计的误差，形成全方位的考察评价方式。在标准的选择上，坚持按人才定标准，标准要尽量做到多元化和精准化，要建立综合考虑各种情况的科学化和客观化的模型。在人才选拔时，尽量做到组织推荐与个人申报相结合、年终考核与平时考核相结合的方式。

第三，逐步完善人才市场的建设。为保证人才资源的合理和高效的流动，各级人事管理部门要逐步加快各自职能的完善，由直接的、微观的、

---

① 文魁、谭永生：《试论我国人才评价指标体系的构建》，《首都经贸大学学报》2005 年第 2 期。

滞后的事务性管理转向宏观的、间接配套服务的管理。另外，定期发布全面的本地区人才需求和规划前景的报告，是确保人才市场信息及时通畅的有效方式。在现有的人才市场上，逐步建立并完善各种形式的中介机构，尽量使其做到专业化、标准化，避免因所有制形式不同所造成的就业壁垒。逐步避免因人才信息不畅通所造成的供需失衡，加快完善现代化统一的开放性的人才信息网络，但同时也要保证网络环境的安全、可信和有效。此外，进一步发展高级人才租赁市场，建立高级人才流动的资源库，在一定的范围内，实现人力资源的共享。

2. 形成良性的利益协调机制

利益是"需要主体以一定的社会关系为中介，以社会实践为手段，使需要主体与需要对象之间的矛盾状态得以克服"的过程。[①] 利益关系是人类一切社会关系的基础。[②] 根据新制度主义的观点，一项制度的生成与有效地发挥作用，需要规范性文件、利益协调机制、文化认同等三方面的条件。[③] 我国现代化条件下利益协调机制的构建，是解决我国现阶段建设中一系列矛盾的根本所在，也是改革和完善人力资源发展的制度性因素的根源。

第一，利益平衡机制的完善。党的十七大报告指出："合理的收入分配制度是社会公平的重要体现。"近年来，国家统计部门、权威调查和研究机构发布的大量数据及研究成果表明，我国的收入分配差距已经过大，基尼系数已攀升至0.45左右，超过了国际公认的警戒线[④]。在此情况下，如何才能完善利益平衡机制呢？首先，深化政治体制改革，逐步打破行业垄断，依法制定各个垄断行业利益分配的法规。保护合法收入，调节过高收入，取缔非法收入。其次，坚持按劳分配和按生产要素分配相结合原则，保证成员利益竞争条件和机会的公平，同时对由于不公平竞争规则所造成的不合法收入给予彻底的制止，保障分配领域的良好秩序，减少不同利益群体之间的不公平感。对于再次分配，加大政府的调控力度，运用税

① 蒋永穆、纪志耿：《构建社会主义和谐社会的利益协调机制研究》，《当代经济研究》2008年第2期。

② 闫志民：《抓住调节利益关系这个关键》，《人民日报》2006年7月7日。

③ 李文中、刘广青、曾开富：《引进高层次人才的服务接力与利益协调机制》，《中国高校师资研究》2010年第2期。

④ 刘军汉：《关于社会利益协调机制建设的思考》，《党史文苑》2009年第12期。

收、金融、行政等调节手段，合理调控国民收入分配格局，完善低收入居民的保障性收入。最后，建立健全社会保障制度，逐步扩大社会保障的覆盖面，加快建立社会保障的管理体制、监督机制，探索适合我国国情的农村社会保障机制。

第二，利益诉求机制的发展。利益诉求机制也叫利益表达机制，是人民群众表达和反映意见诉求，并通过合理合法的渠道将这种诉求传达给上级的一种机制。利益诉求机制的完善与否，直接关系着人民群众利益的表达顺畅与否，对于此，我们要坚持做到以下几点：首先，按照十七大的要求，“拓宽社情民意表达渠道，搭建多种形式的沟通平台，把群众诉求纳入规范化、制度化、法制化的轨道”，坚决抵制官僚主义的作风，用政策为人民群众谋福利。其次，各级管理部门要建立良好的沟通反馈渠道，确保意见的及时，真实、准确、并通过正当、规范和顺畅的渠道进入公共决策。最后，逐步完善民意调查制度，信息公开制度，听证会制度等与群众切实利益相关的制度规范，完善基层民主，注重不同层次群众表达意见的公平性。

第三，利益约束机制的改革。为把我国建设成人力资源强国，须建立公平、公正、合理、有效的用人机制。法律在社会中不仅起到规范主体行为的作用，同时也引导人们形成正确的利益观。在现阶段，通过法律调节、行政调节、社会调节等方式，建立一个“自下而上的、重新组织化的、通过谈判和契约方式、由国家作为最后协调者的利益协调机制和体制”①。对于改革的方式而言，首先，要加强社会主义核心价值观的引导，加强主体法律意识的普及，同时加大对不良行为的惩治力度，坚决制止公众为获得利益而采取不法手段，引导人们获取利益的合法性。其次，扩大法律的宣传教育力度，加强保障利益规范的机制，强化规范人们利益关系的法律机制，以清晰明确的法律法规规范人们的利益行为，调节人们的利益矛盾，维护社会公平和公正。② 最后，执法部门要保证执法的公正性，坚持以身作则。

① 李路路：《和谐社会：利益矛盾的冲突与协调》，《探索与争鸣》2005 年第 5 期。

② 刘军汉：《建立健全利益协调机制的五个重点》，《江西行政学院学报》2010 年第 1 期。

（三）劳动力市场的发展：促进人力资源发展的基础

劳动力市场是市场经济体制下劳动力资源配置的一种方式。目前，中国正处在一个社会经济急速转型时期，劳动力市场也不例外。市场转型、经济转型、制度转型的群集叠合更使得劳动力市场形势难以琢磨。① 劳动力市场的运作，形式上是劳动力供求双方一系列自由的交换活动，但这些自由交换活动实际上完成的是劳动力资源在各个部门之间分配。② 因此，构建和谐有序的劳动力市场对于我们建设人力资源强国尤为重要。

1. 劳动力市场在人力资源发展中的一般作用

一般而言，世界上主要存在两种劳动力市场模式：一种是外部劳动力市场模式；另一种是内部劳动力市场模式。前者主要通过外部劳动力市场对劳动力的供求关系及劳动力资源在各个产业与部门之间的配置进行调节，而后者则在企业内部调节。③ 劳动力市场的发展状况与人力资源的配置密切相关。

第一，劳动力市场上劳动力流动格局决定人力资源配置格局。劳动力在市场上的自由流动性决定了劳动力要能根据其偏好和工资报酬，自由选择符合劳动力市场需求的劳动岗位。我国人力资源配置的格局在很大程度上是由地方政府围绕能否形成人力资本的成效所决定的。随着市场经济的进一步发展，各个地区出于经济发展的需要来决定物质资本和人力资本投入程度，而人力资本往往会被忽视。原因在于，由于人力资本投入的效用发生具有延时性，并且需要大量的物质资本与之匹配，为追求现有的更高利益或即期利益，现有的人力资本会选择流动，并且更倾向于经济发达地区。在这种状况下，落后地区会日益偏重物质资本的投入。而经济发达地区则借助已有条件，一方面加大人力资本投资力度，另一方面通过优惠条件争夺欠发达地区的人力资源。这在客观上加剧了人力资源向发达地区的倾斜，长期以来会形成经济发展的“马太效应”。

---

① 杨伟国：《中国劳动力市场发展的基本格局》，《中国劳动关系学院学报》2007 年第 3 期。

② 许经勇、曾芬钰：《竞争性的劳动力市场与劳动力市场分割》，《当代财经》2000 年第 8 期。

③ 王彦军：《中国劳动力市场发展对人力资本投资的影响分析》，《人口学刊》2009 年第 3 期。

第二，劳动力市场改革状况影响人力资本的投资状况。当前，我国人力资本投资的首要问题已经发生了根本性的转变，人力资源配置不合理的弊端已经被人力资本投资不足和存量不足所替代，单纯依靠劳动力流动已经无法解决高素质劳动力短缺问题。目前我国人力资本投资不足与劳动力市场改革的状况直接相关，这是因为：一方面，劳动力市场的主要客体是劳动力，不同于一般的要素市场，它较容易受到政府、舆论、团体等社会力量的影响；另一方面，对于劳动力自身来说，整个劳动力效用的发挥不仅与交易工资等货币因素有关，而且同用工环境、伤害风险、社会保障等非价格因素有关。另外，劳动力市场中还普遍存在劳动力市场分割现象。在分割的劳动力市场上，劳动者由于不能获得预期的投资回报，会倾向于本能地减少人力资本投资。上述情况表明，劳动力市场改革的状况直接影响劳动力市场的稳健发展，并从根本上影响人力资本的投资。

2. 构建有利于人力资源发展的健康的劳动力市场

劳动力市场的发育程度直接影响着我国人力资源的总体状况。构建有利于人力资源发展的健康的劳动力市场，不仅是提升我国人力资源发展水平的基础，也是促进市场经济稳定、有序、和谐发展的关键。

第一，加快劳动力市场主体建设，完善市场的职能。劳动力市场的发展很大程度上依赖于市场经济的发育程度，而市场经济的基础是市场主体独立自由、公平竞争、自我管理。要做到这一点，就必须明确产权关系，加快独立的市场主体建设。在用工方面，必须保证劳动力供求双方充分享有的个人或者企业法人的经济决策权。做到劳动力自主择业，企业自主选择用工。在工资水平上，应充分发挥市场和价值规律对工资分配的调节作用，逐步完善工资的市场化改革。另外，要逐步改善市场机制在劳动力资源配置中作用较小这一现状，在城镇的就业格局并未发生实质性转变的情况下，推进政府职能方式的革新。政府不仅要逐步退出微观活动领域，还劳动力供求双方以独立自主权，还应综合运用法制、经济等手段，消除不利于竞争的体制性障碍。

第二，全面加快户籍制度改革，完善就业服务体系建设。目前，我国劳动力市场分割现象突出，户籍制度是一个重要的影响因素。改革现行户籍制度的最终目的就是要实现户籍功能的回归，即由过去将户籍制度定位于控制人口流动、区别公民待遇的工具转变为纯粹的证明公民身份和国家统计人口的工具，建立起与市场经济发展相适应的、人们能够自由迁徙、在境内享有同等待遇的统一的户口管理制度。[①] 在规范协调我国的劳动力方面，遵循个人自主择业、企业按需录用的原则，废除职务终身制，打破因户籍而造成的束缚。同时，进一步取消大城市对外地劳动力就业的限制，逐步消除人才在不同地区、部门、行业、岗位间流动的障碍，建立城乡劳动者平等的用工制度。同时，各级政府应该积极推进就业服务体系建设，进一步保障居民的合理就业。

第三，加强立法建设，规范劳动力市场秩序。就我国目前的劳动力市场来说，存在着宏观调控力度欠缺、监督机制不到位、市场秩序较为混乱等问题。要改变这种现状，需要我们落实相应的管理制度，规范用人单位的招聘行为，并加大对不合理用工合同的惩治力度。具体来说，从三个方面着手：就监管机构而言，扩大监督的范围和力度，促进用人单位信用制度的建立和完善；就中介机构而言，制定和完善资格准入条件，严格依法审批，并根据实际情况进行信用等级的评定，建立劳动者和监督部门共同评定的制度；就劳动者而言，完善对就业、失业的管理制度，建立合理的登记就业和失业的流程，为其提供再就业培训、咨询服务。同时，还要加强执法的力度，加快法治建设的进程，逐步出台适应新的市场经济形势下的关于劳动用工争议、合同纠纷、保险等法规。

---

① 肖海英：《关于我国户籍制度改革途径的思考》，《浙江社会科学》2006 年第 5 期。

第五章

农业现代化与当代中国经济追赶

世界现代化的历史证明，工业现代化是农业现代化的前提，决定农业现代化的发展速度和水平，而农业现代化水平是衡量一个国家整体经济是否已经实现现代化的根本标准。经过30多年的改革、发展，我国的农业和农村经济发展进入了一个新的阶段，但仍处于从传统农业向现代农业转变的关键时期，仍面临着许多问题和困难。历史是未来发展的一面镜子，在新的发展环境下，重新审视我国的农业、农民和农村问题，同时考察其他国家的农业现代化的历史经验，无疑有助于顺利推进我国的农业现代化和经济追赶的进程。

一 农业现代化对当代中国经济追赶的基础作用

（一）理论基石：马克思主义关于农业重要地位的相关论述

农业基础论是马克思主义农业思想的重要组成部分。马克思认为："农业劳动不仅对于农业领域本身的剩余劳动来说是自然基础，而且对于其他一切劳动部门之变为独立劳动部门，从而对于这些部门中创造的剩余价值来说，也是自然基础。"[①] 他进而指出："食物的生产是直接生产者的生存和一切生产的首要的条件。"[②] 即农业生产是一切人类生存和一切生产的首要条件。因此，"我们首先应当确定一切人类生存的第一个前提也就是一切历史的第一个前提……因此第一个历史活动就是生产满足这些需要的资料，即生产物质生活本身"[③]。

列宁对农业的地位和作用也给予了很高的评价。十月革命以后，特别

---

① 《马克思恩格斯全集》第26卷（Ⅰ），人民出版社1972年版，第22页。

② 《资本论》第3卷，人民出版社2004年版，第715页。

③ 《马克思恩格斯选集》第1卷，人民出版社1995年版，第78—79页。

是1920—1922年间，列宁几次讲到，要恢复和发展国民经济，基础是粮食生产，强调“农业是俄国国民经济的基础”①。1921年11月在莫斯科省第一次农业代表大会上的讲话中，列宁又说：“目前整个形势所提出的一个基本问题，作为我们共和国对内对外政策首要问题之一提出来的一个基本问题，就是发展整个经济，首先是发展农业”②。“工人国家只有真正拥有充足的粮食储备，才能在经济上站稳脚跟，才能慢慢地但是不断地恢复大工业，才能建立正常的财政制度。”③

斯大林曾指出：“国家掌握必要数量的粮食储备是复兴工业和保存苏维埃国家的动力之动力。”④ 他还论述了农业和工业的辩证关系：“如果说工业是主脑，那农业就是工业发展的基础，因为农业是吸收工业品的市场，是原料和粮食的供应者，是为输入设备以满足国民经济需要所必需的出口物资后备的来源。”⑤

毛泽东一贯重视农业，一再强调农业在国民经济中的基础地位。他说：“我国有5亿多农业人口，农民的情况如何，对于我国经济的发展和政权的巩固，关系极大。”⑥ 要做到农业为基础，必须正确处理好重工业、轻工业和农业之间的关系。

农业基础论是邓小平理论的重要内容。邓小平强调把农业放在首位，并指出：“农业搞不好，工业就没有希望。吃、穿、用的问题也解决不了。”⑦ 他还强调全党要“确立以农业为基础、为农业服务的思想”⑧。

以江泽民为核心的第三代中央领导集体更加重视农业的基础地位。1998年《中共中央关于农业和农村工作若干重大问题的决定》指出：“必须从全局出发，高度重视农业，使农村改革和城市改革相互配合，协调发展。坚持以农业为基础，从政策、科技、投入等方面大力支持农业。”江

① 《列宁全集》第14卷，人民出版社1988年版，第177页。

② 《列宁全集》第42卷，人民出版社1987年版，第283页。

③ 同上书，第7页。

④ 《斯大林全集》第5卷，人民出版社1957年版，第100页。

⑤ 《斯大林全集》第11卷，人民出版社1955年版，第218页。

⑥ 《毛泽东文集》第7卷，人民出版社1999年版，第219页。

⑦ 中央财经领导小组办公室：《邓小平经济理论纲要》，人民出版社1997年版，第93—94页。

⑧ 《邓小平文选》第2卷，人民出版社1994年版，第28页。

泽民在党的十六大报告中指出："统筹城乡经济社会发展，建设现代农业，发展农村经济，增加农民收入，是全面建设小康社会的重大任务。"①

科学发展观要求"统筹城乡发展"，为新世纪农业现代化指明了方向。胡锦涛在中共中央政治局第十一次集体学习时强调"要牢固树立和切实落实科学发展观，深刻认识加快农业发展的重要性，始终坚持农业的基础性地位不动摇。"

可以说，当代中国共产党人立足国情，不断发展和完善了马克思主义的农业基础论，为我国农业和整个国民经济的协调发展提供了强大的理论支持。

（二）农业现代化对当代中国经济追赶的基础作用

农业现代化与经济追赶之间，是一种相互促进、共同发展的辩证统一关系。其中，农业现代化是经济追赶的基础，经济追赶则是实现农业现代化的强大动力。

1. 农业现代化是经济追赶的基础

工业化是传统农业社会向现代工业社会转变的过程，是一个国家或地区实现现代化的必由之路。工业化包括两个方面的内容：工业产业化和农业产业化，而农业产业化是衡量一个国家工业化程度的根本标准。我国总体上看现在还处于工业化中期阶段，突出表现在：农业现代化和农村城镇化水平较低，农业劳动力和农村人口在全社会劳动力和总人口中分别占50%和62%左右；产业结构层次低，竞争力不强，工业特别是制造业的技术水平还不高，服务业的比重和水平同已经实现工业化的发达国家相比还有相当大的差距。因此，我们认为，农业现代化是经济追赶的基础，工业现代化是经济追赶的主导。

从古至今，农业都是人类社会的衣食之源和生存之本，这种特殊重要性不会因为社会制度的变迁而改变。马克思曾指出："超过劳动者个人需要的农业劳动生产率，是全部社会的基础。"② 在当代中国经济追赶过程中，农业现代化的基础作用就更加重要。

第一，我国仍是一个发展中国家，农业仍是国民经济的基础。虽然农业在国内生产总值中的比重不断下降，从1978年的28.1%下降到1997年

---

① 《十六大以来党和国家重要文献选编》（上），人民出版社2005年版，第19页。

② 《资本论》第3卷，人民出版社2004年版，第888页。

的19.1%、2000年的15.9%、2008年的11.3%，[①] 但农业综合生产能力明显提高。1978年，农、林、牧、渔业总产值为1397亿元，1997年则为23788.4亿元，2000年为24915.8亿元，2008年为58002.2亿元。[②] 而在2005年，我国城镇人口占总人口的43%，农村人口占57%，其中，从事农业的人数占就业总人数的44.8%，2008年，城镇人口占总人口的45.68%，农村人口占54.32%，从事农业的人数占就业总人数的39.6%。[③] 这表明，农业现代化的实现对整个国民经济的发展仍起着重要作用。

第二，农业现代化是我国独立自主地建设中国特色社会主义的基础。经济建设是中国特色社会主义建设的基础。而经济建设的关键在于不断巩固、发展处于基础地位的农业。江泽民曾强调："没有农业的现代化，就不可能有整个国民经济的现代化。"[④] 中共十五届三中全会指出："农业、农村和农民问题是关系改革开放和现代化建设全局的重大问题，没有农村的稳定就没有全国的稳定，没有农民的小康就没有全国人民的小康，没有农业的现代化就没有整个国民经济的现代化。"[⑤]

我国的改革从农业起步。从农村开始的经济改革，调整了农业生产关系，促进了农村经济的全面发展，适应了发展现代农村的要求。现在，在稳定、完善家庭联产承包制的基础上，我国正在积极探索土地流转机制的改革，土地适度规模经营有了一定的发展。以明晰乡镇企业产权制度改革为重点的经营制度创新进展顺利。农业产供销、贸工农结合的程度有了较大提高。为农业服务、为农村服务、为农民服务的社会服务体系得到重视和加强。改革开放的实践充分证明，什么时候农业形势好，农业基础稳固，改革进程就比较顺利。

2. 经济追赶是实现农业现代化的强大动力

改革开放30多年的发展成就，为我国实现农业现代化提供了强大的动力支持。

首先，我国国民经济高速增长，经济总量大幅提高，人民生活显著改

① 《中国统计年鉴（2009）》，中国统计出版社2009年版。

② 同上。

③ 同上。

④ 《江泽民文选》第1卷，人民出版社2006年版，第259页。

⑤ 《十五大以来重要文献选编》（上），人民出版社2000年版，第554页。

善，为农业现代化的实现提供了强有力的物质基础。有关统计资料表明，从1952年到2000年，我国GDP由679亿元增至89404亿元。按可比价格计算，48年间增长了33.81倍，年均增长7.68%，远远高于同期世界年平均增长3%左右的水平。近年来，GDP增速一直稳定在8%及以上，仅2000年GDP就比改革开放初期的1978年增长6.78倍，22年间年均增长率为9.51%①。我国经济连年保持如此高的增速，创造了世界经济奇迹。随着经济的快速发展，我国主要的工农业产品产量大幅度增加，一些重要的产品产量跃居世界前列，如谷物、肉类、棉花等农产品的产量多年稳居世界首位。人均GDP国际差距显著缩小。1999年我国人均GDP为780美元，2003年超过1000美元，2008年破3000美元，2009年达到3711美元，这表明我国已经站在了一个新的经济发展起点，进入全面建设小康社会时期，与发达国家和世界平均水平的差距显著缩小。经济的发展使人民生活水平得到了显著改善，城乡衣食住行条件发生了质的飞跃。1979年以来，我国城乡居民的消费水平增速位居世界前列，消费水平连续攀上几个大台阶。1978—2000年，城乡居民的恩格尔系数分别由57.5%和67.7%下降到39.2%和49.1%，总体低于50%。城乡经济的飞速发展加速了农业现代化的实现进程。

其次，教育和科技的发展促进了农村教育的发展和农民素质的提高，大大加快了农业现代化的进程。新中国成立以来，特别是改革开放以后，国家在经济追赶过程中，一直非常重视教育和科技的基础性作用。1998年，全国农村小学在校生达9439万人，占适龄入学儿童的98.4%，小学毕业升初中的人数为1414万人，占毕业生总数的91.5%，农民子弟升入高中、大学的人数不断增加。农村教育水平的提高，直接促进了农村劳动力文化水平的提高。1998年，全国农村劳动力中文盲和半文盲的比例首次降到10%以下，有45%的劳动力初中毕业，9.2%的劳动力高中毕业，1.8%的劳动力具有中专以上学历。② 教育的发展大大促进了农民科技水平的提高，拓宽了农民的视野，促进了农业的发展，加速了农业现代化的实现。

---

① 国务院发展研究中心课题组：《新阶段的中国经济》（上），《经济研究参考》2003年第1期。

② 杨万江、徐明星：《农业现代化测评》，社会科学文献出版社2001年版，第285页。

最后，国家制定、实施的农业发展政策极大地促进了农业的发展和农业现代化的实现。特别是改革开放以来，在经济追赶过程中，中国共产党立足实际，不断进行经济政策的调整和改革。例如，突破了高度集中的人民公社体制，实行以家庭联产承包为基础、统分结合的双层经营体制；突破“以粮为纲”的单一结构，发展多种经营和乡镇企业，全面活跃了农村经济；突破了统购统销制度，面向市场，搞活农产品的流通；突破了单一集体经济的所有制结构，形成了以公有制为主体、多种所有制经济共同发展的格局。这些政策的实施，顺应了时代发展的要求，极大地解放和发展了生产力，促进了农业发展和农业现代化的进程。

二　中国农业现代化的国际经验借鉴

世界上一些国家是在经历二战的战争创伤后迅速实现工业化的，其中，有些国家的地理环境、自然条件也与我国非常相似。因此，这些国家的农业现代化经验对实现我国农业现代化具有重要的借鉴意义。

（一）苏联农业现代化进程中的教训

农业是苏联国民经济的薄弱环节，农业发展迟缓是斯大林执政时期遗留下来的一个严重问题，其症结在于发展农业的政策与体制。

斯大林关于在俄国建设社会主义的基本思想和理念大多是搬用马克思对西欧发达国家农业发展的有关论述，认为在社会主义制度下只有全民和集体两种公有制形式，不允许有其他的公有制实现形式和非公有制存在。由于苏联是小农经济占优势的国家，小生产者的存在被认为是产生资本主义的温床，因此，要保证社会主义建设在农村的胜利，就必须摧毁资本主义生存的基础，这就需要把农民的个体所有制改变为集体所有制。同时，面对特定的历史环境，为了迅速摆脱落后面貌，以斯大林为首的联共十四大确定了社会主义工业化的方针，实行了通过税收和人为拉大工农产品价格“剪刀差”的政策，结果严重挫伤了农民的积极性，引发了20世纪30年代末的粮食收购危机。围绕粮食收购问题，斯大林提出了一整套关于农业集体化的理论，认为危机不是由于牺牲了农民利益，而是由于工业发展速度太慢，社会主义积累太小，是“农村资本主义分子在新经济政策的条件下对苏维埃政权发动的第一次严重进攻”①。因此，必须狠抓农村的阶级斗争，向富农发动进攻。同时他还认为，农村小农生产的商品数量太少，不可能提供城市和工业必须的粮食和原料，因为小农经济“是出产商品最少、赢利最小、自给自足的程度最高的消费经济”②。为了实现工业化，应用强制手段实现工农经济的“理想结合”，其途径是把“落后的分散的小农户转为有机器供应的、用科学成就武装起来的、能生产最大量商品粮食的联合的公共的大农庄。”③ 基于斯大林关于建设社会主义的基本思想，1927 年联共十五大提出限制农业中的资本主义，推进小农户向“大农庄”和“集体耕种制”转变；1929 年又提出全盘集体化和消灭富农阶级，集体化运动大规模开展起来；到 1934 年，以集体农庄为组织形式的农业集体化运动基本完成。

全盘集体化是以行政命令方式强制改造农村，通过对农民的强行剥夺、对富农的镇压和流放以及党内大清洗等方式推行的，因此所建立起来的这种农业体制是以牺牲农业和农民利益为代价的，这成为苏联农业长期不振的症结所在。

赫鲁晓夫执政之时，斯大林模式对生产力发展的阻碍日渐凸显。赫鲁晓夫对此进行了调整与改造，但总的来看只是治标不治本；其后虽经勃列日涅夫等人的调整改革，但基本框架仍然未变。大体看来，造成苏联农业改革的失败及长期落后的主要教训有以下几点：

首先，苏联的农业政策都是在高度中央集权的管理模式下制定和运转的，因而缺乏灵活性、针对性。苏联的农业改革都是在坚持优先发展重工业的前提下进行的，这使得改革实施的所有政策无法打破旧体制的桎梏，使高度集权、强制指令性计划的农业管理机制无法得到突破性和实质性的改变，因而，传统管理模式下进行的局部性、枝节性的农业改革决定了改革本身的局限性。

其次，苏联的农业政策带有很大的盲目性。尤其在赫鲁晓夫执政时期，由于过高估计了苏联的经济发展水平，继续依靠粗放型发展模式和高度中央集权的管理体制，因此，盲目追求经济的高速度、高指标，急于赶

---

① 《斯大林全集》第 11 卷，人民出版社 1955 年版，第 54 页。

② 同上书，第 179 页。

③ 同上书，第 77 页。

超美国，使改革政策带有很强的急功近利性而难以达到预期的改革目标。

此外，苏联的农业政策严重抑制了农民的生产积极性。毫无疑问，苏联追求农业现代化的做法（包括斯大林的农业集体化措施）有一定的历史合理性，它适应了苏联在特定环境下建设社会主义的需要，有利于尽快建立起先进的工业化体系来抵抗帝国主义的武装干涉，实现苏联国内迫切要求赶超先进资本主义国家的强烈愿望。但它脱离了当时农村发展的实际状况，没有考虑到农民的利益，严重打击了农民的积极性。

（二）法国农业现代化的经验借鉴

法国作为一个传统的农业大国，地少人多、农民的恋土情结较浓，这些都与中国相似，法国因此也常被称为“欧洲的中国”。二战结束至20世纪末的50年间，是法国农业发展最快的时期。[①] 它的农业现代化经验颇值得我们借鉴。

首先，以工业现代化促进农业现代化。二战结束后，法国工业重新起步，逐步建成了一套较完整的工业体系，成为西方发达国家中工业现代化程度较高的国家之一。正是在工业化的强劲推动下，法国农业才迅速实现现代化。法国工业化不仅带动了农业生产技术的现代化，而且还促使农业组织结构方面实现了现代化。法国农业生产的专业化和一体化得到快速发展，同时，第二产业和第三产业的发展为农业的发展提供了更大的市场和更多更好的装备，并为农村人口向城市的大量转移提供了条件。

其次，将农业放在优先发展的地位。战后法国政府十分重视农业生产，把发展农业放在优先考虑的重要地位，对农业生产进行科学规划、合理布局，有目的、有计划地对农业结构进行调整，大力推进农业现代化。法国政府采取了加速土地集中、归并小农场的政策，土地占有和经营的规模逐步扩大，使得农场总数不断减少，农场规模日益扩大。此外，为了使农业技术水平与工业技术水平相适应地发展，政府非常重视农业科研和农业教育，采取了一系列提高农业科学技术水平的方针政策，从而促进了农业技术的改造、农民专业技能的提高和农业劳动生产率的增长。同时，政府采取了有效的市场政策，对于加速农业集中和实现农业现代化起了很大作用，从而使法国农业现代化进入了一个更高层次。

---

① 白跃世：《中国农业现代化路径选择分析》，中国社会科学出版社2004年版，第88页。

再次，稳定的政局为农业现代化提供了良好环境。二战后欧洲局势虽时有紧张，但总体上处于相对稳定状态。而西欧各国为了在美苏对峙的夹缝中求生存，开始走上联合自强的道路。法国作为西欧大国，在积极推动欧洲经济一体化过程中既发挥主导作用，又深受其益。这一时期的法国在经历了第四共和国的体制缺陷所带来的内阁“走马灯式”地频繁更迭、政局动荡之后，终于在20世纪60年代进入相对稳定的第五共和国时期，确立了总统在国家体制中的核心地位，理顺了议会、总统和内阁之间的关系，保证了政权的正常运转和国内局势的长期稳定，保证了法国经济健康快速地发展起来。正是在第五共和国时期，法国迎来了经济发展的“黄金时代”，在较短时期内实现了工农业现代化。

最后，欧洲经济共同体农业政策的实施是促进法国农业现代化迅速实现的不可忽视的重要因素。根据1962年1月1日实施的西欧六国《建立农产品共同市场的折中协议》，共同体建立农产品单一市场，实行统一的价格管理和价格保证，对内制定目标价格和干预价格。对外则实行统一的门槛价格，即通过关税壁垒方式使进口的农产品只能以高于目标价格的价格销售，防止外来廉价农产品的冲击。这种共同农业政策的主要精神是把各国对本国农业的保护干预扩大为共同保护干预，使成员国的农业不致因市场开放而遭到重大破坏。它通过推行价格支持制度，以调节市场上的农产品流通量，平衡供求，稳定价格。这不仅保护了消费者的利益，而且也保证了生产者的收入，有利于各国农业生产的发展。法国是欧洲共同体成员国中最大的农业生产国，其农业总产值和主要农产品的产量均居各成员国之首，这就决定了法国是受益于共同体农业政策最多的国家。

由于历史和现实、制度和文化等方面的巨大差异，法国农业现代化的路径和做法无疑不能完全适用于我国。但是，法国农业现代化过程中的经验仍有许多值得我们借鉴之处。法国政府在农业现代化发展进程中发挥了不可替代的作用，并能够依据实际情况的变化适时调整农业政策；健全的农业科技和推广体系，为法国农业现代化提供了技术上的支持和发展的动力；合作社的建立和高效能的运作，构造了农村市场机制的传送组织，解决了农民、农场、市场的诸多矛盾。这些措施都给中国正在进行的农业现代化建设提供了参考。

（三）韩国农业现代化的经验借鉴

韩国是个多山的国家，自然资源匮乏，粮食自给率目前仅为30%，工业原料则主要靠进口。[①] 通过二战后几十年的发展，韩国于20世纪60年代中期与日本几乎同步实现了农业现代化。

韩国与中国毗邻，其自然资源条件、历史文化传统与我国相似，经济与社会发展环境相似，特别是韩国通过将农业与农村结合发展，有效推进了农业现代化建设的经验，对中国农业现代化建设具有积极的借鉴意义。

第一，高度重视农业科技的推广与应用。韩国政府十分重视农业科研、教育和推广事业，成功地推进了绿色革命，促进了农业科技含量的提高和农业现代化的实现。1967年韩国科技人员成功地培育出IR667稻种，该品种比一般品种增产约30%。韩国政府对此给予了极大的关注，在全国掀起了以普及新稻种为重要推手的大米自给运动，并开始了绿色革命。这一系列举措，使韩国水稻的单产和总产都得到大幅度提高，直到目前韩国水稻单产在世界上仍处于领先水平。

第二，采用各种举措促进农业生产。韩国政府为直接促进农业生产力发展，采取了大量具体措施：政府向农民提供低息贷款，推广农业机械化，以加速实现农业现代化；基于耕地少的现实，政府加大化肥生产量和供应力度，以提高单位面积土地的产量；设立专门机构组织农业生产。农业振兴厅是集行政、科研、推广、培训职能于一体的组织机构，从立项制订科研计划到经费划拨以及实施推广培训计划，采取了富有针对性、实用性和实效性的惠农措施，深受基层服务组织和广大农民的欢迎。

第三，发起并推进“新村运动”。韩国在基本实现农业现代化后，在继续重视农业发展的同时，将农业与农村发展相结合，推行农业与农村结合的现代化发展模式。在韩国农业现代化过程中，最具有借鉴意义的就是“新村运动”，它把发展农业和改善农村较好地统一在一起。“新村运动”是在工业先获得较大发展之后再带动农业发展，把城市物质文明以及价值观念、生活方式推向农村。“新村运动”的主体是农民，实质和精髓是农民自发的“致富运动”，但是，政府是主要的发动者和引导者，而且在不同阶段提供财政上的支持、管理和规划方面的帮助，政府的参与旨在激发

① 白跃世：《中国农业现代化路径选择分析》，中国社会科学出版社2004年版，第93页。

农民的积极性和创造性。“新村运动”的开展取得了十分明显的成效，农民的居住条件得到明显改善；电力、通信网络的铺设与改造，既改善了农民的生活环境，又增加了农村的消费需求，刺激了工业生产的发展。此外，还促进了农民心理、观念、态度和行为方式等方面的变化及农村教育的发展。韩国是资本主义国家，却采用了计划色彩浓厚的农村建设运动，在一定程度上克服了韩国在引进美国文明时的盲目西化倾向，很好地保留了传统文化，树起了民族精神和民族文化，建立了国家伦理和道德。[①] 这对于我们推进农业发展以及社会主义新农村建设具有重要的借鉴意义。

三 当代中国农业现代化的基本进程与基本特点

（一）当代中国农业现代化的基本进程

新中国成立伊始，我党即将农业发展问题提上了日程。1950 年 1 月，中央下达《关于在各级人民政府内设土改委员会和组织各级农协直接领导土改运动的指示》，开始在新解放区分批进行土改的准备工作，同年 6 月，中央人民政府颁布《中华人民共和国土地改革法》，宣布废除地主阶级封建剥削的土地所有制，实行农民的土地所有制。到 1952 年年底，全国除少数民族地区外，基本完成了土地改革，农民真正成为土地的主人，实现了中国农民数千年来得到土地的奋斗目标，从而最深入、最广泛地调动了农民的积极性，为发展农业生产开辟了道路。1954 年 9 月，周恩来在全国人大一届会议政府工作报告中首次提出建设“农业现代化”的战略构想，并将其作为四个现代化的内容之一。根据这一构想，毛泽东于 1955 年提出了“两步走”的战略步骤，即第一步实现农业集体化，第二步实现农业机械化和电气化。1959 年 9 月，我国成立了农业机械部。在党和政府的重视下，我国农业机械制造业发展迅速。1962 年，党的八届十中全会明确提出了实现农业现代化的目标，1964 年，第三届全国人民代表大会政府工作报告提出，今后发展国民经济的主要任务是要在不太长的历史时期内，把我国建设成为一个具有现代农业、现代工业、现代国防

---

① 李水山：《如何借鉴韩国的新农村建设经验和教训》，摘自《三农中国》总第 7 辑，湖北人民出版社 2006 年版，第 172—173 页。

和现代科学技术的社会主义强国，赶上和超过世界先进水平。然而，十年“文化大革命”使我国的国民经济遭到严重破坏，农民连温饱问题都解决不了，农业成了国民经济最薄弱的环节，农业发展的滞后直接影响到了整个社会再生产的正常循环。

1978年冬天，安徽省凤阳县小岗村的18位农民以“托孤”的方式，冒险在土地承包责任书上按下鲜红手印，实施了“大包干”。“大包干”的第一年，全队粮食产量相当于从1955年到1970年粮食产量的总和。1980年邓小平公开肯定了小岗村“大包干”的做法，1982年1月1日，我党历史上第一个关于农村工作的一号文件正式出台，明确指出包产到户、包干到户都是社会主义集体经济的生产责任制。我国农村改革的大幕由此拉开。1983年中央指出联产承包制是在党的领导下我国农民的伟大创造，是马克思主义农业合作化理论在我国实践中的新发展。家庭联产承包责任制使农民成为自负盈亏的生产者，激发了农民的积极性、创造性，粮食产量迅速增加。1984年我国农业获得大丰收，粮食总产量达到40731万吨，人均粮食占有量达到393公斤，接近世界平均水平。[①] 棉花、油料、糖料等主要农副产品也大幅度增长。农业连年丰收凸显了农产品流通中仓储、运输能力不足的矛盾，全国出现了“卖粮难”的现象，1985年粮食产量大幅度下滑，这表明农产品统购统销的模式此时已无法适应粮食流通的需要。1987年我国取消了农产品统购派购制度，使广大农民在取得了生产自主权后又取得了产品交换自主权，成为了相对独立的商品生产者和经营者，这推动了我国农村从自给半自给经济向商品经济的转化，被誉为农村经济体制的第二步改革。此后我国进一步改革了农产品流通体制，恢复了农村集市贸易，并且城乡间开始互动，初步形成了农产品多渠道流通的局面。通过农产品流通体制的改革，农产品供求形势明显好转。同时，乡镇企业异军突起，1984—1988年，乡镇企业总量规模迅速扩张，经济实力显著增强，在1988年，以乡镇企业为主的农村工业、建筑业、运输业、商业和饮食业等非农产业产值占当年农村社会总产值的53.2%，占据了农村经济的“半壁江山”。[②] 乡镇企业的发展带动了农村经济的发

---

① 刘斌等：《中国三农问题报告》，中国发展出版社2005年版，第32页。

② 张新华、岳林等：《新中国探索“三农”问题的历史经验》，中共党史出版社2007年版，第167页。

展，为转移农业富余劳动力开辟了新的途径，为增加农民收入提供了新的来源，成为国民经济的重要组成部分。

加速农业科技进步是推进农业现代化进程的核心问题，是农业现代化建设的一个重要支柱。1989 年 12 月，《国务院关于依靠科技进步振兴农业加强农业科技成果推广工作的决定》开始把科技兴农作为振兴农业的重大战略措施。1991 年党的十三届八中全会通过的《中共中央关于进一步加强农业和农村工作的决定》指出："推进农业现代化，必须坚持科技、教育兴农的发展战略。"1998 年党的十五届三中全会通过的《中共中央关于农业和农村工作若干重大问题的决定》指出："实施科教兴农，农业的根本出路在科技、在教育。"2002 年，党的十六大报告提出："统筹城乡经济社会发展，建设现代农业，发展农村经济，增加农民收入，是全面建设小康社会的重大任务。"将"建设现代农业"作为农村发展的基本目标之一，提到了一个新的高度。2007 年，党的十七大指出：要坚持把发展现代农业、繁荣农村经济作为首要任务，促进农业科技进步。"十二五"规划再次强调要加快农业科技创新。可见，实施科教兴农战略是兴农、强农的必由之路，已成为我党坚定不移的方针。

农业现代化的主力军是农民，而农民问题的关键是增加农民收入。改革开放以来我国针对农民的增收与减负问题制定并实施了一系列政策、措施，取得了良好的效果。我国在 1993 年就提出了要千方百计增加农民收入，千方百计减轻农民负担，实现农村社会的稳定。1998 年党的十五届三中全会通过了《中共中央关于农业和农村工作若干重大问题的决定》，指出："调动农民的积极性，核心是保障农民的物质利益，尊重农民的民主权利。在任何时候，任何事情上，都必须遵循这个基本准则。"江泽民曾指出，增加农民收入是一个带有全局性的问题，直接关系到农村实现小康。2000 年，胡锦涛在全国农村"三个代表"重要思想学习教育工作会议上指出：要把千方百计增加农民收入作为新阶段农业和农村工作的中心任务。"十二五"规划强调要千方百计拓宽农民增收渠道，促进农民收入持续较快增长。

1991 年，我国建立了农村社会养老保险制度。民政部制定了"农村社会养老保险基本方案"，其核心是保障农民的基本生活。方案试点工作当年在山东省展开，取得了较好的效果，50 多个县建立起养老保险基金会。1992 年召开了全国农村社会养老保险工作经验交流会，之后农村社会养老保险迅速得到推广和普及。2002 年 3 月，我国实行了农村税费改革试点工作，减负幅度一般都在 25% 以上，受到广大农民群众的欢迎。2004 年，农村税费改革全面展开，逐步降低并取消了农业税、农业特产税、牧业税、屠宰税、乡镇五项统筹和村级三项提留在内的农村各项税费，让农民真正得到了实惠、尝到了甜头。通过解决农民的增收减负问题，有效保障了农民的物质利益，极大地调动了农民的积极性、创造性，直接推动了我国的农业现代化进程。

从我国农业现代化的进程可以看出，我国农业劳动者多，但农业人均资源薄弱。在这种情况下力求做到优质、高产、高效，同时解决农村城镇化和城乡差别大的问题，这是实现农业现代化和增加农民收入的根本途径。家庭联产承包责任制是我国农业经济的一项基本制度，但是仅依靠它是无法实现农业现代化的，必须根据农业集约化、市场化、社会化的要求，在坚持中不断完善这项制度，走技术优先发展、自然资源节约、生产集约化经营、保护生态环境、发展现代持续农业、立体农业的道路。在这个进程中，要真正做到以人为本，即以农民为本，把农民利益作为所有工作的出发点和归宿，尊重农民意愿，增进农民福祉。必须坚定不移地实施科教兴农战略，依靠科技进步来实现农业现代化。在农业、工业和国民经济的关系上，要始终真正把农业放在基础地位上来看待，这样才能促进整个社会经济的良性循环，实现农业发展、农村稳定，才能保持整个社会的长期稳定。

（二）当代中国农业现代化的基本特点

纵观我国农业现代化的历史进程，审视当前我国农业发展的现实，我们不难发现中国农业现代化具有自身的基本特性。准确地把握这些特殊性，是推进农业现代化的基本认识和前提。

其一，后发性。我国是一个传统的农业大国，但是，我们有效启动农业现代化进程的时间，要比欧美先发国家晚一二百年。农业现代化也是一个逐步走向全面开放的进程，始终受到国内外环境的强烈影响。经济全球化已成为当今世界最显著的特征，世界各国的经济联系比以往任何时候都更加密切。经济全球化和信息化促进了我国经济结构转变和工业化进程的加快，从而促使我国以更快的速度提高资源配置效率。在很大程度上，我国经济的发展过程就是把落后的农业经济转变为现代的工业经济，最终实现工业化的过程。

其二，非均衡性。与国外发达国家相比，我国农业现代化水平目前还很低，尤其是区域之间发展还非常不平衡。国家统计局题为《中国农业现代化进程研究与实证分析》的研究报告指出，截至2001年，中国农业现代化目标值尚未完成1/3；东、中、西部地区发展差异显著；与发达国家相比，中国人均农产品占有量还相当低。从全国来看，农业现代化指数呈逐年递增的态势，但是进程比较缓慢。我国在实现农业现代化的道路上才走了不足1/3的路程，指数最低的省份才走了不到1/5的路程。而农业现代化指数排在前列的上海和北京，已经走完了近2/3的路程。①

其三，复杂性。我国是一个人口大国、农业大国，我国农业资源的特点是“一大一小”，即绝对量大、相对量小，按人口平均计算的各种资源的占有量都低于世界平均水平。其中人均耕地资源只及世界平均水平的1/3，每个农户经营的规模小而分散，组织化程度较低。农业的基础设施差，科技普及程度低。商品意识才开始形成，经济基础薄弱，地区间存在很大差别。这就决定了我国农业现代化的实施过程比其他国家的难度更大，过程更加复杂。

四　当代中国农业现代化面临的现实问题

经过30多年的改革、发展，我国的农村以社会主义市场经济取代了传统的计划经济，以家庭承包经营为基础的双层经营制度取代了人民公社制度，建立了适应发展社会主义市场经济要求的农村新经济体制框架。农业发展越过了长期短缺阶段，解决了人民的吃饭问题，农民生活水平显著提高，并且开创出了一条有中国特色的农村工业化和城镇化道路。但是，日积月累的矛盾也不断凸显、尖锐，面临的问题也非常严峻。其中，城乡二元结构突出、农村剩余劳动力转移困难、农业生态环境恶化等，是我们在农业现代化发展的新阶段必须正视并加以解决的。

① 张亚中、朱艳梅：《对新形势下农业现代化特征的重新认识》，《陕西农业科学》2006年第1期。

（一）城乡二元结构突出

由于我国长期以来采取工业优先的发展战略，结果造成农业发展明显滞后于工业发展、农村发展明显滞后于城市发展的局面，城乡之间在收入水平、商品供给和资源分配等方面存在很大的差距，城乡二元结构突出。具体而言，这主要表现在：

首先，在经济上，迫于特殊的国际国内局势，新中国领导人选择了一条优先发展重工业的经济发展战略。在“1952—1990年，通过税收、‘剪刀差’和储蓄三种方式为工业化提供资金积累的总量达11594亿元，扣除国家财政支农资金，同期我国工业化从农业中净调动资金9528.15亿元，平均每年高达250亿元”①。优先发展重工业所导致的对农业剩余的过度抽取，削弱了农业发展的比较利益，限制了农民收入，也使得农村发展长期滞后，农业剩余劳动力不断增多。

其次，在政治上，在城市快速发展的同时，城市居民特别是城市产业工人高度组织起来，既在国家政治生活中发挥着重要作用，又充分保障了自己的合法权益。而广大农民长期以来基本上相对分散地与小块土地捆绑在一起，还没有形成一个专门代表农民利益的组织。

再次，以户籍制度为核心的一系列现行制度，使城市和农村相互隔绝，农民无法参与城市工业化、文明化的进程并享受其成果，从而使农村在城市之外迫不得已形成了自己相对独立的经济和社会活动循环。这也成为进一步发展我国市场经济的最大障碍。

最后，城乡劳动者在就业权利、教育、文化、福利等方面不平等。农民工已成为产业工人的重要组成部分，但他们与城市居民在就业、社会保障、享受公共服务等权利上是不平等的，对农民工的一些不公平的甚至是歧视性的政策并没有发生实质性的变化。具体表现在：其一，对流动人口的管理制度存在明显缺陷，管理费用没有纳入财政预算，主要依靠收取各种费用。其二，城乡分割的义务教育体制不适应社会需要。有关调查显示，流动儿童失学率高达9.3%。流动人口的大量增加，使城市接受义务教育的群体结构发生了改变，传统的以本地户籍儿童为教育对象的义务教育体制受到挑战。其三，城镇社会保障制度没有考虑农民工的需要，农民

① 郭剑雄：《二元经济与中国农业发展》，经济管理出版社1999年版，第16页。

工因劳动条件和居住环境恶劣所导致的伤亡、病害事故频发，目前从事危险行业的农民工几乎没有办理工伤保险。

（二）农业科技与农民素质水平偏低

科学技术在现代农业发展中起着越来越重要的作用。科学技术能够物化为农业生产工具，推动农业生产工具的发明、改革和创新；科学技术能够扩大和改善农业劳动对象，提高农业劳动对象的利用率；科学技术能够提高农业生产的科学管理水平，提高农业生产的经济效益。但是，科学技术的贡献在我国经济包括农业经济增长中所占的比重不够大。正如有学者指出："目前在发达国家，农业科技的贡献率为70%—80%，农业科技转化率为80%—85%。中国农业科技水平比发达国家落后15%—20%，农业科技成果的转化率只有30%—40%，在农业增长中的贡献率只有30%。"①

农民是农业生产经营的主体，因而也是农业现代化的主体。如果科学技术无法物化到主体上，也就是现代农业科技未能被其使用主体所掌握和使用，那么，农民就无法用它来进行农业生产活动，科技就无法转化为现实的物质生产力。主体的素质高低在很大程度上制约着其掌握科学技术的程度。从这个意义上说，农业现代化的关键是农民素质的现代化。

我国农民的素质在各地表现不平衡，但是，普遍看来，其文化程度一般是小学和初中，高中以上的仅占少数，还有1/4的农民是文盲、半文盲。这直接影响着他们对现代科技的认识和应用。同时，农户经营"小而全"，无法使用先进的技术装备和设施，农民在技术上也不可能各有专长。他们在经济上既缺乏扩大再生产的能力，也不敢冒风险使用新科技。另外，由于农民习惯于小耕作式的简单劳动，现代管理意识淡薄，缺乏理性和科学态度。特别是多数农民长期从事粮食生产，劳动技能单一，不利于农业生产内部结构调整。除此以外，农村中大量青壮年劳动力外出打工、进城务工，而留守农村的大多是妇女、儿童和老人，他们的现代科技素质更令人担忧。

---

① 张宏建：《促进我国农产品出口的新思路》，《商业时代》2004年第8期。

（三）农户小生产经营与大市场之间的矛盾凸显

众所周知，在市场经济条件下，生产主要是以市场为导向，生产要素主要由市场配置。我国推行的家庭联产承包责任制，在提高农户生产经营自主权、激发其生产积极性的同时，也使农业生产小型化、分散化了。分散的农户小生产经营与社会化大市场之间的矛盾，在很大程度上阻碍着农业现代化的进程。

农户生产经营规模小、经济力量单薄，抵御市场风险的能力薄弱；一家一户也难以及时准确地掌握市场信息，对多种市场信号的反应较迟钝，即便作出反应，往往也会出现一哄而起的同步价格行为。同时，一家一户的小生产结构，事实上也不利于农业经济结构的调整和优化。当前，我国农业发展的一个突出问题就是作物结构和品种结构单一老化、技术含量低，既不能适应农产品的国际竞争，也不能适应国内消费需求的变化。在这种生产结构下，也难以对农业生产进行科学的计划和管理，农业固定资产的重复购置和低效率使用现象突出。这无疑加大了农产品的生产成本，妨碍了农业科学技术的推广、普及，不利于农业大型机械的应用。

（四）农业生态环境恶化

目前，我国农业生态环境存在着一系列严重问题。

首先，土地退化严重。我国目前的水土流失面积已达 356 万平方公里，沙化土地 173 万平方公里，且还有进一步扩大的趋势。

其次，农业自然灾害频发。近年来，由于人为因素，农业灾害种类越来越多，发生频率越来越高，危害程度也越来越大，农作物气象灾害年均受灾面积直线上升。1994 年在大江、大河基本稳定的情况下，仍发生了重大的洪涝灾害；1998 年又发生了百年不遇的长江、嫩江、松花江三江泛滥；尤其自 1995 年以来，几乎每年都会发生南涝北旱现象，且受灾范围大，使农业生产损失严重。

再次，农业环境污染严重。在许多地方，急功近利的发展举措，往往以牺牲环境为代价，形成了破坏大于治理、环境改善赶不上农业发展要求的局面。有资料表明，1989—2001 年全国每年发生急性污染事故 3000 多种，其中 60%—80% 是农、牧、渔业污染事故，每年直接经济损失在10亿元以上。[①] 这表明，农业可持续发展面临着严峻的生态环境难题。

（五）农村剩余劳动力的转移问题复杂

我国农村劳动力供给数量巨大。据2004年《中国农村统计年鉴》显示，截至2003年年末，农村劳动力约有4.8亿人，占农村总人口的51%。根据当时农业部有关部门对农村劳动力的变化趋势预测，其后10年内，农村劳动力的绝对数量将以500万—1000万人的速度大幅增加。农村劳动力剩余的现象还会继续加剧，原因在于：其一，21世纪初期农村劳动力将处于新的供给高峰。有资料表明，2001—2010年全国农村新增劳动力约为6350万人，平均每年新增约635万人。其二，我国加入WTO以后，随着关税削减和农产品进口的逐步放开，将直接使部分农民利益受损甚至失业。其三，根据国家有关规定，全国耕地中坡度大于25度的0.9亿亩耕地将逐步还林还草，以改善生态环境，而这又将排斥出600多万劳动力。[②] 其四，农业生产投入的增加和技术进步引起的劳动生产率的提高，还会造成一定的农村劳动力过剩。

与此同时，乡镇企业消化剩余劳动力的能力减弱。特别是自1997年以来，随着国企改革的深化，国有企业焕发出生机，外资经济同时也得到迅速发展。在买方市场逐步形成的情况下，乡镇企业本身固有的一些缺陷开始暴露并日益明显，在市场竞争中逐渐处于不利地位，发展速度逐年下滑。随后，乡镇企业进入了一个结构调整和体制创新的转折阶段。受此影响，乡镇企业吸纳农村劳动力的能力明显下降。

五　实现中国农业现代化的路径选择

（一）打破城乡二元结构，实现城乡协调发展

在世界现代化史上，如何协调农村与城市、农业与工业之间的发展，

① 冷朝阳等：《我国农业生态环境的现状及应对策略之法律思考》（http://www.riel.whu.edu.cn/article.asp?id=27684）。

② 农业部信息中心：《农村劳动力转移新形势分析及其对策思考》（http://www.china.com.cn/chinese/EC-c/301188.htm）。

一直是人们探讨的重大课题。马克思、恩格斯在《共产党宣言》中提出："把农业和工业结合起来，促使城乡对立逐步消灭。"[①] 他们预言："城乡关系一改变，整个社会也跟着改变。"[②]

统筹城乡协调发展是中国现代化进程中的一个突出难题。城乡发展的不协调性，主要体现在经济增长速度、人均收入水平、居民受教育机会和就业机会、公共卫生和医疗条件、生活水平、社会保障和福利等方面的差距上，而造成这种不协调的根源就在于城乡二元结构。

统筹城乡发展要加大对农业的扶持力度。根据科学发展观的要求，全面建设小康社会，必须统筹城乡发展，突破就"三农"论"三农"的传统思路，应站在国民经济发展全局的高度，研究解决"三农"问题，实行以城带乡、以工促农，最终实现城乡互动、协调发展。农业是基础产业，又是弱势产业，要承担自然风险和市场风险。加快农业、农村发展，增加农民收入，光靠市场调节不行，国家必须加强扶持和保护，包括财政支持和金融支持。

统筹城乡发展要着力于创新城乡管理体制。其一，要以改革户籍制度为突破口，逐步调整和改革现行的城乡管理体制，建立城乡统一的户口登记制度，积极调整户口迁移政策，并在就业、教育、住房、社会保障等各方面实现公平，促进城乡统筹发展。其二，要进一步深化财政体制改革，建立财权和事权相统一的乡镇财政管理体制。各地要在促进区域经济科学发展的基础上，努力增强乡镇的财政实力，强化乡镇财政为农民提供公共服务的功能。与此同时，应建立健全对乡镇财政的监督管理制度，抑制乡镇财政弱化向公共产品支出的倾向。其三，要配合农村税费改革，完善转移支付制度，使省、市的财政转移制度化、法制化，统筹城乡社会事业的发展。制度建设不仅有助于实现城乡经济上的融合，也有助于实现和保障农民政治上的平等。而只有建立在平等公民权基础之上的政策和制度才具有合法性的基础，也只有公正的具有合法性的制度才可能为城乡协调发展提供可靠和持久的保障。

---

① 《马克思恩格斯选集》第1卷，人民出版社1995年版，第294页。

② 《马克思恩格斯选集》第1卷，人民出版社1995年版，第157页。

（二）加大农业科技创新力度，切实提高农民素质

科技兴农是实现农业现代化的根本途径。但是，目前我国科技对农业增长的贡献率不足40%，而欧洲发达国家都在70%以上，美国高达80%，[①] 这极大地削弱了我国农业在国际市场的竞争力。因此，必须制定和实施加强农业科技创新的战略对策，包括加大农业科技创新所需的资金投入、政策扶持、人才培养的力度等。

《中共中央关于制定国民经济和社会发展第十一个五年规划的建议》中指出，建设社会主义新农村（以下简称“新农村”）要按照“生产发展、生活宽裕、乡风文明、村容整洁、管理民主”的要求，坚持从各地实际出发，尊重农民意愿，扎实稳步推进新农村建设。新农村建设的主体是农民，因此农民的素质对新农村建设的进程和质量至关重要。要从以下几个方面提高农民的素质：

首先，要充分尊重农民的主体地位。各级政府应该大力宣传新农村的建设方案，鼓舞广大农民为建设好自己的家园奋斗，调动他们建设新农村的积极性。同时，在各项工作中要充分重视和尊重农民，要着力消除部分农民的自卑心理，使他们以主人翁的姿态积极、乐观地参加到新农村建设当中。

其次，要将农民思想观念教育与专业技术培训结合起来。一些地方的实践表明，在农民实用技能培训中，一部分农民接受新知识能力很强，愿意尝试新技术，但大部分农民由于小农意识根深蒂固，不愿尝试和接受新生事物，往往持观望态度，结果错失良机。这就必须加强思想观念教育，着力改变农民因循守旧、得过且过的落后观点，帮助他们树立市场经济和现代农业的新观念，尤其要强化他们的市场竞争意识，加强他们对现代农业科技重要性的认识。

最后，要加强基层干部的作风建设。“村看村，户看户，群众看干部。”这是我国广大农村地区的流行语。提高农民素质，首先要从农村基层干部自身带头做起。农村基层干部要根据新农村建设的新要求，切实改进思想方法、工作方法和工作作风，着力提高工作水平。基层干部应增强为农户服务的意识，带头学习为农户服务的基本知识，切实当好人民公

---

① 梁超伦：《加强农业科技创新的紧迫性与战略对策》，《农村经济》2002年第3期。

仆；要从行政命令的工作方式转为指导服务的工作方式，切实改进工作作风；要清正廉洁，且力争做到公正、公平、公开，争取得到广大农民的理解、关心和支持，切实实现管理民主的目标。

（三）推进农业向市场化与产业化方向发展

农业产业化是以市场为导向、以经济效益为中心并通过现代经营手段组织农业生产的一种发展趋向。它将农业生产的产前、产中、产后紧密地结合在一起，组成一个能实现不同群体最大利益的共同体，从而发挥产业的协同效应和规模效应，实现农业生产、交换、分配、消费等环节的商品化，解决我国农业发展模式的转变问题。

农业市场化的基本要求是：土地等生产要素实行以市场为导向的资源配置方式；农产品的销售确立以市场为立足点；农民以市场为导向从事生产和经营活动，从而更好地提高农业的经济效益。根据国内外的农业发展经验来看，农业市场化的关键是要实现农业企业化。

农业龙头企业内联千万农户、外联国内外市场，是发展农业产业化的关键环节。但是目前在农业产业化过程中，“我国的龙头企业太少，龙身太沉，摇头尚可，摆尾很难”①。因此，要把加强龙头企业建设作为农业产业化的重中之重来抓，大力培育主导产业，形成规模优势。用产业化经营带动农业和农村经济的发展，是一项长期、复杂、艰巨的任务，必须突破传统的农业发展思维模式，确立现代农业发展的新观念，把农业产业化置于经济发展全局中通盘考虑和谋划，并结合本地区的农业发展实际，积极探索农业产业化发展的新路径。

（四）促进农业生态化可持续发展

正如许多农业问题专家指出，农业生产本身是一个非常复杂的系统，在这个系统中，既有生态环境的输入又有社会环境的输入，二者相互影响，相互作用。其中，当生态环境建设处于良性发展阶段时，整个系统就呈现出协调的状态，就有可能为社会输出更多、更好的产品，有望从根本上达到人与环境和谐的发展状态，即达到科学发展观提出的“人与自然和谐发展”的要求。换句话说，农业生产必须遵循自然规律和经济规律，

---

① 高全成：《城市化与产业化双轮驱动推动农民富裕化》，《人文杂志》2002 年第 6 期。

生态农业的本质是既把当地的资源优势转化为经济优势，又能保证生态环境持续有效地健康发展，在不破坏自然环境的条件下为人类发展提供更多的农业产品。

力争让农业资源得到充分、合理、有效的利用，是实现农业可持续发展的关键。唯有如此，才能充分发挥现有农业的实力，确保农业生产稳产、高产。在粮食主产区，要利用优质的农业资源尽可能获得更多的优质粮食；在山区、林区，则要因地制宜地发展多种山区经济、林业经济；在牧区，则要保持牲畜放养头数与草场面积的恰当比例。总之，要根据当地实际，充分发挥资源优势，因地制宜地发展农业生产。

促进生态农业发展，涉及方方面面的工作，各级政府责无旁贷。各级政府必须加大对农业的投入，改善农村的生活条件，只有农民的基本生活问题得到了解决，生态环境的建设才能步入良性的轨道；各级政府要加强农业资源保护，建立健全生态农业政策体系；同时，还要加强生态农业的标准化管理，推进生态农业建设的国际化进程。

（五）持续稳定地推进农村剩余劳动力的转移

改革开放以来，无论是农村劳动力就地转入乡镇企业，还是到大中城市就业，抑或大规模跨地区流动，都主要表现为农民自主择业，而这实际上是一种市场化的就业方式。因此，形成城乡统一的劳动力市场，是解决农村剩余劳动力转移问题的重要保障。这就要求政府加以引导，完善和规范对劳动力市场的管理，大力发展多种形式的劳动就业中介组织，帮助劳动力对转移成本、收益、风险作出正确的判断，以减少因盲目流动而遭受的损失。要继续加大户籍制度改革的力度，逐步消除城乡劳动力市场的分割状况，消除附加在户籍关系上的种种政治、经济权利差别，要真正做到城乡居民在发展机会面前地位平等，将是一项长期而艰巨的系统工程。

第六章

新型工业化道路与当代中国经济追赶

工业化与当代中国经济追赶有着密切联系。从历史上看，工业化过程中国家兴衰的一个重要现象，就是一些后起国家追赶先进国家乃至最终居于领先水平。正如马克思所说："工业较发达的国家向工业较不发达的国家所显示的，只是后者未来的景象"；[①] 也正如美国经济学家阿尔伯特·赫希曼所言："一旦经济进步在先驱国家成为可见的事实，模仿、追随、迎头赶上的强烈欲望，就成为后进国家中将采取任何行动的重要决定因素。[②]"党的十六大提出："实现工业化仍然是我国现代化进程中艰巨的历史性任务。信息化是我国加快实现工业化和现代化的必然选择。坚持以信息化带动工业化，以工业化促进信息化，走出一条科技含量高、经济效益好、资源消耗低、环境污染少、人力资源优势得到充分发挥的新型工业化路子。"[③] 这是我国工业化道路探索中的重大理论创新。中国的新型工业化不是发达国家工业化的翻版，而是适应世界经济发展新趋势的创新。21世纪是知识经济时代、经济全球化时代，也是信息化浪潮日益深刻地影响着世界经济发展和人类社会进步的时代。如何把握住机遇，以信息化带动工业化，发挥后发优势，走新型工业化道路，以实现中国经济的跨越式发展，是摆在我们面前的现实而紧迫的课题。

一　工业化对当代中国经济追赶的重要作用

（一）工业化是现代化的基础与核心

工业化一直是经济学、社会学以及各种发展理论所关注的重要问题，

---

① 《马克思恩格斯选集》第2卷，人民出版社1995年版，第100页。

② ［美］阿尔伯特·赫希曼：《经济发展战略》，曹征海等译，经济科学出版社1991年版，第1页。

③ 江泽民：《全面建设小康社会　开创中国特色社会主义事业新局面》，人民出版社2002年版，第6页。

但时至今日，对工业化概念的表述一直存有异议。尽管学者们对工业化概念的具体表达方式不一，内容有差异，但是这些观点并没有根本的冲突。不同概念所包含的内容基本上可分为两类，即狭义工业化和广义工业化。从狭义上而言，工业化通常被定义为工业特别是制造业或第二产业产值在国民生产总值中的比重不断上升的过程。事实上，这是用工业发展来代表工业化。但是，工业发展绝不是孤立进行的，而总是与农业和服务业等产业的现代化相辅相成的，总是以贸易的发展、市场范围的扩大和产权交易制度的完善为依托的。正因为如此，我国著名经济学家张培刚先生早年在哈佛大学所著的博士论文《农业与工业化》中，将工业化定义为“一系列基要生产函数连续发生变化的过程”，而他在后期研究中则将工业化的定义修改为：“国民经济中一系列基要生产函数（或生产要素组合方式）连续发生由低级到高级的突破性变化（或变革）的过程”①。我们倾向于广义的定义，认为工业化是人类经济发展中由农业经济为主过渡到以工业经济为主的一个特定历史阶段和发展过程，其核心是发展大规模高效率的制造业，从而使得工业部门在国民经济中逐渐占据优势，以此带动农业和服务业的发展，并由此导致人们生活方式的变化、经济社会关系的变革和人类文明的阶段性演进。

工业化是由落后的农业国家转变为先进的工业国家的动态发展的过程。这一过程包括以下三个基本内容：第一，由重工业所提供的机器装备或先进技术，普遍地代替工业、农业、建筑业、交通与邮电等各部门的手工劳动，从而使整个国民经济的物质技术基础得到根本性的改变；第二，生产这些技术装备的部门，在社会产品总量中占重要地位；第三，整个工业的产值超过农业的产值，且在整个国民经济中占有一定的比重。就当今世界而言，西方发达国家已进入后工业化社会。因此，工业化一般就特指后发国家的工业发展过程。这些国家的工业在国民经济中的比重以及重工业在整个工业中的比重较低，需要在发展中提高其比重和水平。而工业化是与现代化相关联的概念，用以表示社会生产力发展水平、性质和组织的某种状态。当代后发国家的工业化任务就是为了实现国家现代化的目标。

现代化是一个具有广泛涵盖性的“目标集”概念。人类现代化不仅仅是经济的现代化，而且是人类对社会、经济、政治、生态等目标的理想

① 谭慧：《张培刚学术生涯及其经济思想》，湖南科学技术出版社1995年版，第117页。

追求在现代化概念上的集中体现。美国社会学家乔·英格尔斯提出的度量现代化水平的十项指标对于理解现代化的内涵具有一定的参考意义：(1) 人均国民生产总值3000美元以上；(2) 农业产值在国民生产总值中占12%—15%；(3) 服务业产值在国民生产总值中的比重要超过45%；(4) 非农业就业人口在总人口中所占的比例超过70%；(5) 成人有文化的人口在总人口中所占的比例超过80%；(6) 受高等教育的青年占适龄青年总数的30%—35%；(7) 城市人口占总人口的50%以上；(8) 平均预期寿命在70岁以上；(9) 平均一名医生服务的人口为800人以下；(10) 人口自然增长率为1%以下。①

从经济社会发展变迁的各个侧面看，作为后发国家追赶目标的现代化包括工业化、城市化、信息化三个基本内核，它们之间存在着密切的联系。

工业化、城市化是发展中国家现代化必须完成的两项基本任务，它们的交互作用推动着经济发展和社会进步。其中，工业化是现代化的经济基础，也是推动城市化的杠杆和根本动力，没有工业化就没有真正的城市化。

从形式上看，城市化就是非城市地区向城市地区转变的过程，表现为城市、城镇数量的增加以及城市人口规模的扩大。但从实质上看，城市化是一个内容非常丰富的转变过程。除前述显性转变特征外，这个过程还包括区域产业结构的转变，以及城市文化、文明、意识和精神的扩散。也就是说，城市化是一个以人为中心的、受众多因素影响的、极其复杂多变的系统转化过程，是一种从传统社会向现代社会的全面转型和变迁过程。而在此过程中，工业化能促进城市化水平的提高。为此，世界权威经济学大辞典《新帕尔格雷夫经济学大辞典》指出：工业化首先是国民生产总值中制造业活动和第二产业所占比例的提高，其次是制造业活动和第二产业就业人口比例的增加。由此，工业化最终必将导致生产方式的更新、人均收入的增加、消费结构的变化以及城市化水平的提高。发展之初的城市化尤其需要工业化的推动，这是因为，工业化通过调整生产的供给结构来满足并适应由城市化引起的各种需求，如非农产业的就业需求、资本再分配

① ［美］乔·英格尔斯：《从传统人到现代人——六个发展中国家中的个人变化》，顾昕译，中国人民大学出版社1992年版，第450页。

的需求和非食品类消费需求；在工业化过程中，为了获得“聚集的经济效益”，工业企业在地理上日趋集中，这就引起了区域工业化的提高和非农就业人口比重的相应提高，并由此导致城市人口比重的增加。工业革命前后世界城镇人口数量的变化有力地证明了这一点：世界城镇人口在工业革命前的1800年为5.2%，1850年为6.5%；在工业革命后，1900年为13.4%，1950年为29%，1998年达到了47%，2003年为48%。①

具体而言，工业化对城市化的作用体现在：

第一，从社会分工的角度看，工业化的产生必将导致进一步的社会分工，这是提高劳动生产率的必然需要。而社会分工的发展又导致了城乡分离和城市的出现，即城市化。马克思认为，农业和工业的分离，迫切要求大的生产中心的形成，而大的生产中心的形成必然会引起商业中心的繁荣，也就有利于集聚人口，最终促进城市化的发展。

第二，从资源流动的角度看，在资源流动不受阻碍的前提下，资源总是向效率高的地方集聚，这是市场资源配置的基本规律。工业化极大地提高了城市的生产效率，这种效率的提高对资源产生了巨大的吸引力，而资源的聚集必然导致城市的规模扩大，或者催生新的城市。同时，在资源流动的过程中，必然包括劳动力人口的迁移。这种人口的迁移导致农村人口转化为城市人口，从而提高了城市化水平。刘易斯的“二元结构”模式充分证明了这一点。

第三，从产业结构变迁的角度看，工业化过程就是产业结构成长的过程，产业结构和就业结构的变动关系，很大程度上影响着工业化对城市化的带动作用。日本学者筱原三代平在20世纪50年代中期对产业结构的成长提出了两个基准：收入弹性基准、生产率上升基准。工业化发展使得人们收入水平提高，人们会增加购买收入弹性高的产品，促进收入弹性高的产业发展。在三大产业中，第二产业和第三产业的收入弹性相对较高。在工业化过程中，表面上是农业人口向城市集聚导致城市化率提高，但实质上与城市化率上升联系密切的是农业就业向非农业就业这一就业结构的转变。一般地说，在工业化过程中，如果劳动密集型产业如轻工业和第三产业发展较快，提供的就业机会就多，非农产业就业比重上升就较快；而如果资本密集型产业发展较快，由于有机构成高，提供就业机会较少，由此

① 苏雪串：《新型工业化与中国现阶段的城市化》，《现代经济探讨》2004年第1期。

带来的非农产业就业比重上升就较慢，重工业、高新技术产业就属于此类。当然，情况也并不尽然如此。尽管重工业自身对劳动力的容量不大，但是在重工业化过程中，企业规模化和专业化发展会导致企业对外部环境及社会服务的依赖性不断增加，第三产业会因此而迅速发展并对就业结构产生重大影响。这表明，由重工业化所引起的第三产业的迅速崛起同样可以成为支持经济发展的主要动力。

第四，从城市化发展需要的物质基础看，工业不仅有较高的收入需求弹性、较高的附加值和比较利益优势，而且为农业提供了先进的生产工具和技术，提高了农业的劳动生产率，从而为人口的非农化转移提供了条件，并且直接改变了农业的经济形态，引发了农村社会结构的转型。同时，城市的发展离不开大量的基础设施建设，而基础设施建设本身又是以工业的发展及其技术进步为条件的。没有工业的发展和技术进步，城市的道路、桥梁、通信、煤气、电力等基础设施就难以建立，基础设施的不足将难以提高城市的承载力，不利于城市化的持续发展。

信息化是指信息作为一种新的生产、服务要素投入国民经济各个领域并对整个社会全面渗透的过程，也是指信息技术产业成为国民经济新的主导产业的过程，它以信息技术的广泛应用为主导、以信息资源的开发利用为核心、以信息产业的成长壮大为支撑。信息化是现代化的最新内核，而工业化又是信息化的基础。工业化对信息化的基础作用表现在：

第一，提供物质基础。搞信息化需要大量进行高速宽带信息网络、移动通信网络等信息基础设施建设，需要发展信息技术装备、实施电子商务工程等重大应用信息工程，需要生产集成电路、软件、计算机、通信设备和电子产品等。而这些都需要钢铁、机械、汽车、电力、仪器仪表等工业部门的支撑。信息产业的劳动者所需要的生活资料和其他消费服务，则需要消费品工业等为其提供。

第二，扩大市场容量。虽然信息产业是制造业与服务业融合形成的一个庞大的产业群，其自身就可以为信息技术、信息资源、信息产品和信息服务提供一个产业内部市场，形成信息产业的内部循环。但信息产业本质上是为其他产业服务的产业，它必须有更大的外循环才能生存。而工业化为信息化营造了更为广阔的服务对象，其所造就的强大传统产业，如农业、采掘业、建筑业、其他非信息的制造业和服务业等，为信息产业提供了更为广阔的外部市场，从而扩大了信息产业的应用领域、营销范围和市场容量。

第三，积聚建设资金。信息产业既是技术密集型和知识密集型产业，又是资金密集型产业。进行信息化建设，需要投入大量资金，而且信息产业的投资具有较大的风险性。尽管信息产业自身是有社会效益和经济效益的，但取得产业外部的垫支资金是必不可少的，而工业化的发展为信息化积累了资金，特别是通过工业化形成的资本市场及金融创新，为信息化所需资金开拓了多种融资渠道。

（二）工业化对相关产业的联动效应

关于工业化对相关产业的联动效应，马克思、恩格斯从工业化所带来的产业结构和就业结构的变化的角度加以充分肯定。马克思指出："从事农业的相对人数，不能简单地由直接从事农业的人数来决定。在进行资本主义生产的国家，有许多人间接地参加这种农业生产，而在不发达的国家，这些人都是直接从属于农业的。因此，表现出来的差别要比实际的差别大。但是对于一国文明的总的水平来说，这个差别极为重要，哪怕这个差别只在于，有相当大一部分参与农业的生产者不直接参加农业，而摆脱了农村生活的愚昧，属于工业人口。"① 列宁也认为："社会主义的物质基础只能是同时也能改造农业的大机器工业。但是不能停留在这个一般的原理上。必须把它具体化。适应最新技术水平并能改造农业的大工业就是全国电气化。"②

如前所述，张培刚先生曾将工业化定义为"一系列基要生产函数连续发生变化的过程"。他所说的基要生产函数是指在整个经济中居于支配地位的生产函数，亦即"联动效应"很大的生产函数，它的变化能引起并决定其他生产函数的变化。根据他的解释，工业化不仅包括工业部门的发展，而且还包括"工业化了的农业"。此外，"从已经工业化的各国经验来看，这种基要生产函数的变化，最好是用交通运输、动力工业、机械工业、钢铁工业诸部门来说明"③。可见，他的论述涉及工业对农业、交通运输业乃至服务业等相关产业的联动效应。

---

① 《马克思恩格斯全集》第26卷（Ⅱ），人民出版社1973年版，第542页。

② 《列宁全集》第42卷，人民出版社1987年版，第7页。

③ 张培刚：《农业与工业化》上卷，华中工学院出版社1984年版，第72页。

总之，工业化不仅使工业的技术装备、组织结构和管理达到先进水平，而且意味着一个国家的社会技术面貌和人民的物质文化生活的大改观、大进化。可见，它是与科学技术现代化、农业现代化、国防现代化和其他各方面现代化紧密联系的一个范畴。因为技术的进步和社会生产力的快速发展，可以为工业化提供必要的技术基础，而工业化的实现也为技术现代化提供必要的物质基础；农业的现代化从某种角度看实际上就是农业的工业化，只有实现农业的工业化，才能说是实现了农业的现代化。国防的现代化也必须以工业化为基础，没有工业化为国防提供先进武器装备，就不可能实现国防的现代化。

二　当代中国工业化追赶的历史经验与教训

（一）后发国家工业化追赶的经验与教训

在近现代世界经济发展史上，后进国家追赶先进国家既有成功的经验，又有失败的教训。这些经验教训对中国后来的工业化道路有较大影响，也具有重大的启示意义。其中，日本从主要资本主义国家中的后进国变为世界经济大国；韩国从殖民地附属国转变为新兴工业化国家。同为东方国家，它们的经验与教训值得我们重视。

1. 日本工业化追赶的经验与教训

日本在明治维新之后用了70年左右的时间走完了欧美资本主义国家150年乃至200年走过的道路，在较短的时间内接近了欧美先进国家的经济水平，跨入了发达资本主义国家的行列。纵观其追赶的历程，我们认为有以下可借鉴之处：

第一，以重化工业为核心的产业结构推动了经济的迅速发展。二战之后日本产业结构的调整并非一开始就以重化工业为核心，在其经济恢复时期，以轻工业为主的第二产业和以商业、服务业为主的第三产业的重建速度加快，第一产业因农业生产的迅速恢复有所发展，但相对缓慢。到1955年，第一产业比重下降为19.9%；第二产业比重略有下降，为33.2%；第三产业提高到46.9%。此后，日本才推行以重化工业为中心的产业路线，重化工业在工业中的地位不断上升。到1973年，第一产业比重下降为7.8%，第二、第三产业的比重分别上升为38.1%和54.1%。

重化工业多是资本密集型和技术密集型的工业，劳动生产率高，附加值高，从而创造的国民收入大。而且重化工业的发展，特别是耐用消费资料生产的迅速发展，也为提高国民的物质文化生活水平提供了雄厚的物质条件。从20世纪50年代末到70年代初，日本的重化工业首先是生产资料工业的迅速发展，一方面直接为社会创造了巨额物质财富，另一方面也用先进的技术装备武装了整个国民经济，从而带动日本经济进入迅速发展时期，成为促使日本实现经济赶超的重要因素。

第二，技术与知识密集型产业提高了日本的经济素质、增强了日本经济的国际竞争力。从1956年起，日本企业尤其是民间企业，在开展大规模设备更新的同时，突出引进欧美先进技术。1956—1973年，日本总共引进外国先进技术近两万件，在主要资本主义国家中是引进技术最多的。通过引进先进技术，大大缩短了日本与美欧各国在科学技术水平上的差距，并且日本注重对引进技术的消化、吸收、改进和创新，这使得日本自20世纪70年代后期开始产业结构向技术与知识密集型转变，高新技术工业、信息产业、公益服务等部门迅速发展，其在全部产业中的构成比不断提高，从而使日本经济的素质大大提高。日本的制造业在1954—1973年间，劳动生产率年平均增长8.3%，而同期美、英、法和联邦德国的年均增长率仅分别为3.7%、4.4%、5.6%和5.5%。[①] 随着经济素质的提高，人均国民收入水平提高，消费结构趋向高级化，日本的国际竞争力加强，从而大大缩短了日本走向现代化的历史进程。

第三，重视教育和科技的投入。1954年，日本的教育经费占国民收入的5.6%。同年联邦德国为4.4%、美国为3.1%、英国为2.7%。可见，与主要资本主义国家相比，日本教育经费投入比率是相当高的。在1951—1975年间，日本正规大学毕业生增加了15倍，“短期”大学毕业生增加了150倍。[②] 大批掌握现代高科技知识的科技人才的成长，对战后日本经济的腾飞起了决定作用。

第四，建立政府主导型的市场经济模式。日本是在半封建的个体农业和手工业的基础上走上资本主义道路的。由于自身市场条件的先天不足，

① 金明善：《现代日本经济论》，辽宁大学出版社1996年版，第410页。

② 孙景超、张舒英：《萧条与复苏：冷战后的日本经济》，社会科学文献出版社1998年版，第6页。

日本非常注重发挥“政府干预”这只“看得见的手”的功能。日本政府对经济生活的干预范围很广，其主要经济政策有产业政策、财政政策、金融政策。在宏观调控方面，注重经济调控的综合化和具体化；注重经济调控机构的完善、提高人员素质；采取计划、法律、政策、行政指导等多种调控手段。通过政府主导型市场经济体制的模式，日本创造出了西方国家用“看不见的手”创造出来的经济奇迹。

当然，日本在工业化和经济追赶过程中也留下了值得反思的教训：

第一，从20世纪70年代起，尤其进入20世纪80年代后，日本经济发展的国际和国内环境都发生了巨大的变化，其经济结构中存在的许多问题逐渐暴露出来：日本资源贫乏，绝大部分资源及能源依赖进口。对其他国家的过度依赖，这既是其战后经济发展成功的原因，也是其致命弱点。中国应从中吸取教训，在坚持对外开放的同时，应始终重视依靠和保持自身的资源、人才乃至制度优势，降低对西方发达国家的依附性。

第二，日本的发展模式是典型的“先增长、后治理”模式。日本在明治维新时期就发生过“大阪煤烟事件”等一系列公害事件。战后恢复时期，伴随经济的迅速复兴，公害事件更是频繁发生。为此，地方政府开始制定防止公害的对策和法规，1959年逐渐转向由国家制定公害法规。但在1960年编制《国民收入倍增计划》时，在主张高速增长的首相池田勇人影响下，提出在太平洋沿岸狭长地带集中发展工业化的构想，却完全没有把环保问题纳入计划，导致1967年发生水银中毒事件、1968年的疼痛病事件、1969年的水俣病事件，成为“战后三大公害事件”。从1970年年末到1971年5月末，日本制定了一系列环境保护法规，并召开“公害国会”，确定了公害防止和赔偿的“受益者负担”原则，迫使从环境污染中受益的企业认真治理公害，并设立了政府管理公害的专门官厅——环境厅。这种“先增长、后治理”或者说“先污染、后治理”的模式警示我们，必须走一条人与自然和谐相处的可持续发展之路，否则，经济的稳定持续增长将是一句空话。

2. 韩国工业化追赶的经验与教训

朝鲜战争之后的韩国曾是世界上最贫穷的国家之一。1960年韩国人均国民生产总值仅为80美元。然而，此后，韩国经过经济持续高速增长时期，进入了“新兴工业化国家”的行列。到1986年，韩国实现了“经济独立”的目标。1986年至1988年的经济增长率超过12%，创当时世界最高速度。1989 年人均国民生产总值超过 4500 美元。①

韩国的工业化追赶表现出如下明显的特点：

第一，产业结构的不断调整与升级。20 世纪 60 年代初期，韩国产业政策正式出台，至 20 世纪 80 年代后期，先后经历了发展基础产业、发展出口产业、重化工业化和产业自由化四个阶段，以推动产业结构升级，迈向现代化。产业结构调整在第五个五年计划中（1982—1986 年）更被置于重要地位，第六个五年计划又将“调整产业结构，实现技术立国”作为基本目标。韩国的这套产业政策，在 20 余年间取得了很大成功，首先是第一、第二、第三产业各部门的构成趋于高级化。其次是产业部门内部构成尤其是工业部门内部构成趋于高级化。1991 年韩国钢产量居世界第六位；汽车产量进入世界前十名；造船产量在世界名列前茅；成为世界第六大电子生产、第三大集成电路生产基地。农业在国民生产总值中所占的比重下降到 10%。重化工业在制造业中所占的比重已达 60% 左右。② 其工业化和经济发展创造了令世界瞩目的“汉江奇迹”。韩国的这种适时调整产业结构的做法，使其在激烈的国际竞争中站稳了脚跟。

第二，“政府主导型”的经济。韩国政府的干预色彩最为鲜明。1961 年朴正熙就任总统之后，建立了“政府主导型”的经济体制。直到 20 世纪 70 年代末，韩国在资源配置方面基本上是计划调节占主导地位。韩国从 1962 年到 1991 年共实行了六个五年经济开发计划。20 世纪 60 年代“一五”、“二五”计划以轻工业开发为主；20 世纪 70 年代“三五”、“四五”计划以重化学工业开发为主；20 世纪 80 年代“五五”、“六五”计划以经济社会开发为主。它们首尾相连、层层相扣，逐步形成一个由低到高的发展系列。韩国战后经济发展显示：适度的政府主导和参与在工业化和经济追赶进程中是必要的。然而，韩国这种政府主导、依赖大企业带动出口、人为配置有限资源的“追赶目标”，在一定程度上扭曲了经济的自然发展进程，使其经济发展中面临的风险加大。在韩国，政府主导体制导致了“制度僵化症”，使经济缺乏自由度，市场机制难以有效运行，政府和财团关系密切，腐败丛生；由于政府长期给予优惠金融税收政策，其刻

① 崔瑛、高福来：《中国周边国家和地区经济》，首都经济贸易大学出版社 1999 年版，第 122 页。

② ［韩］宋丙洛：《韩国经济的崛起》，张胜纪、吴壮译，商务印书馆 1994 年版，第 74 页。

意培养和扶持的大企业盲目扩张，并以相互支付保证金等方式把各公司捆绑在一起，从而使不良企业得以继续生存、低效运营，造成巨大的经济泡沫；韩国的“出口导向型”增长模式也几乎一直是在政府的“强迫”下进行的，出口工业和经济作为一个整体也是由政府进行“管理”的，并且在许多情况下远远超出了韩国正常的生产能力。进入20世纪90年代，韩国的国际竞争力有所下降、韩国经济发展模式陷入“危机”的事实证明这种政府主导的经济模式有着较为严重的缺陷。

第三，以经济发展为轴心，推进科技、教育的现代化。韩国的科技发展可以分为三个阶段。第一阶段为20世纪60年代，科技发展目标在于创立科技体系的基本框架，为工业起飞创造条件。第二阶段是20世纪70年代，这个阶段的主要目标是发展改良型技术，即提高引进技术的吸收能力，发展一些适用技术，以配合重化工业的优先发展。20世纪80年代，为适应国际经济环境的变化，韩国提出“科技立国”口号，促进技术升级，逐步将科技发展突进到第三个阶段，即研究开发高技术阶段。伴随着经济增长，韩国政府还加大对人力资本的投资力度。这种投资反过来大大加速了韩国的现代化进程。据统计，韩国公共部门和私人对教育的全部支出通常超过国民生产总值的10%，① 这在所有的发展中国家是最高的。韩国高中毕业生升大学的比例仅低于美国，居世界第二位。韩国的“科技立国”对于中国走新型工业化道路显然是有很重要的借鉴意义，对我们当前的科教兴国战略是一个实证支持。

（二）中国工业化追赶的历史经验与教训

追赶和超越是人类经济史上的常见现象。只要存在先进与落后的差距，就必然会有追赶和超越。尤其在中国这样一个经济文化比较落后的大国搞现代化建设，如果我们总是亦步亦趋地跟在别人后面，不能创造出比其他国家更快的发展速度，就难以逃脱被动挨打的历史命运。

新中国成立初期，毛泽东将英国、美国作为追赶目标，初衷在于迅速增强我国国力、提高人民的生活水平，从而摆脱西方发达国家的控制与威胁，并提高中国的国际地位。这本身是无可厚非的。他也提出了不少有价值的追赶理论，但是在执行追赶战略的手段和途径上出现了严重的偏差，

---

① ［韩］宋丙洛：《韩国经济的崛起》，张胜纪、吴壮译，商务印书馆1994年版，第68页。

留下了深刻的教训：一是把追赶的时间定得太短，脱离了中国当时的现实基础，“左”倾冒进倾向明显；二是追赶指标定得太过单一，即“以钢为纲”，过分突出重工业特别是钢铁工业的战略地位，导致国民经济比例严重失调；三是片面追求工业增长的速度，忽视经济增长的质量，是一种粗放型的经济增长。

十一届三中全会以后，邓小平继承了毛泽东追赶思想的积极成果，同时立足中国实际，对追赶战略进行了重新定位，为中国经济追赶的实践积累了经验：其一，将追赶基点定在社会主义初级阶段，将毛泽东超越中国现实基础的追赶设想拉回到中国国情的基点上。其二，提出“三步走”的追赶战略步骤，增强了追赶过程的可操作性。其三，把农业作为战略追赶的重点，注重农业在经济追赶中的基础性地位；把能源和交通作为战略追赶的重点，注重解决中国产业发展的瓶颈问题，极大地促进了产业协调；把教育和科学作为战略追赶的重点，将中国工业化和经济追赶置身于知识经济的时代背景下，符合全球经济一体化的必然趋势。其四，把改革开放作为有效的追赶途径，解决经济追赶的重要动力问题。其五，注重效益与速度的关系，既强调发展才是硬道理，慢了实现不了追赶，又强调只有“讲求经济效益和总的社会效益，这样的速度才过得硬”①。

在新的历史条件下，江泽民赋予了工业化和经济追赶新的时代内涵，积累了新的宝贵经验。其一，高度重视发展机遇，提出要抓紧机遇加快发展。在新科技革命浪潮方兴未艾、世界经济发展大潮汹涌澎湃之际，江泽民要求全党“要有时代的紧迫感，抓住机遇；要有历史责任感，珍惜机遇；要有科学的态度，用好机遇”②。面对知识经济和信息化时代的到来，他提出以信息化带动工业化、实现生产力跨越式发展的新型工业化思想，提出把“引进来”和“走出去”紧密结合，充分利用好国内外两种资源、两个市场。其二，制定了“有所赶，有所不赶”的追赶方针，把握了时代脉搏。江泽民指出，同世界先进国家相比，我们还存在着差距，需要追赶的东西很多，必须抓住关键，集中优势兵力打歼灭战。在坚持以经济建设为中心的前提下，要集中力量发展那些一旦突破就能对经济发展和国防建设产生重大带动作用的关键技术，并首先在一些重点领域力争尽快进入

① 《邓小平文选》第3卷，人民出版社1993年版，第143页。

② 《江泽民文选》第3卷，人民出版社2006年版，第103页。

世界高新技术发展的前沿阵地，这样才能赢得时间，缩小与发达国家的差距。其三，在追赶措施上倡导创新。江泽民指出：面对当代经济科技的澎湃潮流，不进则退，我们必须抓住机遇，勇于创新，加快发展，迎头赶上。“创新是一个民族进步的灵魂，是一个国家兴旺发达的不竭动力。”① 他强调指出：在社会主义现代化建设中，科技创新是生产力的重要变革，经济体制创新是生产关系的重要变革，把这两种变革紧密结合起来，把这两个方面都搞好，我国的经济建设就会更快、更好、更健康。

在新时期新阶段，以胡锦涛为总书记的党中央提出了科学发展观，坚持以人为本，强调“五个统筹”，即按照“统筹城乡发展、统筹区域发展、统筹经济社会发展、统筹人与自然和谐发展、统筹国内发展和对外开放的要求推进各项事业的改革和发展”②。科学发展观在尊重经济社会发展科学规律的基础上为我们实现经济追赶指明了方向。

党的十六届六中全会进一步提出构建和谐社会的思想，党的十七大更是把和谐看做中国特色社会主义的本质属性。构建社会主义和谐社会是科学发展观的重要内容和组成部分，两者有机统一于建设中国特色社会主义的实践中，是同一实践过程中紧密联系、不可分割的两个方面。构建社会主义和谐社会是在科学发展观指导下新的社会主义建设目标，是对全面建设小康社会宏伟目标的进一步发展。

党的十七大提出要实现经济又好又快发展，用“经济发展方式”代替“经济增长方式”，提出转变经济发展方式，特别强调要把工业化和经济追赶的质量放在首位。在经济发展方式的转变中，十七大提出了提高自主创新能力、推动产业结构优化升级、推进社会主义新农村建设、优化国土资源开发格局、加强资源节约利用和生态环境保护等基本要求。十七大还强调指出要加快推进以改善民生为重点的社会建设，旨在通过社会建设调动全体人民进行工业化和经济追赶的积极性。十七大要求正确处理好工业化和经济追赶中的各种社会关系，从而从更广义的视角探讨了中国工业化和经济追赶的科学路径。

---

① 江泽民：《全面建设小康社会 开创中国特色社会主义事业新局面》，人民出版社2002年版，第22页。

② 胡锦涛：《在中央人口资源环境工作座谈会上的讲话》，《人民日报》2004年4月5日。

当代中国在工业化发展中取得了空前的成就，但在工业化进程中尚存在很多突出问题，这些问题其实是工业化和经济追赶中教训的具体体现。总结并正视这些问题，对我国今后的工业化和经济追赶之路具有深刻的警示意义。

总结并正视这些问题，对我国今后的工业化和经济追赶之路具有深刻的警示意义。

其一，资源消耗大，环境污染严重。我国资源相对贫乏是不争的事实。而中国工业化过程中对能源的开发利用已经达到相当高的强度，现在中国已成为世界上第二大能源消费国。统计数据显示，2003 年，中国 GDP 占世界 GDP 的 3.9%，但石油、煤炭、钢材、铁矿石、水泥和氧化铝的消耗量都分别占世界消耗量的 7.4%、31%、27%、30%、40% 和 25%；据世界银行 2002 年的报告分析，中国每创造 1 美元 GDP 所消耗的能源是西方 7 个发达国家的 5.9 倍，是美国的 4.3 倍、法国的 7.7 倍和日本的 11.5 倍，中国的能源利用率仅为美国的 26.9% 和日本的 11.5%。[①] 大量的资源消耗，虽然推动了中国经济的高速增长，但也使中国的工业化和经济社会发展越来越接近资源条件的边界约束。依据“环境可持续指数”（ESI）进行评估的结果显示，2005 年，在全球 144 个国家和地区中，环境可持续指数位居前 5 位的国家分别是芬兰、挪威、乌拉圭、瑞典和冰岛。位居倒数前 5 位的国家分别是朝鲜、中国台湾、土库曼斯坦、伊拉克和乌兹别克斯坦。中国内地位居第 133 位。[②] 据国家环保总局 2005 年 1 月监测，长江、黄河等七大江河水系劣 V 类水质已占 28.4%。由于全国 70% 以上的江河湖泊遭受不同程度的污染，全国已有 3.2 亿人饮用水不安全。[③] 目前，中国二氧化碳排放量已位居世界第二位，甲烷、氧化亚氮等温室气体的排放量也居世界前列。此外，全国城市垃圾年清运量 1.49 亿吨，进行无害化处理的仅有一半，单位工业产值产生的固体废弃物比发达国家高十多倍，而工业危险物处

---

① 中国社会科学院工业经济研究所：《中国工业发展报告 2005》，经济管理出版社 2005 年版，第 6 页。

② 《中国环境可持续指数 144 个国家地区中仅排 133 位》，《中国经营报》2005 年 2 月 19 日。

③ 国家环保总局：《七大水系水质基本稳定 重点水库水质优于湖泊》（http://www.zhb.gov.cn/gkml/hbb/qt/200910/t20091023_179882.htm）。

置率仅为32%。①

其二，城乡发展不平衡，二元经济结构矛盾突出。改革开放以来，我国农村和农业取得了较大发展，但是，同城市和工业的发展相比，仍显严重滞后。传统工业化是靠“三农”的积累来完成的工业化，是限制农村大量人力资源优势发挥的工业化。新中国要在一个资本短缺的国家发展资本密集的重工业，只能主要依靠来自农业和农民的工业化原始积累，因此，所走的是一条以城市为中心、优先发展重工业的道路。由于我国制度性的原因，造成了以国家资本的形式对农民、农业的过度汲取，加重了城市与乡村、工业与农业的分裂。以户籍管理为特征的城乡二元结构限制了农村劳动力的转移，提高了劳动力向城市转移的成本。主要问题表现为：农业生产力水平落后，社会化程度低，在相当程度上还停留在手工劳动和小农经济阶段；生产组织形式分散，难以形成规模经营，生产效率低，效益差；农业人口多，农村剩余劳动力数量大，农村就业问题突出；农业社会发展远远滞后于城市，文化、教育、体育、卫生等项事业发展缓慢，广大农村地区连最基本的医疗保健体系还很不健全；城乡收入差距不断拉大。截至2010年年底，我国总人口为13.3972亿，城镇人口为6.6557亿，占总人口的49.68%，农村人口为6.7415亿人，占总人口的50.32%。2010年城镇居民家庭人均可支配收入19109元，农村居民家庭人均纯收入5919元，农村居民家庭人均纯收入与城镇居民人均可支配收入之比是28.17%。② 中国的经济结构不仅具有发展中国家二元经济结构的典型特征，而且是特殊的“双层刚性二元经济结构”，从总体上是城乡二元经济结构，而每一元又分为两层：从城市来看，是现代工业与传统工业并存；从农村看，是传统农业与以乡镇企业为代表的现代农业并存。

其三，工业企业生产效率低，技术创新能力较差。目前，中国的工业企业尤其是制造业与发达国家相比还有很大差距。中国是仅次于德国的制造业大国。2009年，我国装备制造业增加值占全国工业增加值的比重达28%。但是人均劳动生产率不高，2009年，我国制造业的人均劳动生产

① 新华社记者陈二厚、林红梅、谢登科：《关键之举带给百姓十大利好》（http：//news.sina.com.cn/c/2005-12-08/09157653253s.shtml）。

② 国家统计局：《中国统计年鉴2011》，中国统计出版社2011年版，第49页。

率即人均增加值为9836美元/人。[①] 而美国、日本、德国和英国制造业的人均增加值在1992年就已分别达到81356美元、92584美元、79619美元和55072美元，韩国、巴西和墨西哥分别达到了40918美元、61596美元和25931美元。[②] 除了管理机制不健全等因素外，技术创新能力较差，是限制制造业乃至整个工业总体生产效率提高的主要因素。2006年，中国制造业关键技术对外依赖度达50%，60%以上的装备需要进口，科技进步贡献率仅有30%。而研发（R&D）投入比重低制约了科技创新能力的提高。2006年，中国高技术产业R&D经费占工业总产值比例只有1.30%，而美国是12.5%，日本是9.96%，德国是9.37%。[③] 2010年，全国研发经费总投入较高，按汇率折算是1000亿美元，仅次于美国和日本（美国是3250亿美元，日本是1230亿美元）排到世界第三位，但是R&D经费投入与国内生产总值GDP之比只有1.75%，远低于美国的5.9%和日本的2.7%。[④] 此外，在欧盟发布的2010年度全球企业研发投资排行榜中，美国在研发投资强度高的行业仍占主导地位。2009年，若将工业行业按研发投资强度高、中高、中低和低分成四类，从各国在高强度行业的研发投资看，美国占本国研发总投资的69%，日本占总投资的37.8%，欧盟占总投资的34.9%。欧、日继续在中高投资强度行业占主导地位。例如，欧盟汽车行业占整个汽车研发投资的43.5%，化工行业占40.3%。在这两个行业中，日本企业分别为36.3%和34.4%。在此排行榜中，中国仅有21家公司上榜，韩国却有26家，而美国有504家公司在列，是全球研发投资总额的最大贡献者。[⑤] 专利是技术创新的直接体现，而目前中国的专利申请数量少。截至2007年年底，我国有效专利总量为85.0万件，远低于日本（238.48万件）、美国（163.32万件）、德国（153.15万件）、英国（151.33万件）[⑥] 等发达国家的申请量。这表明中国在核心技术和

---

① 国家统计局：《中国统计年鉴2010》，中国统计出版社2010年版，第58页。

② 国家统计局：《国际统计年鉴1993》，中国统计出版社1993年版，第91页。

③ 国家统计局：《国际统计年鉴2006》，中国统计出版社2007年版，第102页。

④ 程如烟：《全球研发投资稳增　中国研发支出或居世界第二》，《人民日报》2011年1月12日。

⑤ 国务院发展研究中心国际技术经济研究所：《欧盟发布2010年度全球企业研发投资排行榜》，《环球财经》2011年2月16日。

⑥ 中华人民共和国科学技术部：《中国科学技术发展报告2008》（http://www.most.gov.cn/kjfz/kjxz/2008/201003/P020100304395910319841.pdf）。

关键技术的掌握程度上与发达国家的差距，也反映出中国制造业较高的外贸依存度。加之，我国缺乏高新技术的风险投资机制，更加制约了自主创新技术的发展。

其四，区域产业结构特色不足，趋同化趋势明显。尽管东、中、西部的资源和经济技术环境存在很大差别，但在工业产品结构中相似程度很高，即产业趋同化趋势明显。所谓产业趋同，是指一个国家各地区的产业结构在动态的发展演变过程中表现出的某种相似或共同的倾向，是产业结构不合理的表现之一。我国地区间产业结构趋同主要表现在:(1) 各地区产业结构处于成长初级阶段，大多以劳动密集型产业为主导。(2) 各地区产业结构趋同，都在追求“大而全”、“小而全”的产业结构。这使得我国东部、中部与西部地区之间的工业结构非常相似。1997 年，全国有 23 个省份生产洗衣机，29 个省份生产电视机，23 个省份生产电冰箱，钢铁企业分布于 29 个省份。[①] 不仅地区产业存量同构，而且铺新摊子、建新企业、上新项目的增量投资趋同。(3) 区域之间缺乏有效的分工协作。各地区在发展本地区产业的过程中，盲目追求自成体系，专业化协作程度低，大中小企业间缺乏有效的分工协作，很难形成相互协调合作的企业集群。在专业化比较发达的汽车行业，日本、美国的零部件协作工厂有上万家，企业集群已成规模。而我国的一汽、二汽的零部件协作厂不足 200 家。[②] (4) 各地区的支柱产业结构相似。以“十五”期间为例，大多是汽车、电子、机械和石化。其中，将汽车列为支柱产业的省份有 22 个，将机械工业列为支柱产业的省份有 16 个，将化工工业列为支柱产业的省份有 16 个，有 24 个省份将电子工业列为支柱产业。[③] 产业结构趋同化带来很多问题：低水平重复建设严重，造成低技术生产能力过剩、高技术含量产品的生产能力又十分不足；出现了程度不同的贸易与要素流动的壁垒，不仅扭曲了资源配置，降低了生产效率，而且不利于提高产业集中度和整体竞争能力，同时也阻碍了地区优势的发挥，加剧了地区之间的发展差距。

---

① 陈东琪、邹德文:《共和国经济 60 年》，人民出版社 2009 年版，第 455 页。

② 同上书，第 445 页。

③ 陈秀山:《中国区域经济问题研究》，商务印书馆 2005 年版，第 14 页。

三　当代中国工业化与经济追赶的理论依据

（一）理论基石：马克思主义的工业化与经济社会发展理论

马克思主义工业化思想关涉多个方面，以下仅择其要点略加考察。

1. 工业化与多重社会变革

作为划时代的变革，工业革命不仅改变了生产方式，而且也改变了整个社会。对此，马克思说："现在的社会不是坚实的结晶体，而是一个能够变化并且经常处于变化过程中的有机体。"① 因而，在工业化历史进程中，生产社会化、市场化、城市化、国际化和全球化以及政治民主化与文化多元化等交织在一起，组成了波澜壮阔的多重社会变革。

第一，工业化与市场化的耦合结构。马克思关于工业革命对旧的生产方式的破坏以及国内统一市场的形成等方面的分析，实际上揭示了工业革命所引起的商品货币关系方面的变革过程。工业化过程同时也是商品化、市场化的过程，即商品经济或市场经济的形成、发展过程。马克思曾经以中世纪欧洲的封建城堡在商品货币关系的侵蚀下土崩瓦解为例，来说明商品经济对传统社会经济解体从而对实现工业化的作用。他十分强调市场是机器大工业发展的生死攸关的条件，并从基本动力、市场机制、消费需求和社会分工等方面对此加以说明。这对我们走市场经济体制下的工业化道路有理论借鉴意义。

第二，工业化与城市化的互动关系。马克思是研究城市化问题的先驱之一。早在19世纪40年代，他在《德意志意识形态》中，就首次较为系统地分析了城市产生的历史过程。在《共产党宣言》中，他肯定城市化是资产阶级的伟大历史贡献之一。在1858年《政治经济学批判》中，他提出了"现代的历史是乡村城市化，而不像古代那样，是城市乡村化"② 的论断。从现有的资料看，马克思主要从社会结构变革的角度，着重研究了工业化与城市化之间的互动关系。他虽然没有专门创建一个城市化理论体系，但是他的研究仍然具有奠基性理论价值。这对我们理解工业

① 《马克思恩格斯全集》第44卷，人民出版社2001年版，第10页。

② 《马克思恩格斯全集》第46卷，人民出版社1979年版，第480页。

化在现代化中的基础地位和解决“三农”问题以促进工业发展有理论参考作用。

第三，工业化与全球化的内在联系。工业化过程必然表现为社会化大生产在全球不断扩张的过程。反过来看，只有在全球化范围内，才能更深刻地理解工业化，工业化本质上就是一个世界性范畴。马克思始终从大工业发展的必然性来谈全球化，认为工业化构成全球化的客观基础。他说：“大工业通过普遍的竞争迫使所有个人的全部精力处于高度紧张状态。它尽可能地消灭意识形态、宗教、道德等等，而在它无法做到这一点的地方，它就把它们变成赤裸裸的谎言。它首次开创了世界历史，因为它使每个文明国家以及这些国家中的每一个人的需要的满足都依赖于整个世界，因为它消灭了各国以往自然形成的闭关自守的状态。”① “大工业建立了由美洲的发现所准备好的世界市场。世界市场使商业、航海业和陆路交通得到了巨大的发展。这种发展又反过来促进了工业的扩展。”②

第四，工业化与科技革命。马克思非常看重科学技术对推动社会经济发展的杠杆作用，他曾把中国传到欧洲的火药、指南针和印刷术三大发明看做预告资本主义社会到来的最强大的杠杆。工业革命之所以创造出巨大的生产力，关键在于科学技术转变成了现实的生产力。工业革命与科技革命是密不可分的。在马克思看来，资本主义经济的发展，使科学技术在人类历史上第一次实现了与社会生产的紧密结合，开始了经济科技一体化的进程，使科学真正变成了运用于实践的科学，从而形成了科技发展的内在驱动机制。因此，科技革命最终必然导致工业革命。

2. 对工业文明的历史反思

熟读马克思著作的人，大都能体会到马克思理论中有一种深沉的历史感。这种历史感来自他对人的发展的深切关注，来自他对人类历史命运的深层思考。他经常批判资产阶级经济学家“见物不见人”，这里除表示马克思对他们忽视人与人之间关系的批判外，也凸显了他的“以人为本”的发展理念。马克思、恩格斯深刻认识到工业文明的历史意义，认为机器大工业的发展是历史发展的基础和动力，因而充分肯定了工业革命的历史合理性。但是，他们也清楚地看到工业化生产方式的弊端，深刻揭示了传

① 《马克思恩格斯选集》第1卷，人民出版社1995年版，第114页。

② 同上书，第273页。

统工业化过程中的各种冲突和危机，即所谓的“工业文明病”：在人与自然的物质变换方面，机器大工业强化了人与自然的矛盾；在个人与社会的关系方面，工业化造成了人的异化；在阶级、民族、国家等社会关系方面，工业化造成了空前激化的社会矛盾和社会动荡。

3. 关于后发国家的跨越式发展

在马克思的晚年，他通过对俄国农村公社等问题的深入研究，提出了“跨越论”思想。马克思一方面把发展看成是一个自然历史过程，认为不同国家在同一历史时期的发展方式和发展道路上存在差异，因而产生了先发国家和后发国家，世界文明也因此呈现出多元化状态。东方落后国家可以根据自身所处的特殊历史环境，走出一条不同于西欧发展的特殊道路，这就是跨越发展之路。在马克思看来，就人类社会这个总体而言，资本主义社会是其发展过程中的必经阶段；就各个具体的国家而言，则并非如此。某些国家在特定的历史条件下，借助外界的影响，可以跨越资本主义发展阶段。

“跨越论”所显示的仿佛只是生产关系的跨越发展。事实上，生产力的跨越是题中应有之义，生产力跨越是社会制度跨越的出发点和归宿。众所周知，马克思揭示了人类社会的基本规律，即生产力决定生产关系，生产关系的变革决定于生产力的发展。“各个人借以进行生产的社会关系，即社会生产关系，是随着物质生产资料、生产力的变化和发展而变化和改变的。”① 在马克思看来，处于19世纪末的俄国之所以可能跨越资本主义的“卡夫丁峡谷”，是因为其特有生产力方面的历史条件，即：虽然俄国存在以农村公社为标志的落后生产方式，但同时也存在先进的西方生产方式的影响，这就“使俄国可以不通过资本主义制度的卡夫丁峡谷，而把资本主义制度所创造的一切积极的成果用到公社中来”②。针对那种质疑跨越的可能性的观点，马克思说：“那我要向他们提出这样的问题：俄国为了采用机器、轮船、铁路等，难道一定要像西方那样，先经过一段很长的机器工业的孕育期吗？同时也请他们给我说明：他们怎么能够把西方需要几个世纪才建立起来的一整套交换机构（银行、信用公司等等）一下

---

① 《马克思恩格斯选集》第1卷，人民出版社1995年版，第345页。

② 《马克思恩格斯选集》第3卷，人民出版社1995年版，第765页。

子就引进到自己这里来呢?”① 为此，马克思认为，最大限度地占有发达国家的物质文明成果尤其是工业文明的成果，是实现制度跨越的保障和条件。

马克思在这里所反映的，其实是在一个具有普遍联系和普遍交往的开放性世界体系中，先发国家的先进生产力通过生产与交往而必然会对其他国家产生相应的影响。而这就是后发国家生产力跨越式发展的现实依据所在，即先发国家在人类文明形态的转型的过程中，先发国家文明形态的提升可以继续沿用原有渐进发展方式；而后发国家要完成双重发展的目标任务，就应该舍弃渐进发展方式而选择跨越发展方式，从而让文明形态互相融合、协同并行，最终实现本国文明形态的提升。当然，这种生产力的跨越与生产关系的跨越有所不同，它不是不经历生产力的某个阶段，而是几乎同时完成两个阶段，既体现了速度上的提升，又反映了两种文明形态的融合。就中国目前而言，就是以信息化带动工业化，同时完成工业化和信息化的任务，实现生产力的跨越式发展即经济追赶。

（二）理论借鉴：当代西方工业化与现代化发展理论的合理因素

1. 西方经济学中的工业化理论

在现代西方经济学中，有不少分支学科都涉及工业化问题。但是，并没有哪一门学科专门研究工业化理论。即使是工业发展学，也没有系统的工业化理论，而是偏重于研究工业发展的一些具体问题。从狭义的角度看，工业化理论主要产生于发展经济学的研究，因为发展经济学的主要任务就是研究农业国或发展中国家如何实现工业化和现代化。发展经济学中由此产生的著名理论也较多，例如，华尔特·惠特曼·罗斯托的“起飞”理论、罗森斯坦－罗丹等人的“大推进”理论、阿尔伯特·赫希曼的“非均衡”增长理论等。限于篇幅，本书以下选定发展经济学早期、中期、晚期三个有代表性的理论，即霍夫曼定理、威廉·阿瑟·刘易斯的二元经济结构理论和钱纳里的发展型式理论进行探讨。

德国经济学家霍夫曼的成名作《工业化的阶段和类型》发表于1931年，被视为发展经济学的奠基作之一。该书从产业结构演进的角度来研究工业化，主要分析工业结构演进的一般模式，并提出工业化过

① 《马克思恩格斯选集》第3卷，人民出版社1995年版，第762页。

程分为四个阶段。霍夫曼的理论后来被广泛用来分析轻、重工业结构变化以及工业化程度，其理论结论则被称为“霍夫曼定理”。霍夫曼定理的论证并不复杂，大致分为四个步骤：第一步是设立假定。首先假定工业分为两大部门，即消费品部门和资本品部门。第二步是提出两大部门比例或系数指标。霍夫曼认为，衡量经济发展的标准，不是产值的绝对水平或人均的产值，也不是资本存量的增长，而是经济中制造业部门的若干产业的增长率之间的关系。根据上述假定的分类，衡量经济发展的标准只能是消费品部门与资本品部门之间净产值的比值，这个比值后来被叫做“霍夫曼系数”或“霍夫曼比例”。第三步是把工业化分为四个阶段。根据上述系数指标和经验的测算，霍夫曼认为，第一阶段消费品部门与资本品部门的比值为5（±1），第二阶段的比值为2.5（±1），第三阶段的比值为1（±0.5），第四阶段的比值为<1。也就是说，在工业化的第一阶段，消费品工业在整个工业中居于压倒优势的地位，其净产值平均为资本品工业的5倍。在第二阶段，消费品工业的主导地位趋于削弱，在第三阶段，两类工业的净产值大致相当。到第四阶段，消费品工业已经不及资本品工业。第四步是得出结论。根据对上述三个阶段的分析，霍夫曼推导出的结论是：随着工业化的推进，消费品工业与资本品工业的净产值的比值是逐步下降的。反过来说，这个比值越大，说明工业化水平越低；比值越小，工业化水平越高，因而可以据此来判断工业化程度。这个结论就是所谓的“霍夫曼定理”。

国内近年来有不少人引用霍夫曼定理来分析中国工业化，并承认其解释的有效性，但也有人指出了霍夫曼定理的局限性。例如，张培刚先生认为，霍夫曼定理仅适用于演进型的工业化过程。“至于比较激进的或革命性的类型，其发展的次序并不一定与此相同，而且可以依政府的计划完全倒过来。”① 毫无疑问，霍夫曼定理并不能完全解释中国的工业化，但是应该肯定，霍夫曼提出的工业化的一般模式问题，以及从产业结构变化的角度揭示工业化的发展规律，都是富有创见性的，产业结构的变迁与升级也确实是推进工业化的有效途径。

美国经济学家威廉·阿瑟·刘易斯的二元经济结构理论，主要以亚洲经济落后、人口过剩的国家为研究对象，是关于发展中国家工业化非均衡

① 张培刚：《农业与工业化》（上），华中工学院出版社1984年版，第61页。

分析和发展战略研究方面的具有代表性的理论。这些国家的基本经济形态就是二元经济，即城市中新兴的资本主义工业与农村中庞大的传统农业部门并存。刘易斯认为，经济发展过程就是工业化带动城市化的过程，而实现工业化和城市化的关键是资本积累或提高资本形成率。对于二元经济国家，农村剩余劳动力无限地向城市转移，既能为资本积累创造条件，又能满足工业部门扩张的需要，从而推动工业化和城市化的进程。威廉·阿瑟·刘易斯根据落后国家的情况，提出了三个基本假设：落后国家的经济由城市工业部门和传统农业部门组成；工业部门的工资高于农业的收入水平；储蓄基本上由非工资收入者提供，资本家的利润全部用于储蓄。①

刘易斯模型的缺陷很明显，特别是其模型依据的假设有重大问题。其中，这一模型关于农村剩余劳动力的无限供给和城市中不存在失业的假设，并不符合发展中国家的实际情况；这一模型忽视了技术进步条件下经济发展对劳动力需求的变化等。但是，威廉·阿瑟·刘易斯强调发展中国家二元经济结构的差异，把工业化与城市化、经济增长过程与农村劳动力转移过程有机结合在一起，并将资本形成机制内含于经济结构变化的逻辑之中，这与发达国家所走过的道路的确有一致之处，对于今天发展中国家推进工业化也具有一定的参考价值。

美国经济学家钱纳里和塞尔奎因在1975年合著的《发展的型式：1950—1970》一书中，运用130个变量的两万个观察值，对101个发展中国家和地区的经济结构以及影响结构变动的各种因素进行了全面的分析，揭示了经济发展中结构变化的大国型式、小国型式、标准型式以及各国经济发展的不同特点，建立起独树一帜的发展型式理论。钱纳里认为，从历史上看，工业化一直是经济发展的中心内容，而发展就是经济结构的成功转变。其理论观点主要包括四个方面的分析：一是经济结构变动分析。他们认为，经济结构之间最有意义的变化是初级产品产业所占比重的减少，以及非农产业尤其是制造业份额的增加。二是经济增长与经济结构转变之间的互动关系。他们认为，经济结构必然随着经济的增长而发生变化，而经济结构的转变特别是非均衡条件下的结构转变，能够加速经济增长。因此，二者之间存在着密切的互动关系。三是工业化及经济结构转变的影响

① ［美］威廉·阿瑟·刘易斯：《二元经济论》，施炜等译，北京经济学院出版社1989年版，第149页。

因素。在他们看来，工业化是经济结构转变的重要阶段，是以各种不同的要素组合去满足类似的各种需求增长格局的一种途径。这些要素包括收入水平、资源禀赋、人口规模、政府政策及发展目标、国际资本、国际先进技术和国际贸易环境等。四是比较分析不同的工业化型式。他们认为，与工业化的初始条件（资源禀赋和人口规模）相联系的贸易战略和政策的区别，是各国经济结构转变和工业化所处阶段之所以不同的主要原因。因此，根据发展战略特别是贸易战略和政策的区别，可将发展中国家或新兴工业化国家或地区的工业化过程大致分为外向型、中间型和内向型三种主要形式。其中，内向型和外向型之间具有有机联系，在实施外向型战略之前，需要一个进口替代和深化投入产出关系的时期，即需要建立和发展国内的工业基础。

在一些学者看来，钱纳里理论建立的多国工业模型没有充分考虑发展中国家的不同特点，这是一大致命弱点。但是，它从经济结构变动的角度来研究工业化，阐明了经济结构转变、经济增长以及工业化之间的一般关系，并对影响经济结构转变及工业化的各种理论因素进行实证分析，特别是对需求因素的分析，拓宽了工业化理论的视野，对中国工业化与经济追赶具有一定的理论借鉴价值。

2. 西方经济学中的后发优势理论

美国经济史学家亚历山大·格申克龙基于对德、意等国经济追赶经验的总结，提出了后发优势理论。如本书第二章所论，在亚历山大·格申克龙看来，所谓的后发优势是指工业化后来者由于落后本身所具有的特殊益处和优势。显然，后发优势在先发国家是不存在的，而所谓的后进国是指在发动工业化和进入工业化时间上相对滞后的国家。后发优势是工业化进程的时间差而导致的一个范畴，因此与国家之间因人口、资源、土地等空间差异形成的比较优势区分开来。亚历山大·格申克龙指出："一个工业化时期经济相对落后的国家，其工业化进程和特征在许多方面表现出与先进国家（如美国）显著不同。"① 而不同的落后程度一方面决定了工业化起步阶段"突进"的程度，另一方面也直接导致了后发国家的工业化在

① ［美］萨缪尔·亨廷顿：《现代化理论与历史经验的再探讨》，罗荣渠译，上海译文出版社1993年版，第222页。

产业结构、市场结构和工业化体制等方面的显著差别。① “根据落后的程度，国家应在缺乏促进经济增长的市场力量的情况下充当增长的工具。在极端落后的国家中，工业化过程将是被迫型的、侧重于生产资料的生产、增长迅速而不持续、发生在农业停滞的情况下的，而它的最后一个但不是最不重要的特点是：它的变化过程将取决于政治动机。”②

亚历山大·格申克龙认为落后国家的后发优势主要体现在四个方面：一是所谓“替代性”的广泛存在。所谓替代性，实质上指的是取得同样结果的手段或是器具的替代性，在制度安排上的多样性和可选择性。他强调指出，由于缺乏某些工业化的前提条件，后发国家可以也只能创造性地寻找相应的替代物，以达到相同的或近似的工业化结果。替代性的存在一方面在于资源条件的可选性和时间上的节约，同时也在于后发国家能够也必须根据自身的实际，选择有别于先进国家的不同发展道路和不同发展模式。这就显示了后发国家存在多种途径达到同一种效果或者是从事相类似活动的可能性。二是后发国家引进先进国家的科学技术和设备，提高本国或本地区的技术水平。亚历山大·格申克龙指出，对先进技术的模仿和借用，使后发国家可以有一个较高的起点。引进先进技术是正在进入工业化国家获得高速发展的首要保障因素，资金的引进也可以解决后发国家资本严重短缺的问题。三是可以借鉴发达国家在先发过程中积累的经验和教训，避免或少走弯路，以增强自己在经济发展中的选择能力、判断能力和创造能力，从而有可能缩短初级工业化时间，较快进入较高的工业化阶段。四是后发国家追求自身发展的愿望和先进国家的经验刺激和歧视，会使后发国家形成对经济落后和寻求工业化发展的强烈而紧张的社会意识，最终转变为强大的现代化推动力。亚历山大·格申克龙的理论对我国坚定走新型工业化道路，通过有效发挥后发优势实现经济追赶的信念提供了理论支持。

四　当代中国新型工业化道路的基本特征

当代中国新型工业化道路既不同于欧美国家的先发工业化道路，也有

① 吕爱权：《后发优势理论与赶超发展战略的选择》，《学习与探索》2005 年第 4 期。

② ［美］萨缪尔·亨廷顿：《现代化理论与历史经验的再探讨》，罗荣渠译，上海译文出版社 1993 年版，第 223 页。

别于其他后发国家的一般追赶型道路，而具有自身鲜明的个性特征。

（一）跨越式的工业化

中国新型工业化道路是后发式的。与已进入后工业社会的发达国家相比，我国工业化水平差距依然很大。这种差距客观上使我们在推进新型工业化时具有明显的后发优势。中国工业化的后发性决定了中国的新型工业化是跨越式的。工业化的跨越式发展是指落后国家直接吸收发达国家的科学技术、管理经验、制度等人类先进文明成果，超越一些发展阶段和发展过程，快速提升工业化水平，使其在经济、科技、文化等领域实现跃进的一种工业化方式。跨越式工业化打破了以往经济发展缓慢、渐进、稳步的常规顺序，以快速、突进的特征出现，在较短的时间内完成了由较低生产形态向较高级生产形态的转变，使生产力水平迅速提高，进而实现社会经济整体跨越式发展。后发优势对发展中国家的经济发展无疑具有重要意义，但是，要实现后发优势需要具备一定的前提条件：首先，后发优势是一种潜在优势，它需要借助一定的社会能力（主要指企业家队伍、现代公司制度、资本积累、技术积累和比较完备的政治、经济、法律、文化制度等），而且这种社会能力越强，后发优势也就越容易发挥出来。其次，后发优势的发挥是一个不断重复学习、积累、创造的过程。要发挥后发优势，首先要学习和模仿，然后是积累和创造。因此，发挥后发优势的过程就是不断模仿、创新的。最后，后发优势是一种相对优势。后发优势源于落后，落后也存在着劣势，并主要表现在：一是依附发展的可能性；二是不平衡发展；三是社会的发展容易出现紊乱的情形；四是容易形成相对较高的社会期望值；五是贫富差距容易迅速拉大；六是面临着以强势经济和强势科技为基础的外来大众文化的侵蚀。

（二）信息化带动的工业化

以信息化带动工业化，以工业化促进信息化，是新型工业化最根本、最重要的特征，是实现中国经济跨越式发展的根本途径。

信息化与工业化的关系，既是当前一个重大的理论问题，也是非常重要的实践课题，二者互动协调的结果直接关系到我国新型工业化和现代化的进程和成败。前面我们论及了工业化对现代化的基础作用，事实上，信息化对当代社会的影响同样不可忽视。自 20 世纪 90 年代以来，信息化对整个社会的影响越来越深入、作用越来越明显、形式越来越多样、速度越来越快。由于信息技术及其产业的发展具有应用性广、渗透性强、影响力大等特点，这就决定了信息化发展不仅没有简单地排斥传统产业部门，而且会对传统产业部门进行深度改造，提高传统产业产品的科技含量，增加其附加值，进而提高传统产业的技术状态和管理水平。同时，信息化的发展大幅度提高了资源配置效率，为加快新型工业化发展开辟了新的道路。

鉴于信息化对工业化的作用，中共十五届五中全会正式提出要以信息化带动工业化，发挥后发优势，实现社会生产力的跨越式发展。十六大又提出“以信息化带动工业化，以工业化促进信息化”的战略任务。我国在跨越资本主义“卡夫丁峡谷”之后，要继续跨越现代化的“楚汉鸿沟”，其基本路径就是走以信息化带动工业化、以工业化促进信息化为根本特征的新型工业化道路。这条新道路是实现第二次跨越的关键。这里还需要特别注意的是，跨越式发展并不等于工业化可以直接被跨越。对于像我国这样一个人口众多且素质不高、经济基础比较薄弱且经济环境复杂、地域广阔且差异大的发展中大国来说，要全面进入信息社会，没有强大的坚实的工业化基础，就难以确保整个经济体系的安全和健康。因此，工业化是一个必需的过程，而不能整体被跨越。实现跨越式发展绝不是不要工业化，而是如何协调信息化与工业化的关系，利用信息化带动工业化的快速发展。

（三）区域协调的工业化

区域经济发展不平衡是世界各国长期以来普遍存在的现象。由于自然、历史、社会等因素，我国东、中、西部三个区域在社会经济发展上存在明显差异。如何缩小地区差距，实现区域经济共同发展，成为我国工业化和经济追赶进程中一个不容回避的重大问题。基于新中国成立初期我国区域经济发展的极端不平衡，毛泽东选择并实施了区域均衡发展的策略。但在20世纪50年代末以后，由于国际局势紧张和中苏关系恶化，国家又采取了对中西部地区极度倾斜的思想，搞了大规模的“三线”建设。十一届三中全会以后，邓小平根据我国国情及国际形势的变化，针对以往“重内地、轻沿海”的做法，实行了“先东部、再中部、再西部”的非均衡区域发展战略。工业分布从东到西明显地呈现三级梯度，密度依次递减。90%以上的煤炭和水力资源、70%以上的石油天然气资源蕴藏在西部，而工业布局的60%以上却放在东部，尤其是能耗多的重工业占有较大比重；固定资产投资和固定资产构成也是东高西低；250多个城市拥有全国工业固定资产的2/3，提供了全国75%以上的工业总产值和80%以上的国家财政收入，围绕这些城市的却是经济不发达甚至相当落后的广大农村。[①] 以江泽民为核心的第三代中央领导集体，着眼于中国经济社会的新发展和新实践，在认真吸取前两代领导人区域经济发展战略实践经验教训的基础上，经过积极探索，及时提出了"东部加快发展、中部崛起、东北振兴、西部大开发"的区域经济协调发展的新思路。

学术界很多学者在研究三代领导集体的区域发展战略时侧重于比较其不同，在论及其联系时，也大多认为都是基于不同时期国情的分析，其根本目标都是为了共同富裕，而较少从理论上论及均衡、非均衡与协调的关系。我们认为，首先应该实事求是地承认，现实经济是非均衡经济，非均衡发展有其内在必然性。经济增长是从非均衡开始的，通过不断协调和调整达到新基础上的非均衡，进而使经济持续发展。非均衡发展表现为经济发展领域的主次安排和经济结构顺序的优先考虑，为的是达到资源的有效配置，促进经济增长方式的转变和经济发展水平的提高。工业化和经济追赶首先必定是产业和区域经济结构的非均衡调整过程，因为各个地区的条件和优势各不相同。而区域协调的工业化，作为新型工业化在经济布局方面对区域发展的体现和要求，是指在宏观调控作用下，充分利用不同区域各自的特点和优势，最大限度地发挥区域之间互补的整体优势和综合比较优势，形成参与国际分工和竞争的合力，促进社会整体的健康发展，同时逐步缩小区域间的差距。这其实还是一种非趋同的、非均衡的发展态势，只不过它同时要求不同地区之间的良好协作，也就是各经济行为主体均以区域协调发展为己任，一切利益行为都服从整体发展的需要，以推动中国生产力布局合理化，促进资源的有效开发和资金、技术、人才的合理流动，改善产业结构、产品结构和产业组织结构，从而减缓地区差距扩大的速度和逐步缩小地区发展差距。其实，不论是在外国还是在中国，工业化和经济发展的过程都是非均衡的，但所要达到的目标都是多元化的、可持续的均衡发展，都是试图以某个地区的优先发展来带动其他地区的有序发展。从非均衡到均衡再到非均衡包含着深刻的马克思主义的辩证思维：任

① 陈秀山：《中国区域经济问题研究》，商务印书馆2005年版，第41页。

何一个国家或地区都必须统筹协调与外界的各种联系，立足于自身的生存基础，实现多元化、可持续的均衡发展，努力从较低层次的均衡不断过渡到较高层次的均衡即协调发展。

（四）产业协同的工业化

产业协同发展以及由此带来的产业结构优化升级是新型工业化的题中应有之义。工业化的进程，实际上就是不断改变、协调各产业间相互关系的过程，是产业结构优化升级的过程。世界各国尤其是前面提到的日本和韩国工业化和经济发展的一般历史经验表明，伴随着经济的发展和国民收入水平的提高，产业结构将发生相应的变化，而这种变化具有明显的规律性，即具有由低水平均衡向高水平均衡有序演化的特征。总体而言，产业结构的重心具有以下演变顺序：农业—轻工业—基础工业—重加工业—轻重结合高技术加工业—现代服务业。这种产业结构的变革，是由劳动力、资本在三次产业间发生的规律性流动和转移带动的。由于产业间产品附加值的差异以及由此带来的相对收入的差异，劳动力首先由第一产业向第二产业转移。当人均国民收入水平进一步提高时，劳动力又向第三产业转移。社会资本分布的重心也逐步从第一产业向第二、第三产业转移。与劳动力和资本在三次产业间转移相适应，三次产业间国民收入的相对比重也在发生相应的变化，第一产业比重不断下降；第二产业比重由快速上升逐步转为下降；第三产业历经上升、徘徊、再上升的发展过程，逐步成为国民经济中最大的产业。产业结构的重心明显按第一、二、三产业的顺序转换，反映了产业结构演化的一般趋势。工业化不仅是工业部门比重不断上升的过程，而且是工业部门内部结构不断变化的过程。如前所述，霍夫曼通过设定所谓霍夫曼比例或霍夫曼系数（消费资料工业净产值/资本品工业净产值），提出一国工业化的进展中霍夫曼比例呈现不断下降的趋势。一般而言工业化过程要经历三大阶段：消费品工业居主导的阶段；资本品工业（如冶金、化工、机械、汽车等）加速发展并逐步赶上消费品工业的阶段；资本品工业居主导的阶段。①

必须注意的是，与发达国家工业化过程不同的是，发展中国家在工业化过程中的产业结构变化往往具有自身的特点。发展中国家一般制定和实

① 赵国鸿：《论中国新型工业化道路》，人民出版社 2005 年版，第 7 页。

施追赶型经济发展战略，政府更深地介入经济发展过程，在发展的初期往往经历经济增长速度较快的时期，但由于原有的经济基础薄弱，基础设施和基础产业难以适应经济高速增长，形成基础产业的短缺制约，使得国民经济的可持续发展能力较差。与工业化国家自然渐进式的工业化道路不同，发展中国家的产业结构变化常常是以突变和跳跃式的形态进行的，带来了产业结构的剧烈变动。同时，由于各个发展中国家的国情和工业化道路不同，包括中国在内的许多发展中国家的产业结构变革会出现某些方面和某种程度的结构偏差。新中国的工业化进程起始于1953年开始的国民经济发展第一个五年计划，中国并没有沿用其他国家一般采用的从轻纺工业起步的工业化道路，而是实行"优先发展重工业"的战略。1952年至1965年期间，重工业总产值年均增长15.5%，高于轻工业5.5个百分点，重工业在工业总产值中的比重也迅速由35.5%提高到48.4%，到1978年，我国工业总产值占社会总产值的比例由1952年的34.4%上升为61.9%，却仍有80%的劳动力从事农业生产。1953年至1978年农业年均增长速度只有2.1%，农业收入长期得不到改善。[①] 农业、轻工业、重工业比例关系失调，产业结构的超前转换和畸形演进，使国民经济因产业结构矛盾而处于严重波动之中，缺少稳定、持续的增长能力。基于这一历史教训，中国在当前的新型工业化进程中应特别注重遵循产业协同的一般规律，使产业结构朝着合理化、高度化和提高整体竞争力的方向发展：要正确处理好工业结构中轻工业和重工业的关系；要正确处理好国民经济结构中三次产业之间的关系；要正确处理好高新技术产业与传统产业的关系；要正确处理好资金密集型产业和劳动密集型产业之间的关系；要正确处理好实体经济与虚拟经济之间的关系。

（五）全面发展的工业化

传统工业化往往追求片面的发展、一时的繁荣，而牺牲了全面、协调、和谐的发展，其代价是巨大的、惨痛的。新型工业化必须以全面发展为目标，走经济发展与社会发展相协调、经济发展与人的发展相结合、人与自然和谐发展的道路。这是新型工业化道路与传统工业化道路最重要的

---

① 翟书斌：《中国新型工业化路径选择与制度创新》，中国经济出版社2006年版，第46页。

区别之一。

新型工业化体现着科学发展观，是马克思主义发展理论的继承与发展。马克思主义的发展理论是以科学的发展为基础，突出生产力是社会进步、发展的最终动因，是标志社会历史由低级阶段走向高级阶段的最终尺度。马克思主义发展理论的核心是社会发展，而社会发展又以人的自由、全面发展为基础。马克思提出：未来社会是“一个更高级的、以每个人的全面而自由的发展为基本原则的社会形式”①。可以说，人的自由、全面发展是马克思主义价值观的核心理念，促进人的自由全面发展是建设社会主义的本质和归宿。

新型工业化体现着科学发展观，是对国内外工业化和经济追赶经验和教训的科学总结。从单纯追求经济增长到确立以人为本的全面发展战略，这是世界性的发展观转变，是大多数发展中国家走过的道路。第二次世界大战以后，许多发展中国家从帝国主义的殖民统治下解放和独立出来，而面临尽快发展社会生产、改善人民生活的首要任务。在这种情况下，多数发展中国家都确立了以 GDP 增长为目标的发展战略。联合国第一个发展 10 年（1960—1970 年）规划报告和第二个发展 10 年（1970—1980 年）规划报告，也都有把 GDP 增长等同于社会发展的趋向。但是，许多发展中国家出现了资源浪费、贫富悬殊、产业畸形、生态环境恶化、债台高筑等问题，而诸如平民教育、劳动保护、社会福利、医疗保健等基本公共服务也被作为经济增长的代价牺牲掉了，造成所谓“有增长而无发展”的困境。改革开放以来，伴随着 GDP 总量的大幅度跃升和经济的高速增长，中国的工业化进程中也出现了片面的、不协调的和不利于全面发展的社会、经济和生态问题。除了城乡发展不协调、地区发展不协调、人与自然不和谐外，现阶段我国在社会发展滞后于经济发展方面的问题也比较突出。比如，就业形势严峻；基本公共服务体系不健全、不均等；基础教育、公共卫生与基本医疗、社会养老保障等公共支出比例偏低；社区自治、社会组织建设、群众利益维护、社会矛盾处理、公共安全体系建设等社会管理的能力亟待加强，体制也有待创新。这些问题，已经成为我国推进工业化、现代化和全面建设小康社会的巨大障碍。为此，必须纠正传统工业化、现代化过程中出现的重经济指标轻社会进步、重物质成果轻人本价值、重眼前利益轻长远福祉的偏颇，走经济社会全面发展的工业化道路。

---

① 《马克思恩格斯选集》第 2 卷，人民出版社 1995 年版，第 239 页。

五　当代中国新型工业化道路的路径选择

（一）优先发展以信息技术为先导的高新技术产业

走新型工业化道路，实现经济跨越式发展的关键在于，坚持以工业化促进信息化，以信息化带动工业化。信息化作为人类社会发展过程中的一个特定阶段，是工业社会向信息社会前进的过程中，加快信息高科技发展及其产业化、提高信息技术在经济与社会各领域的推广应用水平并推动经济与社会可持续发展的过程。在这个过程中，社会生产力将实现由农业、工业时代向信息时代转变；经济发展形态将由工业化向信息化过渡，即由注重物质、劳动的密集投入的粗放型生产方式，向注重知识、信息的密集投入的集约生产方式的过渡。

信息化过程包括三个递进的层次：一是信息产品的研制和生产。信息生产要求发展一系列高新信息技术及产业，既涉及微电子产品、通信器材和设施、计算机软硬件、网络设备的制造等领域，又涉及信息和数据的采集、处理、存储等领域。二是信息产品和技术在经济领域的应用。信息产业的知识密集型特点决定了其科技含量高，而强大的外部性决定了其可以渗透到经济的各个领域。主要表现在用信息技术改造和提升农业、工业、服务业等传统产业上。三是信息化在全社会的普及和应用，即实现信息社会化。①

信息化体现了当代最先进生产力的发展潮流，迎接这一潮流，要求我们在工作方式、思想观念等方面都必须进行深刻的变革，采取积极有效的措施。

第一，加大对信息产业的资金投入。信息产业是一个高投入的产业，同时也是高风险的产业。应尽快建立国家风险投资基金，以加大对信息产业和信息科研的投入。特别应集中力量实施集成电路升级、第三代移动通信产业新跨越、数字电视推广、软件及信息服务培育、计算机提升和下一代互联网应用六大工程，支持信息产业技术改造和自主创新项目建设，鼓励引导社会资金投向电子信息产业。

① 李富强等：《知识经济与信息化》，社会科学文献出版社1998年版，第102页。

第二，加快现代信息基础设施建设。信息基础设施建设主要是运用数字技术、微波技术、激光技术，以宽带大容量光纤、卫星、微波装置为传送通道，集计算机、电视、电话、录音和录像功能为一体，可以传送、接收、储存、处理语言、图像、数据、文字等信息的多媒体高速信息网建设。[①] 信息基础设施是信息化的物质基础，应通过信息基础设施先行、大力发展信息高速公路，提高信息化的装备和系统集成能力，最终保障和提升信息产业的发展。

第三，推广应用信息技术，强化公共信息资源共享。信息技术应用和信息资源的社会共享是信息化的核心。信息技术推广应用要贯彻落实好科学发展观，围绕经济社会发展、转变发展方式这个中心，服务信息化建设和信息产业发展大局，实现科学发展并由人民共享发展成果。为此，应强化实现一批信息化重大工程，提高计算机和网络的普及应用程度，提高电话、有线电视和上网的普及率，并加快推进政务、金融、外贸、广播电视、教育、科技和公用事业等领域的信息化进程。尤其应注意铲平地区之间的“数字鸿沟”，避免信息资源占有程度的社会分化，实现地区之间信息共享，推进区域信息的公平化。

第四，营造有利于信息化的体制及制度环境。信息化的推进离不开管理体制和经营机制问题的妥善解决，也离不开良好的制度环境。要充分发挥市场机制对信息资源配置的基础性作用，信息化体制的建设应以反垄断、维护安全、保护知识产权和信息公开与公平为主要内容。在传统经济当中，政府通过边界的管制可能成为地方性的垄断者；在现代经济中，数字化规则要求一切体制和制度都要逐步地与国家惯例相兼容和接轨，提高公平性和透明度。信息安全制度的建设也尤为重要。我国信息安全专家认为，现在的网络与信息安全保障受到的威胁主要来自系统自身的缺陷，而泄密和内部人员犯罪已超过病毒和黑客侵袭，成为造成威胁的第二位原因。由此来看，信息安全不是简单的技术问题，在通过技术防范病毒和黑客破坏的同时必须加强信息安全的法律、法规体系建设，必须建立健全我国的信息安全认证系统。

---

① 马迪军：《工业化、信息化与跨越式发展》，《探索与争鸣》2002 年第 2 期。

（二）以高新技术产业带动产业结构优化升级

现阶段我国传统产业主要包括农业、传统工业及服务业。这些产业存在的历史长，目前仍然是为我国创造物质财富的主要产业。信息产业与传统产业的关系本质上是信息化与工业化关系的微观体现。信息产业作为新兴战略产业，具有高技术、高渗透、高增值、高带动的特点，它除了在产业内部循环自我增值以外，更重要的增值途径是通过对传统产业进行改造，在使传统产业增值的过程中获得信息产业更广阔的市场发展空间。信息产业的自我发展、自我增值即为“信息产业化”，信息产业通过向传统产业提供高新技术、信息设备和信息服务，渗透提升传统产业即为“产业信息化”[①]。产业信息化和信息产业化的关系可以表述为：产业信息化是信息产业化的基础，它为信息产业化的兴起和发展提供必要的“土壤”与“气候”条件，比如巨大的应用市场。信息产业化往往萌芽壮大于产业信息化的过程之中，直到最后相对独立为一个产业分支，同时，它又大大加快了产业信息化的过程，并促使其达到前所未有的广度与深度，两者之间密不可分。

产业信息化的实现途径有以下四种：第一，渗透提升。即通过信息技术在传统产业中的应用提升传统产业。例如，在农业中利用计算机和控制技术实现品种选育、模式化栽培、节水灌溉等的自动化和智能化，实现农业的精准化发展；利用农业信息网络系统还可以加速农业的市场化、现代化进程。又如，在工业中大力推广应用计算机集成制造技术，有利于缩短开发周期和降低制造成本，满足用户多样化的需求，增加产品技术含量，实现产品更新换代。第二，分化重组。信息技术催生出光机电一体化产业、光学电子产业、汽车电子产业等一批新产业，带动了经济结构的调整，促进了我国经济增长方式从粗放型向集约型转变，从而带动了新产业的发展。总之，信息技术能催生新的产业、淘汰一部分旧产业，最终导致传统产业的分化重组。第三，促进创新。传统产业在采用信息技术后，必然促进技术创新（如开发技术创新、生产技术创新）、管理创新（如工艺管理创新、销售管理创新）、制度创新（如产权结构、组织制度）等。第四，拓展市场。信息产业通过提供新的高技术、高性能的产品和服务，

① 李富强等：《知识经济与信息化》，社会科学文献出版社1998年版，第126页。

突破了现有的需求约束，创造新的市场需求。此外，基于网络的商业模式可以突破时空限制，使传统产业的产品能够更便捷、更低成本地进入全球市场。

（三）坚持工业新型化和农业产业化并重

马克思曾用历史与逻辑的双重方法论对农业产业在经济社会中的地位给予了肯定。他在论述地租问题时强调了农业在国民经济中的基础作用，指出："超过劳动者个人需要的农业劳动生产率，是一切社会的基础"[①]；"农业劳动不仅对于农业领域本身的剩余劳动来说是自然基础，而且对于其他一切劳动部门之变为独立劳动部门，从而对于这些部门中创造的剩余价值来说，也是自然基础"[②]。他甚至还将农业部门作为社会生产劳动的必要部门来看待，并从经济发展史的角度指出："农业的一定发展阶段，不管是本国的还是外国的，是资本发展的基础。"[③] 事实上，马克思从历史发展的纵向即产业演进、分化角度与国民经济的横向角度，都强调了农业的基础地位。站在今天的视角解读马克思的有关论述，可以得出如下结论：如果没有现代化的农业，没有富裕的农村，也就没有真正意义上的工业化和现代化。现代工业化的进程，绝不应该是对农业的轻视与抛弃，而应该是将这一基础产业提升到农业产业化和现代化的新高度。

农业产业化是改革开放以来农村出现的新事物。农业产业化是农业的工业化，是传统农业融入工业化进程的必然选择。农业产业化的发展，可以改善工业发展的基础，扩大工业产品的市场空间，缓解"城乡二元经济结构"的矛盾，改善工业发展的体制环境，从而推进新型工业化进程。

在我国改革的理论探索与实践过程中，虽然对农业产业化的内涵颇有争议，但基本上取得了四个方面的共识：一是要以市场为导向发展农业经济；二是要按产业系列发展农村经济；三是要实现农工商一体化；四是要以提高农业的经济效益为中心，加快实现由落后的自给半自足的农业向现代化商品农业的转变。据此，可将农业产业化表述为：在稳定家庭联产承包责任制的前提下，结合本地区实际，围绕本地区的重点产品，实现该产

① 《马克思恩格斯全集》第25卷，人民出版社1974年版，第885页。

② 《马克思恩格斯全集》第26卷，人民出版社1972年版，第22页。

③ 《马克思恩格斯全集》第26卷（Ⅰ），人民出版社1972年版，第23页。

品的产前、产中、产后的种养加工、农工商、供产销一体化经营，达到产业区域化、经营市场化、管理企业化、服务社会化的目的，从而使农业真正走上城乡优势互补、产业相互促进的可持续发展道路。将工业化内涵的一般表述与农业产业化内涵的一般表述相比较，我们可以看出：在工业化的内涵当中，更多地强调"转变"与"过程"，在农业产业化的内涵中，则更多地强调运作的条件和组织形式。据此，与工业化概念相比较，农业产业化是一个相对"微观"且操作性极强的实践性概念。

工业化与农业产业化有着密切的关系。农业产业化是工业化的重要内容，也是检验一国工业化实现程度的客观标准。从广义的角度讲，只着眼于工业产业化的工业化是不完整的，工业化还应当包含农业的产业化，这既反映了工业化的必然使命，也是农业本身的基础地位决定的。目前，我国的工业产业化，无论是从制造业在 GDP 中的比重，还是从现代企业制度在工业企业中的实现程度来看，都已达到了相当的水平。但是，我国农业生产还处于生产组织分散、生产方式手工半手工化的状态下，市场化程度也较低。农业产业化的程度总体还很低，这必将制约我国工业化进程。积极推进农业产业化经营，是工业化和现代化的必然趋势。农业产业化对于工业化的实现具有加速的作用，它自身也将最终完成于工业化的进程之中。工业化实现程度的检验标准是综合的，但对于实施追赶战略的发展中国家来说，农业产业化的实现程度无疑是检验工业化程度的重要标准之一。农业的市场化、信息化、社会化程度，农业产业化发展在经营理念、组织形式、经营方式等方面与工业的产业化相适应的程度，都是一国工业化实现程度的重要标志。

农业产业化与工业化的联系，实际上是农业产业化、工业化与社会主义现代化的联系，并且集中体现在社会主义现代化建设过程中。认真研究和采取切实有效的对策措施，大力推进新型工业化与农业产业化的相互促进与协调发展，对于加快社会主义现代化建设的进程具有重要意义。农业产业化是一个动态的发展过程，科学技术是推动农业产业化发展的动力。首先，在新型工业化过程中，要注重培育科技先导型的龙头企业，开发科技含量高、附加值高、市场占有率高的名特优农副产品；其次，要增强农民的企业意识，使其自觉地把自己的一切生产经营行为置于企业行为之中，而不是用传统观念和传统行为来从事产业化经营；最后，应大力推进科技进步和普及工作，使农民既掌握市场经济知识又有一技之长，能够独立地参加社会劳动分工与专业化生产经营分工，从而全面促进农业产业化健康发展。

（四）大力发展循环经济

坚持走可持续的工业化道路，大力发展循环经济，努力实现生产发展、生活富裕、生态良好三位一体、有机统一的发展目标，是以胡锦涛为总书记的中央领导集体所作出的重要决策。据2008年通过的《中华人民共和国循环经济促进法》的定义，循环经济是关于在生产、流通和消费等过程中进行的减量化、再利用、资源化活动的总称。

发展循环经济符合国情，体现了走新型工业化道路的要求。《中共中央关于制定国民经济和社会发展第十一个五年规划的建议》明确指出："发展循环经济，是建设资源节约型、环境友好型社会和实现可持续发展的重要途径。"① 循环经济是一种建立在对自然生态学规律运用基础上的，以资源的高效利用和循环利用为核心，以"减量化、再利用、资源化、无害化"为原则的全新经济发展模式。作为推动传统工业化向新型工业化转变的新的理论范式，循环经济需要以立法的方式加以保证和推进。

在世界上，德国是最早进行循环经济立法的国家，它在1972年就制定了《废物处理法》，并在1994年制定了在世界上有广泛影响的《循环经济和废物处置法》。该法规定对废物处理的优先顺序原则为：避免产生—循环使用—最终处置。而在日本，废弃物在数量上的增加和性质上的恶化，曾被视为经济发展、生活富裕的不可避免的伴生物。但是，随着日本20世纪60年代末"水俣病"等三大公害事件的发生，旧的经济体系与环境之间的矛盾日益显露，最终引起了日本对工业化过程中环境问题的重视。为此，日本从20世纪70年代开始，相继制定了《促进资源有效利用法》、《促进容器与包装分类回收法》、《家用电器回收法》、《建筑及材料回收法》、《食品回收法》及《绿色采购法》等诸多法律、法规，促进了日本循环型社会的建立、产业结构的重大变革和科学技术发展方向的转变。

我国循环经济的尝试可追溯到1999年。目前，我国已在全国范围内从企业、区域和社会三个层面开展了清洁生产、建立生态工业园、建设循

① 《中共中央关于制定国民经济和社会发展第十一个五年规划的建议》（http：//news.xinhuane t. com/politics/2005－10/18/content_ 3640318. htm）。

环经济城市或区域等多种模式的试点。与德、日等发达国家相比，中国的循环经济是产业生态化与污染治理产业化的有机统一，是走新型工业化道路的重要途径。时至今日，我国循环经济的发展虽然取得了一定成绩，但任务依然非常艰巨，例如，2006 年全国除北京以外，其他地区都没有完成 2006 年单位 GDP 能耗降低率 4% 的目标任务。[①]

（五）实现由区域倾斜到协调发展

改革开放以前，我国工业化布局主要采用沿海与内地两分法和一、二、三线地区划分法，实行了重点向内地倾斜型工业布局战略，即集中国家所掌握的资源，在内地建立了一大批工业企业。改革开放以后，工业化和经济发展布局采用了东部、中部与西部地区三分法，战略重点由内地倾斜型向沿海和东部地区倾斜型转变。近十年来，国家又重视支持内地的发展，实施有利于缓解地区差距扩大趋势的政策，2000 年国家正式提出西部大开发战略。党的十六大以后，中央对我国区域经济发展战略作出重大部署，在积极推进西部大开发战略的同时，实施振兴东北地区等老工业基地战略。十六届三中全会通过的《中共中央关于完善社会主义市场经济体制若干问题的决定》强调，积极推进西部大开发，有效发挥中部地区的综合优势，支持中西部地区加快改革发展，振兴东北地区等老工业基地，鼓励东部有条件的地区率先基本实现现代化。党的十七大强调，通过注重公共服务均等化、引导生产要素跨区域合理流动等，推动区域协调发展；按照形成主体功能区的要求，调整经济布局、加强国土规划。总之，中国的区域发展政策正在逐步完善，形成了区域协调发展战略，区域间经济联合与协作形式多样、发展迅速、成果显著。目前，中国区域经济发展呈现出“东部地区一马当先、西部地区积极推进、中部地区加快发展、东北地区重振雄风”的全新格局，[②] 区域间经济联合与协作已形成了资金、技术、物资、人才四位一体的全方位、多层次、多领域的局面，正向强化内在经济联系、培育统一市场、实现产业结构重组、利用规模经济、

① 国家统计局：《2006 年全国仅北京完成 GDP 能耗降低率目标》（http://news.xinhuanet.com/fortune/2007－07/12/content_6365650.htm）。

② 徐京跃：《中国东、中、西部地区的经济发展呈现全新布局》（http://finance.sina.com.cn/g/20031202/1127543712.shtml）。

发挥各自优势的方向发展。可以预见，东、中、西部经济互联互动、优势互补、协调发展，将为持续增长多年的中国经济注入新的发展动力，必将促进中国走向全面、协调、可持续发展之路。

（六）创设良好的制度环境

制度是经济活动内在的核心要素，制度创新作为经济活动内生变量的核心，是实现生产力跨越式发展的前提和基础。中国推进新型工业化，就是在吸取传统工业化教训的基础上，把信息化、生态化以及人力资源等要素贯穿到工业化进程中。这不仅需要科技、生产方式等方面的革命，更为关键的是必须有相应的社会体制和经济体制创新相配套，通过重塑经济运行的制度基础，创造有效的制度安排，推动各种生产要素向新型工业领域流动和集聚，促进生产力的跨越式发展、成功实现中国经济的追赶。具体而言，主要体现在以下方面：

1. 完善社会主义市场经济体制

理论界对工业化与市场化关系的研究并不多，但是对于市场化的基本含义的认识比较一致。所谓市场化，就是市场经济的基本要素被逐渐引入的制度变迁过程，包括资源配置方式由过去以计划配置为主向以市场配置为主的根本性转变和相关制度、政策上的深刻变化。① 市场化是工业化的基础。最早走上现代化道路的西欧的发展历程表明，现代化之路是从市场化开始的，即先有市场革命，后有工业革命。马克思、恩格斯在《共产党宣言》中论及工业革命的产生时这样讲道："以前那种封建的或行会的工业经营方式已经不能满足随着新市场的出现而增加的需求了。工场手工业代替了这种经营方式"；"市场总是在扩大，需求总是在增加。甚至工场手工业也不再能满足需要了。于是，蒸汽和机器引起了工业生产的革命。"② 世界上已经完成工业化的国家，无论是英国、美国、德国，还是日本、韩国，都有统一、开放、高效的市场体系，市场手段在资源配置中发挥着基础性作用。而苏联、前民主德国等尽管工业体系完备、工业整体水平达到了相当高的程度，但是，由于缺失了市场优化配置资源的作用，工业化成果不尽如人意。目前我国的市场化程度还不高，还只是一个发展

① 陈宗胜等：《中国经济体制市场化进程研究》，上海人民出版社 1998 年版，第 97 页。

② 《马克思恩格斯选集》第 1 卷，人民出版社 1995 年版，第 273 页。

中的市场经济国家，正处于从初级的市场经济向完善的市场经济推进的阶段。地方保护主义、行政垄断还比较严重，市场经济秩序存在混乱现象，影响了统一市场的形成和市场对资源的优化配置，降低了社会生产效率，阻碍了新型工业化进程。

2. 完善产权制度

产权制度是指具有一定法律约束的财产关系制度，它通过确立一种共同遵循的准则来界定人们对稀缺性资源的配置权利，从而促进人们更有效地运营其资本。产权制度不仅独自对资源配置及其效率有重要影响，而且是市场制度以及其他许多制度安排的基础。而市场化、市场制度对工业化又有基础作用。为此，第一，要完善产权法律制度，保护各类产权权益。要进一步增强对公有资产、私有财产等各类产权的保护意识，健全保护产权的法律、法规，规范和理顺产权关系，提高执法的公正性，依法严厉打击各种侵犯正当产权权益的犯罪活动。要抛弃国家所有权高于集体所有权、集体所有权高于个人所有权的“所有权等级论”，树立所有权一律受保护、法人所有权一律平等的新概念。政府出于公共利益对各种所有制企业和公民财产的征用，必须依照法律程序，并事先予以充分、合理的补偿；出于经济和商业目的的财产征用，必须按照民法自愿、公平、等价、有偿的原则进行。第二，发展规范的产权市场，建立产权流转机制。要加快企业国有产权交易监管的制度建设，规范产权交易行为，防止国有资产流失。要加大企业国有产权交易的监管力度。按照入场交易、公平竞价的原则，抓好行为决策、信息披露以及依法鉴证等各个环节的工作。要采取形式多样的产权流转方式，建立产权流转机制。产权流转要以向社会公开招标形式进行，如果是转让给企业内部职工，经产权持有机构同意也可以采取协议转让的方式进行，但要经有关部门公证，禁止暗箱操作，私下交易。

3. 要加快建立绿色经济制度

近代工业化的发展，给人类带来巨大福利的同时，也付出了惨重的代价。新型工业化道路，就是建立在可持续发展观的基础上，以合理开发和利用资源，改善环境，促进人和自然、经济和环境和谐发展的文明发展道路。这就要求必须在相关制度上有所创新、进行必要的调整，积极构建绿色经济制度。一是要建立绿色环境制度，通过建立绿色资源制度、绿色产业制度、绿色产品制度等，实现从生态环境来规范和考核经济行为；二是要建立绿色规范制度，通过建立绿色生产、消费、贸易、包装、标志、管理等，使生态环境资源在生产、交换、分配、消费等各个环节实现有效配置，并对各种经济行为产生有效的约束和规范；三是要建立绿色激励制度，通过财政、金融、税收和投资等激励性制度安排，对生态环境资源利用和保护的经济活动提供有效的制度保障；四是要建立绿色考核制度，通过建立绿色会计和审计，从定量角度把生态环境的存量消耗与折旧以及保护与损失纳入经济绩效的考核之中。

4. 完善收入分配和社会保障制度

合理的分配与社会保障制度是新型工业化与经济追赶协调、稳定进行的保障。要深化分配制度改革，创造既有利于生产力特别是先进生产力发展，又有利于实现共同富裕的分配体制和机制。确立劳动、资本、技术和管理等生产要素按贡献参与分配的原则，完善按劳分配为主体、多种分配方式并存的分配制度。初次分配和再分配都要处理好效率与公平的关系，既发挥好市场的作用，又发挥好政府的调节作用。通过转移支付、建立社会保障体系、税收等手段，援助社会困难群体，调节过高收入。社会保障制度建设，要以建立健全与经济社会发展水平相适应的基本养老、基本医疗保险制度和最低生活保障制度为重点，要根据新型工业化进程的推进，使更多的群体进入不同层次的社会保障网络，构筑起覆盖城乡居民的、经济社会协调发展的社会保障体系。

第七章

科技创新与当代中国经济追赶

马克思主义一向重视科学技术对于社会发展的重要作用，将之视为推动历史发展的杠杆。在现代社会，科技更是成为经济社会发展的第一推动力。要实现当代中国的经济追赶，必须推进科技创新，大力发挥科技的社会作用。

一　当代中国经济追赶过程中科技创新的作用分析

“科学技术是第一生产力”，科技创新是推动经济发展和社会进步的决定性因素。当今时代，随着世界科学技术的突飞猛进，科学技术和生产力必将发生新的革命性的突破。“当今世界各国综合国力竞争的核心，是知识创新、技术创新和高新技术产业化。”① 为了更好地分析科技创新在经济社会发展中的地位和作用，首先有必要明确界定科技创新的概念及内涵。

（一）关于科技创新的理论概述

准确说来，科学和技术是两个层面的活动，存在明显的区别：科学是人类认识世界的手段，技术则是人类改造世界的手段；科学侧重回答“是什么”的问题，而技术侧重回答“怎么做”的问题。当然，科学和技术之间也存在着紧密的联系，它们相互促进、相互影响。因此，科技创新的进程也就是二者在社会生产力发展的要求下，其内部张力相互作用的辩证运动过程。

1. 科技创新概念的界定

我国目前对科技创新还没有一致性的定义，一般认为，科技创新是科

① 江泽民：《论科学技术》，中央文献出版社 2001 年版，第 145 页。

学原创和技术创新的总称。① 而对于“技术创新”，目前国内学术界较为权威的看法是傅家骥在其主编的《技术创新学》中的论述：“技术创新是企业家抓住市场的潜在赢利机会，以获取商业利益为目标，重新组织生产条件和要素，建立起效能更强、效率更高和费用更低的生产经营系统，从而推出新的产品、新的生产（工艺）方法、开辟新的市场、获得新的原材料或半成品供给来源或建立企业的新的组织，它是包括科技、组织、商业和金融等一系列活动的综合过程。”②

综上所述，科技创新是贯穿于整个科学技术活动过程中的所有产生新技术、创造新知识、应用新技术和新知识的科技活动。科技创新是为人类创造物质财富、为人类精神生活提供物质支撑的复杂过程，经历由创新冲动、行为实施到成果转化等不同阶段。因此，科技创新既包括自身或单位内部研究开发的科技成果，也涵盖从国外引进新技术、新工业、新品种等。③

2. 创新体系及其构成要素

一般认为，科技创新体系是作用于科技创新活动各要素之间的有机组合，主要由创新主体、创新环境、创新资源、创新基础设施等要素组成，并具有复杂性、功能多样性及与市场紧密联系性等特点。④

具体而论，创新主体主要是指企业、高等学校、政府科研机构和非盈利性民间研究机构等。在以上创新主体中，企业是技术创新的主力，直接创造经济价值。创新环境是对政策、法规、管理体制、市场和服务等的总称，是鼓励创新的关键。创新环境可分为内部环境和外部环境两类，其中，内部环境主要是创新主体的内部管理机制、团队文化、管理政策和体制等，而外部环境主要是由国际环境、国家政策、市场、服务和社会氛围组成。创新资源主要是指人才、知识、信息、专利、自然资源和物力资

---

① 关于科技的概念有多种提法，刘诗白在《论科技创新》一文中从科技创新上对科技概念分三个层次进行了界定，笔者同意这一分析方法。值得注意的是，刘诗白在文中并没有将科学与技术分开来看，从科技创新角度看，确实有必要将科学与技术统一起来，这是现代科技的一个特征。关于科技创新，笔者认为，刘诗白对科技概念的界定，有助于把握科技创新的内容，但对科技创新本质的认识则不够全面，我们有必要对科技创新内涵开展进一步研究。

② 傅家骥：《技术创新学》，清华大学出版社 1998 年版，第 13 页。

③ 王乃明：《论科技创新的内涵》，《青海师范大学学报》2005 年第 5 期。

④ 杨东昌：《试论科技创新的内涵及其系统构成要素》，《科技信息》2007 年第 24 期。

本。创新基础设施是创新体系的重要因素，是实施科技创新活动的必要条件。创新基础设施包括大型科研设施、实验室、信息网络、数据库和图书馆等。

科技创新体系当中的几个要素是相辅相成、相互联系的，各要素只有得到协调发展，才能形成有机的协调关系，整个科技创新体系的功能才能得以有效发挥，从而推动经济社会的全面协调发展。

（二）科技创新在经济发展中的一般作用分析

在当今世界各国的经济发展中，科技进步与创新所起的作用越来越大。毫不夸张地说，以科技创新及其扩散为主要内容的技术进步，已成为当代经济发展和国际竞争的核心因素，成为推动经济快速增长的动力之源。进而言之，不仅经济增长要依赖科学技术的进步，“全球面临的资源、环境、生态、人口等重大问题的解决，都离不开科学技术的进步”①。

1. 当代西方技术创新与经济增长理论

20世纪70年代后期到80年代，世界上许多国家都着手开展对技术创新的政策研究，成立了许多促进技术创新的组织机构，并针对不同类型的技术创新制定了政策措施。目前，世界范围内关于技术创新的理论研究和实践活动正在蓬勃开展。

约瑟夫·阿洛伊斯·熊彼特是技术创新理论研究的著名代表人物。根据其理论，技术创新就是建立一种新的生产函数，把一种从未有过的生产要素和生产条件的新组合引入生产体系，转化为可获利的商品及其产业。② 由此可见，创新并不是某项单纯的技术和工艺发明，而是一种不停运转的机制。只有引入生产实际中的发现与发明，并对原有生产体系产生震荡效应，才是创新。而技术创新对经济增长的作用是技术创新理论研究中最早引起重视的问题之一。约瑟夫·阿洛伊斯·熊彼特将技术创新置于经济发展的核心地位，认为资本主义经济增长并非源于资本、劳动等生产要素，而是源于技术创新。后来，他又将技术创新与经济发展周期联系起来，将技术创新视为导致资本主义经济繁荣、衰退、萧条和复苏的决定性因素。

---

① 江泽民：《论科学技术》，中央文献出版社2001年版，第8页。

② ［美］约瑟夫·阿洛伊斯·熊彼特：《经济发展理论》，商务印书馆1998年版，第12页。

德国经济学家门施（G. Mensch）在《技术的僵局》一书中，利用现代统计方法对112项重要的技术创新考察发现，重大基础性创新的高峰均接近于经济萧条期，技术创新的周期与经济繁荣周期成“逆相关”，因而认为经济萧条是激励创新高潮的重要推动力，技术创新又将是经济发展新高潮的基础。

此外，许多经济学家还对如何测度技术创新之于经济增长的贡献作了大量的研究。其中，美国麻省理工学院的索洛等人发现，从二战结束到20世纪50年代中期的经济增长中，技术创新的贡献约占90%；美国经济学家丹尼森认为，在大部分国家中，技术创新对经济发展的贡献都在50%以上。① 尽管以上不同学者所用的测定方法和得出的具体结论各异，但是他们的研究表明：在微观水平上，技术创新对企业的竞争能力起着决定性影响，决定着一个企业的生死存亡；在宏观范围内，技术创新可以决定整个产业部门或整个国家的竞争地位，从而决定国家的强盛程度和人民的生活水平。

2. 马克思主义经典作家关于科技生产力的相关理论

马克思主义经典著作历来重视科学技术的社会作用，做过丰富而深刻的理论阐述。其中，以下两点最为值得关注。

其一，马克思关于科学技术是“直接生产力”的思想。马克思认为，在从资本主义向社会主义转变的历史进程中，革命是促进在资本主义母体中成熟起来的社会主义胚胎分娩的“助产士”，而科技则是推动历史前进的“大杠杆”。在此基础上，马克思极其形象地指出，在资本主义条件下，由于科学与生产的联系日益紧密，它不再仅仅是一般的社会生产力，而且变成了“直接生产力”。首先，马克思分析了机器大生产的过程以及诸要素的作用。他说：“一般社会知识，已经在多么大的程度上变成了直接的生产力，从而社会生活过程的条件本身在多么大的程度上受到一般智力的控制并按照这种智力得到改造。”② 这就告诉了我们，当科学以一般知识形态存在时，它表现为一般的社会生产力；而当科学物化为具体的劳动工具和劳动对象、通过管理在生产中发挥作用

① 苏武俊：《论技术创新对我国经济增长方式转变的作用》，《财经理论与实践》2001年第3期。

② 《马克思恩格斯全集》第46卷（下），人民出版社1980年版，第219—220页。

时，它就直接进入生产过程，成为了社会直接的生产力。其次，马克思肯定了科学在生产力中的特殊地位和作用。马克思认为，科学是生产力系统中的一个相对独立的因素，它能够促进整个生产力的巨大发展。马克思在《资本论》中写道："劳动生产力是由多种情况决定的，其中包括：工人的平均熟练程度、科学的发展水平和它在工艺上应用的程度，生产过程的社会结合，生产资料的规模和效能，以及自然条件。"① 他非常注意科学力量对资本主义产生的作用，强调科学的力量是"不费资本家分文的另一种生产力"②。马克思的这些论断，不仅揭示了科学技术对生产力发展的重要作用，而且揭露了现代资本主义发展的一个秘密："大工业把巨大的自然力和自然科学并入生产过程，必然大大提高劳动生产率，这一点是一目了然的。但是生产力的这种提高并不是靠在另一地方增加劳动消耗换来的，这一点却绝不是同样一目了然的。"③最后，马克思还深入考察了科学与生产的互动关系。在他看来，科学既是观念的财富，又是实际的财富，科学的发生和发展一开始是由生产决定的，现代科学更需要大工业生产提供强大的物质基础。反过来，科学又对生产产生巨大的推动作用，使整个生产结构、生产过程、生产面貌发生了重大变革。从一定意义上说，在经济思想史上，马克思的"直接生产力"思想突破了把科学技术当做经济系统外生变量的流行观点，而开创性地将其纳入社会经济系统的内生变量之中，对后人的有关理论产生了重要影响。

其二，列宁的科技生产力思想。十月革命成功以后，针对如何建设社会主义这个伟大的实践问题，列宁提出了一个著名的公式：苏维埃政权 + 全国电气化 = 共产主义。因为他知道，建成社会主义"这个任务只有在国际资本主义发展了劳动的物质技术前提的情况下才能实现，这种劳动是大规模的，是建立在科学成就的基础上的，因而也是建立在造就出大批科学上有造诣的专家的基础上的"④。列宁这段话至少包含以下两点深刻而重要的认识：首先，俄国虽然建立了苏维埃政权，但是，如果不实行电气化，不迅速依靠科学技术发展社会生产力，就不可能真正取得胜利。"只

---

① 《马克思恩格斯全集》第 23 卷，人民出版社 1972 年版，第 53 页。

② 《马克思恩格斯全集》第 47 卷，人民出版社 1979 年版，第 553 页。

③ 《马克思恩格斯全集》第 23 卷，人民出版社 1972 年版，第 424 页。

④ 《列宁全集》第 34 卷，人民出版社 1985 年版，第 356 页。

要我们还生活在一个小农国家里，资本主义在俄国就有比共产主义更牢固的经济基础。这一点必须记住。每一个细心观察过农村生活并把它同城市生活作过对比的人都知道……只有一种办法，那就是把我国经济，包括农业在内，转到新的技术基础上，转到现代大生产的技术基础上。只有电力才能成为这样的基础。"① 其次，要实现上述任务，必须善于利用旧社会遗留下来的专家和知识分子来发展科技，从而推动社会生产的发展。针对无产阶级政权建立初期盛行的"左派"幼稚病，列宁强调指出："没有丰富的知识、技术和文化就不能建成共产主义。而这些东西都掌握在资产阶级专家手中。他们中间大多数人是不同情苏维埃政权的。但是，没有他们我们就不能建成共产主义。应当使他们感到周围的同志式的关系和共产主义的工作精神。要做到让他们同工农政权一起前进"。② 他还进一步着重强调了业务专家的重要性，说："我们没有专家，这是问题的关键，因此必须招到1000个精通本行业务的第一流专家，这些专家重视自己的业务，热爱大生产，因为他们知道这意味着技术的进步……我们不能设想，除了建立在庞大的资本主义文化所获得的一切经验教训的基础上的社会主义，还有别的什么社会主义。没有邮电和机器的社会主义，不过是一句空话而已。"③

在一个落后国家如何建设社会主义，列宁留给我们许多宝贵的思想财富。他的上述论述，直到今天仍然具有重要的现实价值。

3. 当代中国共产党人关于科技生产力的相关理论

中国共产党人历来比较重视科学技术的发展，始终把促进科技进步与创新工作放在重要的位置。早在新中国成立初期，毛泽东就向全党和全国人民发出了"向科学进军"的号召，当时集中全国科技力量，研制出了以"两弹一星"为代表的一大批科研成果，极大地提高了我国的综合国力和国际地位。改革开放以来，以邓小平、江泽民和胡锦涛为代表的当代中国共产党人，根据新的时代条件对科技的社会作用作了新的阐发。

其一，邓小平关于"科学技术是第一生产力"的重要论断。十一届

---

① 《列宁全集》第40卷，人民出版社1986年版，第156页。

② 《列宁全集》第37卷，人民出版社1986年版，第309页。

③ 《列宁全集》第34卷，人民出版社1985年版，第252页。

三中全会以前，由于受“左”的错误思想影响，我们党对科学技术和知识分子在社会主义建设中的地位和作用，总的来说是估计不足的。“文化大革命”结束后，面对百废待兴的形势，邓小平高瞻远瞩地指出：“我们国家要赶上世界先进水平，从何着手呢？我想，要从科学和教育着手。”①他根据当代科学为社会生产开辟道路、给世界经济社会各个领域带来巨大变化的事实，得出了令人振聋发聩的结论：“四个现代化，关键是科学技术的现代化。没有现代科学技术，就不可能建设现代农业、现代工业、现代国防。没有科学技术的高速发展，也就不可能有国民经济的高速发展。”② 1988 年，正当我国的改革开放事业进入一个关键阶段之际，针对一些人片面重视经济工作而忽视智力投资的倾向，邓小平及时提出告诫：“从长远看，要注意教育和科学技术。否则，我们已经耽误了 20 年，还要再耽误 20 年，后果不堪设想。”接着，他说：“马克思讲过科学技术是生产力，这是非常正确的，现在看来这样说可能不够，恐怕是第一生产力。”③ 邓小平还特别讲到解决好少数高级知识分子待遇问题，提出把“科学技术是第一生产力”的理论与社会主义现代化的实践紧密结合在一起。1992 年年初，他进一步指出科学技术是解决经济建设问题的根本出路。总起来看，邓小平提出的“科学技术是第一生产力”论断，蕴涵着极其丰富和深刻的思想内涵。首先，这一论断揭示了现代科技是生产力发展中起第一位变革作用的决定因素。经过第一、第二次科技革命，生产力发展已逐步转到依靠先进的工具和技术的革新，从 18 世纪后期到 19 世纪中叶，科学技术已转化为“物化”的智力，在生产力中开始发挥推动作用，不过那时推动作用的载体仅限于生产工具。在第三次科技革命浪潮的推动之下，科学技术以信息、智能、知识软件等形式，多渠道地渗透和辐射于生产力的各要素中，它已不再是生产力的外在力量，而是构成现代生产力内在的重要组成因素，成为提高劳动者智力、创造新的劳动工具、开辟新的劳动对象、提高生产管理水平的最活跃的决定力量。其次，这一论断揭示了现代科学技术是构成生产力的超前性因素。科学研究和技术开发是第一生产过程。事实证明，现代生产的迅猛发展主要依靠科学技术的超

① 《邓小平文选》第 2 卷，人民出版社 1994 年版，第 48 页。

② 同上书，第 86 页。

③ 《邓小平文选》第 3 卷，人民出版社 1993 年版，第 275 页。

前导向，靠新的发明创造的渗透、装备。现代原子能科学、微电子理论，是靠相对论的量子力学带来的科技发现所掌握的原子、电子、核子的运动性能、性质及规律，用高技术把这些规律运用于生产，才能制造出微电子产品以及原子反应堆和核电站。邓小平所说："现代科学为生产技术的进步开辟道路，决定它的发展方向。"① 因此，现代发达国家和有成就的大企业日益重视科技的这种超前导向作用，加强了科学研究和技术开发，在实验室里创造出许多新的生产工具、新的工艺，推动产品的升级换代。在经济强国或发达地区，科学研究和技术开发已成为独立产业，成为推动生产发展的前导。最后，这一论断指明了科学技术是现代经济发展最强大的动力源泉。科学技术对生产力各要素的全面渗透和广泛辐射，不仅有力地推动着社会经济的迅猛增长，而且促进了社会产业结构的发展。第一、第二次科技革命推动了以第一产业为主的农业社会向机器大工业社会的转变，而第三次科技革命推动了以第二产业为主的工业社会向以第三产业为主的后工业社会的发展。当今发达的资本主义国家经过战后的恢复，已于20世纪70至80年代实现了经济飞跃，纷纷进入科技产业、金融信息业、文化教育业、商贸与服务业等第三产业占主导地位的所谓"信息社会"。同时科技的发展也大大提高了产品的技术含量，使物化在产品中的技术含量高度密集化，加速了产品的升级换代和产业结构改革。正如邓小平指出："社会生产力有这样巨大的发展，劳动生产率有这样大幅度的提高，靠的是什么？最主要的是靠科学的力量、技术的力量。"②

其二，江泽民的科技创新思想。江泽民的科技创新思想既是其创新思想中的重要组成部分，又是其科技思想中最具特色的重要内容。作为党的第三代领导集体的核心，他在继承邓小平"科学技术是第一生产力"重要思想的基础上，"从我国现代化建设的需要和世界科学技术飞速发展的形势考虑"③，对科技创新有关问题进行了精辟的论述。

首先，科技创新是对当今世界科学技术飞速发展带来的挑战和机遇的积极回应。党的十三届四中全会以来，随着世界科学技术的突飞猛进，经济全球化的迅速发展，知识经济的悄然来临，国际竞争的日趋激烈。从领

① 《邓小平文选》第2卷，人民出版社1994年版，第87页。

② 同上。

③ 江泽民：《论科学技术》，中央文献出版社2001年版，第108页。

导科技工作逐步走上党和国家最高领导岗位的江泽民，敏锐关注、准确把握世界科技发展趋势以及由此导致的新变化，高度重视科技创新。江泽民指出："当今国际经济竞争的核心，是知识创新、技术创新和高技术产业化。"① "创新是民族进步的灵魂，是国家兴旺发达的不竭动力。科技创新越来越成为当今社会生产力解放和发展的重要基础和标志，越来越决定着一个国家、一个民族的发展进程。如果不能创新，一个民族就难以兴盛，难以屹立于世界民族之林。"② 当前，与发达国家及新兴工业化国家相比，我国在科学积累和技术水平方面还存在着较大差距，原始性创新能力薄弱，核心技术供给不足并受制于人，这些都对我国未来产业和经济安全提出了严峻挑战。鉴于此，江泽民指出："我们只有坚持创新才能不断前进，只有不断前进才能始终掌握主动。"③

世界新科技革命给我国带来的既是严峻的挑战，也是难得的机遇。在世界历史上曾经有过的美国对欧洲、日本对美国、韩国对西欧三次成功的经济追赶，无不与科技进步和创新紧密相关。江泽民深刻总结历史的经验教训，多次强调指出：要抓住现代科学技术不断发展和产业化的机遇，通过科学技术突破实现跨越式发展，"使科技进步和创新始终成为建设有中国特色社会主义事业的强大动力，成为中华民族屹立于世界先进民族之林的坚实基础"④。

其次，科技创新是实现我国社会主义现代化建设宏伟目标和中华民族伟大复兴的必由之路。新中国成立后，以毛泽东为核心的党的第一代领导集体曾号召全国人民"向科学进军"和进行"伟大的技术革命"。1978年，根据我国人口多、底子薄、经济文化比较落后等基本国情，邓小平明确指出："四个现代化，关键是科学技术的现代化"⑤。"没有科学技术的高速度发展，也就不可能有国民经济的高速度发展。"⑥ 江泽民高度重视科技进步和创新对我国现代化的作用。1991 年 5 月，他在中国科学技术

① 江泽民：《论科学技术》，中央文献出版社 2001 年版，第 138 页。

② 同上书，第 147 页。

③ 中央文献研究室编：《江泽民论有中国特色社会主义（专题摘编）》，中央文献出版社 2002 年版，第 253 页。

④ 同上书，第 251 页。

⑤ 《邓小平文选》第 2 卷，人民出版社 1994 年版，第 86 页。

⑥ 同上。

协会第四次代表大会上指出："我们把经济建设进一步转移到依靠科技进步和提高劳动者素质的轨道上来，必将保证第二步战略目标的胜利实现，同时将为实现第三步战略目标奠定坚实的基础。"① 1995 年 5 月，党中央、国务院作出了实施科教兴国战略的重大决策。1999 年 8 月，党中央、国务院作出了关于加强技术创新、发展高科技、实现产业化的决定。2002 年 11 月，江泽民在党的十六大报告中进一步指出，为了全面建设小康社会，要"走新型工业化道路，大力实施科教兴国和可持续发展战略"②。

江泽民的科技创新思想内容丰富，它与江泽民的理论创新、体制创新、文化创新以及其他方面的创新思想相互贯通，深刻揭示了中国特色社会主义事业发展的动力机制。

十六大以来，以胡锦涛为核心的当代中国共产党人进一步阐发了科技创新的社会作用，尤其是提出了构建和谐科技的重要思想，即关于科技与经济、科技与环境、科技与人、技术引进与自主创新等方面和谐发展的一系列重要论断。这些思想和论断，是对马克思主义科技思想的新贡献，是对党的科技思想的新发展，是科学发展观和构建社会主义和谐社会理论在科技领域的具体体现，为科学技术工作者进行创造、技术发明和技术管理提供了思想依据，为我国科学技术的合理、健康、持续发展提供了科学指导。

（三）科技创新在后发国家中重要作用的样本分析

自人类进入 20 世纪以来，特别是二战结束以后，随着知识经济的来临，科学技术对社会生产力发展的主导作用日益明显。一些国家非常重视科技进步与创新在经济社会发展中的重要作用，利用科技发展的后发优势，使本国生产力得到了跨越式发展。

1. 科技创新在发展中国家经济发展中的作用——以韩国为例

如前所述，二战以后，韩国经过不懈努力，从一个落后的农业国发展为新兴的工业国，在研发方面的一些指标已达到发达国家的水平。以 2002 年的数据为例，韩国科学技术竞争力居世界第十位，研发投资居世界第八位，研发人力居世界第九位，在海外获得的专利数量为世界第十

① 江泽民：《论科学技术》，中央文献出版社 2001 年版，第 21 页。

② 《十六大报告辅导读本》，人民出版社 2002 年版，第 19 页。

位。电子、通信、纳米技术等领域的科研水平进入世界前列。[①] 韩国从引进技术走向自主创新的道路，对我们建立创新型国家有重要参考价值。

韩国的科技创新体系大体经历了以下几个阶段：

第一，引进模仿阶段。20 世纪 50 年代末至 70 年代初，韩国在做好技术引进和仿制的过程中积极推动创新体系建设，并主要采取了如下措施：改革高等院校的专业结构和课程设置；健全科技管理体制，在经济企划院设立专门的技术管理局，加强行政部门对技术引进的管理和引导；1966 年成立韩国科学技术研究院（KIST），为构筑国家创新体系迈出了重要一步；通过立法形式，鼓励技术引进，振兴本国的科技事业；注重技术引进，根据本国经济发展战略和产业特点，采用技术贸易、吸引外商直接投资、与外商合作开发或参与某些研究等灵活多样的技术引进方式，并以引进促进仿制，带动改良性开发，逐步培育产业优势。[②]

第二，消化吸收阶段。20 世纪 70 年代中期至 80 年代，韩国在继续加强技术引进的同时，不断丰富科技创新内涵，由早期的模仿改良为主，转向消化吸收后的改进提高为主，并积极开展技术创新，提出科技立国战略，创新体系建设获得长足进展。首先，调整和优化产业结构。通过税收、金融等优惠政策，优先发展钢铁、机械、电子、造船、石油化学、非金属六大产业，集中资金和科研力量加强这些产业的技术引进、消化和改良。其次，注重对引进技术的消化、吸收和再创新。韩国政府紧握引进技术的主导权，对引进的各种技术和设备，实行严格的监督审查制度，尽力避免低水平重复引进。再次，加强科研机构建设。其中，1973 年在大田市附近兴建韩国最大的科学技术研究中心——大德科学城，它是集研发、学术、产业化于一体的科技创新城，对集中全国的科技力量，提高创新效率起了重要作用。最后，大幅度增加经费投入。有关资料显示，韩国的研究开发经费历年来成倍增加。[③] 为了摆脱对引进技术的过度依赖，1977 年还建立了“韩国科学财团”，专门用以资助基础科学的研究。

第三，自主创新阶段。进入 20 世纪 90 年代，面对日益严峻的国际贸

---

① 张明龙：《从引进技术走向自主创新——韩国科技创新路径研究》，《科技管理研究》2008 年第 7 期。

② 中国科学技术信息研究所：《韩国科技发展战略和政策初探》，《科学与科学技术管理》2005 年第 3 期。

③ 同上。

易环境，为了冲破发达国家技术保护主义设置的障碍，韩国政府发表了“科学技术政策宣言”，及时调整科技发展战略，使其由跟踪模仿向创造型转变，不断提高自主创新成果的质量，以及在科技成果总量中的比重。自此，韩国的创新体系建设进入自主创新阶段。其具体措施主要是：首先，改进制订科技计划的方法。韩国以往的国家科技计划，是通过自下而上的途径制订的。为了提升整个国家的科技实力和竞争力，加强各创新体彼此之间的联系，韩国科技计划的制订从90年代开始改为自上而下与自下而上相结合的途径。其次，坚持创新政策“选择加集中”的扶持原则。韩国创新政策选择扶持对象的原则是突出重点，集中投资和开发能赶超世界先进水平的项目。韩国把信息技术、纳米技术、生物工程技术等有发展前景的高新技术作为重点研发领域，并围绕信息通信、微电子、机械电子、汽车、新型材料等核心产业或高新技术产业加大投资力度，集中开发共性技术。最后，运用减免税收等优惠政策促进创新。一是实施减免税收的优惠政策。二是建立技术开发准备金制度，从事研发活动的企业，根据事先确定的类型和一定的比例，每年从收入总额中提取技术开发准备金，可将其计入成本。三是政府为科研成果转让提供补偿。这些优惠政策，有效地激发了社会各方推广、应用科研成果的积极性，大大加快了创新成果的转化速度。①

韩国的科技创新体系持续有效地调动了各方自主创新的积极性。到2006年，韩国在各项创新活动中，特别是在重点研发领域里，取得了举世瞩目的自主创新成果：在信息技术方面，三星电子公司成功完成了符合4G基本定义的新一代移动数字通信系统的公开试验。在纳米技术方面，韩国标准科学研究院成功开发出一种制造和控制纳米零件的新技术，用它可批量生产纳米零件并进行组装。在生物工程技术方面，韩国科学家在世界上首次完成心脏细胞基因组序列图，探明57种新的遗传基因组，并首次找到人体内导致癌症的蛋白质UCP，还发现了可诱发或抑制癌细胞转移的蛋白质“SUMO”。在新能源开发方面，韩国产业资源部推出首辆氢燃料巴士实验车，该车是全球第三辆氢燃料巴士，经试车表明使用40公斤液氢可行驶300多公里。在航空航天事业方面，韩国成功发射自己的第

① 张明龙：《从引进技术走向自主创新——韩国科技创新路径研究》，《科技管理研究》2008年第7期。

9 颗人造卫星“阿里郎 2 号”。这不仅表明韩国已基本掌握卫星的设计、制造、组装和测试技术，而且由于这颗卫星载有与以色列联合开发的光学成像系统，使韩国成为世界第 7 个拥有 1 米分辨率全色图像多谱段拍摄能力的国家。[①]

2. 科技创新在发达国家经济发展中的作用——以美国为例

在 2007 年金融危机爆发以前的数年里，美国经济一直保持增长势头。据统计，2002—2005 年，美国 GDP 实际年增长率平均为 3.0%，高于发达国家 2.3% 的平均增长率。近几年来，美国经济虽然受到金融危机的严重拖累，但是，经过一系列调整，又开始显示了逐渐复苏的迹象。可以说，支撑美国经济增长的原因很多，其中一个不容忽视的重要原因就是持续的技术创新，它有力地提升了美国经济贸易的竞争力。这具体表现在：

第一，技术创新促进了美国经济的增长。活跃的技术创新催生了信息技术产业本身的高生产率，直接带动了生产率的增长。多年来，美国企业信息技术的广泛应用已成为生产率提高的主要因素。持续的创新不仅直接带动信息技术产品的价格不断下降，而且企业实现经营管理信息化和生产流程自动化的成本大大降低，非信息技术产业的生产率也随之提高。此外，新技术必然导致组织的变革和商业模式的创新，这些变革同样有利于提高熟练工人的生产率。[②]

技术创新从某种程度上影响着经济周期，推迟经济衰退的时间，减小经济波动的幅度。经济发展的周期性是资本主义生产方式的致命弱点。然而，从美国的经济社会发展历程可以看出，当经济运行到即将衰退的临界点时，技术创新就会刺激公众对新产品的消费和企业对新技术的投资。只要技术创新成果持续不断并大量投入市场，就有可能使经济进入新一轮的上升通道，从而有助于避免经济衰退，减轻经济波动的幅度。可以说，技术创新已成为美国经济可持续增长的重要条件。进入知识经济时代，技术等无形资本已经取代有形资本和劳动力，成为推动经济增长最重要的要素。为此，企业也加大了在研究开发、产品设计、品牌建设和雇员培训等

① 王玲：《韩国制定长期科技发展规划——2025 年构想》，《全球科技经济瞭望》2003 年第 6 期。

② 曾珠：《美国技术创新政策分析及其对中国的启示》，《甘肃联合大学学报》2008 年第 2 期。

方面的支出。这些无形的投入，不仅有助于消除有形要素边际收益递减对经济持续增长的阻碍，而且减轻了经济增长对自然资源的过度依赖，有利于经济的可持续增长。①

第二，技术创新提高了美国的贸易竞争力。多年来，美国的对外贸易一直保持着强劲的增长势头，巨额贸易赤字并没有减弱其出口能力。在技术要素更为密集、更需要技术创新的服务贸易和高技术产品贸易方面，美国依然具有强大的竞争力，这种竞争力主要得益于技术创新。活跃的技术创新带来的大批创新成果，以专利技术、专有技术等方式迅速运用于产品生产，从而对不同生命周期阶段产品的竞争力产生不同的影响。

技术创新不断地创造处于导入期的新产品。众所周知，技术模仿需要时间，而独特的新产品据此获得了绝对的竞争优势。这些新产品保持自身市场优势的时间长短，既取决于技术扩散的时间，也取决于本国同类产品的技术创新速度。对处于成长期的产品而言，技术创新具有双重效应：一方面，新产品对原有产品的价格形成很大的压力，迫使它降价，另一方面，新技术提高了生产率，并通过规模经济的作用而使产品的成本不断下降。正是这两个方面的共同作用，使得美国在部分处于成长期的技术密集型产品出口上具有一定的价格优势，从而在国际上保持很强的贸易竞争力。

技术创新加快了产品进入成熟期的速度。原有产品的标准化生产导致其他国家竞相模仿，美国国内工资水平较高，同类产品在世界市场上并不具有竞争优势。随着产业结构的调整，美国不断将此类产业向其他国家转移，但这绝不是免费的午餐。随之而来的是大批量技术贸易，如专利权和版权的许可使用、特许经营权的授予、技术支持及相关的管理咨询等，都是要收费的。这也是美国在服务贸易方面具有较强竞争力的一个重要原因。②

（四）科技创新是当代中国经济追赶的源泉

通过总结西方发达国家经济发展的历史，熊彼特指出经济增长主要是由技术创新导致和推动的，经济增长的过程表现为经济从一个均衡状态走

---

① 辛江：《美国经济增长中的技术进步效应》，《价格月刊》2005 年第 1 期。

② 陈继勇、胡艺：《美国的技术创新与贸易竞争力之关系》，《经济管理》2006 年第 15 期。

向另一个均衡状态的过程，只有不断地打破原有的均衡，并且在新的基础上形成新的均衡，社会经济才能增长。目前世界各国经济竞争主要集中在科技领域，每个国家都试图通过高科技的推动，寻求走向知识经济时代的制高点，获取竞争的优势，从而促进本国经济和社会快速、健康和持续发展。毫不例外，科技进步与创新在促进当代中国经济增长过程中起着非常重要的作用。

1. 科技创新与当代中国经济增长

新中国成立以来，特别是改革开放以来，我国经济社会发展迅速，综合国力日益增强，所有这一切都离不开科技的发展。从“科学技术是第一生产力”的论断到科学发展观，无不体现着党和国家对科技工作的高度重视。历史与现实告诉我们，面对前所未有的激烈的国际竞争和挑战，只有加强高新技术产业发展的力度，大力培育、支持和鼓励科技创新，才能确保经济又好又快增长。正如江泽民指出，世界经济发展的一个明显的趋势，就是科学技术发展日新月异，科技在经济发展中的作用越来越大，“科技进步和创新是发展生产力的决定因素，是经济社会发展的主导力量”①。“21 世纪科技创新将进一步成为经济和社会发展的主导力量。”② 1998 年 2 月 4 日，江泽民就中国科学院《迎接知识经济时代，建设国家创新体系》的研究报告作出重要批示：“知识经济，创新意识，对于我们 21 世纪的发展至关重要。”知识经济在全球的兴起，使现在的经济比以往任何时候都更依赖于知识与技术创新。高技术密集型产业和知识密集型产业在社会中的地位和作用愈显突出，知识特别是科技知识作为投入要素的重要性与日俱增。从经济增长方式看，科技创新对科技进步的基础性作用日益显著；从产业结构调整看，传统产业的比重在下降，而高技术产业在迅猛成长；从就业结构变化看，技术密集、智力密集的产业就业比重显著上升；从市场的结构变化看，知识消费的比重日益上升；从产业国际分工看，掌握先进知识的国家垄断着产业的技术和生产的核心环节，从而占据着国际竞争的优势。“当今世界各国综合国力竞争的核心，是知识创新、技术创新和高新技术产业化。”③ 面对前所未有的激烈的国际竞争，我们

① 江泽民：《论科学技术》，中央文献出版社 2001 年版，第 171 页。

② 同上书，第 145 页。

③ 江泽民：《论科学技术》，中央文献出版社 2001 年版，第 145 页。

要想缩短与发达国家的差距，甚至将来赶超它们，只有毫不动摇地坚持“科学技术是第一生产力”的重要思想，加大高新技术产业发展的力度，把科技创新摆在更加突出的战略地位，才能实现生产力的跨越式发展。

2. 科技创新与当代中国产业结构调整

科技创新是促进经济结构优化的决定性因素，它不仅可以为经济发展提供不竭动力和强大的技术支撑，推动经济规模的扩大，而且能提高经济增长的科技含量，推动产业结构、技术结构的升级。① 以信息技术、生物技术、纳米技术为代表的新科技革命，正在深刻地改变着传统的经济结构、生产组织和经营规模。新兴的高科技产业正在取代传统产业成为新的经济增长点，带动世界范围内经济结构特别是产业结构的重大调整和优化升级。长期以来，我国经济发展方式粗放，经济结构特别是产业结构不合理，根源是技术层次低，这主要表现在以下几个方面：第一，产业结构中农业和农村经济仍处在较低水平；第二，高技术含量、高技术附加值的新品种少；第三，低水平、高能耗、高污染、落后的生产设备多，而高技术含量、清洁生产高效率的先进装备和工艺短缺。毫无疑问，这种低层次、低技术水平的产业结构和粗放型的经济发展方式，已经对当代中国国民经济和社会发展产生了巨大的制约，并承受着生态环境资源越来越大的压力。

加入 WTO 后，我们将在更广阔的领域与那些西方发达国家进行直接的竞争，因此，建立在目前这种经济结构上的国民经济就会处在不利、被动的竞争位置。为了抓住新科技革命的历史性机遇，江泽民从我国实际出发，适时地提出了大力推动国民经济和社会信息化，以信息化带动工业化，实现社会生产力跨越式发展的战略决策。“要依靠我国科技力量，大力研究高新技术，用高新技术改造传统产业。”② 在十七大报告中，胡锦涛进一步强调：“加快转变经济发展方式，推动产业结构优化升级，这是关系国民经济全局紧迫而重大的战略任务。”他指出：当代中国的经济增长“由主要依靠第二产业带动向依靠第一、第二、第三产业协同带动转变，由主要依靠增加物质资源消耗向主要依靠科技进步、劳动者素质提

---

① 徐井万：《论科技创新与经济发展的关系》，《曲靖师范学院学报》2002 年第 1 期。

② 江泽民：《论科学技术》，中央文献出版社 2001 年版，第 9 页。

高、管理创新转变"[①]。这为当代中国的经济发展和产业结构优化升级指明了正确的方向。

3. 科技创新与当代中国现代化建设

随着21世纪的到来，我国进入全面建设小康社会、加快推进现代化建设的发展新阶段。要在21世纪中叶基本实现社会主义现代化的宏伟目标，就必须高度重视科技创新的作用。

第一，推进我国农业现代化，必须依靠科技创新。"实现农业现代化，必须采用生物工程等方面的高新技术。"[②] 党的十五届三中全会《决定》明确提出，加快农业发展必须依靠科学技术，走科技兴农的道路，积极推进农业科技革命。目前世界性的农业科技革命，来势猛，起点高，发展快，影响大。生物技术取得重大突破，打破了不同物种之间无法进行杂交的局限，培育出越来越多的产量高、质量优、适应性更强的新品种。高科技、高产值、高效益的工业化种养业正在兴起。农产品精深加工和综合利用的程度越来越高，形成了一批以农产品为原材料的高技术产业。这些必将引起一场影响深远的农业产业革命，我们只有抓住世界农业产业革命的机遇，大力推进农业科技创新，在科研攻关、科技成果转化、农民素质提高和农村科技体制改革方面取得突破性进展，否则农业现代化是不可能实现的。

第二，推进我国工业现代化，必须依靠科技创新。目前，我国许多企业存在的困难主要表现在：设备陈旧，技术落后，产品质量差，消耗高，企业综合经济效益差。为此，江泽民指出："要摆脱困境，拓展新的发展空间，必须坚持贯彻'科学技术是第一生产力'的重要思想，抓住技术进步和产业升级这个关键关节。""要坚持以市场为导向，用先进技术改造传统产业，增加品种，改进质量，提高效益。""要引进、消化、吸收国外先进技术，更要增强自主创新能力。"[③] 切实形成以企业为中心的技术创新体系，使企业获得持续发展的动力。为此，中央多次强调指出，要大力加强企业科技创新，积极采用高新技术和先进适用技术，加快传统产业技术改造力度，大力振兴装备制造业，为各行各业提供先进技术装备，

① 《十七大报告辅导读本》，人民出版社2007年版，第28页。

② 江泽民：《论科学技术》，中央文献出版社2001年版，第124页。

③ 同上书，第138—139页。

积极发展高新技术产业，为传统产业改造提供技术支撑。

第三，推进我国国防现代化，必须依靠科技创新。现代科学技术对战争起着越来越大的作用，使战争的形态发生了深刻的变化。只有现代化的科学技术才能制造出现代化的武器装备，大大提高部队的战斗力，才能教育训练出适合现代战争所需要的军事人才。实行积极防御，把军事斗争准备的基点放在打赢现代技术特别是高技术条件下的局部战争上，是我军新时期的军事战略方针。围绕这个方针，江泽民多次强调，要以改革创新的精神迎接世界军事发展的挑战，要千方百计地把我军的武器装备搞上去。"推进军队质量建设必须依靠科技进步。贯彻科技强军战略，不仅要大力发展先进武器装备、利用高技术改进现有武器装备，而且要在教育训练、作战指挥和后勤保障等各个方面，都要努力利用科技进步的最新成果，增大科技含量。"①

二　当代中国经济追赶过程中科技创新的现状分析

随着人类进入21世纪，世界各国明显加快了发展的步伐，这给中国实施经济追赶战略提出了新的挑战。只有正确认识当代中国科技创新的进程和成就，全面分析全球化时代科技创新面临的新形势和主要问题，才能真正发挥科技创新对当代中国经济追赶强劲的动力作用。

（一）当代中国科技创新的伟大成就

历史的中国，曾以科技领先而兴，也曾因科技落后而衰。新中国成立后，我国的科技事业发展并非一帆风顺，直到十一届三中全会的胜利召开，它才真正迎来了灿烂明媚的春天，在农业、工业、国防、航天、生物工程等方面取得了一系列的辉煌成就。

第一，形成了比较完整的科学研究与技术开发体系，整个科技发展水平位居发展中国家前列。有关数据显示，2008年国内科学研究与实验发展经费总支出为811.2亿元，占当年国内生产总值的占比跃居发展中国家前列。在R&D经费总支出中，基础研究占11.4%，应用研究占33.4%，试验发展占55.2%。其中各类企业支出占国内R&D经费总支出的50%以

① 江泽民：《论科学技术》，中央文献出版社2001年版，第128页。

上，已经接近发达国家的水平，表明企业正逐步成为我国研究开发活动的主体。①

第二，科技体制改革取得了突破性进展，国家确定的科技体制改革阶段性目标基本实现。当前，我国科技工作的战略重点正在转向国民经济建设主战场，企业的科技力量得到进一步加强，多数科研机构的运作直接面向市场需求，知识创新工程试点取得初步成效，高效管理体制改革基本完成，科技资源得到了优化配置，民营科技企业作为新生力量得以迅速崛起。总起来看，宏观科技管理体制逐步完善，适应社会主义市场经济的新型科技体制初步形成，国家创新体系的建设正在逐步展开。

第三，基础科学研究领域取得丰硕成果。近年来，我国科技工作者在人类基因测序、纳米碳管和纳米新材料、微机电系统研究、南海大洋钻探等方面取得了一系列重大成果。表面科学、非线性科学、认知科学以及地球系统科学等新兴交叉学科得到迅速发展。中国大陆科学钻探工程、大天区面积多目标光纤光谱天文望远镜等多项国家重大科学工程的建设，为我国的基础科学研究创造了良好的条件。

第四，高技术研究及产业化方面有所突破。载人航天技术、运载火箭及卫星技术等航天高技术取得了重大突破。两系法杂交水稻、基因工程药物、转基因动植物、重大疾病的相关基因测序和诊断治疗等技术的突破，使我国生物技术总体水平接近发达国家。高清晰度电视、“神威”计算机、大尺寸单晶硅材料、皮肤干细胞再生技术等重大成就的取得，使我国在相应领域跃入世界先进行列。国防科技的发展为增强国防实力奠定了坚实的基础，促进了国防工业的技术进步。

第五，工农业科技获得进展。农业科技方面，仅“十五”期间就培育出600多个新品种，单产增产10%左右，有力地保障了我国粮食增产目标的实现。工业科技取得了若干重大技术突破，提升了重点产业技术水平。数字程控交换机、氧煤强化炼铁技术、镍氢电池、非晶材料等产业化方面取得了一系列重大成果；计算机辅助设计（CAD）、计算机集成制造系统（CIMS）等一批重大共性技术的推广应用，大幅度提高了企业的科技创新能力；创新药物、水资源保护和利用、小康住宅、夏商周断代工程

① 国家统计局：《中国统计年鉴2009》，中国统计出版社2009年版。

等一批重大项目的实施，为社会主义事业的发展作出了贡献。①

（二）当代中国科技创新存在的突出问题

长期以来，科技体制改革一直是我国整个改革进程中相对先行的部门，科技体制改革对整个改革的深入起着非常积极的作用。与此同时，科技部门与科技工作者一直是改革事业最积极的支持力量，是改革愿望最为强烈的一个群体。然而随着各项改革的逐步推进，在社会主义市场经济条件下，科技创新方面存在的问题也非常突出。

第一，科技成果转化问题。首先，科技成果的研究开发与市场需求脱节状况并未从根本上得到改变。目前，我国许多科研机构和科研人员适应市场经济要求不够，许多研究人员甚至从认识上仍没有真正重视如何满足企业生产需要问题。因此，研究开发项目的选题对市场、用户及营销服务的要求考虑很少，研究出来的成果应用前景不大，企业难以利用。在经费和整个社会需求的压力下不得不努力适应生产要求时，只出一些“短、平、快”的小项目，产业需求的重大技术得不到科研单位的有力支持。由于企业对技术需求还不够强烈，国内技术成果又存在上述问题，企业界对国内成果的评价普遍较低，因而，科技成果的市场价格也较低。② 其次，企业对科技成果的需求不旺。就当前来说，外延扩大再生产仍然是多数企业实现扩展的主要方式，很多企业家首先要的是资金，因为有了资金就可以铺摊子、搭台子，以科技进步与创新为主的内涵式扩大再生产，在许多企业发展战略中还没有成为主流。另外，企业追求利润的主要手段不是依靠科学技术提高劳动生产率，因此，一些企业仍不愿意为技术付钱。最后，技术中介机构发挥作用不够。目前，尽管技术贸易机构、技术中介结构从业人员、技术贸易合同数、成交金额都发展很快，但在成交的技术贸易金额中，由技术中介机构联系促成的只占很少的比例。造成这种现象的原因主要在于：中介机构的从业人员缺乏技术贸易的基本条件和素质；技术市场的规范和规则不健全；缺少对专项技术本身的研究。

第二，科技创新主体问题。企业是市场经济的“细胞”，要使“细

---

① 李志军、吕力之、杨起全：《中国科技发展的成就、问题与取向》，《经济研究参考》2003 年第 2 期。

② 葛联迎：《市场经济与科技创新》，《西安欧亚学院学报》2006 年第 1 期。

胞”充满活力，必须逐步引导企业成为科技创新的主体。就当前来说，国家鼓励和支持大型企业建立技术中心，主要出于两个方面的考虑：一是为了帮助企业提高技术开发能力，形成多层次研究与开发体系，从而培育出一批能够参与国际竞争的国际知名企业。二是为了解决科技与经济的结合问题。这其中既要解决经济如何依靠科技的问题，也要解决科技如何面向经济的问题。因此，要按照中央的要求，逐步“建设以企业为主体、市场为导向、产学研相结合的技术创新体系，使企业真正成为研究开发投入的主体、技术创新活动的主体和创新成果应用的主体，全面提升企业的自主创新能力。”①

第三，科技创新能力低下问题。改革开放以来，尽管中国的科技事业发展迅猛，特别是一些高精尖领域取得了重大的突破，但中国的科技水平在整体上仍然相对落后，并特别突出地表现为科技创新能力相对低下。中国的大多数高新技术企业主要以贸易为主，它们代理国外产品而缺乏属于自己的知识产权。在重大科学发现和技术发展、专利拥有量等方面，我国与发达国家相比仍处于相对落后的地位。

（三）当代中国科技创新存在问题的主要原因

科技创新是人类的一种具有高度综合性的活动，因而影响科技创新的因素是复杂多变的，有主观的，也有客观的，有内因，也有外因。总的来说，导致目前我国科技创新能力不足的成因主要表现在以下四个方面。②

1. 传统文化制约

中国是文明古国，中国的传统文化是促进中华民族繁荣昌盛和维系中华民族牢固统一的精神力量，从总体上看是优秀的，是中华民族宝贵的精神财富。但是，中国传统文化也有一些缺陷，正是这些缺陷严重制约着科技创新能力的发展。

第一，中国传统文化重视人伦关系和伦理道德，轻视科学知识。中国的经、史、子、集主要论述修身、齐家、治国、平天下的道理，很少系统

---

① 胡锦涛：《坚持走中国特色自主创新道路　为建设创新型国家而努力奋斗》，《人民日报》2006年1月10日。

② 葛联迎在《市场经济与科技创新》一文中认为制约当代中国科技创新能力低下的原因主要是文化教育、科技管理体制和产学研结合三个方面。我们认为，除此以外，研发经费投入不足也在很大程度上制约着中国科技创新的水平。

地探究自然的奥秘。科技创新活动存在的一个前提是深厚的科学底蕴和浓烈的科学氛围。在中国传统文化中，关于科学技术的成分历来偏少，科技创新缺少必要的文化底蕴支撑。

第二，中国传统文化在思维特点方面历来长于感性而短于理性。与西方人的逻辑型、思辨型、实证型的思维特点相比，中国人的思维属于记录型、描述型。我们的祖先记录了哈雷彗星数十次，但是无人总结其运行规律，结果让英国人哈雷获得了这项发现权。中国传统哲学虽然思想深刻，但是充满了随意性、不确定性、模糊性，缺少系统性和逻辑性。中国人擅长用一个事物表征另一个事物，但是难以揭示存在于个别事物中的一般道理，这种思维方式是不利于进行科技创新活动的。

第三，中国传统文化崇尚传统和权威，对新兴事物的态度普遍抱持怀疑、观望态度，并有轻视普通民众主体地位和智慧的倾向。好奇心和求知欲是最重要的科技创新意识，但是，在这种文化的熏陶下，人们的好奇心和求知欲难以得到鼓励和满足，甚至可能被忽略和抑制。

第四，中国传统文化偏好安静平稳，缺乏冒险精神。中国传统文化的人生态度是知足常乐，不鼓励敢想敢干的作风。而科技创新活动既可能成功，也可能失败，人们如果不具备承担风险的勇气，就不能着手进行科技创新活动。

2. 教育模式制约

新中国成立以来，我国的教育事业得到了蓬勃发展，为中国人科学知识水平的提高和社会主义经济建设作出了巨大的贡献。但是，与发达国家相比，目前中国的教育事业在整体上是相对落后的，中国当前的教育模式仍然存在着诸多问题，严重制约着科技创新能力的发展。

第一，重视书本知识的灌输，轻视对学生分析问题和解决问题能力的培养。中国的教育是以传授教材内容为重心的，对于学生的理解力特别是记忆力的要求比较高。但是，科技创新能力是以创造力为基础的，而创造力只有在不断地分析和解决各种实际问题的过程中才能锻炼出来。

第二，把考试作为测评和甄选学生的主要标准，忽视学生的各种天赋和爱好的发展。尽管近几年有的地方对中考进行了一定程度的改革，也取得了一定的成绩和效果，但只要高考这根指挥棒没有改变，中国就很难突破“唯分数论”教育模式的限制。

第三，强调被动接受的学习方式，否定学生的怀疑态度和批判精神。

中国的教育要求学生听家长、老师等人的话，不鼓励学生独立思考和提出与这些人相反的思想，而对已有知识表示怀疑和进行批判是从事科技创新活动的前提。

3. 科技管理体制制约

改革开放以来，中国的科技事业取得了令人瞩目的伟大成就。这些成就是中国经济建设和社会文明蓬勃发展的强大推动力量，是中国综合国力增强和国际地位提高的可靠保证。与此同时，我们也必须清醒地认识到发展过程中存在的一些薄弱环节和突出问题。其中值得特别注意的是，在中国的科技管理体制中，也有制约科技创新发展的因素。因此，邓小平在全国科技工作会议上语重心长地说："现在要进一步解决科技和经济结合的问题。所谓进一步，就是说，在方针问题、认识问题解决之后，还要解决体制问题。"①

中国科技管理体制的一个十分严重的问题是没有确立企业作为科技创新主体的地位，造成了创新主体错位的现象。这个问题又对中国科技创新能力的制约作用最大。因此，江泽民多次强调："要确立企业作为技术创新主体的地位，加强企业技术创新机制的建设，努力提高企业的技术创新能力和科学管理水平。"②

所谓科技创新主体，就是不仅参与科技创新活动的过程，而且在科技创新活动总占据主导地位、发挥主导作用的社会组织或社会角色。在现代经济活动中，企业是经济与科技结合的微观基础，是经济增长的主要推动力量，所以应当成为科技创新的主体。但是，企业的科技创新主体地位是难以自然地实现的。科技管理体制不仅是一种管理方式，而且是一种经济制度，因而是决定企业科技创新主体地位的直接的、现实的力量。

在中国，企业并没有真正成为科技创新的主体，这主要表现在以下方面：第一，企业科技创新的机构和人员少。中国的绝大部分大中型企业都没有设立专门的科研开发机构。《中国统计年鉴 2007》的有关数据可说明这一点：2006 年全国大中型工业企业共有 32650 家，其中设有科研开发机构的只有 7834 家；在这 7834 家中，大约有 1/4 的开发机构因为资金不落实、缺乏高水平的技术人才、没有明确的技术开发方向、基础设施不健

① 《邓小平文选》第 3 卷，人民出版社 1993 年版，第 108 页。

② 江泽民：《论科学技术》，中央文献出版社 2001 年版，第 154—155 页。

全等原因，无法发挥应有的作用。在中国，2/3 以上的科技创新人员存在于企业之外，因此企业缺乏大量高水平的技术人才。第二，企业科技创新的经费投入少。根据科技部的统计，2005 年，中国企业所使用的研究与开发经费是 1181 亿元，只占全国全部的研究与开发经费的 48.2%，还不到总数的一半。第三，是企业的科技创新成果少。2007 年，中国企业开发的成果只占全国总数的一小部分，中国所有大中型工业企业发明的专利是 36074 项，不到全国总数的 2/10（全国为 245161 项）。①

所有这些充分表明，中国的科技管理体制在科技创新主体的培植方面确有严重缺陷。

4. 经费投入不足制约

科技创新的显著特点是高投入、高风险和高产出。这就是说，在科技创新方面，有投入不一定有产出，但是没有投入就一定没有产出。而资金投入是进行科学研究和科技创新的基本保障，否则，前沿性的科技交流和国际领先的实验条件就无法实现，从而制约科技发展进程和创新。众所周知，美国的科技实力是世界公认的头号强国，这种地位与其科技方面的高投入密切相关。据不完全统计，美国科技投入占 GDP 的 2.7%，因其 GDP 全球第一，绝对经费是十分可观的。日本的 GDP 曾长期居于全球第二，早在 1998 年其科技经费预算已占 GDP 的 3.25%，超过美、欧，跃居世界第一，且呈逐年增加趋势。中国是一个发展中国家，人均 GDP 远远落后于发达国家，尽管我国政府加大了科技投入力度，但与美国、日本相比，无论是从经费数量还是从比例上，差距都还很大。根据国家统计局 2006 年统计结果，我国在高新技术产业方面的研发投入只有 3%，而许多国家在十几年前就超过了 5%，现在有些发达国家甚至超过了 10%。从分行业数据来看，除了航空航天制造业以外，中国其他高技术产业的研发投入强度都明显低于发达国家水平。② 这种有限的经费投入，必然使一些国际性的前沿学术交流活动难以频繁地或持续性地开展，也使一些必需的科研条件特别是实验条件难以具备，使科学家“巧妇难为无米之炊”，制约了科学探索。

① 国家统计局：《中国统计年鉴 2008》，中国统计出版社 2008 年版。

② 国家统计局：《中国统计年鉴 2007》，中国统计出版社 2007 年版。

三　当代中国经济追赶过程中科技创新的对策分析

始发于美国华尔街的金融危机如同多米诺骨牌，对世界各国经济产生了不同程度的消极影响。对于中国而言，我们既要应对危机带来的严重挑战，又要充分抓住机遇，迎难而上，利用科技优化产业结构，转变经济发展战略，在大力推进科技创新的同时，更加注重体制机制创新，不断加大科技成果转化的力度，不断完善科技创新体系建设，从而实现科技创新与经济追赶的良性互动。

（一）当代中国科技创新要处理好的主要关系

为了使科技进步与创新在我国经济追赶过程中发挥更大的作用，首先要处理好科技创新与科技模仿、科技创新与制度创新以及科技创新与成果转化等几对基本关系。

1. 科技创新与科技模仿

创新是前进的动力，“是一个民族进步的灵魂”①。然而，创新是需要花费物力财力的，尤其是科技创新的风险往往最大。因此，在我们大力提倡创新精神、鼓励创新的同时，也不应忘记创新的效益，创新也应讲效益。正因为创新要讲效益，那么创新就离不开模仿。我们说创新离不开模仿，并不是讲不要创新，而是要充分吸收前人的成果，学会站在巨人的肩膀上看问题、研究问题，这样创新的道路上就可以少走弯路，提高创新的效益。作为经济基础薄弱的后发国家，要想在不长的时间内走完发达国家经过一二百多年才实现的现代化历程，必须充分吸收先发国家和地区的先进技术和经验，在工业化和现代化的初期，主要采取科技模仿的战略，推动经济与社会的跨越式发展。但等到社会经济、科技水平发展有一定的基础后，应该过渡到以科技创新为主。② 要想实现当代中国经济的有效追赶，要求我们高度重视并正确处理科技模仿与科技创新的关系。

第一，科技模仿是科技创新的基础。对于后发国家和落后企业而言，科技模仿和科技创新的阶段性非常明显。后发国家由于同先发国家在技术

① 江泽民：《论科学技术》，中央文献出版社 2001 年版，第 70 页。

② 邱燕翎：《企业的模仿与创新》，《江汉论坛》2003 年第 5 期。

创新能力上有很大的差距，开展科技创新的能力和资源均显不足，因而科技模仿是后发国家缩小同先发国家技术差距的一条捷径。当然，这里所讲的模仿不是一味地“复制”，而是在原有的基础上进行某些适当的改造，是一种积极的模仿。[①] 同时，我们不能一直进行科技模仿，这样会造成对国外技术的过度依赖。因此，待条件成熟以后，必须适时实施科技模仿战略向科技创新战略的转变。

第二，以科技创新为主，但也需要科技模仿。对于先发国家而言，是不是就只需科技创新而无须科技模仿呢？其实不然。先发国家由于技术条件好、研究队伍强，开展自主创新实力强大，当然可以以自主创新为主。但是，各先发国家有各自不同的技术优势，它们可以在不同的技术领域进行自主创新，同时，彼此间又可以取长补短，进行模仿创新。例如，美国和欧盟成员国虽然都是发达国家，自主创新能力很强，但是，在它们之间也存在模仿创新行为。因此，当代中国经济追赶过程中，我们要把科技模仿与科技创新统一起来，在不同之阶段实施不同的发展战略，使我国经济社会持续、协调和快速的发展。[②]

第三，科技模仿与科技创新应保持合理的结构。既然科技模仿要过渡到自主创新，而以科技创新为主的基础上也还需要进行科技模仿，那么如何平衡二者的关系呢？一些学者从企业作为创新主体的角度对此作了一些积极的探讨，认为在满足一定的条件下，市场将演化为稳定的结构状态。其中有一定比例的企业自主创新，其余的企业模仿创新。[③] 当然，多大比例的企业自主创新才不至于造成过度投资、浪费资源，同时又能保证新技术的不断出现，这需要针对具体的情况（包括创新的风险大小、创新成本以及模仿成本高低等）进行分析。若创新成本过高，以至于市场上很少或没有企业进行自主创新投资，则政府部门应当采取适当的调控手段如补贴创新成本等。同样，若模仿成本过高，以致市场中创新投资过度，则政府部门应当采取补贴模仿成本等措施进行调控，使得部分企业退出创新市场，使市场结构合理化。因此，不管一个国家、企业处于何种阶段条件

---

① 李晓培：《过程视野中的原始创新与模仿创新的辩证关系研究》，《中共南京市委党校学报》2008 年第 4 期。

② 吴昌南：《自主创新与模仿关系辨析及启示》，《科技与经济》2008 年第 4 期。

③ 易余胤等：《企业自主创新、模仿创新行为与市场结构的演化研究》，《管理工程学报》2005 年第 1 期。

下，都不可能单纯地只采取科技创新或科技模仿，而是以其中的某一种为主，同时辅以另外一种方式，并根据实际情况使之保持合理的比例。

总而言之，我们要大胆使用“拿来主义”，尽量站在世界最先进、最前沿的科技平台上进行模仿创新研究，实现跨越式发展。创新需要站在同一个起跑线上，不然终归是要被落在后面的。模仿不是目的，模仿应该是创新性的模仿。创新性的模仿就是要不迷信权威，要敢于批判地模仿，从而在模仿和创新的基础上超过对方。

2. 科技创新与制度创新

著名制度经济学家拉坦提出，制度创新表现为：“（1）一种特定组织的行为的变化；（2）这一组织与环境之间的相互关系的变化；（3）在一种组织的环境中支配行为与相互关系的规则的变化。”① 因此，制度创新被理解为是一种效益更高的制度对另一种制度的替代过程，或者说是对一种更有效益的制度的生产过程。具体来说，就是围绕发展的目标，冲破旧的制度与体制的束缚，建立起新的制度与体制。② 对于企业而言，制度创新和科技创新的根本动力都是寻求超额利润，但是两者的不同之处在于科技创新直接创造生产利润，制度创新主要是对已存在的社会经济利益进行重新分配。发展经济学和制度经济学的理论和实践表明，制度创新是一个企业、一个地区乃至一个国家经济持续发展的基本前提，它通过调整制度来安排和协调经济主体利益关系，有效刺激和规范各类经济主体的行为，为经济持续发展不断注入新的活力。因此，当代中国经济追赶过程中，要特别注重科技创新与制度创新的相互关系。

关于科技创新与制度创新之间的相互关系，历来存在争议。其中，就西方经济学界而言，既有以美国制度学派凡勃伦及其追随者为代表的科技决定论，也有新制度学派代表人物诺思等人提出的制度决定论。③ 其实，无论是科技决定论还是制度决定论都失之偏颇。从系统论的角度来衡量，科技创新、制度创新在社会经济体系中的作用都是不可替代的，二者各自作为动态的因素表现出辩证的、相互影响的关系：一方面，科学技术属于现代生产力的范畴，现代生产力的发展在很大程度上是技术创新的结果。

① ［美］拉坦：《诱制性制度变迁理论》，上海三联书店1994年版，第329页。

② 庞元正：《当代中国科学发展观》，中共中央党校出版社2004年版，第212页。

③ 姚洁等：《浅析技术创新、制度创新及其相互关系》，《工业技术经济》2006年第3期。

科技创新作为经济增长的第一推动力，为制度及组织创新提供了基本的能动力量，这一点符合生产力与生产关系的辩证运动法则，另一方面，实践证明，技术创新对经济发展的推动作用，发生在特定的社会经济环境中。技术创新如果没有相应的社会制度环境和经济条件作保证，就不可能有效发挥促进经济发展的作用。[①] 因此，根据马克思主义一般原理来看，科学技术对生产力发展和社会经济发展具有第一位的变革作用，因而科技创新较之制度创新对现代经济增长具有第一位的推动作用，有更深层次的重要意义；同时，制度和制度创新又具有相对独立性，对科技创新具有重要的能动作用，科技创新与制度创新之间存在一种相互依存、相互促进的辩证关系。总之，科技创新和制度创新是两个不可分割的范畴，当代中国经济要想获得持续发展，必须同时进行科技创新和制度创新，并使二者步入良性循环轨道。[②]

3. 科技创新与成果转化

科学技术是生产力发展的重要动力，是现代社会进步的决定性力量。但“科技进步、技术创新，只有同经济和社会发展紧密结合起来，才能具有强大的生命力”[③]。新中国成立以来，特别是改革开放以来，经过广大科技人员的不懈努力，我国科技事业取得了丰硕的成果。可长期以来，科技与经济脱节、科技成果转化率偏低，严重制约着我国科技与经济的发展水平。为了更充分地发挥科技进步与创新在当代中国经济社会发展中的主导作用，促进我国综合国力的稳步提高，有必要对科技创新与成果转化问题作进一步的研究。

第一，科技创新与成果转化是当代中国企业发展的必要条件。我国科技成果转化法明确规定，科技成果转化是指为提高生活水平而对科学研究与技术开发所取得的具有实用价值的科技成果所进行的后续试验、开发应用、推广，直至形成新产品、新工艺、新材料、发展新产业等活动。科技创新是指学习、革新和创造新技术的过程。企业的发展离不开科技创新，企业通过科技成果转化实现技术创新，提高技术水平和市场竞争能力。现代企业通常是一种哑铃型的市场运行模式，一头是技术创新，一头是市场

---

① 郑楚光：《科技创新与制度创新》，《港口经济》2001 年第 3 期。

② 周升起、姜学民：《制度创新与科技创新》，《东方论坛》2004 年第 3 期。

③ 江泽民：《论科学技术》，中央文献出版社 2001 年版，第 150 页。

营销，中间是生产环节，两头大，中间小，与传统计划经济体制下的企业不同，生产环节不再是企业管理的焦点。[①] 当前我国正处在建立和完善现代企业制度、进一步扩大对外开放的关键时期，谁在这个时期能把握住机遇，谁就有可能后来居上。作为企业，一定要充分认识到科技创新与市场竞争的必然联系。

第二，建立以需求为主的科技管理模式。在市场经济中，商品价值的实现始终受市场供求关系的制约。同样，在社会主义市场经济中，科技成果作为一种特殊的商品，也要适应技术市场的供求关系，要求技术成果的供给与技术成果的需求达到均衡。若提供的技术与需求的技术不一致，那么，即便是高精尖的、首创的技术，也难以找到市场，作用也就得不到发挥。正如江泽民指出："加强科技成果向现实生产力转化的工作，必须把市场和社会需求作为科技工作的主要导向，注重研究、开发和产业化的有机衔接。"[②] 并且要使其"适应社会主义市场经济的发展需要"[③]。因此，科技人员在科技项目的论证、立项、研究、开发、应用、推广的过程中，要始终把市场需求作为出发点和归宿，以市场需求拉动科技创新，提高科技成果的转化率。

第三，建立"成本科技"和"效益科技"的评价机制。科技管理与生产管理一样，也有一个投入和产出的问题，而且相对于生产的产出，科技的产出附加值应该更高。在以企业为主体的科技创新体系中，科技是成本科技和效益科技，应该更加重视科技的产出，应该更加重视科技成果的转化和转化后取得的经济效益。就科技管理工作而言，不仅要做好立项、拨款、验收和奖励等工作，更要做好科技成果的推广应用和转化工作，尤其在项目管理上要实施效益跟踪管理和全成本核算，逐步建立科技投入回报机制，使科技能够降低生产成本、提高经济效益和市场竞争力。[④]

第四，充分调动科技人员积极性，营造有利于成果转化和技术创新的环境。诺基亚公司有一句响亮的广告词："科技以人为本。"

① 刘春华、叶学良：《科技创新与成果转化》，《湖北化工》2000 年第 3 期。

② 江泽民：《论科学技术》，中央文献出版社 2001 年版，第 150 页。

③ 同上书，第 150 页。

④ 李年生：《技术创新与成果转化》，《政策》2000 年第 4 期。

当前，人才已成为科技和经济发展的主导力量。企业没有人才不行，有了人才不能开发和利用也不行。要按照“开放、流动、联合、竞争”的运行机制，实施人才的合理流动，实现人才资源的优化配置，树立科技致富的观念，进一步体现知识的价值，使全社会真正树立“尊重知识、尊重人才”的良好风气，充分调动广大科技人员的积极性和创造性。

总之，科技创新与成果转化之间同样存在互相促进的辩证关系。一方面，科技创新是成果转化的基本前提，没有科技创新成果，就谈不上成果转化；另一方面，成果转化是科技创新的促进条件，没有成果转化，科技创新就失去基本动力。这就要求我们，既要积极促进科技创新，也要高度重视成果转化。

（二）当代中国科技创新应遵循的基本路径

基于我国经济社会发展的实际，参考世界各国尤其是后发国家和地区的经验和教训，我们认为，当代中国经济追赶过程中加快科技创新可遵循如下基本路径。

1. 建立完善的国家科技创新体系，推进中国科技创新发展

当今世界，科技实力和创新能力已成为各国竞争的焦点，科技实力将决定一个国家或地区在未来世界竞争格局中的命运和前途，成为维护国家安全、增进民族凝聚力的关键所在。因此，促进科技创新已成为世界各国关心的重要问题。知识经济的出现和迅速发展，不断推动着经济和社会形态的深刻变革，而且也推动着科技创新过程本身的深刻变革。从过去简单的线性模式（研究—开发—设计生产—市场）逐步演变成一种复杂的系统，由此，科技创新的重点也转向促进创新系统内各子系统的相互作用和维系各子系统之间的有效联系，亦即把政策的着眼点转向在整个国家层次上解决“系统失效”问题，有效发挥创新系统的整体功能和提高整体效率。换言之，一个国家的创新能力，不仅取决于各创新主体的创新实力，更有赖于国家层次上的体系建设，为创新活动提供有效的体制保障，这就是建设国家创新体系。针对我国的国家创新体系的缺陷和不足，2006 年 1 月，胡锦涛在科学技术大会上提出“深化体制改革，加快推进国家创新体系建设”的目标，要求“进一步形成科技创新的整体合力，为建设创新型国家提供

良好的制度保障”①。

第一，相对于科技创新环境和要求的深刻变化，我国国家创新体系的严重滞后，迫切要求完善国家科技创新体系，为科技创新提供可靠的体制保障。改革开放以来，我国科技创新体系建设取得了较大的进展，但从总体上看，仍存在着一些不容忽视的问题，诸如科技创新资源配置的宏观调控缺位、科技基础条件薄弱、科技投入不足等。这一切都对我国当前科技创新能力的不断提升构成了重大的障碍。

第二，全面推进国家科技创新体系建设，必须实现我国科技体制改革从改革旧体制向建立新体制的转变，从分类推进向系统推进的转变。构建中国科技创新体系，核心是要构造有利于提高我国科技创新能力，促进科技与经济紧密结合的体系。因此，我们既要着眼近期中国科技的发展，又要考虑中长期科技发展；既要立足国内现有的基础条件，又要考虑尽快构建适合科技创新自身规律和国际竞争的机制。建设国家科技创新体系，涉及科技、经济、文化、体制、机制、人才、环境、政府、科研院所、高等院校、企业等诸方面，因此，制定国家科技创新体系发展战略，必须要采取整体推进的思路。唯有如此，才能使我国在现有体制的基础上构建起功能齐全、符合国民经济发展需求和国家竞争需要的科技创新体系。②

2. 建立完善的企业科技创新体系，提高企业科技创新能力

企业是技术创新的主体，创新是21世纪企业成功的关键所在。正如法国欧洲工商管理学院管理专家基姆和莫博尔涅指出的那样：只有具有独立精神和冲出行业界限能力的企业，才能在21世纪激烈的竞争中生存下来。因此，我们只有建立起完善的企业科技创新体系，充分发挥企业推动经济发展的主导力量和主导地位，“加强国有企业的技术改造和技术创新，加快形成以企业为中心的技术创新机制”③，才能大力提高我国企业的科技创新能力，使企业在激烈的国际竞争中具有更旺盛的生命力。

第一，加强企业职工队伍素质建设，建立企业科技创新人才保障体系。建立企业科技创新体系，必须加强企业职工队伍建设，培养一支懂生

① 胡锦涛：《坚持走中国特色自主创新道路　为建设创新型国家而努力奋斗》，《人民日报》2006年1月10日。

② 庞元正：《当代中国科学发展观》，中共中央党校出版社2004年版，第131—132页。

③ 江泽民：《论科学技术》，中央文献出版社2001年版，第130页。

产、懂工艺、会设计、能创新的科研队伍，充分发挥他们的才干，不断把技术含量高的新产品送到生产中去。[①] 同时，为了保证新产品的生产、质量和销售，还需要培养一支充分掌握现代技术的高素质的产业大军，一支技术素质高、思想作风正派、严格执行质量保证法规的质量监督检验人员，一支懂经营、善管理的企业经营销售队伍。当然，企业还应积极营造有利于科技创新的机制，只有依靠先进的技术和富有竞争力的技术创新机制，将创新性的产品、工艺、服务引入市场，才能使企业走向健康发展的良性循环。

第二，建立以企业为主体的研究开发中心，完善企业自主创新体系。一方面，充分发挥政府的导向作用，大力扶持企业的自主开发和对引进技术的消化、吸收和再创新。依托企业组建工程技术开发中心，使工程技术开发中心成为科技与经济的接合部。[②] 就武汉地区而言，应依托重点企业组建几个国家级、省级和市级的工程技术开发中心。在组建和落实技术开发政策时，应坚持“三个一样”的待遇，即市内企业与市外企业一样、国内企业与外商投资企业一样、国有企业与民营企业一样，这样才能吸引一大批公司到武汉设立研究开发机构。另一方面，要积极推动企业与大专院校、科研院所的合作。2009 年的有关资料表明，深圳的常住人口与武汉市的相差不多，本地的科研机构、大专院校则比武汉要少得多。但是，在与科研机构、大专院校之间的科技合作关系方面，深圳企业远远走在武汉企业的前面，这大大地促进了该地区的高新技术产业化和地区经济的快速发展。

第三，加大企业对科技创新的投入，建立多元化科技投入体系。[③] 经过近些年的宣传，我国大部分企业现在都对建立科技创新体系充满了信心，但往往因资金短缺而在实际操作中搁浅。因此，要努力探索和建立科技投入体系。这个投入体系首先要以政府投入为引导，充分发挥政府投入的杠杆作用，以“四两拨千斤”，积极引导社会资金进入，尤其是引导私营经济进入，鼓励企业加大科技研发投入，只有这样，企业才能真正成为

---

① 姬爱国：《试论我国国有企业科技创新体系的构筑》，《河南商业高等专科学校学报》2001 年第 5 期。

② 刘满元：《建立企业科技创新体系推进企业经济发展》，《机械研究与应用》2001 年第 3 期。

③ 李世聪、付宏渊：《论技术创新对经济增长的研究》，《技术经济》2000 年第 11 期。

科技创新的主体。

3. 建立完善的高校科技创新体系，提升高校科技创新水平

加强自主创新、建设创新型国家，是国家发展的战略和科技进步的基点。科学的本质是创新，高校是我国原创性科技和理论的重要发源地，它以其特有的地位和作用，在国家科技进步与创新中扮演着重要的角色。[①]因此，为了进一步推动高校科技创新工作，必须要大力加强高校科技创新体系建设，从而逐渐增强高校自主创新能力，使高校科技创新工作融入国家科技创新体系之中，更好地促进经济社会的全面快速发展。

高校基础研究创新平台是高校科研优势的体现，也是国家科技创新平台的核心部分。各高校尤其是重点高校应充分利用多学科综合的优势，争取成为国家科技创新体系的国家队，这类平台主要包括国家实验室、国家重点实验室和省部级重点实验室。根据教育部、科技部、财政部等部委的文件精神，加强高校科技创新体系建设，可从以下方面着手：

首先，凝练学科方向。一个学科可以有多个方向，一所高校不可能去建设所有的学科方向，因此，学科建设中首要的任务是选择、调整、凝练学科方向。高校要切实发挥重点学科的龙头作用，创造条件，以一个或几个重点学科为核心，在相同或相近的领域中建立一个相互渗透、相互交叉、相互支持、相互依托的学科群体，寻找新的学科增长点，促进新兴、交叉学科的产生，增加学科建设的活力。[②]

其次，加强科技人才和创新团队建设。拔尖人才及其领衔的创新团队是创新平台的灵魂。从某种程度上讲，一个优秀的学科带头人决定着学科建设的成败。因此，高校应该按照学科建设的需要，在现有的基础上，通过培养与引进，形成一支由具有国际领先水平的学术领军人物，打造一支以中青年学术骨干为主体的高层次创新团队，从中选拔、培养在国内有较大影响的学术带头人。

最后，构建科技创新基地。科技创新基地是科技创新的基石，是科技创新能力的标志。我国高校科技创新基地主要分为知识创新基地、技术创新基地和高校科技企业三个系列。[③] 创新基地在高校人才培育和学科发展

① 刘宁：《论高校科技创新体系建设》，《南华大学学报》2007 年第 2 期。

② 雷金火：《论高校创新体系建设》，《高校理论战线》2006 年第 7 期。

③ 庄世宏：《论高校科技创新体系的建立》，《西安联合大学学报》2002 年第 4 期。

方面起着重要的作用。高校必须改善技术装备，建设一流的实验室、工程中心，努力为科研人员提供一流的研究平台，创造良好的工作环境。此外，高校要强化科研创新基地的开放、流动与竞争，建立重点实验室和开放实验室的访问学者制度，积极吸纳高水平研究人员和客座研究人员，不断提高科技创新水平。

诚然，科技进步与创新是一个复杂的、连续不断的过程，涉及面十分广泛而复杂，需要各方面的配套与促进。就科技创新论科技创新，无疑是不能很好地解决问题的。科技进步与创新本身是经济发展过程中内生的，离开经济谈科技创新对策是徒劳的。应该指出的是，因科学技术的变化不断改变人类的生活方式、组织方式、伦理道德观念等各个方面，因此，加快科技进步与创新是多学科共同关注的问题，仅靠某一学科不能够对科技创新的影响和动因进行全面的研究。它是一个综合性的、多学科交叉的理论问题，同时又是一个政策性很强的实践课题，因此，如何推进我国国家科技创新，以使真正做到社会、经济、科技三者协调发展，还有待多方面的不断探讨和共同努力。

第八章

制度创新与当代中国经济追赶

制度是影响经济增长和社会发展的重要因素之一，适应生产力发展要求的经济制度，能够极大地促进一个社会的经济增长和社会发展；相反，与生产力发展要求不相适应的经济制度，则会阻碍经济增长和社会发展。我们应该根据当代中国先进生产力的发展要求，勇于和善于进行制度创新，为我国的经济追赶提供强有力的制度支撑。

一　制度创新是当代中国经济追赶的重要动力

制度创新能促进经济的发展，这一结论不仅在理论上可以得到证明，而且在实践上也可以得到证明。

（一）关于制度创新在经济发展中一般作用的理论分析

1. 西方学者论制度创新与经济发展

西方学者关于制度与经济发展的研究成果非常多，其中具有代表性的是新、旧制度经济学学派。他们认为，制度与科学、技术、资本等都是经济发展的内生变量，相比较而言，制度甚至是最重要的内生变量，它能极大地降低社会的交易成本，激发社会成员的生产积极性，释放社会组织的生产效率，从而促进经济、社会的良性发展。例如，道格拉斯·C. 诺思教授在分析西方经济发展问题时指出，有效率的组织是经济增长的关键，一个有效率的组织在西欧的发展正是西方世界兴起的原因。大致说来，他们的观点可简述如下。

第一，制度的含义。由于研究的前提、视角和目标不同，西方学者对制度的定义是很不一致的。在早期制度经济学中，给“制度”这一概念下定义的经济学家有托斯丹·邦德·凡勃伦（Thorstein B. Veblen）、约翰·罗杰斯·康芒斯（John Rogers Commons）等人。其中，凡勃伦认为，制度实质上就是个人或社会对某些关系或某些作用的一般思想习惯。[①] 而约翰·罗杰斯·康芒斯认为，“制度”是集体行动控制个人的一系列行为准则或规则。通俗地讲，制度是在社会一定范围内的每个人必须遵守的行为准则或规范。就这两种定义而言，应该说康芒斯对制度的认识更加符合我们的理解。

在新制度经济学中，道格拉斯·C. 诺思、西奥多·威廉·舒尔茨、柯武刚等人曾经对“制度”下过定义。其中，诺思提出，“制度提供框架，人类得以在里面相互影响……制度是一整套规则、应遵循的要求和合乎伦理道德的行为规范，用以约束个人的行为”[②]。在道格拉斯·C. 诺思看来，制度是社会的游戏规则，是根据人们的相互关系而人为设定的一些制约，它构成了人们在政治、经济、社会等方面发生交换的激励与规范结构，通过向人们提供日常生活的结构来减少不确定性。柯武刚、史漫飞认为：“制度是人类相互交往的规则。它抑制着可能出现的、机会主义的和乖僻的个人行为，使人们的行为更可预见并由此促进着劳动分工和财富创造。”[③] 总之，在新、旧制度经济学家看来，制度无非就是约束和规范个人行为的各种规则。

第二，制度创新的含义。“创新”从哲学上说是人的实践行为，是人类对于发现的再创造，是对于物质世界的矛盾的再创造。由于物质世界的无限性，因此“创新”也具有无限性。那么什么是制度创新呢？一般认为，经济学意义上的“创新”概念是由约瑟夫·阿洛伊斯·熊彼特在1912年出版的《经济发展理论》一书中首次提出和阐发的。在约瑟夫·阿洛伊斯·熊彼特看来，所谓创新，就是建立一种新的生产函数，也就是说，把一种从来没有过的关于生产要素和生产条件的“新组合”引入生产体系。后来，美国经济学家戴维斯和道格拉斯·C. 诺思在1971年出版的《制度变革和美国经济增长》一书中，继承并补充和发展了约瑟夫·阿伊洛斯·熊彼特的制度创新学说。当代学者根据这些论述，将制度创新视为社会规范体系随着社会经济、政治、文化等各方面变化与发展而不断选择、创造、新建和优化的过程的通称，并认为它包括制度的调整、完

---

① ［美］托斯丹·邦德·凡勃伦：《有闲阶级论》，商务印书馆1964年版，第139页。

② ［美］道格拉斯·C. 诺思：《经济史中的结构与变迁》，陈郁等译，上海三联书店1994年版，第225—226页。

③ ［德］柯武刚、史漫飞：《制度经济学》，商务印书馆2000年版，第35页。

善、改革和更替等。[①]

第三，制度与制度创新在经济发展中的作用。一些新制度经济学者将制度视为经济增长的决定因素。其中，道格拉斯·C.诺思在运用科斯的交易费用和产权分析方法的基础上，对制度在经济发展中的重要性进行了深入的研究。首先，他认为，在没有投入要素的增加而只有制度创新的情况下，也能产生经济增长。在1600—1850年间，世界海洋运输业没有发生大的技术变化，但是，航运制度和市场制度发生了变化，因此降低了海洋运输成本并提高了生产率。道格拉斯·C.诺思由此指出，制度的建立降低了交易成本，减少了个人收益与社会收益的差异，大大地激励了个人和组织从事生产性活动，最终促进了经济增长。其次，他认为，有效率的经济组织是增长的关键因素。道格拉斯·C.诺思在考察欧洲经济发展的历史后提出，西方世界兴起的重要原因在于发展了一种有效率的经济组织。可见，有效率的制度安排是经济增长的关键。

2. 马克思主义经典作家论制度创新与经济发展

马克思主义经典作家历来注重对社会经济制度的研究，马克思主义学说里面蕴涵着关于制度创新与经济发展的丰富思想。

第一，马克思主义经典作家对制度的认识。与制度经济学者不同的地方在于，马克思主义经典作家更多地侧重于考察宏观制度对经济、社会发展的影响，并把制度置于人类社会的产生、运行、变迁的大环境中来进行考察的。其主要观点有：首先，制度是交往的产物。马克思、恩格斯指出："现存制度只不过是个人之间迄今所存在的交往的产物。"[②] 把制度作为交往的产物，深刻地揭示了制度作为社会关系范畴的本质。（随着交往形式的变化，制度也会随着交往形式的更替而发生更替。"在整个历史发展过程中构成一个有联系的交往形式的序列"。[③] 我们知道，"交往形式"其实就是马克思早期对社会生产关系的另外一种说法，所以，把交往形式作为制度其实就是把生产关系作为制度。其次，制度是"社会联系和社会关系"所蕴涵的规范性内容的体现。马克思指出："人们在生产中不仅仅影响自然界，而且也互相影响。他们只有以一定的方式共同活动和互相

---

① 卢现祥：《新制度经济学》，武汉大学出版社2004年版，第144页。

② 《马克思恩格斯全集》第3卷，人民出版社1965年版，第79页。

③ 《马克思恩格斯选集》第1卷，人民出版社1995年版，第124页。

交换其活动，才能进行生产。为了进行生产，人们相互之间便发生了一定的联系和关系；只有在这些社会联系和社会关系的范围内，才会有他们对自然界的影响，才会有生产。”① 根据这段话我们不难得出如下推论：当这些“社会联系和社会关系”所蕴涵的规范性内容外显，便表现为制度。

值得注意的是，马克思、恩格斯经常使用的是“社会制度”、“经济制度”、“政治制度”这样的概念，而很少单独地、抽象地使用“制度”这一概念。在他们看来，制度不能仅仅归结为社会普遍意志的法律和伦理范畴，完整的社会制度是由经济基础和上层建筑这两个相互联系的层次构成的。

第二，马克思主义经典作家对制度创新与经济发展关系的认识。马克思在探寻人类社会发展的动因时，一直把制度纳入社会经济发展之中加以考察。在他看来，制度是影响经济增长和社会发展的重要因素之一，并表现为两种效应：适合一定的生产力性质的经济制度，就必然成为经济增长和社会发展的巨大推动力；相反，与一定的生产力性质不相适应的经济制度，就会阻碍经济增长和社会发展。换言之，制度因素既可能是经济增长和社会发展的增函数，又可能是经济增长和社会发展的减函数。这一结论，在人类经济思想史上具有重要的价值。正如新制度经济学家 V. W. 拉坦所言，马克思比他的同时代学者更深刻地洞见了技术与制度变迁之间的历史关系。在马克思的思想体系中，阶级斗争反映了经济制度的演进与生产技术进步之间的不断“冲突”。尽管马克思强调了生产方式的变化（技术变迁）与生产关系的变化（制度变迁）之间的辩证关系，但他相信前者提供了社会组织变迁的更为基础的力量。马克思揭示的生产关系一定要适应生产力的规律，能够有效地解释人类社会经济发展的变迁过程。

任何社会的生产都是在一定的生产关系及其制度条件下进行的，而制度变迁和创新又是由一定社会经济制度中的不同利益集团之间的矛盾推动的。根据马克思主义一般原理，人类进入社会主义社会以后，社会基本矛盾的对抗性质已经消失，因而社会进化将不再采取政治革命的形式。于是，改革成为社会进步的重要形式。概言之，革命是为了解放和发展生产力，改革也是为了解放和发展生产力，历史上一切大的制度变革归根结底

① 《马克思恩格斯选集》第 1 卷，人民出版社 1995 年版，第 344 页。

都是为了解放和发展生产力这个最终目的。

3. 当代中国共产党人论制度创新与经济发展

当代中国共产党人十分重视制度创新对于经济社会发展的重大意义。在这方面，江泽民的有关论述具有代表性。

众所周知，制度有广义和狭义之分，广义的制度是指社会的基本制度，揭示的是社会的基本性质、根本道路和总方向，而狭义的制度是指社会的具体制度或运行体制。江泽民指出："我们进行体制创新，就是要不断完善适应发展社会主义市场经济、全面建设有中国特色社会主义要求的各方面的体制。"① 这表明，江泽民最初论述制度创新这一问题，一般使用"体制创新"的提法。2001 年，《在庆祝中国共产党成立 80 周年大会上的讲话》中，江泽民用"制度创新"替代了"体制创新"。总的来看，在江泽民的思想中，他所指的制度创新一般是指社会的具体制度或体制创新。

江泽民对制度创新在我们经济社会发展中的重要作用有着深刻认识。他多次强调指出："保证党和国家的长治久安，制度建设是最根本的。"② 1994 年 9 月，在全面总结党在领导经济发展的历史经验的时候，他又说："注重制度建设，是这次全会决定的一个重要指导思想。制度建设更带有根本性、全局性、稳定性和长期性。"③ 在党的十六大报告中，他再次强调制度创新在我国经济发展中的重要性。他指出：改革要"注重制度建设和创新"④。在他看来，"不改革，不进行体制创新，很多问题的解决就没有出路"⑤。"社会主义制度的自我完善和发展，说到底，是一个体制创新的问题。"⑥

江泽民对制度创新的路径与方法也作过比较丰富的论述。首先，他非常重视制度创新体系的建设。他在全国技术创新大会上强调："积极推进国家知识创新体系建设，为技术创新和科技成果向现实生产力转化提供有效的保障和激励机制。"⑦ 其次，他强调制度创新必须从中国国情出发。

① 《十五大以来重要文献选编》（中），人民出版社 2001 年版，第 1308 页。

② 江泽民：《论党的建设》，中央文献出版社 2001 年版，第 547 页。

③ 《江泽民文选》第 1 卷，人民出版社 2006 年版，第 410 页。

④ 《江泽民文选》第 3 卷，人民出版社 2006 年版，第 534 页。

⑤ 《论"三个代表"》，中央文献出版社 2001 年版，第 67 页。

⑥ 同上书，第 66 页。

⑦ 《江泽民文选》第 2 卷，人民出版社 2006 年版，第 398 页。

江泽民一再强调中国的改革要从国情出发，这是搞好中国制度创新的起码要求和前提条件，“我们进行政治体制改革，要充分考虑我国的历史背景、经济发展水平和文化教育水平”。[①] 最后，他非常注重理论创新之于制度创新的推动作用。在他看来，制度创新是理论创新的目的。“我们推进理论创新，就是为了要通过理论创新来推动制度创新、科技创新以及其他各个方面的创新。”[②]

江泽民关于制度创新的相关论述，对当前我国制度创新仍然具有重要的指导价值。全面推进中国特色社会主义事业的过程，从一定意义上可以说，就是不断推进制度创新的过程。正如胡锦涛在庆祝中国共产党成立90周年大会上指出：“我们党紧紧依靠人民进行了改革开放新的伟大革命，开创、坚持、发展了中国特色社会主义。”“中国特色社会主义制度，是当代中国发展进步的根本制度保障，集中体现了中国特色社会主义的特点和优势。我们推进社会主义制度自我完善和发展，在经济、政治、文化、社会等各个领域形成一整套相互衔接、相互联系的制度体系。”[③] 在新的历史条件下，面对新的挑战和风险，如何拿出更大的政治勇气来不断地促进中国特色社会主义制度的创新和完善，这是当前全党面临的重大课题。

（二）关于制度创新在经济发展中的一般作用的实证分析

1. 制度创新在发展中国家经济发展中作用的历史考证

第一，制度创新在我国经济发展中的作用。对于制度创新的作用，可以从我国的改革实践中得到验证。据有关研究机构统计，改革开放前26年（1953—1978年），我国的全要素生产率[④]平均为负增长。我们知道，全要素生产率是技术进步、组织与体制安排等生产要素引起的生产率。事

---

① 中共中央文献研究室编：《江泽民论有中国特色社会主义（专题摘编）》，中央文献出版社2002年版，第304页。

② 同上书，第635页。

③ 胡锦涛：《在庆祝中国共产党成立90周年大会上的讲话》，《人民日报》2011年7月2日。

④ 全要素生产率是指“生产活动在一定时间内的效率”，它是衡量单位总投入的总产量的生产率指标，即总产量与全部要素投入量之比。全要素生产率的来源包括技术进步、组织创新、专业化和生产创新等。全要素生产率的增长率常常被视为科技进步的指标。

实上，1957—1978年间，我国的技术进步并没有停止，全要素生产率为负增长的主要原因在于：制度安排所导致的制度缺失与制度滞后。自中国实行经济体制改革以来，无论是在农村还是在城市，严重抑制劳动者生产积极性和单纯追求产值而不顾价值实现的组织与体制障碍已被逐渐消除。有统计资料表明，1979—1989年间，中国全要素生产率增长率和它对经济增长的贡献率分别为2.48%和28.5%。

第二，大多数发展中国家贫困的制度性解释。[①] 第二次世界大战以后，亚洲各国基本上处于同一起跑线上，同样面临世界新技术革命的机遇，但是各国的发展速度大不一样。有的国家在短短的几十年内实现了经济腾飞，而有的国家至今仍徘徊在现代化的大门之外。造成这一现象的原因固然很复杂，制度的差异无疑是一个关键性因素。例如，新加坡是一个名副其实的小国，自然资源严重匮乏。自1965年独立以来，它迅速改写了贫穷落后的历史，成功步入发达国家的行列，目前拥有世界第一大货柜码头，是世界第二大电子制造业中心、第三大炼油中心、第五大金融中心，世界500强企业几乎全部在新加坡设立了地区分部和加工企业。新加坡国民生活富裕、安居乐业、社会高度和谐，是很多发展中国家学习的榜样。可以说，新加坡的成就在很大程度上得益于它在二战后形成的一整套高度发达的制度框架，诸如稳定的产权制度、发达的金融制度和健全的监督制度等。相比之下，有些国家（如缅甸等国）仍然固守传统的制度，国家干预和支配整个经济生活，缺乏公平合理的市场竞争环境，银行、税收、法律制度等受政治家的干预比较大，地位和特权成为决定人们收益多少的主导因素，公民的私人财产和基本权利得不到切实的制度保障。这些制度缺陷使市场的发展和经济的增长遇到了难以逾越的障碍，成为这些国家经济长期落后、社会发展缓慢的重要根源。

2. 制度创新在西方国家经济发展中作用的历史考证

历史同样证明了制度创新对西方社会经济发展的关键性作用。[②]

① 袁庆明：《新制度经济学》，中国发展出版社2005年版，第359—363页。

② 本书关于制度创新在西方国家经济发展中的作用的有关分析，主要参考了张玲玲、姜守明：《英国兴衰的启示：制度创新的行与废》，《学海》2006年第1期；陈杰：《从发达国家的成长看制度创新与经济增长》，《云南财贸学院学报》（社会科学版）2005年第2期。

众所周知，英国是世界上最早完成产业革命并实现工业化的国家，而这在很大程度上得益于它始于1640年的资产阶级制度创新。英国在资产阶级革命胜利后实行君主立宪制，议会成了最高政治权威，制定了《人身保护法》（1679年）、《权利法》（1689年）等一系列保护公民基本权利的法律。在经济领域，英国除了有明确保护财产权利的法律外，还制定了世界上第一部鼓励创新的专利法。同时，租佃制和合股公司取代了古老的管制公司，这就削减了产业管制和行会权力，催生了有价证券市场和中央银行、英格兰银行、保险公司。这些制度安排，为英国社会经济发展提供了适宜的环境。专利法促进了经济活动中的创新，产业管制和行会权力的削减带来了劳动力的流动，并促成了劳动力市场的形成。合股公司、银行和保险公司降低了资本市场交易成本，鼓励了资本流动。尤其是君主立宪制的建立，议会的最高权威和公民基本权利的保护，为公民参与政治、经济竞争提供了制度保证，激发了人们的积极性和创造性，从而为经济增长和社会发展提供了强大的动力。正因为如此，英国才能最先走出封建社会的缓慢发展状态，在世界上率先进入现代化。

3. 制度创新在当代中国经济追赶中的重要作用

第一，制度创新为当代中国经济追赶创设制度环境。经济发展除了需要劳动力、资本、自然资源等因素外，还需要一定的制度环境（生产关系）。制度环境是一个社会有机体中的制度集合，有效的制度环境能够为经济发展提供预期、规范秩序、形成激励等积极作用，而无效的制度环境会成为一个社会经济发展的制约因素。一个社会的制度环境不同，经济发展的结果就会不同。著名的“李约瑟之谜”表明：被许多经济学家和历史学家视为催生18世纪英国工业革命的所有重要条件，在14世纪的中国几乎都已经存在了。那么，为什么中国在14世纪没有发生工业革命？一种合理的解释在于：那时的中国没有一个有效率、能够促进商品经济发展的制度环境。

制度可以营造环境，为人们的行为提供一定的行为模式，社会或团体试图用这些行为模式去塑造其成员；而社会或者团体的成员则通过自己的行为去认识、验证、实践这些行为模式，当他们接受了这些行为模式并付诸实践时，这套行为模式就被制度化了，制度环境也就生效了。因此，鲁思·本尼迪克特指出：“个体生活的历史中，首要的就是对他所属的那个社群传统上手把手传下来的那些模式和准则的适应。落地伊始，社群的习俗便开始塑造他的经验和行为。到咿呀学语时，他已是所属文化的造物，而到他长大成人并能参加该文化的活动时，社群的习惯便已是他的习惯，社群的信仰便已是他的信仰，社群的戒律亦已是他的戒律。”①

经过30多年的改革开放，我国由传统的计划经济体制向社会主义市场经济体制的转变已经基本完成，但是由于各种原因，仍然存在着大量的无效制度。要促进我国的经济追赶，必须加强制度创新，努力创设适应于社会主义市场经济发展的制度环境。

第二，制度创新为当代中国经济追赶提供激励系统。社会制度具有激励功能，它通过提倡、鼓励或压抑等方式来传递信息，从而规定人们行为的方向、改变人们的偏好、影响人们的选择。任何制度都有一定的激励功能，但不同的制度产生的激励效应不一样。当前，制度创新对我国经济追赶的激励作用主要表现在：首先，为当代中国经济活动主体确定经济活动的界限，从而明确各种经济主体在经济活动中的权利与义务，激发其从事经济活动的积极性。一旦制度的激励功能得以实现，它就会为经济活动的各种主体带来从事经济活动的积极性，从而促进社会经济的快速发展。其次，为当代中国的经济活动主体形成从事经济活动的有效秩序，从而为我国经济的健康有序发展创造条件。社会秩序是人类存在和发展的必要前提，也是人类社会经济生活有序进行的必要保障。正如布罗姆利所言：“没有社会秩序，一个社会就不可能运转。制度安排或工作规则形成了社会秩序，并使它运转和生成。”② 最后，为当代中国的经济活动主体的经济活动提供预期与激励，从而增强人们从事经济活动的稳定性。借助制度提供的信息，人们可以确定自己的行动及其后果，预知他人的行动及其后果。通过制度的规定和重复的行为经验，个人可以正确预期他人的行动。

① ［美］鲁思·本尼迪克特：《文化模式》，王玮等译，生活·读书·新知三联书店1988年版，第5页。

② ［美］布罗姆利：《经济利益与经济制度》，陈郁等译，生活·读书·新知三联书店1996年版，第55页。

二 制度创新是当代中国经济追赶的必然选择

（一）从制度创新角度反思我国经济追赶的历史经验

1. 我国近现代史上器物学习与制度学习失败的原因与教训

一部中国近现代史，从某种意义上说，就是中国不断学习西方、希望在经济上追赶西方国家的历史。这一学习过程，大体上可以分为器物学习与制度学习两大阶段。①

第一，器物学习阶段失败的原因与教训。鸦片战争失败后，林则徐、魏源等一批先进的中国人深切地感到了我国在“器物”、“技术”方面与西方列强的差距，发出了“师夷长技以制夷”的呼声，揭开了我国学习西方、追赶西方的序幕。洋务运动进一步把“师夷长技”付诸实践，采取了引进西方生产技术和机器设备、兴办近代军事工业及民用工业等做法。1894 年中日甲午战争中北洋水师的全军覆没，标志着洋务运动的失败，并严重打击了当时中国人刚刚树立起的经济追赶的信心。

洋务运动以“中体西用”为宗旨，试图在封建专制主义政治制度的“体”上，移植近代的科学技术，发展经济以追赶西方列强，最终达到维护和巩固封建专制制度的目的。这种做法，实际上忽视了先进技术得以发挥作用的制度环境。众所周知，当时清王朝制度环境腐朽落后，远远不具备充分发挥现代科技作用的制度环境，从而不可能使技术的重要作用得以充分发挥。此外，清王朝引进技术的目的虽然是在经济上追赶西方，但最终目的是巩固腐朽的封建制度，而不是为了最广大人民群众的利益，这就难以激发广大人民群众的积极性，从而影响了器物作用的发挥。

第二，制度学习阶段失败的经验与教训。以器物变革为手段的追赶失败引起了人们的深刻反思，一部分先进的中国人痛切地感到仅仅学习西方的科学技术并不能救中国。他们进一步探寻西方致富致强的本源，认识到能使“人尽其才”、“地尽其利”、“物尽其用”、“货畅其流”的根本因素在于资本主义制度。于是乎，从维新变法运动到辛亥革命，中国人开始了

① 关于近现代向西方学习的阶段的划分有不同的说法，有的学者认为可以分为三个阶段，即器物学习、制度学习和人的观念文化层面学习三阶段。

以制度创新来追赶西方的进程。但是，中国仍然没有实现追赶西方的梦想。

事实上，在上述一系列的运动中，当时的统治者也曾希望经济得到快速发展甚至能追赶西方国家，也引进并建立了不少西方式的新制度。但是，最终的结果却是中国屡屡失去现代化的机缘。究其原因与教训有：第一，制度创新缺乏坚强的主导者。一般说来，制度创新离不开政府的主导与支持，特别是在社会发展的关键时期，强有力的政府往往是推动制度创新的重要力量。而在当时的中国，由于内忧外患、政权不稳、领导乏力，制度创新缺乏有力的主导者与推动者。第二，制度创新缺乏稳定的环境。虽然当时的一些人看到了制度在经济发展中的重要作用，但是在这个时期，由于众所周知的原因，当时的中国缺乏制度创新的稳定环境，导致很难达到制度创新的预期目的。

2. 新中国成立后“大跃进”与“洋跃进”的追赶教训

在新中国成立到改革开放之前，我国大体经历了“大跃进”与“洋跃进”两次追赶。[①] 毛泽东提出的“赶英超美”的大跃进战略，给我国的社会主义经济建设带来了严重后果。“文化大革命”结束后的头两年，受当时领导人在经济发展上急于求成思想的影响，许多地方出现了盲目引进国外技术和设备、盲目上马工程项目的现象。大规模投资远远超出了国家财力，并加剧了积累与消费的矛盾，引起农、轻、重比例严重失调，使国民经济陷入新的困境。我国经济又陷入了“洋跃进”浪潮之中。“大跃进”与“洋跃进”等盲目的经济追赶战略，不仅使我国经济没有实现有效追赶，反而拉大了中国与世界先进国家的差距。

对于“大跃进”与“洋跃进”的经验教训，无疑可以从多方面去加以反思和总结。但是，可以肯定的是，当时制定和实施这些战略的时候，在很大程度上受领导者个人的主观意志左右，而缺少必要的制度约束，是导致上述政策失败的重要原因。正如邓小平指出：“我们过去发生的各种错误，固然与某些领导人的思想、作风有关，但是组织制度、工作制度方面的问题更重要”。“领导制度、组织制度问题更带有根本性、全局性、

① 万红慧、孙来斌：《中国经济赶超的历史回顾与现实思考——兼论经济赶超与科学发展观的关系》，《科技进步与对策》2005 年第 10 期。

稳定性和长期性。”①

3. 改革开放以来我国制度建设的基本经验

1978年党的十一届三中全会召开，我国开始走上了改革开放的道路，同时我国的制度创新也开始进入新的里程。正是这30多年的努力，我国经济社会发展取得了长足进步，国民经济高速增长，经济总量大幅提高。从制度创新层面总结改革开放的经验，我们不难发现，多层次的、全方位的制度创新是促进我国经济社会发展的一个重要因素。邓小平指出：“改革开放胆子要大一些，敢于试验，不能像小脚女人一样。看准了的，就大胆地试，大胆地闯。”② 改革开放以来，我国先后推出了从农村统分结合的双层经营体制、现代企业制度、社会主义市场经济体制、基层民主自治制度、较为完善的人民代表大会制度、国家重要领导人的任期制度和离退休制度、公务员制度、多党合作政治协商民主监督制度等新的制度。正是这些多层次的、全方位的制度创新，推动了我国经济、政治、文化和社会初步实现了从传统到现代的转变。改革开放的历程表明，制度创新贯穿当代中国经济发展的始终，并对经济增长起着加速推动作用。

（二）从制度创新角度看当代中国经济追赶的不利因素

1. “左”、右倾思想的影响

经济发展除了受到社会正式制度环境的直接影响外，同时还会受到社会意识形态的影响，意识形态可以左右一个社会经济发展的方向，甚至严重影响一个社会经济的走向。正如道格拉斯·C.诺思所说：当国家权力主体面对众多公共选择时，意识形态往往成为决定性因素。在一定的意识形态影响下，“当个人深信一个制度是非正义的时候，为试图改变这种制度结构，他们有可能忽视这种对个人利益的斤斤计较。当个人深信习俗、规则和法律是正当的时候，他们也会服从于它们”。③ “文化大革命”的历史教训深刻地说明了这一点。在当代中国，各种“左”的和右的意识形态不时出现，并在不同程度上影响着当代中国经济的追赶。

① 《邓小平文选》第2卷，人民出版社1994年版，第333页。

② 《邓小平文选》第3卷，人民出版社1993年版，第372页。

③ ［美］道格拉斯·C.诺思：《经济史中的结构与变迁》，陈郁等译，生活·读书·新知三联书店1994年版，第12页。

首先，从对待对外开放的态度上看。中国的对外开放之路并不是一无坎坷的坦途，在采取什么样的开放战略尤其是如何向西方国家开放的问题上，我们常常受到来自“左”、右两个方面的干扰。前者主要表现为主张对外开放只能局限于经济技术领域的“有限开放”论，后者表现将对外开放等同于一切照搬西方发达国家经验的“全盘西化”论。“有限开放”论忽视了社会文明的整体性及其内部各要素之间的有机联系，它将阻碍我们对西方发达国家现代文明成果的有效吸收，从而影响我国现代化建设的发展速度，最终影响我国经济社会发展的有效追赶。“全盘西化”论则把现代化等同于资本主义化、西方化，以为要搞现代化就只能走西方资本主义的老路，否定了在社会主义条件下建设和实现现代化的可能性。因此，进一步扩大对外开放，必须坚决排除“左”、右两方面的干扰，既不搞“有限开放”，又要反对“全盘西化”。

其次，从对待市场经济体制的认识上看。由于受传统社会主义思想的影响，我们过去长期将市场经济等同于资本主义、将计划经济等同于社会主义。邓小平突破了传统社会主义的思想束缚，大胆提出：“说市场经济只存在于资本主义社会，只有资本主义的市场经济，这肯定是不正确的。社会主义为什么不可以搞市场经济，这个不能说是资本主义。我们是计划经济为主，也结合市场经济，但这是社会主义的市场经济。……社会主义也可以搞市场经济。”① 在1992年年初的南方谈话中，他更加明确地指出：“计划经济不等于社会主义，资本主义也有计划；市场经济不等于资本主义，社会主义也有市场。计划和市场都是经济手段”。② 这一科学论断的提出，将计划和市场从根本制度剥离出来，从而使我们在这个问题上摆脱了姓“资”与姓“社”的纠缠。但是，我们在许多问题上仍然没有摆脱这种纠缠。从2004年到现在，种种姓“资”与姓“社”的争论，围绕国企改革、医疗、教育、住房、就业、贫富差距等问题展开。各种极端与过火的言论，都说明了“左”、右两种意识形态的存在。

2. 封建文化传统的束缚

在发展经济学中，人们常把一个社会的传统文化当做一个重要的制约因素而给予极大关注。传统文化是一种价值观念、思维定式，它能够制约

---

① 《邓小平文选》第2卷，人民出版社1994年版，第236页。

② 《邓小平文选》第3卷，人民出版社1993年版，第373页。

着人们思考什么、怎样思考；传统文化也是一种生活习惯、行为模式，它也制约着人们去做什么、怎样去做。

一般来看，现代性乃是由传统性发展而来，现代化实质上就是由传统走向现代的过程，今天的中国是历史的中国的发展；传统不单指过去存在的东西，传统文化就体现在现代中国的社会生活之中，在我们每个人身上或深或浅、或隐或显地起着作用。同时，中国传统文化源远流长，意蕴“致广大而尽精微”，既为我们提供了常读常新、受用不尽的思想资源，也为各种解释和评价留下了巨大的空间。不可否认，我国传统文化思想中有许多方面直到今天仍然具有重要价值。但是，它是在小农经济和宗法制度环境下形成和发展起来的，不可避免地带有不同时代和提出者阶级地位的烙印。虽然它因时代和提出者的不同而在侧重点和具体主张上也有所不同，但从总体上看，其历史局限性十分明显，在许多方面不能适应当前我国经济社会发展的现实要求。①

其一，中国传统文化思想植根于传统小农经济社会，与社会主义市场经济的发展要求不相适应。作为一种思想上层建筑，社会和谐思想必然要依赖并反映一定的经济基础。中国自古以农立国，与农业社会有限的生产力发展水平相适应，普遍存在的小私有制和自给自足的自然经济，构成我国传统社会的经济基础，也是传统文化思想得以产生的经济条件。因此，“男耕女织”、“田园牧歌”是其对社会和谐的典型描写，“重义轻利”、“不患寡而患不均”是其基本的价值观念，“重农抑商”是其重要的理论主张。当前和谐社会的建设则是在社会主义市场经济条件下进行的。在这种现代市场经济条件下，城市化、工业化、乡镇企业发展迅速，乡村的寂静早已被机器的轰鸣打破；先富、快富已成为人们的追求目标，平均主义的分配原则不断遭到人们的批判；商品交换、现代物流发展迅速，无商不富已成为人们的共识。这些情况与传统文化思想的价值理念发生直接冲突。而市场经济发展过程中出现的矛盾与问题，特别是城乡发展失衡、外部不经济等问题，也超出了传统文化思想的理论空间。

其二，中国传统文化思想的主旨在于维护宗法制度及其伦理秩序，与社会主义民主法治要求不相适应。中国传统文化思想提倡以民为本，希望

---

①　参见孙来斌《中国传统和谐思想与构建社会主义和谐社会》，《岭南学刊》2007 年第 6 期。

统治者“爱民”、“惠民”，归根结底是站在统治者的立场上来考虑问题的。可以说，维护君主统治及相应的宗法制度，是它的主要价值目标。宗法制度必然衍生出等级制、家长制和人治传统，中国传统文化思想也因此寄希望于圣君贤相、清官廉吏，极力提倡“君臣父子”、“三纲五常”，并以此来实现社会和谐。很显然，这与现代社会的平等观念、民主精神和法治要求格格不入。当代中国社会所追求的和谐，是以最广大人民的根本利益为出发点和落脚点的，是建立在民主法治和公平正义基础之上的。

其三，中国传统文化思想带有明显的形而上学方法论色彩，与当前社会的急剧变化和快速发展不相适应。中国传统文化思想虽然有时也从“阴阳相生”、“有无相成”等角度关注到和谐的动态存在，但片面强调“安分守己”、“小富即安”和“知足常乐”的倾向占据了主导，“标新立异”、“卓尔不群”等品质长期遭受贬抑，从总体上看它是一种否认发展的形而上学和谐观，是封建社会发展缓慢、长期停滞的理论折射。而当前我国社会主义和谐社会建设是在复杂多变的国际国内形势下开展的。就外部而言，世界进入了一个空前的大变化时期，科技、经济、政治等各个方面的变化相互交融和激荡，其变化之巨、之广、之深、之快，令人眼花缭乱。从内部来看，我国已进入改革发展的关键时期，经济体制深刻变革，社会结构深刻变动，利益格局深刻调整，思想观念深刻变化。国际国内形势的新变化，既给我国发展进步带来重要机遇，也必然带来空前挑战。很显然，如果沿用传统文化思想的方法论原则，我们将无法适应国际国内形势急剧而深刻的变化。

其四，中国传统文化思想带有浓厚的空想色彩，与当前我国和谐社会建设的现实要求不相适应。在几千年的历史中，中国社会虽然在“文景之治”、“贞观之治”、“康乾盛世”等时期出现过短暂的、一定程度的繁荣与和谐，但从总体上看长期处于不和谐状态。中国传统文化思想正是对这种社会状态的理论反映，表现了人们对当时现实的不满和对美好未来的企盼。但是，从根本上看，中国传统文化思想既没有揭示出不和谐现象的社会根源，也没有指明实现和谐的基本路径，往往脱离现实而陷入幻想。此外，它还不时流露出对“小国寡民”、“世外桃源”的留恋和向往，带有比较浓厚的消极色彩。因此，它是一种带有浓厚空想主义色彩的和谐观。而社会和谐是中国特色社会主义的本质属性，虽然这一本质目前没有得到充分展现，但是，构建社会主义和谐社会的过程就是中国特色社会主义本质逐渐展现的过程，它要求我们不能脱离实际奢望和谐，不能回避矛盾空谈和谐，而要一切从我国现阶段经济社会发展的实际出发，从社会矛盾运动中分析影响社会和谐的矛盾和问题产生的根源，从经济社会发展中探求化解矛盾的方法。

综上所述，我们可以看出，中国传统文化思想仍然在深层次影响着当代中国人的思维观念，从而势必影响我国经济追赶的进程。

3. 路径依赖与既得利益的阻挠

“路径依赖”是发展经济学、制度经济学常用的术语，意指人类社会中的技术演进或制度变迁均有类似于物理学中的惯性，即一旦进入某一路径就可能对这种路径产生依赖。正如有学者指出：一些国家长期陷入不发达，总是走不出经济落后、制度低效的怪圈，这表明在一个国家的经济发展历程中制度变迁存在着“路径依赖”现象。①

路径依赖原理告诉我们，制度演进的历史是至关重要的，人们过去作出的选择在一定程度上决定了他们现在可能的选择。初始的制度选择即使是偶然的，但由于其带来“报酬递增”，结果强化了这一制度的刺激和惯性。可见，我们必须很好地研究历史，从中找出我国制度变迁过程中的若干路径和打破低效均衡的方法。学界研究表明，我国制度变迁过程中至少存在三重历史路径依赖：一是传统社会形成的制度导致的路径依赖；二是新中国成立后传统的社会主义计划经济体制所形成的路径依赖；三是改革后我们的渐进式改革道路所形成的路径依赖。

对于前两种路径依赖及其影响，我们已经从不同角度有所认识。而对于第三种路径依赖，我们的认识往往有所欠缺。党的十一届三中全会以来，我国的改革从“摸着石头过河”开始，逐步形成了一条具有中国特色的渐进式改革道路。虽然传统体制是无效率的，但是由于制度成本的高昂使得转换只能是逐步的。然而，多年的渐进式制度变迁之路又会形成十分强烈的路径依赖。② 例如，价格双轨制改革路径的选择，一方面使人们易于接受部分放开价格的措施，另一方面却由于部分人可以从商品和要素的双轨价格中得到巨额租金而产生某种力图保持甚至扩大这种寻租环境的压力集团，形成对彻底改革价格制度的阻力。又如，国有企业的改革最初

① 卢现祥：《新制度经济学》，武汉大学出版社2004年版，第168—172页。

② 高伟：《对我国渐进式经济体制改革的认识和思考》，《求实》2002年第7期。

采取了企业制度不作根本改变的条件下的“放权让利”的办法。这种做法在当时的确受到了人们的欢迎，但是一旦选择了这一路径，它就会以进一步放权让利的要求实现自我强化。其结果是形成了目前国有企业一方面受到多级别政府的干预而缺乏应有的自主权，另一方面在自身治理结构上对“内部人”失去控制的局面。我们通常所说的改革一般指的是起正面、积极作用的变革措施及其实施过程，但是，在实践中往往会出现以改革之名、看似设计不错的变革措施，而在实际运作中基本难以发挥积极作用的变革措施，结果使“改革”成为“折腾”。

因此，当代中国经济追赶中的制度创新要求我们，必须认真回顾我们过去的制度变迁道路，考量现在的制度选择成本，积极推出有效的制度设计，从而打破低效率制度均衡，从而实现有效地制度变迁，并促进当代中国的经济追赶。正如胡锦涛在庆祝中国共产党成立 90 周年大会上指出：“当前，世情、国情、党情继续发生深刻变化，我国发展中不平衡、不协调、不可持续问题突出，制约科学发展的体制机制障碍躲不开、绕不过，必须通过深化改革加以解决。”他要求全党同志，“勇于变革、勇于创新，永不僵化、永不停滞，不动摇、不懈怠、不折腾，不为任何风险所惧，不被任何干扰所惑，坚定不移沿着中国特色社会主义道路奋勇前进”。①

三　当代中国经济追赶过程中制度创新的基本路径

（一）坚持在我国根本制度的前提下实现制度创新

任何制度创新都离不开一定的物质前提和历史环境。马克思、恩格斯在《德意志意识形态》中指出：“历史的每一阶段都遇到一定的物质结果，一定的生产力总和，人对自然以及个人之间历史地形成的关系，都遇到前一代传给后一代的大量生产力、资金和环境……它们也预先规定新的一代本身的生活条件。”② 因此，在当代中国，创新必须以坚持、发展和完善中国特色社会主义制度为基本前提。

① 胡锦涛：《在庆祝中国共产党成立 90 周年大会上的讲话》（http://cpc.people.com.cn/90nian/GB/224164/15052968.html）。

② 《马克思恩格斯选集》第 1 卷，人民出版社 1995 年版，第 92 页。

制度是存在层次的，至少有根本制度与具体制度之别。一个社会最根本的制度就是建立在宪法层次上的各种主要制度，包括根本的政治制度、经济制度、文化制度等。从原始社会、奴隶社会、封建社会、资本主义社会到社会主义社会，社会形态的根本差别正是在于根本制度的区别。其他的社会具体制度是在根本的政治制度下衍生出来的。马克思主义认为，制度创新主要有两种途径：其一是社会革命，以此砸破旧制度、建立新制度。这类似于西方制度经济学家所说的暴力性质的强制性制度变迁。其二是社会改革，即不改变社会根本制度前提下对社会具体制度所进行的变革。这类似于西方制度经济学家所说的非暴力性质的强制性制度变迁或者诱致性变迁。

社会主义与资本主义的主要区别不在于经济体制与管理体制，而在于根本的政治、经济、文化制度。在我国现阶段，为实现当代中国经济追赶而做的制度创新，必须在坚持社会主义制度的前提下进行，主要表现为各种体制、机制和具体政策层面的创新。

（二）坚持在科学发展观的指导下实现制度创新

列宁指出："没有革命的理论，就不会有革命的运动。"① 同理，没有科学的发展理念，就不会有成功的发展实践。实现当代中国制度创新与经济追赶，离不开科学发展观的指导。

首先，无论是制度创新还是经济追赶，都必须坚持以人为本。我国经济追赶的根本目的是不断提高人民群众的物质文化生活水平，促进人的全面发展。当前我国社会主义制度创新的目的，同样是为了满足人民群众日益增长的物质文化生活需要。因此，我们为经济发展而进行的制度创新自然不能偏离这个目的，否则，为创新而创新，为经济发展而发展经济，结果只会本末倒置。

其次，无论是制度创新还是经济追赶，都必须坚持全面、协调、可持续。当代中国经济追赶强调全面、协调、可持续，要避免畸轻畸重、顾此失彼、竭泽而渔。当前中国特色社会主义的制度创新，同样要谋划全局、关照各方、持续有序。因此，当代中国为实现经济追赶而进行的制度创新必须要坚持科学发展观。

---

① 《列宁全集》第6卷，人民出版社1986年版，第23页。

（三）坚持制度模仿与制度创新相统一

发展中国家的制度后发优势是指其学习、效仿和借鉴发达国家的先进制度和管理经验，并经本土化改造、创新所产生的效率和益处，它是基于后发国家的后发地位所产生的一种潜在优势。制度模仿是制度后发优势的主要表现形式，它可以降低一国制度创新的成本。作为一个后发国家，我国在经济追赶过程中必须将制度模仿与制度创新统一起来。

当然，制度模仿与制度创新的区分是相对的。一方面，制度模仿的过程，是一个在制度创新基础上不断学习的过程。模仿不等于复制，模仿是一个不断学习、研究、消化先进国家制度经验并与自身实际情况结合的过程，是通过学习而获得模仿对象部分特质的过程。另一方面，制度创新的过程也是一个创新与模仿的互动过程。作为演化的、由人类长期经验形成的制度创新过程，其制度的起源、变迁，本质上也是一个不断学习、选择乃至模仿的过程。将制度模仿与制度创新结合起来，通过制度模仿达到制度创新，可以起到节约制度创新的成本、风险性较小、预期收益的可信度较高等积极作用。①

制度创新的过程，实际上也是一个社会的规范体系的选择、创造、重建和优化的过程。制度创新包括制度的调整、完善、改革和更替等，其中既有对本国制度的调整与完善，也会有对他国制度的移植与改造。当前，在世界大发展大变革大调整的宏大背景之下，我国经济社会正在经历一系列深刻的现代化转型，体现在经济体制、整体格局、产业结构、增长方式等方面。这些转型，有的具有国际普遍性，为其他国家曾经经历；有的具有很强的独特性，带有突出的中国特色。解决这些矛盾，需要我们将制度模仿与制度创新结合起来。

首先，要善于学习、借鉴先进国家在现代经济管理等方面的有效制度。从普遍性的角度而言，现代化发展一般会遭遇传统与现代、城市与乡村、富裕与贫困、效率与公平、发展与秩序、解构与重建等一系列矛盾，稍不注意就容易跌入“现代化陷阱”，并造成社会发展的断裂。对于这些普遍矛盾，先发国家用较长的时间逐步消化解决，在具体的制度设计方面

---

① 参见郭熙保、胡汉昌《论制度后发优势的实现机制》，《上海行政学院学报》2005 年第 1 期；郭熙宝、胡汉昌：《论制度模仿》，《江汉论坛》2004 年第 3 期。

有不少有效的做法。因此，我们在解决这些矛盾时，应该而且可以借鉴这些具体的制度。

其次，要在立足本土、尊重国情的基础上进行制度创新。由于中国与外国在历史与现实、制度与文化、风俗与习惯方面存在很大的差异，因此，学习、借鉴其他国家的具体制度用以解决现代化转型的普遍性难题，也必须从我国的实际出发。更何况除了这些普遍性的转型难题，当前中国社会由于独特的现代化转型还遭遇资本主义与社会主义、公有制与市场经济、先富与共富等矛盾与冲突。解决这些难题，很难从其他国家获取现存的制度经验，只有立足本土，依靠自己的力量。

（四）坚持制度创新的阶段性与渐进性相统一

坚持渐进性改革与巩固阶段性成果相统一，是我国改革开放取得伟大成就的一条重要经验。推进当代中国的经济追赶，必须进一步发挥这条经验，坚持制度创新的阶段性与渐进性相统一。

首先，要坚持制度创新的渐进性。[①] 制度创新的过程，也是对各种社会阶层的利益进行再分配的过程。面对新制度，那些在旧有经济体制中形成的既得利益者必然会与之产生利益冲突，那些希望变革旧的经济体制的人们也会因受益程度的差别而对之采取不同的态度。因此，制度创新必须同时兼顾各种利益群体，不可能一蹴而就。除了制度创新带来的利益问题外，还存在思维定式、制度惯性等问题，特别是几千年来我国传统的“中庸之道”和“过犹不及”思想的影响，人们对制度创新的承受能力比较差。对于这些方面的影响，我们在推进制度创新时必须予以考量。

其次，要适时体现制度创新的阶段性。所谓制度创新的阶段性，意指要及时总结阶段性的制度创新经验，对于那些被实践证明没有效率的制度应该及时抛弃，而对那些富有效率的制度应该积极坚持。就后者而言，可以通过国家法律程序加以肯定，在一定的时期和范围内加以推广。改革开放以来，在许多方面的制度创新上，我们都采取了试点先行—经验总结—普遍推广的做法，逐步巩固了阶段性的成果。

邓小平在《改革是中国的第二次革命》中指出：“我们的方针是，胆子要大，步子要稳，走一步，看一步。我们的政策是坚定不移的，不会动

---

① 高伟：《对我国渐进式经济体制改革的认识和思考》，《求实》2002 年第 7 期。

摇的，一直要干下去，重要的是走一段就要总结经验。”[①] 这段话，实际上对我们所坚持的制度创新的渐进性与阶段性相统一原则，做了很生动的说明。

（五）坚持正式制度创新与非正式制度创新相统一

一般而言，制度可分为正式制度与非正式制度两大类。其中，正式制度是指人们有意识建立起来的、并以正式合法的形式加以确定的各种制度安排，包括政治规则、经济法规和契约。非正式制度是指价值概念、理想信念、伦理道德、风俗习惯以及意识形态等，是人们在长期的社会交往中无意识形成的，通常都具有持久的生命力，尤其是能够解决许多正式约束所无法解决的问题。相对于正式约束，非正式约束具有自发性、非强制性、广泛性和持续性的特点，是对正式约束的补充、扩展、细化。正式制度与非正式制度共同构成了一个社会的制度环境，两者相互依存、相互补充，任何正式制度作用的有效发挥，都离不开一定的非正式制度的辅助；同样，非正式制度作用的有效发挥，也有赖于正式制度的支撑。[②]

当前我国的制度创新必须坚持正式制度创新与非正式制度创新的统一。

首先，要坚持政府在正式制度创新中的主导作用。在社会经济政治生活中，正式制度的变迁、供给、实施的主体一般都是国家。而政府作为国家的具体化身，在很多方面已经实现了对国家的功能替代。当代中国社会正面临复杂的社会转型，在各种社会群体的利益需要正式制度加以调节的情况下，政府在正式制度创新中的主导作用无可替代。改革开放以来，在中央政府的主导下，我们推进社会主义制度自我完善和发展，在经济、政治、文化、社会等各个领域形成一整套相互衔接、相互联系的制度体系。其中，包括人民代表大会制度这一根本政治制度，中国共产党领导的多党合作和政治协商制度、民族区域自治制度以及基层群众自治制度等构成的基本政治制度，中国特色社会主义法律体系，公有制为主体、多种所有制经济共同发展的基本经济制度，以及建立在根本政治制度、基本政治制度、基本经济制度基础上的经济体制、政治体制、文化体制、社会体制等

---

① 《邓小平文选》第3卷，人民出版社1993年版，第113页。

② 参见袁庆明《新制度经济学》，中国发展出版社2005年版，第241—245页。

各项具体制度。改革开放所取得的伟大成就表明了这些制度的有效性。当前，面对新的形势和新的任务，我们一定要在中央政府的领导下，“坚持不懈地把改革创新精神贯彻到治国理政各个环节，奋力把改革开放推向前进。要坚持社会主义市场经济的改革方向，提高改革决策的科学性，增强改革措施的协调性，找准深化改革开放的突破口，明确深化改革开放的重点，不失时机地推进重要领域和关键环节的改革，继续推进经济体制、政治体制、文化体制、社会体制改革创新，继续解放和发展社会生产力，继续推动我国社会主义制度自我完善和发展，坚决破除一切妨碍科学发展的思想观念和体制机制弊端，为推进中国特色社会主义事业注入强大动力”①。

其次，要发挥先进文化在非正式制度创新中的引领作用。文化是民族的血脉，是人民的精神家园。世界经济发展史表明，一个国家的经济发展离不开制度的保证，而制度又离不开文化的支撑。党的十七届六中全会指出：“当代中国进入了全面建设小康社会的关键时期和深化改革开放、加快转变经济发展方式的攻坚时期，文化越来越成为民族凝聚力和创造力的重要源泉、越来越成为综合国力竞争的重要因素、越来越成为经济社会发展的重要支撑，丰富精神文化生活越来越成为我国人民的热切愿望。”②在此情况下，如何进一步推动文化建设与经济建设、政治建设、社会建设以及生态文明建设协调发展，如何发挥先进文化在非正式制度创新中的引领作用，从而为当代中国经济追赶提供坚强思想保证、强大精神动力、有力舆论支持、良好文化条件，是一篇亟待认真研究的大文章。

---

① 胡锦涛：《在庆祝中国共产党成立 90 周年大会上的讲话》，《人民日报》2011 年 7 月 2 日。

② 《中共中央关于深化文化体制改革推动社会主义文化大发展大繁荣若干重大问题的决定》（http://www.gov.cn/jrzg/2011-10/25/content_1978202.htm）。

第九章

对外开放与当代中国经济追赶

当代中国的经济追赶，离不开必要的外部环境和外部资源。改革开放以来的历史经验，对此已经给予了充分证明。为了进一步推进中国的经济追赶，有必要系统地考察对外开放的历史作用，审视当前对外开放存在的困难与问题，并寻求科学的化解路径。

一　当代中国经济追赶过程中对外开放的作用分析

（一）对外开放在经济发展中一般作用的理论分析

关于对外开放在经济发展中的一般作用，马克思主义和西方发展经济学都有过比较丰富的理论阐述。

1. 马克思主义经典作家论对外开放与经济发展

马克思、恩格斯在考察研究人类社会运动的历史时，指出这是一个由“地域的”和“民族的”历史走向“世界历史”的过程。马克思、恩格斯还在此基础上深入分析了资本主义世界体系的特点，虽然他们没有直接使用“对外开放”的概念，却探讨了相关问题并作过丰富的阐发。

第一，生产力的发展是促使整个世界联系日益紧密的决定性因素。在马克思看来，世界市场“不是过去一直存在的”，而是历史发展到一定时期的“结果”。[①] 生产力的发展是推动世界市场形成和发展的根本动力。“各民族之间的相互关系取决于每一个民族的生产力、分工和内部交往的发展程度”，[②] 世界市场的形成和发展，根源于生产力的发展及其所引起的分工和交往的发展。在世界市场形成和发展的三个阶段的背后，是生产力发展的三个阶段（即简单协作—工场手工业—机器大工业），以及各民

① 《马克思恩格斯全集》第46卷（上），人民出版社1979年版，第48页。

② 《马克思恩格斯选集》第1卷，人民出版社1995年版，第68页。

族和国家间的分工发展的三个阶段（即分工的出现—分工的发展和扩大—分工的普遍化和进一步扩大化）。简单说来，生产力的发展带来分工的扩大，而分工的扩大必然引起普遍的交往与联系，这种交往和联系又首先主要体现在商业贸易上。商业贸易发展到一定程度，必然冲破国内市场的限制而走向国际，世界市场随之形成。而机器大工业的发展大大加快了上述链条的运转，进一步扩大了世界市场。“由于开拓了世界市场，使一切国家的生产和消费都成为世界性的了……过去那种地方的和民族的自给自足和闭关自守状态，被各民族各方面的互相往来和各方面的互相依赖所代替了。物质的生产是如此，精神的生产也是如此，各民族的精神产品成了公共的财产。民族的片面性和局限性日益成为不可能，于是由许多种民族的和地方的文学形成了一种世界的文学。”① 由此看来，生产力的发展不单造就了世界各国的经济联系，同样也促进了它们的文化交往。换言之，当生产力发展到一定阶段时，对外开放将成为一种不可抵挡的历史趋势。

第二，资本主义的兴起促使了人类社会由封闭走向开放。世界市场的形成同资本主义社会的内在性质即资本的本性直接相关，而资本的本性就是最大限度地攫取剩余价值，它总是力图不断超越民族、国家和地域去占有更多剩余价值，可见，“创造世界市场的趋势已经直接包含在资本概念本身中”。② 资本自身的发展及其扩张本性的显露也经历了一个过程，这个过程与世界市场形成和发展的过程密切相关。与世界市场形成和发展的三个阶段相应并推动其发展的是资本发展的三个阶段，即商人资本的出现（自然形成的等级资本仍有相当影响）—商人资本的发展（逐渐丧失其原来的自然性质）—工业资本的出现（彻底消灭资本自然形成的性质）。在这个过程中，资本逐渐扬弃原先的自然性质，一步步增强“活动”性及其对市场的占有能力。“资本一方面要力求摧毁交往即交换的一切地方限制，夺得整个地球作为它的市场，另一方面又力求用时间去消灭空间，就是说，把商品从一个地方转移到另一个地方所花费的时间缩减到最低限度。资本越发展，从而资本借以流通的市场，构成资本空间流通道路的市场越扩大，资本同时也就越是力求在空间上更加扩大市场，力求用时间去

① 《马克思恩格斯选集》第1卷，人民出版社1995年版，第276页。

② 《马克思恩格斯全集》第46卷（上），人民出版社1979年版，第391页。

更多地消灭空间。”[①] 在资本扩张本性的驱使下，资产阶级——作为人格化的资本——“奔走于全球各地。它必须到处落户，到处开发，到处建立联系”，[②] 资本主义生产也因此得到更广阔的发展空间。

第三，殖民主义国家对落后国家的侵略迫使其走向开放。“资产阶级，由于一切生产工具的迅速改进，由于交通的极其便利，把一切民族甚至最野蛮的民族都卷到文明中来了……它迫使一切民族——如果它们不想灭亡的话——采用资产阶级的生产方式；它迫使它们在自己那里推行所谓的文明制度，即变成资产者。一句话，它按照自己的面貌为自己创造出一个世界”。[③] 资本主义依靠其强大的经济力量和军事力量不断向世界范围内扩张，最终“正像它使农村从属于城市一样，它使未开化和半开化的国家从属于文明的国家，使农民的民族从属于资产阶级的民族，使东方从属于西方。”[④] 资本的不断扩张产生了国际分工、国际贸易、世界市场，也进而促成国际关系格局的建立。

第四，世界性的革命加强了各国人民的密切联系。资本主义有侵略性和扩张性，这也使得资本主义制度的影响渗透到世界各地，因而反对资本主义的无产阶级革命必然是一种世界性的革命。恩格斯指出：“单是大工业建立了世界市场这一点，就把全球各国人民，尤其是各文明国家的人民，彼此紧紧地联系起来，以至每一国家的人民都受到另一国家发生的事情的影响。”[⑤] “无产阶级只有在世界历史意义上才能存在，就像共产主义——它的事业——只有作为‘世界历史性’存在才有可能实现一样。”[⑥] 他们更进一步指出：“随着贸易自由的实现和世界市场的建立，随着工业生产以及与之相适应的生活条件的趋于一致，各国人民之间的民族分隔和对立日益消失”，“联合的行动，至少是各文明国家的联合的行动，是无产阶级获得解放的首要条件之一。”[⑦] 基于此，马克思、恩格斯提出了无比响亮的口号：“全世界无产者，联合起来！”

---

① 《马克思恩格斯全集》第46卷（下），人民出版社1980年版，第33页。

② 《马克思恩格斯选集》第1卷，人民出版社1995年版，第276页。

③ 同上书，第276页。

④ 同上书，第277页。

⑤ 同上书，第241页。

⑥ 同上书，第87页。

⑦ 同上书，第291页。

第五，社会主义必将是更开放的社会。对于未来的社会，马克思、恩格斯从不做过多的具体描绘，但是，开放性是他们反复强调的一大特点，因为“共产主义……是以生产力的普遍发展和与此相联系的世界交往为前提的”①。无产阶级在夺取政权以后，会将自己推到支配世界市场的领导阶级地位上，并最终走向世界性的联合。而这种世界性的联合，必须以各无产阶级政权的相互交流与密切合作为历史前提，“劳动的解放既不是一个地方的问题，也不是一个国家的问题，而是涉及存在现代社会的一切国家的社会问题，它的解决有赖于最先进各国在实践上和理论上的合作”。②

马克思、恩格斯的上述对外开放的思想，是他们根据机器大工业的迅猛发展和自由竞争资本主义时期的现实状况，面向未来社会而做的一种科学设想，揭示的是人类社会历史发展的普遍规律和总体趋势。

十月革命胜利以后，列宁在领导苏俄社会主义经济建设的实践中，根据新的历史条件和社会现实，创造性地继承和发展了马克思主义的相关理论，从而奠定了社会主义国家实行对外开放的理论基础。

列宁重点论述了社会主义国家保持对外经济联系的必要性和可能性。就苏俄保持对外经济联系的必要性而言，列宁指出：“人类的整个经济、政治和精神生活在资本主义制度下就已经越来越国际化了。社会主义会把这三方面的生活完全国际化”。③ 在此背景之下，“社会主义共和国不同世界发生联系是不能生存下去的，在目前情况下应当把自己的生存同资本主义的关系联系起来”。④ 他结合经济不发达的俄国建设社会主义的实际指出：“当我们国家在经济上还极其薄弱的时候，怎样才能加速经济的发展呢？那就是要利用资产阶级的资本。”⑤ “只要我们苏维埃共和国还是紧挨着整个资本主义世界的一个孤立地区，那种认为我国经济完全可以独立和各种各样的危险已经消失的想法，就是十分可笑的幻想和空想。”⑥ 就苏俄保持对外经济联系的可能性而言，列宁指出，唯利是图是资产阶级的本

① 《马克思恩格斯选集》第1卷，人民出版社1995年版，第86页。
② 《马克思恩格斯选集》第2卷，人民出版社1995年版，第609页。
③ 《列宁全集》第23卷，人民出版社1990年版，第332页。
④ 《列宁全集》第32卷，人民出版社1985年版，第303页。
⑤ 《列宁全集》第40卷，人民出版社1986年版，第42页。
⑥ 同上书，第135页。

性，虽然西方资本主义国家对苏俄有强烈的敌对心理，但是，资本家与苏俄打交道、做生意能够赚取利润，这会吸引他们到苏俄来投资；同时，“资产阶级国家需要同俄国做生意，因为它们知道，没有这种那种形式的经济联系，它们还会像以前那样继续垮下去”。[①]

此外，列宁强调，保持对外经济联系并不会影响和动摇社会主义制度的基础。针对部分工农群众对苏俄实行租让制等政策的疑虑，列宁指出：对外国资本实行租让制，当然要使外国资本家得到一定的好处，为此，苏维埃国家要付出一定的经济代价。但是，这种暂时的代价可以使苏维埃国家获得自己所缺少的资金、技术和设备，从而得到建立和壮大社会主义经济的物质技术基础。只要租让制对苏维埃恢复和发展经济有帮助，“就不惜让资本家得到一些额外的利润”[②]。“只要我们掌握着所有国营企业，只要我们精确而严格地权衡轻重，我们能把什么租出去，在什么条件下，在什么限度内可以出租，那么租让是没有什么可怕的。这种情况下发展起来的资本主义是在监督之下和计算之中的，而国家政权则仍然掌握在工人阶级和工人国家的手中”，“地主和资本家的所有制不会恢复”。[③] 列宁还强调指出，租让制的每个条约都有一定的时间和法律限制，都会经过深思熟虑，“这根本谈不到把俄国出卖给资本家”[④]。

列宁关于苏俄保持对外经济联系、利用西方资本主义发展苏俄经济的理论和实践，为后人留下了大量的宝贵经验。列宁逝世以后，领导全党探索社会主义建设道路的重任历史地落在了斯大林的肩上。斯大林继承列宁的事业，领导苏联人民克服重重困难，在帝国主义包围和封锁的严酷环境中，巩固了社会主义制度，探索出一条不同于历史上资本主义发展模式的工业化道路。总的来看，斯大林对列宁对外经济联系思想作了许多合理发挥，有不少新贡献。例如，斯大林曾经指出：“以为社会主义经济是一种绝对闭关自守、绝对不依赖周围各国国民经济的东西，这就是愚蠢之至”。[⑤] 但是，晚年的斯大林对国际经济政治形势作出了错误的判断，只看到资本主义国家对苏联威胁的一面，并提出“两个阵营”及“两个平

① 《列宁全集》第43卷，人民出版社1987年版，第3页。

② 《列宁全集》第40卷，人民出版社1986年版，第136页。

③ 《列宁全集》第41卷，人民出版社1986年版，第238页。

④ 《列宁全集》第40卷，人民出版社1986年版，第135页。

⑤ 《斯大林全集》第9卷，人民出版社1954年版，第118页。

行市场”的理论，认为“两个对立阵营的存在所造成的经济结果，就是统一的无所不包的世界市场瓦解了”，因而出现社会主义和资本主义“两个平行的也是互相对立的世界市场”。[①] 毫无疑问，这一理论在指导苏联应对帝国主义的经济封锁确实起到过一定程度的积极作用，但是，它也产生了一些消极影响。其一，它把统一的世界市场人为地划分为社会主义和资本主义这两个相互对立的板块，忽视了二战后经济全球化的客观趋势，因而在一定程度上使社会主义国家处在封闭的市场里。其二，它以社会制度和意识形态作为判断的主要标准，将许多发展中国家也划归到对立的资本主义一方，因而失去了很多经济上和安全上的战略合作伙伴。

2. 西方发展经济学论对外开放与经济发展

其一，古典经济学派的国际贸易理论。由于西方资产阶级经济学家对经济开放的最初探讨是从国际贸易问题开始并主要围绕此问题展开的，因此，这里也侧重在国际贸易意义上来分析他们的对外开放思想。自 18 世纪以来，国际贸易理论逐步形成了体系庞大的理论学派，而古典经济学派的国际贸易理论是这一庞大理论体系的重要渊源。

亚当·斯密是西方古典经济学体系的建立者，同时也是国际分工和国际贸易理论的创始人，其代表作是 1776 年出版的《国民财富的性质和原因的研究》（以下简称《国富论》）。在这部名著中，亚当·斯密首先提出了国际分工和自由贸易的理论。在他看来，分工可以提高劳动生产率，从而促进国民财富的增长，而分工的原则不仅适用于国内，也适用于各国之间。如果每一个国家都按照其绝对有利的生产条件去进行专业化生产，然后彼此进行交换，则对所有国家都是有利的。各国按照各自有利条件进行分工和交换，将会使各国的资源、劳动力和资本都得到最有效的配置，从而大大地提高劳动生产率和增加物质财富。[②] 这一理论第一次从生产领域阐述了国际贸易发生的原因，第一次将劳动分工的概念扩大到国际范围，这在国际贸易理论中具有开创性的意义。[③] 亚当·斯密的国际分工、国际贸易理论是有前提的，即在国际贸易中，每个国家的出口部门需要有绝对

① 《斯大林文集》，人民出版社 1985 年版，第 620 页。

② ［英］亚当·斯密：《国民财富的性质和原因的研究》下卷，郭大力、王亚南译，商务印书馆 1983 年版，第 28—29 页。

③ 张二震：《国际贸易分工理论演变与发展述评》，《南京大学学报》2003 年第 1 期。

的利益，也就是说，在一定数量的资本和劳动力条件下，它的生产成本绝对地低：在一定的劳动时间内，它能生产出比它的国外竞争对手更多的产品。但是，如果一个国家的所有生产领域没有一种产品在市场竞争中处于绝对有利的地位，那么这时的情况又是怎样的呢？它是实行闭关自守的政策，抵制外来的竞争，还是实行对外开放的政策，听任自己的工农业遭受到进口货的竞争而毁灭呢？亚当·斯密的理论未能回答这个问题。①

回答这个问题的是古典经济学的另一个代表人物——大卫·李嘉图。作为西方古典经济学理论体系的最终完成者，大卫·李嘉图在亚当·斯密《国富论》的基础上，于1817年出版了《政治经济学及赋税原理》，发展了亚当·斯密的国际分工和国际贸易理论。他从生产成本的相对差别出发，认为如果两个国家的生产力水平不等，甲国生产任何一种商品的成本都低于乙国，处于绝对优势；而乙国生产任何一种商品的成本都高于甲国，处于绝对劣势，那么在这种情况下，两国仍然存在互利的国际分工和国际贸易的可能性，因为两国劳动生产率的差别并不是在任何商品上都是同等的。处于优势的甲国，当然应生产最大优势的商品，而处于劣势的乙国则应生产相对来说劣势较小的商品，这样通过国际贸易进行相互交换，彼此仍然都能得到各自的利益。大卫·李嘉图的比较利益理论一经问世就产生了巨大反响，一直被奉为研究国际贸易发生原因的经典阐释。但这一理论的局限在于，它没有解释在国际贸易中不等量劳动为什么可以交换，也没有揭示出国际商品交换所依据的经济规律。在李嘉图所处的时代，产业革命还未最后完成，世界市场也未得到最充分的发展，这是造成其理论局限性的主要原因。到了20世纪30年代，随着世界经济的发展，这一理论开始受到以奥林为代表的新的国际贸易理论的严峻挑战。②

其二，“赫克歇尔－奥林定理”（生产要素禀赋论）。奥林是当代经济学瑞典学派的奠基人和主要代表人物之一。在其著名的《地区间贸易和国际贸易》一书中，他继承和发展了其老师赫克歇尔1919年的论文《对外贸易对收入分配的影响》中的主要观点，提出了解释国际贸易产生原因的新学说——“生产要素禀赋论”，亦即“赫克歇尔－奥林定理”。奥

① 杨小凯、张永生：《新贸易理论、比较利益理论及其经验研究的新成果：文献综述》，《经济学》2001年第1期。

② 张二震：《国际贸易政策的研究与比较》，南京大学出版社1993年版，第75页。

林的理论认为，古典学派只重视劳动的生理支出，将这方面的差异作为解释国际贸易的基础，这是片面的。他提出了“价格相互依存理论”，强调国际贸易发生的直接原因在于各国拥有不同的生产要素（土地、劳动力、资本、技术等）禀赋以及生产不同商品时所需要不同比例的要素投入。[①]生产要素禀赋的差异有的来源于先天，如幅员、资源等，有的来源于后天，如资本、技术等。在奥林看来，国际贸易的发生，就是以各国生产要素禀赋的多寡及其价格的高低不同作为基础的。也就是说，要在生产要素的配置上去寻找国际贸易发生的根源。

生产要素禀赋论用生产结构中多种要素相互依赖的理论反对和取代古典经济学派从单一劳动要素出发论述生产成本差异的方法，为国际贸易理论提供了一个新的研究视角，因此，奥林的理论一经提出，就立即风靡全球。奥林本人也因此获得了1977年诺贝尔经济学奖。但是，奥林的理论也有明显的局限性。该理论把劳动、资本和自然资源之间的比例关系仅看做简单的数字关系，而没有把它看做一个动态的发展的过程，脱离了资本主义经济和国际贸易的真实情况。

其三，“里昂惕夫之谜”与战后国际贸易理论的新发展。第二次世界大战后，世界政治经济形势发生了新的重大变化，西方经济学界在验证生产要素禀赋论的基础上，提出了一系列新的国际贸易理论。其中之一就是俄裔美国经济学家瓦西里·里昂惕夫根据美国进出口商品结构的分析所得出的“里昂惕夫之谜”。按照“赫克歇尔－奥林定理”，一个国家要从对外贸易中获利，就必然要出口适合于本国要素禀赋的产品，进口本国要素禀赋相对稀缺的产品。美国作为公认的资本比劳动相对丰裕的国家，按此定理应该大量输出资本密集型产品，而输入劳动密集型产品。但瓦西里·里昂惕夫1953年发表的《国内生产和对外贸易：美国资本状况再考察》一文的研究结论表明，美国输出的是劳动密集型产品而输入的是资本密集型产品，这与奥林的生产要素禀赋论的结论正好相反。此一发现后来被称为“里昂惕夫之谜”或“里昂惕夫反论”。以后，美国的鲍德温以及其他一些国家的经济学家也分别对美国、日本、加拿大等国的对外贸易商品结构进行了分析，得出了大致相同的结果。[②]

---

① ［瑞典］奥林：《地区间贸易和国际贸易》，王继祖等译，商务印书馆1986年版，第23页。

② 张二震：《国际贸易分工理论演变与发展述评》，《南京大学学报》2003年第1期。

"里昂惕夫之谜"的提出震动了西方经济学界，启发了一大批经济学家对传统的国际贸易理论进行新的思考并提出问题，从而推动了二战后国际分工和国际贸易理论的进一步发展。许多学者认识到，仅用劳动、资本等要素来说明国际贸易已经很不够了，还应当强调科学技术等其他因素，由此提出了诸如"新要素贸易论"、"技术差异贸易论"、"产品生命周期论"等新的理论和学说，想借以解开"里昂惕夫之谜"。这些理论的共同特点是强调科学技术在国际贸易和国际分工中的地位和作用。如"新要素贸易论"认为，科技教育在劳动者身上的投入即"人力资本"，使一国在技能集约产品上占有优势。"技术差异贸易论"则认为两个国家科学技术水平的差距是国际贸易发生的原因。"产品生命周期论"则认为，产品的要素密度并不是一成不变的，随着产品生命周期的阶段运动而变化。[①]这些新的思考，进一步深化和发展了"赫克歇尔－奥林定理"。

3. 当代中国共产党人论对外开放与经济发展

众所周知，我国是在十一届三中全会以后进行对外开放的具体实践的，但是早在毛泽东时期，就有了对外开放的理论雏形。太平洋战争爆发以后，毛泽东提出"在各种场合与英美人士作诚恳坦白的通力合作"[②]。希望我国与英、美等国建立国际反法西斯统一战线，除了跟这些国家有军事的联合，更有在彼此了解基础上的经济、文化等方面的合作。可以说，毛泽东虽然没有明确提出对外开放这一概念，但他提出的有关思想和原则是清晰明确的，从而为新中国的对外交往奠立了重要的指导思想。以邓小平、江泽民、胡锦涛为代表的当代中国共产党人，关于对外开放与经济发展以及坚持独立自主同参与经济全球化相结合这一问题，进行了丰富的理论阐述，并且由于具体的历史条件和历史任务有所不同，其具体的侧重点也有所不同。概括起来讲，他们的有关思想大致可以归纳为以下几点。

第一，经济全球化浪潮不可抗拒，中国的发展离不开世界。新中国成立以后的很长一段时间，特别是"文化大革命"期间，由于各种原因，我们实际上是在相当程度上把自己置于自我封闭状态。而这一时期，正是

① 张二震、马野青：《贸易投资一体化与当代国际贸易理论的创新》，《福建论坛》（人文社会科学版）2002 年第 1 期。

② 解放军政治学院：《中共中央关于太平洋反日统一战线的指示》，《中共党史参考资料》第 9 册，第 171 页。

新科技革命和世界经济迅速发展的时期。自我封闭的结果，使我们本来与发达国家已经缩小的差距又被拉大。反思历史的经验教训，邓小平指出："经验证明，关起门来搞建设是不能成功的，中国的发展离不开世界"。同时，在世界市场条件下，世界也需要中国。"从世界的角度来看，中国的发展对世界和平和世界经济的发展有利。西方政治家要清楚，如果不帮助发展中国家，西方面临的市场问题、经济问题，也难以解决。"在他的提倡下，对外开放成为我们的一项基本国策，"对外经济开放，这不是短期的政策，是个长期的政策，最少50年到70年不会变"①。20多年对外开放的成功实践表明，这是一项有助于尽快跟上时代步伐、赶上当代世界先进科技和经济发展水平，从而使中国民族屹立于世界民族之林的英明决策，也是一项争取社会主义的生存空间、巩固和发展社会主义事业的英明决策。邓小平的上述思想，是对马克思关于社会主义开放性思想的丰富和发展。

20世纪后期，经济全球化进程日益加快。面对经济全球化浪潮，以江泽民为代表的中国共产党人沉着冷静、从容应对。中国共产党人深刻认识到："经济全球化，是社会生产力发展的客观要求和必然结果，有利于生产要素在全球范围内的优化配置，带来了新的发展机遇。当今世界是开放的世界，任何一个国家都不可能完全脱离世界经济而孤立地发展。如能加以正确引导和驾驭，经济全球化有利于各国各地区加强经济技术合作，也有利于世界经济的发展和国际社会的稳定。"② 因此，我们必须勇于和善于参与经济全球化的竞争，充分利用好国外和国内两种资源、两个市场。

进入21世纪以来，世界进一步处于大变革大调整之中。以胡锦涛为代表的中国共产党人对时代的主题和中国的选择作出了自己的判断："和平与发展仍然是时代主题，求和平、谋发展、促合作已经成为不可阻挡的时代潮流。世界多极化不可逆转，经济全球化深入发展，科技革命加速推进，全球和区域合作方兴未艾，国与国相互依存日益紧密。""当代中国同世界的关系发生了历史性变化，中国的前途命运日益紧密地同世界的前

---

① 《邓小平文选》第3卷，人民出版社1993年版，第78、79页。

② 中共中央文献研究室编：《江泽民论有中国特色社会主义（专题摘编）》，中央文献出版社2002年版，第519页。

途命运联系在一起。"[①] 因此，我们必须适应经济全球化趋势的新发展和我国改革发展的新形势，进一步树立全球战略意识，积极参与国际经济技术合作和竞争，全面提高对外开放水平。

第二，大胆吸收和借鉴人类社会创造的一切文明成果，努力掌握好借用外力的技巧。针对长期以来一些人对资本主义历史地位的片面认识，邓小平明确提出："要弄清什么是资本主义。资本主义要比封建主义优越"。[②] 他还说，我们是在落后的条件下搞社会主义，"要向资本主义发达国家学习先进的科学、技术、经营管理方法以及其他一切对我们有益的知识和文化"[③]。在两种社会制度同时并存的条件下，"社会主义要赢得与资本主义相比较的优势，就必须大胆吸收和借鉴人类社会创造的一切文明成果，吸收和借鉴当今世界各国包括资本主义发达国家的一切反映现代社会化生产规律的先进经营方式、管理方法"[④]。

江泽民在新的历史条件下对邓小平有关思想作了进一步发挥。他总结道："通过积极引进国外的资金和先进的技术、管理经验来发展壮大自己，这是我国经济和社会发展取得重大成就的一条成功经验，必须长期坚持。"[⑤] 他还指出，我们的经济要早日赶上发达国家，就必须有本事利用好外资。我国人口多，但资源并不富裕，人均资源占有量与其他国家相比差距更大。要发展，我们就要学会善于借力，善于借重国外的资金、技术等力量。他还形象地说："好比摔跤，尽管自己体力不够，如能掌握好借力的技巧，就可能取胜。我们积极利用外资，就是发展我国经济的一种必不可少的借力方式。"[⑥]

以胡锦涛为核心的新的党中央高度重视新形势下如何利用外部资源的问题。2007 年 9 月 28 日，胡锦涛在主持中共中央政治局第四十四次集体学习时发表讲话。他指出，实践充分证明，实行对外开放，充分利用国际

① 胡锦涛:《高举中国特色社会主义伟大旗帜　为夺取全面建设小康社会新胜利而奋斗》，见《十七大报告辅导读本》，人民出版社 2007 年版，第 44—45 页。

② 《邓小平文选》第 2 卷，人民出版社 1994 年版，第 351 页。

③ 《邓小平文选》第 3 卷，人民出版社 1993 年版，第 44 页。

④ 同上书，第 373 页。

⑤ 中共中央文献研究室编:《江泽民论有中国特色社会主义（专题摘编）》，中央文献出版社 2002 年版，第 193 页。

⑥ 同上书，第 203 页。

和国内两个市场、两种资源，有利于推动我国经济社会发展，有利于促进我国科技进步和创新，有利于提高我国国际竞争力和影响力，有利于为我国发展营造有利的国际环境，是推进我国社会主义现代化建设的必由之路。①

第三，经济全球化是一把双刃剑，在参与经济全球化过程中必须始终注意维护国家的主权和经济社会安全。针对对外开放过程中可能出现的负面影响，邓小平及时告诫人们："经济方面我们采取两手政策，既要开放，又不能盲目地无计划无选择地引进，更不能不对资本主义的腐蚀性影响进行坚决的抵制和斗争"②。针对人们关于对外开放会不会导致资本主义的担忧，他明确回答，我们是在立足于自己的国情、坚持社会主义道路的前提下搞对外开放，在这个过程中，会有一部分资本主义的东西进入，但是，社会主义的力量更大，社会主义经济的比重将始终占优势，因此，"我们的开放政策不会导致资本主义"③。

江泽民一方面强调我们要积极参与经济全球化，另一方面他也明确指出："经济全球化是一把双刃剑。现在，经济全球化是西方发达国家主导的。它们经济科技实力雄厚，掌握着国际经贸组织以及国际经济规则的主导权，在全球化中获益最大，而广大发展中国家总体上处于不利的地位。西方发达国家，通过跨国公司和受它们控制的国际经济组织，加紧向发展中国家进行经济渗透和扩张，在全世界争夺资源和市场，同时极力推行它们的发展模式、政治制度和价值观念，企图通过经济全球化实现资本主义的一统天下，这使广大发展中国家的经济主权、国家安全面临着严峻挑战和威胁。"④ 他还总结了一些国家利用外资失误的教训，强调指出：要正确处理对外开放同独立自主、自力更生的关系。"在对外开放的过程中，必须始终注意维护国家的主权和经济社会安全，注意防范和化解国际风险

① 胡锦涛：《坚定不移地实行对外开放的基本国策　形成参与国际经济合作和竞争新优势》，《人民日报》2007年9月30日。

② 《邓小平文选》第3卷，人民出版社1993年版，第43—44页。

③ 邓小平：《会见香港核电投资有限公司代表团时的谈话》，《人民日报》1985年1月20日。

④ 中共中央文献研究室编：《江泽民论有中国特色社会主义（专题摘编）》，中央文献出版社2002年版，第519页。

的冲击，防范和抵制各种腐朽思想和生活方式的侵袭。”①

在我国全方位开放日益发展，特别是在我国加入世界贸易组织后的新形势下，胡锦涛指出：“随着经济全球化深入发展和我国社会主义市场经济体制不断完善，我国对外开放面临的内外条件正在发生深刻变化，既为我们扩大对外开放、推动经济又好又快发展提供了良好机遇，也对我们在日趋激烈的国际竞争中牢牢掌握我国发展的主动权、切实维护国家经济安全提出了严峻挑战”。② 为此，中央作了认真研究和周密部署。

第四，奉行独立自主的和平外交政策，坚持走和平发展道路。参与经济全球化，自然要同别国打交道，这就有一个打交道的原则问题。邓小平指出：“我们奉行独立自主的正确的外交路线和对外政策，高举反对霸权主义、维护世界和平的旗帜，坚定地站在和平力量一边，谁搞霸权就反对谁，谁搞战争就反对谁。”③ 实践证明，独立自主的和平外交政策受到了世界各国人民的欢迎，增强了中国在国际上的地位。因此，江泽民强调：“要坚持邓小平的外交思想，始终不渝地奉行独立自主的和平外交政策。对于一切国际事务，我们都要从中国人民和世界人民的根本利益出发，根据事情本身的是非曲直，决定自己的立场和政策，不屈从于任何外来压力，不同任何大国或国家集团结盟，不搞军事集团，不参加军备竞赛，不进行军事扩张。”④

经过长期的奋斗，特别是改革开放以来的发展，中国的综合国力有了大幅提升。在此情形下，中国将以何种国际形象示人、以何种方式与别国打交道，举世瞩目。胡锦涛在党的十七大上代表全党向世人庄严宣告：共同分享发展机遇，共同应对各种挑战，推进人类和平与发展的崇高事业，事关各国人民的根本利益，也是各国人民的共同心愿；不管国际风云如何变幻，中国政府和人民都将高举和平、发展、合作旗帜，奉行独立自主的和平外交政策，维护国家主权、安全、发展利益，恪守维护世界和平、促

---

① 中共中央文献研究室编：《江泽民论有中国特色社会主义（专题摘编）》，中央文献出版社 2002 年版，第 189 页。

② 胡锦涛：《坚定不移地实行对外开放的基本国策　形成参与国际经济合作和竞争新优势》，《人民日报》2007 年 9 月 30 日。

③ 《邓小平文选》第 3 卷，人民出版社 1993 年版，第 128 页。

④ 中共中央文献研究室编：《江泽民论有中国特色社会主义（专题摘编）》，中央文献出版社 2002 年版，第 531 页。

进共同发展的外交政策宗旨；中国将始终不渝走和平发展道路，这是中国政府和人民根据时代发展潮流和自身根本利益作出的战略抉择；中华民族是热爱和平的民族，中国始终是维护世界和平的坚定力量；中国坚持在和平共处五项原则的基础上同所有国家发展友好合作。

第五，中国的事情要按照中国的情况来办，要依靠中国人自己的力量来办。邓小平在推进对外开放政策的过程中，一再强调："中国的事情要按照中国的情况来办，要依靠中国人自己的力量来办。独立自主，自力更生，无论过去、现在和将来，都是我们的立足点"①。这是邓小平对"独立自主"科学含义和基本内容所作的完整而又简要的概括。根据这一概括，独立自主包含了两个方面的基本内容：一是立足于本国国情，把马克思列宁主义的普遍真理同中国具体实际相结合，走自己的路，而不是从书本和外国的经验出发，照搬照抄别国经验和别国模式；二是着眼于本国人民，主要依靠本国资源和本国人民的努力，而不能依赖外部资源，把希望寄托在别国身上。正是因为做到了这两点，我们才闯出了一条中国特色社会主义新道路。反过来，正是因为我们坚持了中国特色社会主义道路，才能真正做到独立自主。"因为如果我们不坚持社会主义，最终发展起来也不过成为一个附庸国，而且就连想要发展起来也不容易。""为什么说我们是独立自主的？就是因为我们坚持有中国特色的社会主义道路。否则，只能是看着美国人的脸色行事，看着发达国家的脸色行事，或者看着苏联人的脸色行事，那还有什么独立性啊！"②

江泽民在新的历史条件下对邓小平的上述思想作了新的阐发。他强调："在我们这样一个人口众多的发展中的社会主义大国，任何时候都不能依靠别人搞建设，必须始终把独立自主、自力更生作为自己发展的根本基点，必须把立足国内、扩大国内需求作为经济发展的长期战略方针。"③江泽民认为，在参与经济全球化的过程中，从本国国情出发，依靠本国人民的努力，这条道路不仅适合中国，同样也适合其他发展中国家。他说：占世界人口绝大多数的发展中国家，拥有巨大的发展潜力。它们的落后和

① 《邓小平文选》第3卷，人民出版社1993年版，第3页。

② 同上书，第311页。

③ 中共中央文献研究室编：《江泽民论有中国特色社会主义（专题摘编）》，中央文献出版社2002年版，第208页。

贫困，主要是历史上殖民主义统治以及现实的不公正、不合理国际经济秩序造成的。“现在，越来越多的发展中国家顺应世界经济国际化的发展趋势，从本国国情出发，已经或者正在走上具有自己特色的发展道路。事实证明，只有走这样的道路，才是成功之途。”①

胡锦涛在党的十七大报告中指出：“改革开放以来我们取得一切成绩和进步的根本原因，归结起来就是：开辟了中国特色社会主义道路，形成了中国特色社会主义理论体系。”② 而这条道路和这个理论体系，归根结底，又是在一切从我国实际出发、一切依靠全国人民的共同努力的基础上形成的。说到底，这还是印证了邓小平的那句话：“独立自主，自力更生，无论过去、现在和将来，都是我们的立足点。”③

（二）对外开放是当代中国经济追赶的重要推动力

中国是一个后发国家，可以借鉴先发国家的发展经验，引进和利用先发国家的发展资源，具有后发优势；同时，作为最大的发展中国家，中国在社会制度、劳动力资源等方面具有自己的比较优势。④ 而对外开放将这两种优势综合起来，无疑将成为当代中国经济追赶过程中的重要推动力。

1. 引进吸收：发挥后发优势

作为一种后发之益，后发优势是后发国家之所以能够实现经济追赶的重要根据之所在。从世界经济史的历史经验教训来看，要想在闭关自守的状态下达到经济追赶的目标，肯定是不可能的。当今世界日新月异，国际联系密切程度空前。在这种形势下，任何一个国家要发展，孤立起来，闭关自守是不可能的，不加强国际交往，不引进发达国家的先进经验、先进科学技术和资金是不可能的。因此，对于我国而言，只有在自力更生的基础上，实行对外开放政策，将发展国内经济和发展国外经济结合起来，开发利用国内和国际两种资源、两个市场，积极、充分、主动地吸收和借鉴先进资本主义国家的一切有利于中国社会主义发展的东西，才有可能发挥

① 中共中央文献研究室编：《江泽民论有中国特色社会主义（专题摘编）》，中央文献出版社 2002 年版，第 512 页。

② 胡锦涛：《高举中国特色社会主义伟大旗帜　为夺取全面建设小康社会新胜利而奋斗》，见《十七大报告辅导读本》，人民出版社 2007 年版，第 10—11 页。

③ 《邓小平文选》第 3 卷，人民出版社 1993 年版，第 3 页。

④ 孙来斌：《“跨越论”与落后国家发展道路》，武汉大学出版社 2006 年版，第 276 页。

后发优势，从而实现经济追赶。具体而言，一方面，通过对外开放，能够吸收和引进外资，从而弥补我国经济追赶过程中建设资金的不足。邓小平曾指出："一个是能源，一个是交通，一个是原材料，一个是智力。这需要大量的资金，我们很缺乏，所以必须坚持开放政策，欢迎国际资金的合作。①"从我国社会主义初级阶段的基本国情来看，我国总体经济实力是比较薄弱的，而自身的积累资金也非常有限。要解决资金问题，除了提高内部积累能力以外，吸收和引进外资是一条重要的渠道。另一方面，通过对外开放，可以吸收和引进先进经验和技术，从而增强我国经济追赶的技术后发优势。科学技术是人类共同创造的财富，对待其他国家的先进科学技术、管理方法，我们完全可以通过对外开放拿来为我所用，为社会主义经济建设服务。吸收和引进国外的先进科学技术，可以使我们在短时间内缩短与先进国家科技发展的差距，使我们站在更高的起点上前进，既节约成本又节约时间。

2. 出口创汇：彰显比较优势

根据西方国际贸易理论，比较优势的来源可以分为外生和内生两种。前者由外生经济系统的各因素决定，是生产条件差别而产生的一种贸易利益，主要体现在自然资源、劳动力等方面，是传统比较优势理论关注的重点；后者由经济体系运作的内部各因素起决定作用，是指一个国家选择专业生产某种产品而内生创造出原来没有的比较优势，主要体现为资本、技术、信息、组织和制度等要素，是比较优势理论的拓展部分。学界普遍认为，由于比较优势关注的是要素供给的数量及其配置，着眼于现有要素及其水平，因此，发展中国家和发达国家都可以运用比较优势。② 我国的经济追赶战略势必建立在对我国基本国情和实际发展状况的基础之上，因而也要求发挥比较优势，借以扬长避短。对外开放过程中的出口创汇，就是发挥我国比较优势的重要手段。

出口创汇使我国在经济追赶中保持了劳动力比较优势。与世界上的其他国家特别是发达国家相比，资金、技术在较长时间内一直是制约我国经济发展的短板，而劳动力资源相对丰富则是我国经济发展的比较优势。因此，在对外开放过程中，出口创汇为我国经济发展积累资金，同时也发挥

① 《邓小平文选》第3卷，人民出版社1993年版，第54页。

② 胡汉昌、郭熙保：《后发优势战略与比较优势战略》，《江汉论坛》2002年第9期。

了劳动力资源这一比较优势。

出口创汇使我国在技术创新层面不断进步。在当今时代，技术运用具有规模性和国际性的特点。任何一国就算是最发达的国家，如果离开了与其他国家的开放交流，就不能继续保持其已有的技术优势。要将本国的产品成功地推向世界，必须运用和保持较高的生产技术。改革开放以来，我国在技术上的不断进步，相比许多发展中国家而言已经形成了比较全面的技术比较优势，相比一些发达国家而言也形成了某些方面的技术比较优势。

有资料表明，近年来我国在出口创汇方面取得了丰硕的成果。以2008年为例，该年度我国货物出口总额14306.9亿美元，进口总额11325.6亿美元，[①] 在对外贸易中处于有利地位。强大的出口创汇能力，既增强了我国对外债的承受能力，保持了人民币汇率的稳定，又增强了我国抗御金融风险的能力，奠定了进一步扩大对外开放的基础，彰显了我国的比较优势。

3. 参与竞争：提升综合国力

综合国力是一个国家所拥有的生存、发展以及对外部施加影响的各种力量和条件的总和。它包括经济、政治、科技、军事、外交、文化、精神等实力，以及其赖以存在的地理环境、自然资源、人口等基础实力。综合国力既包括自然因素，又包括社会因素，既包括物质因素，又包括精神因素，是各种因素、各个领域的总和，也是物质力量与精神力量的统一。综合国力实际上也就是国家实力，之所以更多地被称为综合国力，主要目的在于强调它不是指单个的某个方面的实力，而是指综合性的实力。[②] 总之，综合国力的大小强弱，反映着一个国家的发展水平，决定着它满足国民需求、解决国内问题的能力，同时，也在根本上决定着它在国际上的地位和作用。因此，世界各国都将增强自己的综合国力作为发展目标。

当今世界是开放的世界，随着国际分工和国际协作的扩大，经济全球化趋势已成为当代世界经济发展的一个显著特征。而经济全球化在世界范围内造成了一种“你中有我、我中有你”的错综复杂的经济局面。在这种形势下，任何国家都不可能画地为牢、自我封闭，而必须把自身的发展

---

① 国家统计局：《中国统计年鉴2009》，中国统计出版社2010年版，第58页。

② 李忠杰：《怎样认识和对待综合国力的竞争》，《瞭望新闻周刊》2002年7月15日。

同世界性的普遍经济交往联系在一起，并积极利用这种联系为本国的发展服务。

我国对外开放的实践表明，充分利用国际条件，积极开拓国际市场，大力引进先进技术，敢于参与国际竞争，最终增强了我国的综合实力。具体而论，其一，对外开放使我国融入经济全球化，大大降低了生产经营的成本。我国企业在参与国际竞争过程中，通过把握世界市场的信息，实现全球化的经营管理，从而大大降低市场交易费用和生产经营成本。其二，对外开放带来开放的经济环境，有利于吸纳国际资本，从而为我国经济发展和产业结构升级提供充足的资本。其三，对外开放需要一定的舆论环境和制度前提，因此，扩大对外开放，参与国际竞争，实际上促进了我们的思想解放进程，强化了我们的制度创新能力，进而提升了我们的国际竞争力。

二 当代中国经济追赶过程中对外开放的现状分析

正确认识当代中国对外开放的现状，科学分析全球化时代对外开放面临的新形势和主要问题，对于进一步把对外开放引向深入，从而推进我国的经济追赶，具有重要的现实意义。

（一）当代中国对外开放的历史进程及伟大成就

1. 当代中国对外开放的历史进程

自十一届三中全会确立了改革开放方针以来，我国的对外开放不断扩大与加深，其进程大致可分为三个阶段。

第一阶段：从点到面的初步探索阶段（1978—1991 年）。1978 年，党的十一届三中全会作出积极发展同世界各国平等互利的经济合作的重大决策。1982 年 12 月，对外开放作为一项基本国策被写入中国宪法，标志着我国经济战略思想的重大转变。从 1980 年起，中国先后在广东省的深圳、珠海、汕头，福建省的厦门和海南省分别建立了 5 个经济特区；1984 年，进一步开放了大连、秦皇岛、天津、烟台、青岛、连云港、南通、上海、宁波、温州、福州、广州、湛江、北海 14 个沿海城市；1985 年以后，又陆续将长江三角洲、珠江三角洲、闽南三角地区、山东半岛、辽东半岛、河北、广西辟为经济开放区，从而形成了沿海经济开放带。1990

年，中国政府决定开发开放上海浦东新区，并进一步开放一批长江沿岸城市，形成了以浦东为龙头的长江开放地带。这一时期的开放战略，总体上看是从点到面的开放战略，即“重点开放沿海地区、逐步向内地开放的经济发展战略”，亦即从经济特区—沿海开放城市—沿海经济开发区—内地逐步推进。这样做的目的在于，把沿海的发展与内地的开发有机结合起来，由沿海带动内地的发展，协调东、中、西部的关系，促进全国经济的发展。

第二阶段：向纵深推进的阶段（1992—2001 年）。1992 年邓小平视察南方，提出了三个“有利于”等一系列新的改革开放思想。1992 年，党的十四大确立了建立社会主义市场经济体制的改革目标。1994 年，党的十四届三中全会提出“发展开放型经济，与国际互接互补”的新要求。其后，我国开始在全国范围内全面推进对外开放，实施了沿边开放、沿江开放和内陆开放等一系列重大政策，推动我国对外开放由沿海向内地纵深推进，进一步形成了全方位的区域开放格局。在此期间，我国陆续开放了一批边疆城市，开放了重庆、岳阳、九江、黄石、芜湖等沿长江港口城市，并进一步开放内陆所有的省会、自治区首府城市；还在一些大中城市建立了 15 个保税区、47 个国家级经济技术开发区和 53 个高新技术产业开发区。由于实行不同的优惠政策，这些对外开放地区在发展外向型经济、出口创汇、引进先进技术等方面起到了窗口示范和对内辐射作用。

第三阶段：全面开放形成的阶段（2001 年年底至今）。经过长期的艰苦谈判，中国终于在 2001 年 12 月 11 日正式成为 WTO 的成员国，这标志着我国的对外开放进入了一个全新阶段。2002 年，党的十六大提出适应经济全球化趋势加入世贸组织的新形势，提出“引进来”和“走出去”相结合的发展战略，要求在更大范围、更广领域和更深层次上参与国际经济技术的合作与竞争。从此，我国的对外开放由有限地域、领域内的开放，发展为全方位、多层次、宽领域的开放；由以试点为特征的政策性开放，发展为在法律框架下的制度性开放；由单方面为主的自我开放市场，发展为我国与世贸组织成员国之间的双向开放市场；由被动地接受国际贸易规则的开放，发展为主动参与制定国际贸易规则的开放。我国对外贸易因此获得了巨大发展。以 2008 年为例，我国在该年度外贸总额逾 2. 56 万亿美元，是 1949—1978 年总和的 15 倍，跃居全球第三大贸易国。同时，我国进出口商品结构进一步优化，机电产品和高新技术产品成为主要的贸易增长点。此外，吸收外资在量和质的方面都有了很大的提高，截至2009年6月底，全国累计实际使用外资逾9000亿美元。可以说，中国开始在更大范围、更广领域和更高层次上参与国际经济技术合作和竞争，中国经济更深入地融入全球经济一体化进程之中。

2. 当代中国对外开放的伟大成就

在改革开放的历史进程中，以邓小平、江泽民、胡锦涛为代表的当代中国共产党人，带领全党和全国人民坚持对外开放，取得了我们这样一个十几亿人口的发展中大国摆脱贫困、加快实现现代化、巩固和发展社会主义的宝贵经验，取得了在坚持独立自主的前提下参与经济全球化的伟大成就。

第一，对外开放推动了对外经贸合作大发展。进出口总额由1978年的206.4亿美元增加到2007年的21738亿美元，居世界第三。进出口商品结构逐步优化，出口产品继实现了由初级产品为主向加工产品为主的转变之后，又实现了从一般加工产品为主向机电产品为主的转变。出口市场日趋多元化，遍布全球各个国家和地区。利用外资规模不断扩大，质量逐步提高。1979—1999年，累计实际利用外资4600亿美元。自2000年以来，我国平均每年利用外资达到500亿美元，成为世界第三大外商直接投资接受国。外商投资领域不断拓宽，科技含量增加，跨国公司来华投资增多，单项投资规模加大。国际储备增加迅速，由1978年的1.67亿美元增加到2007年的15282.49亿美元，居世界第一。

第二，对外开放推动了我国国民经济快速增长。从经济总量看，外贸和外资对经济增长的贡献率保持在20%以上，成为经济增长的重要引擎之一。从增加就业看，我国目前外贸领域就业人口超过8000万人。其中，加工贸易领域就业近4000万人；外商投资企业吸纳就业约2800万人，占全国城镇就业比重超过10%；对外经济合作也解决了100多万人就业。从税收增长看，目前关税和进口环节税占全国税收的比重达15%左右；再加上外资企业税收，涉外经济税收占全国税收的比重达到40%左右。

第三，对外开放推动了我国经济社会全面进步。我国对外开放的实践表明，对外开放越充分，经济越有活力，居民收入和福利的改善越快。外资的大量引入既带来了规范的公司治理结构、先进的管理模式和一流的经营理念，也带来了国际通行的法律、法规、会计准则和质量标准，为我国经济改革提供了参照标准，促进改革不断深化。对外开放使我国全面融入国际社会和国际经济体系，在国际事务和国际经济体系中的话语权增加，国际地位不断提升。对外开放还转变了人们的观念，提高了国民素质，人们的竞争意识、市场意识和法律意识不断强化。[①]

第四，对外开放使我国全方位外交取得重大进展，国际地位和影响显著提高。改革开放以来，特别是近年来，党中央统筹国内国际两个大局，高举和平、发展、合作旗帜，坚持走和平发展道路，奉行互利共赢的开放战略，努力推动建设和谐世界。我国全方位外交取得重大进展，国际地位和影响显著提高。具体表现在：加强同大国的关系，中美关系保持稳定发展，中俄建立战略协作伙伴关系；积极发展与周边各国关系，维护总体有利的周边环境；拓展和深化与发展中国家合作，积极开展高层互访与互利合作，创造性地推进同非洲、拉美、中东等各地区发展中国家的友好合作关系；在热点和多边问题上发挥建设性作用，积极参加联合国等各种多边组织活动，积极参与联合国反恐、军控、维和、发展、环境、人权、司法等领域的多边合作。[②]

总之，中国的对外开放一方面推动了中国经济社会的大发展：通过引进外资，弥补了自身发展资金的不足；通过充分利用国际市场，促进了国内产业的发展；通过引进先进技术和设备及管理经验，提高了企业的生产技术和管理水平；通过积极开展对外交往，与世界共同分享人类文明成果，提高了人力资源的素质。[③] 另一方面对外开放还扩大了中国的国际影响，凸显了中国作为发展中的世界大国对世界和平与发展事业的贡献。中国由于积极融入国际社会，摒弃以前侧重于政治或意识形态的偏见，以互利互惠、共同发展为核心发展与世界各国的联系与交往，这有利于世界的和平和发展，有利于全球化的正向效应，有利于新的国际秩序的建立。实践充分表明，“中国发展离不开世界，世界繁荣稳定也离不开中国”[④]。在经济全球化的条件下，我们只有坚持独立自主的基本原则，在开放的环境

① 周小川：《形成经济全球化条件下参与国际经济合作和竞争新优势》，载《十七大报告辅导读本》，人民出版社2007年版，第180—181页。

② 参见李洪峰《党的十六大以来的五年是不平凡的五年》，载《十七大报告辅导读本》，人民出版社2007年版，第37—39页。

③ 国务院新闻办公室：《中国的和平发展道路》，《人民日报》2005年12月23日。

④ 胡锦涛：《高举中国特色社会主义伟大旗帜　为夺取全面建设小康社会新胜利而奋斗》，载《十七大报告辅导读本》，人民出版社2007年版，第47页。

中不断提高竞争能力，在主动参与的过程中发挥自己的影响力，才能实现中国经济社会的长治久安，才能对世界繁荣稳定作出更大的贡献。

（二）当前我国对外开放存在的主要问题

当前，面对新的国际国内形势，我们必须准确把握全球经济发展格局和变化态势，紧紧抓住世界经济全球化的历史机遇，着力解决对外开放方面存在的主要问题，才能更好地制定对外开放战略，全面提升中国参与国际经济技术合作的水平。

胡锦涛在中共中央政治局第二十二次集体学习时强调，在新世纪新阶段，我们要紧紧抓住和切实用好重要战略机遇期，实现全面建设小康社会的宏伟目标。必须继续毫不动摇地实施对外开放的基本国策，从树立和落实科学发展观的战略高度，立足国情，扬长避短，趋利避害，坚持用全球战略眼光观察和谋划国内发展与对外开放，努力实现我国经济社会又快又好地发展。胡锦涛指出，要发挥好对外开放在推动我国经济社会发展中的重要作用，必须适应经济全球化趋势的新发展和我国改革发展的新形势，进一步树立全球战略意识，积极参与国际经济技术合作和竞争，全面提高对外开放水平。2011 年 3 月通过的《我国国民经济和社会发展十二五规划纲要》指出，适应我国对外开放由出口和吸收外资为主转向进口和出口、吸收外资和对外投资并重的新形势，必须实行更加积极主动的开放战略，不断拓展新的开放领域和空间，扩大和深化同各方利益的汇合点，完善更加适应发展开放型经济要求的体制机制，有效防范风险，以开放促发展、促改革、促创新。这些精神，既是对当前我国对外开放形势的高度概括，也是对这一领域存在问题的深刻认识。

具体而论，当前我国对外开放存在的主要问题表现在以下方面：

第一，对外贸易质量不高。这是近年来制约我国对外开放水平的一大难题。国家统计局的统计数据表明，我国 2010 年全年货物进出口总额 29728 亿美元，比上年增长 34.7%。其中，货物出口 15779 亿美元，增长 31.3%；货物进口 13948 亿美元，增长 38.7%。进出口差额（出口减进口）1831 亿美元，比上年减少 126 亿美元。[①] 这是一组令人倍感鼓舞的数

---

① 国家统计局：《中华人民共和国 2010 年国民经济和社会发展统计公报》（http://www.stats.gov.cn/tjgb/ndtjgb/qgndtjgb/t20110228_402705692.htm）。

据。但有关分析同时表明，由于我国经济增长仍未能摆脱高投入、高能耗的粗放型方式，对外出口商品仍然主要以劳动密集型产品为主，科技含量低、产品附加值低、自主品牌产品少。这种状况导致我国出口商品的国际竞争力相对不足，严重影响了我国经济和对外贸易的持续发展。

第二，外资利用质量有待提高。江泽民明确指出："积极合理有效地利用外资，是我国对外开放政策的重要组成部分，是必须长期实行的指导方针，这一点决不能动摇。[①]"但是，自 20 世纪 90 年代以来，随着我国利用外资规模的扩大，我们在利用外资工作中逐渐暴露出不少问题。其中，比较突出的问题有：利用外资结构不合理，引进的外资技术差，投资短期化加重，对外资企业的监管乏力，一些外资企业转移利润、逃避税收、损害职工的合法权益等现象严重。

第三，外贸产业结构亟待调整。长期以来，第一、第二产业产品一直在我国对外贸易当中占据绝对主导地位，我国以服务业为主的第三产业贸易发展相对滞后。即便是已经进入国际经济快车道的东南沿海地区和由跨国公司全球分工体系引导的外向型企业，在很大程度上受到国内产业结构、所有制结构和区域经济结构等方面的影响，导致外贸产业结构不尽合理。以 2004 年为例，该年度服务贸易在全球贸易总额所占比重为 19%，而我国在这方面的数据仅为 11%。

第四，国家主权利益和经济安全受到挑战。由于现存国际秩序基本上是由以美国为首的西方大国支配的，在很大程度上代表着西方国家的利益，因此，在对外开放过程中，中国的主权利益和经济安全往往面临着各种挑战，甚至会遭受他国蓄意干涉和损害的危险。例如，在人权、环保等方面，就多次发生西方国家不顾中国国情而滥用西方标准粗暴干涉中国内政的事件，逼迫中国在参加国际多边合作机制的过程中作出更多的利益让步。当前，随着对外开放的进一步扩大，中国经济与世界经济的全面接轨，中国的发展必然会受到世界性因素的更大影响，遭受更严重的考验。这就要求我们要尽快提高对外开放的水平，加强对全球经济走势和波动的预测，增强防范和化解风险的能力。

此外，随着全方位对外开放格局的逐步形成，加之现代信息传播技术

① 中共中央文献研究室编：《江泽民论有中国特色社会主义（专题摘编）》，中央文献出版社 2002 年版，第 204 页。

的广泛运用，西方社会思潮乘势广泛渗入中国。这些西方社会思潮和国内由于各种原因滋生的不满情绪结合在一起，对我国原有的价值观念和文化认同造成严重冲击。

三 当代中国经济追赶过程中对外开放的对策分析

科学发展观是我国构建社会主义和谐社会、实现国内经济社会协调发展的根本指导方针。在新的历史条件下的对外开放尤其需要以科学发展观为指导，对传统开放战略和开放模式进行反思，坚持正确的对外开放原则，调整对外开放战略，形成新的开放理念，着力在进一步扩大对外开放的同时提高对外开放的质量和效益。

（一）对外开放必须坚持的基本原则

1. 社会主义方向原则

实践证明，中国特色社会主义道路，是实现社会主义现代化的必由之路，是创造人民美好生活的必由之路。进一步推进我国的对外开放，必须牢牢把握社会主义方向这个原则问题。

在对外开放过程中坚持社会主义方向，这是一个十分重要的问题。邓小平指出："我们执行对外开放政策，学习外国的技术，利用外资，是为了搞好社会主义建设，而不能离开社会主义道路。①"如果离开社会主义道路去搞什么资本主义，那就是把历史拉向后退。他对此作了两个方面的分析。从国内角度来看，"如果走资本主义道路，可能在某些局部地区少数人更快地富起来，形成一个新的资产阶级，产生一批百万富翁，但顶多也不会达到人口的百分之一，而大量的人仍然摆脱不了贫穷，甚至连温饱问题都不可能解决"。② 从国际角度看，"如果我们不坚持社会主义，最终发展起来也不过是一个附庸国，而且就连想要发展起来也不容易。现在国际市场已经被占得满满的，打进去都很不容易"。③ 因此，他反复强调：

---

① 《邓小平文选》第3卷，人民出版社1993年版，第195页。

② 同上书，第208页。

③ 同上书，第311页。

“只有社会主义才能救中国，只有社会主义才能发展中国”。① 一旦偏离社会主义方向，对外开放就将走上歧路，给国家和人民带来沉重灾难。

2. 独立自主原则

落后国家在向西方学习时必须坚守自己的独立性，这是马克思主义的一贯立场。马克思晚年对那种不顾俄国国情，打着向西方学习的幌子，肆意破坏农村公社的做法，给予了严厉谴责。针对俄国政府所谓的地租改革政策，他说：“用英国式的资本主义的租佃来摆脱这种绝境的尝试，是徒劳无功的，因为这种制度是同俄国国内整个农业条件相抵触的。”② 他明确提出，落后国家在学习别国先进经验的时候，“必须考虑到各国的制度、风俗和传统”。③ 列宁在领导苏俄发展对外经济关系的过程中，多次告诫人们：既要学习外国又要走自己的路，千万不能丧失自己的独立性。他对斯大林讲：“我们主张和平和协议，但我们反对奴役和带奴役性条件的协议。必须紧紧地掌着舵，走我们自己的路，绝不要上别人阿谀奉承或恫吓讹诈的当。”④

独立自主、自力更生，作为具有中国共产党人特色的立场、观点和方法，是伴随着中国共产党人独立领导中国革命和建设实践而形成和发展的，是以毛泽东为主要代表的中国共产党人在领导中国革命和建设的全部活动中，坚持从中国实际出发，把马克思列宁主义普遍真理与中国革命和建设的具体实践相结合而得出的一个创造性结论。⑤ 独立自主，自力更生，是我国对外开放的前提和基础，是我们建设和发展的最主要的经验。2008 年国际金融危机爆发以后，中国政府成功应对金融危机的经验再次印证了这一点。

3. 逐步推进原则

改革开放之初，邓小平就明确指出，对外开放绝非只是解决眼前经济困难的权宜之计，而是一项长期不变的基本国策。邓小平从国际经济交往的角度和中国经济发展长久需要的基点出发，强调指出：“如果说在本世

① 《邓小平文选》第 3 卷，人民出版社 1993 年版，第 311 页。

② 《马克思恩格斯全集》第 19 卷，人民出版社 1963 年版，第 437 页。

③ 《马克思恩格斯全集》第 18 卷，人民出版社 1964 年版，第 179 页。

④ 《斯大林全集》第 5 卷，人民出版社 1957 年版，第 111—112 页。

⑤ 田克勤：《独立自主原则的形成及其历史发展》，《北华大学学报》（社会科学版）2000 年第 1 期。

纪内我们需要实行开放政策，那么在下世纪的前50年内中国要接近发达国家的水平，也不能离开这个政策……到了后50年，我们同国际上的经济交往更加频繁，更加相互依赖，更不可分，开放政策就更不会变了”。[①]在长期的对外开放的实践中，我国依据国际经济政治形势的阶段性变化以及国内区域经济发展不平衡的特点，在时间和空间的结合上坚持了循序渐进的原则，在开放的领域、地域等方面实施了有计划、分步骤的推进战略。在具体实施过程中，我们基本上采取了先行试点—总结经验—逐步推广的办法。之所以要这么做，邓小平曾经作过如下解释：“改革、开放是一个新事物，没有现成的经验可以照搬，一切都要根据我国的实际情况来进行。实践证明，步子放大些有利。当然步子大风险也就大”。[②] 经过几十年的发展，我国对外开放已经从经济领域扩大到包括科技、教育、文化等多个领域，从沿海沿江地区扩大到全国，形成了全方位、多层次的开放格局。随着我国加入世界贸易组织，我们要解决进一步扩大对外开放过程中遇到的新问题，无疑要继续坚持逐步推进的原则。

4. 互利共赢原则

唯物辩证法认为，矛盾具有同一性和斗争性，二者在一定条件下相互转化。参与对外开放的各方，虽然彼此之间存在利益冲突，但是它们可以相互吸收有利于自身的因素，从而在相互作用中各自得到发展。

互利共赢原则，是我们党在长期治国理政和领导对外开放过程中的经验总结。新中国成立以来，中国共产党三代中央领导集体对此进行了创造性的探索。邓小平更是对此作过丰富的阐述。他说：“我国将长期实行对外开放，愿意在和平共处五项原则的基础上，同世界一切国家建立、发展外交关系和经济文化关系。[③]” 和平共处五项原则当中，平等互利就是重要的一条，并且尤其适用于对外开放。而所谓平等互利，就是指在国际关系中国家不分大小、贫富、强弱，在国家主权地位上和国际经济参与者身份上都一律平等，根据各方的需要和可能进行公正合理的经济交往并从中获得各自的利益，从而达到共同发展。互利共赢原则，也是我们党对当今世界合作共赢发展潮流的积极顺应。以大欺小、以强凌弱，曾经是国际交

---

① 《邓小平文选》第3卷，人民出版社1993年版，第102—103页。

② 同上书，第248页。

③ 同上书，第70页。

往的常见现象；而非赢即输、你死我活的零和博弈，也曾经是国际竞争中的惯性思维。当前，随着经济全球化、政治多极化、文化多元化的发展，世界经济发展的相互依存性逐渐增强，零和博弈的旧观念日渐式微，互利共赢成为国际交往的新准则。为此，我们要积极推动国际经济体系改革，促进国际经济秩序朝着更加公正合理的方向发展；积极参与二十国集团等全球经济治理机制合作，推动建立均衡、普惠、共赢的多边贸易体制，反对各种形式的保护主义。

（二）对外开放应重视的若干关系

1. 对外开放与国内改革的关系

作为一项基本国策的两个方面，改革与开放之间存在密切联系。从一定意义上讲，改革就是开放，开放就是改革。如果将两者相对区分开来讲，改革侧重于对内，开放侧重于对外，两者相互支持、相互促进。从历史进程来看，国内改革的许多措施都是在实行对外开放的背景下，学习和借鉴了世界上其他国家的先进做法和经验而提出的；而许多对外开放的决策又是在国内改革的背景下得以实施的。从互动关系来看，对外开放为国内改革提供了国际借鉴，打开了思路；而国内改革又为对外开放创设了环境，提供了动力。回顾新时期的国内改革与对外开放的实施过程，可以十分清晰地看到两者之间的良性互动关系。

科学发展观强调的“统筹国内发展和对外开放的要求”，实际上指出了我国经济追赶过程中的国内改革与对外开放之间的辩证关系。必须清醒地看到，经过30多年的改革开放，我们在处理对外开放与国内改革的关系问题上，既积累了许多经验，也面临许多考验。正如有学者指出，我国未来的对外开放有两种出路：一种是淡化改革，在体制上越来越不适应对外开放的新要求，由此，大家越来越倾向于有选择的开放，或者拒绝开放；另一种是主动地加快国内改革，以更具活力的体制机制确保在对外开放中不断获益，进一步深度地融入全球化进程，由此，也不断地打破国内改革的“惰性”，尽快实现完善市场经济体制这一目标。[①] 无疑，后一种局面是我们希望看到的。因此，根据十七大报告的要求，在当前和今后一

---

① 秦光荣：《加快构建全方位、多层次、宽领域的对外开放新格局》，《社会主义论坛》2007年第6期。

个时期，深入贯彻落实科学发展观，要求我们继续深化改革开放。要把改革创新精神贯彻到治国理政各个环节，毫不动摇地坚持改革方向，提高改革决策的科学性，增强改革措施的协调性。要完善社会主义市场经济体制，推进各方面体制改革创新，加快重要领域和关键环节改革步伐，全面提高开放水平，着力构建充满活力、富有效率、更加开放、有利于科学发展的体制机制，为发展中国特色社会主义提供强大动力和体制保障。

2. 对外开放与宏观经济平衡发展的关系

我国经济追赶战略，是要走出将均衡发展战略与非均衡发展战略对立起来的思维定式，努力处理好先富与共富、优先发展与协调发展的关系。基于我国地域辽阔、经济发展不平衡的客观现实，特别是充分考虑到东南沿海地区的港口条件、海外联系等方面的突出优势，我国在对外开放过程中选择这些地区进行了先行试验，其开放程度和开放水平居于全国领先地位，并由此造就了其经济发展的全国领先地位。

当前，根据科学发展观的要求，我们必须处理好对外开放与宏观经济平衡发展的关系，更加重视中西部和内陆地区的对外开放。当然，这并不是要否定此前的对外开放，也不是在对外开放的区域选择上“抑快拉慢”。这里所强调的宏观经济平衡发展，并非追求平均发展或绝对的平衡发展，而是意在弥补以往对外开放过程中的不足，在发挥东南沿海地区对外开放的先发优势的同时，加大其他地区对外开放的力度。正如有学者指出，妥善处理对外开放与宏观经济平衡发展的关系，要求实施均衡的区域开放战略，促进东、中、西部地区协调发展。大致步骤是以珠三角、长三角、环渤海、东北老工业基地、中西部地区中心城市为依托，加快形成若干外资密集、内外结合、带动力强的经济增长带，大力促进外资向中部地区的梯度转移，努力扩大中西部地区和东北老工业基地利用外资规模，增强中西部地区和东北老工业基地的产业竞争力；促进和规范边境贸易的发展，增加对周边国家和地区的出口；继续办好现有国家级和省级开发区，规范招商引资行为。[①] 若能如此，就能实现“十二五”规划纲要的要求，做到坚持扩大开放与区域协调发展相结合，协同推动沿海、内陆、沿边开放，形成优势互补、分工协作、均衡协调的区域开放格局。

---

① 李锦斌：《关于统筹国内发展与对外开放的几个问题》，《社会科学战线》2004 年第 6 期。

3. 外向经济与内向经济的关系

一般认为，世界各国（尤其是后发国家）对外开放与经济发展的战略大体有两种基本模式。一种是进口替代战略，即采取某些限制进口、保护和扶植本国相关产业发展的措施，以便用国内生产的产品代替原来需要进口的产品，从而促进本国经济发展的战略。由于该战略主要着眼于满足国内市场需求，因此又被称为内向战略，实施这一战略的国民经济被称做内向型经济。另一种是出口替代战略，即采取促进出口及相关产业发展的措施，以便用工业制成品出口代替传统的初级产品出口，从而带动本国经济发展的战略。由于该战略主要着眼于开拓国外市场，因此又被称为外向战略，实施这一战略的国民经济被称做外向型经济。① 世界经济史表明，内向型经济战略和外向型经济战略各有利弊，且两种战略中间还有许多过渡形式，因此，无论是内向型经济还是外向型经济，它们本身并不是解决经济发展的万能模式。

许多学者认为，进口替代战略是后发国家初期作出的选择，而在进口替代完成后大都转向出口导向。这两种战略既各有利弊，又相互联系，因此，中国应该将两者结合起来，实行综合性的外贸战略，以实现两者的优势互补，避免单一外贸战略给发展造成危害。② 中国经济追赶过程中的对外开放战略，确实应根据具体国情和所处发展阶段，以不同的组合将内向型与外向型结合，参与经济全球化，发展对外经济关系。按照“十二五”规划纲要的要求，把握外向经济和内向经济的关系的根本出发点是利用好国内国外两种资源、两个市场，促进生产力发展，促进我国经济实现科学追赶。在当前，尤其要适应我国对外开放由出口和吸收外资为主转向进口和出口、吸收外资和对外投资并重的新形势，必须实行更加积极主动的开放战略，不断拓展新的开放领域和空间，扩大和深化同各方利益的汇合点，完善更加适应发展开放型经济要求的体制机制，有效防范风险，以开放促发展、促改革、促创新。

4. 扩大对外开放与维护国家经济安全的关系

对外开放战略向来是一把双刃剑，一方面，它为中国的社会主义现代

---

① 厉以宁：《社会主义政治经济学》，商务印书馆 1986 年版，第 477 页。

② 杨春玲：《对“出口导向”和“进口替代”两种外贸战略的再认识》，《学术探索》2003 年第 9 期。

化建设创造了种种有利的条件；另一方面，它也会带来一些如经济、国家安全等方面的消极的影响。在经济全球化迅速发展的趋势下，任何国家都不可能关起门来搞建设，都必须面对经济全球化所带来的更加激烈、更加复杂的国际问题。这就要求我们在推进对外开放过程中，既要敢于和善于充分利用经济全球化带来的机遇，积极参与国际竞争和合作，又要时刻保持清醒的头脑，考量利弊得失，提高防范和应对各种风险的能力。因此，江泽民指出："在对外开放的全过程中，我们要始终注意正确处理好对外开放、发展国际经济合作与维护国家利益和安全的关系，十分注意并切实维护国家的利益和安全①"。他在党的十六大报告中再一次强调："在扩大对外开放中，要十分注意维护国家经济安全。②"

如何在扩大对外开放中维护国家经济安全，也是以胡锦涛为总书记的党中央高度关注的问题。胡锦涛在党的十七大报告中强调指出："坚持对外开放的基本国策，把'引进来'和'走出去'更好地结合起来，扩大开放领域，优化开放结构，提高开放质量，完善内外联动、互利共赢、安全高效的开放型经济体系，形成经济全球化条件下参与国际经济合作和竞争新优势。""采取综合措施促进国际收支基本平衡。注重防范国际经济风险。"要将这些精神落到实处，当前尤其要把握以下几点：其一，要保证粮食安全。"切实维护国家经济安全，必须始终高度重视并抓紧解决好粮食安全……这是直接关系我国长远发展的战略问题。"③ 手中有粮，心中不慌。加入世界贸易组织后，我国农产品的进口数量大幅增加，这样势必导致农产品价格大幅下跌和农民种粮积极性挫伤，农产品产出减少，从而给我国粮食安全造成严重威胁，给维护社会稳定带来高度风险。其二，要稳定经济结构。相比发达国家，我国在经济、科技等方面仍然处于落后地位，民族工业的国际竞争力较弱。因此，尤其要保持稳定、合理的经济结构，增强民族工业的自我保护能力。其三，要防范金融风险。当前国际金融危机爆发以来，中央明确提出金融安全是当前经济安全的核心，强调要把防范金融风险作为维护经济安全的主要工作来抓。几年来，我国成功

① 中共中央文献研究室编：《江泽民论有中国特色社会主义（专题摘编）》，中央文献出版社2002年版，第196页。

② 江泽民：《全面建设小康社会 开创中国特色社会主义事业新局面（一）》，《人民日报》2002年11月17日。

③ 江泽民：《论"三个代表"》，中央文献出版社2001年版，第163页。

应对国际金融危机冲击的经验证明这个判断的预见性、正确性。

（三）对外开放应着力推进的战略转变

1. 促进对外贸易由“数量增长型”向“质量提高型”转变

针对我国对外贸易的现状，近年来一些学者呼吁：应该尽快转换外贸增长方式，走“科技兴贸”的道路，培育对外贸易新的增长点。具体而言，加快外贸经营方式的转变和企业组织结构的调整，要从粗放经营转向集约经营，从单纯注重数量、规模的扩大，转向更加注重改善经济效益，在此基础上形成规模经营，提高规模经济效益。针对我国出口产品科技含量不高的特点，要把高技术产品的培育和开发作为外贸出口新的增长点。目前，我国的高新技术产品竞争力不强，在世界竞争中处于劣势。为此，我们必须加快建立有自主开发能力的高新技术产业，同时积极开展国际间的技术合作，加大技术引进力度，改善技术引进方式和结构。在引进、消化的基础上增加我国出口产品的高科技含量，走好科技兴贸之路。[①]

2. 促进外资利用由“数量规模型”向“质量水平型”转变

利用外资促进经济发展和实现经济腾飞，这是许多国家的一条成功经验。改革开放以来，我国一直将吸引外资作为经济发展的重要资金来源。近年来，我国已成为吸收外资最多的发展中国家。当前，由于许多发展中国家都在吸引外资方面采取了鼓励政策和自由化措施，因此，我们必须改变过去主要依靠鼓励政策吸引外资的做法，将重点转向目标定位——根据自身区位优势，结合本国特点的发展目标，选择有针对性的细分引资目标，进行重点促进活动。这种有针对性和连贯性地使用各种政策工具的方式，在实现促进效果的最大化和节约资源方面，较之传统的泛化的引资促进方法具有显著的优点。[②] 与此同时，在拓宽外资来源渠道、保持利用外资形式的多样性、根据偿还能力限定负债额度等方面，我们也应采取积极有效的措施。今后一段时间里，我国在利用外资方面，应继续坚持多吸收国外中长期资金和直接投资的做法，严格限制短期游资的流动规模。对于利用外资的方针，江泽民在 1995 年 4 月为《中国利用外资基础知识》一

---

① 邓寿鹏：《我国在全球高技术贸易中的地位与策略》，《中国科技论坛》2000 年第 1 期。

② 冼国明等：《外国直接投资与中国经济发展》，《国际经济合作》2003 年第 9 期。

书所作的序中指出："总的要求是利用外资的总量要适当，外资的投向结构要合理，要'借得巧，用得巧，还得起'。"根据"十二五"规划纲要的要求，当前和今后提高外资利用水平，要丰富方式，鼓励外资以参股、并购等方式参与境内企业兼并重组，促进外资股权投资和创业投资发展，最终使外资利用实现由"数量规模型"向"质量水平型"转变。

3. 促进开放结构由"倾斜开放"向"均衡开放"转变

根据改革开放初期经济发展水平和投资环境状况，我国实施了以东南沿海地区为侧重点的地区倾斜的对外开放政策，形成了经济特区、沿海开放城市、沿海经济开放区、沿江经济开放带、沿边及内陆开放城镇这样的逐渐开放格局。这一倾斜式的对外开放格局是符合当时的中国国情的，也促进了当时当地的经济发展并带动了全国的经济发展。但是，随着经济的进一步发展和社会的发展变迁，这一战略的不足之处凸显出来，集中表现在东、中、西部地区开放力度和优惠政策的不平衡，进一步加剧了东南沿海地区和中、西部地区经济发展的不平衡。

为了实现均衡开放的目标，党中央和国务院近年来已陆续出台了多项重大政策，不断扩大中、西部地区对外开放和引资的力度。在实施向"均衡开放"战略转变的过程中，国家应当逐步对中、西部地区实行与沿海地区相同的外资优惠政策，加强对中、西部地区基础设施的投资，积极鼓励外商向中、西部地区投资；同时要在利用国外优惠贷款、国内配套资金、财政贴息贷款和财政返还等方面给中西部地区以更多的支持。与此同时，广大中西部地区也应从现有的资源优势、区位特点和产业基础出发，进一步转变观念，深化经济体制改革，加快结构调整步伐，大力培植本地区的主导产业和新的经济增长点。要把优化投资环境和开发人力资源作为开发开放的战略举措，强化内引外联，为吸收更多的国内外投资创造条件。根据"十二五"规划纲要的要求，今后中央要协同推动沿海、内陆、沿边开放，力争做到深化沿海开放、扩大内陆开放、加快沿边开放三者同时并举。

4. 促进开放模式由"区域模式"向"产业模式"转变

如何将对外开放与我国的经济结构、产业结构调整结合起来，这是当前值得思考的重要问题。长期以来，由于我国对外开放的区域模式的局限，出现了各地重复引进和重复建设以及产业结构趋同的现象，结果造成了资源的浪费，也未能形成良性的专业分工与协作。针对这种现象，当前应以适时地用产业优惠政策代替地区优惠政策，以产业开放模式来制定对外开放的优惠政策，把外资尽快吸引到需要优先发展的产业中去。

改革开放以来，中国政府对外资产业投向的引导经历了一个不断完善的过程。① 早在 1987 年 12 月，我国就公布了《指导外商投资产业方向暂行规定》及其鼓励、限制、禁止外商投资产业的指导目录，1995 年 6 月又对上述规定作了修改并重新公布。这些规定对正确引导外资产业投向曾起到了一定的积极作用。为了保证产业引导政策更富有成效地实施，进一步促进外商投资的健康发展，我国于 1998 年 1 月 1 日发布实施了新的《外商投资产业指导目录》，鼓励外商对农业综合开发、基础设施和能源等基础产业、高新技术产业、综合利用资源和再生资源的新技术产业等领域的投资，并对国内生产已经能够满足市场需要、单纯进口散件组装等产业的投资进行适度限制，同时严格禁止在华兴办有损于国家安全以及公共利益、环境污染、破坏自然环境的项目。根据“十二五”规划纲要的要求，当前和今后提高外资利用水平，要优化结构，引导外资更多投向现代农业、高新技术、先进制造、节能环保、新能源、现代服务业等领域。

5. 促进开放程度由“低浅层次”向“纵深层次”转变

当前，随着对外开放的进一步扩大，对外开放的程度也在不断加深。就技术引进而言，今后应减少一般性零部件和一般性设备的进口，侧重进口那些国内短缺的原料和高技术含量的高级关键性设备。就产业合作和分工方面而言，应该多对进口产品进行深度挖掘，多出口精加工产品，不断提升这些产品的附加值和出口创汇的能力。就全面提升沿海地区开放型经济发展水平而言，要加快从全球加工装配基地向研发、先进制造和服务基地转变，率先建立与国际化相适应的管理体制和运行机制，增强区域国际竞争软实力。

此外，促进开放程度由“低浅层次”向“纵深层次”的转变，还应表现在积极参与全球经济治理和区域合作的程度上。根据“十二五”规划纲要的要求，今后应该从以下方面着重努力：推动国际经济体系改革，促进国际经济秩序朝着更加公正合理的方向发展；积极推动国际金融体系改革，促进国际货币体系合理化；积极参与国际规则和标准的修订与制定，在国际经济、金融组织中发挥更大作用；加快实施自由贸易区战略，

① 孙大力：《关于新时期对外开放决策的几个特点》，《中共党史研究》2007 年第 2 期。

进一步加强与主要贸易伙伴的经济联系，深化同新兴市场国家和发展中国家的务实合作。

6. 促进开放方式由“单向开放”向“双向开放”转变

长期以来，我国的对外开放存在只强调“引进来”而忽视“走出去”的现象。应该说，这种现象的出现与我国对外开放的阶段性有关，在对外开放的初期有其存在的合理性，但发展到今天其片面性日益显露。要克服这一现象，我国的对外开放应由“单向开放”向“双向开放”转变。换言之，就是要按照“十二五”规划纲要的要求，坚持“引进来”和“走出去”相结合，利用外资和对外投资并重，提高安全高效地利用两个市场、两种资源的能力。具体而言，在进一步做好“引进来”工作的同时，要做好以下“走出去”的工作：按照市场导向和企业自主决策原则，引导各类所有制企业有序开展境外投资合作；支持在境外开展技术研发投资合作，鼓励制造业优势企业有效对外投资，创建国际化营销网络和知名品牌；扩大农业国际合作，发展海外工程承包和劳务合作，积极开展有利于改善当地民生的项目合作；逐步发展我国大型跨国公司和跨国金融机构，提高国际化经营水平；做好海外投资环境研究，强化投资项目的科学评估；提高综合统筹能力，完善跨部门协调机制，加强实施“走出去”战略的宏观指导和服务；加快完善对外投资法律法规制度，积极商签投资保护、避免双重征税等多双边协定；健全境外投资促进体系，提高企业对外投资便利化程度，维护我国海外权益，防范各类风险。

第十章

可持续发展与当代中国经济追赶战略

作为工业化和现代化的后来者，中国面临着在经济追赶中实现可持续发展的特殊难题。反思人类遭遇不可持续发展困境背后的思想根源，追溯发达国家在解决可持续发展问题上的历史进程，分析世界各国在实施可持续发展战略中的实践经验，有助于我们科学借鉴别国的成功经验，谨慎地规避可能遭遇的风险和陷阱，从而更好地探寻当代中国实施可持续发展战略的正确路径。

一　对可持续发展观的历史考察与理论探析

可持续发展问题是工业文明的产物。资产阶级在创造前所未有的工业文明的同时，也酿造了极为严重的生态危机，使人类陷入了不可持续发展的困境。可持续发展观作为对资本主义工业文明的理论反思，正是在这样的历史境遇下提出并得到发展的。

（一）可持续发展观的形成与发展

可持续发展观发轫于20世纪60年代末70年代初。1962年，美国女生物学家莱切尔·卡尔逊出版了一部轰动世界的科普著作《寂静的春天》。作者在该书中描绘了一幅由于农药污染所带来的环境破坏的可怕图景，并发出警告：如果不关注环境，人类将会失去“明媚的春天”。1968年，罗马俱乐部发表的研究报告《增长的极限》引起世人的普遍关注和忧虑。该报告指出：“如果世界人口、工业化、污染、粮食生产以及资源消耗按现在的增长趋势继续不变，这个星球上的经济增长就会在今后100年内某一时候达到极限。”① 该报告在全球引发了一场关于“发展是否有极限”、“人类发展是否可以延续”的激烈争论。令人遗憾的是，该报告

① ［美］D. 梅多斯等：《增长的极限》，于树生译，商务印书馆1984年版，第12页。

虽然在世界上掀起轩然大波，然而，并没有引起西方主流社会的深刻认同。

可持续发展问题真正受到国际组织、各国政府和学术界的广泛关注，始于20世纪70年代。20世纪70年代，全球气候和生态环境不断恶化：全球气候变暖加剧；空气质量下降；有毒化学品对河流、海水的污染加剧；地球上的淡水储藏量在不断减少；大量使用化肥、农药导致土壤质量日益下降；酸雨现象日益严重；大气层中出现越来越多的臭氧空洞；滥伐森林导致地球生态失衡；许多生物物种不断地从地球上消失……日益严峻的现实，使人们越来越深切地认识到自然环境对经济增长和人类发展的重要作用。1972年，第一次联合国人类环境会议在瑞典首都斯德哥尔摩举行，113个国家和国际组织参加了会议。大会通过了《人类环境宣言》，提出了“只有一个地球”的口号，要求人类采取大规模的行动保护自然环境，使地球不仅是现在人类生活的场所，而且也是适合将来子孙后代居住的场所。这是可持续思想形成的第一个里程碑。

1987年，世界环境与发展委员会主席布伦特兰夫人向联合国提交了题为《我们共同的未来》的报告，首次明确提出了“可持续发展”的概念，并强调指出：“可持续发展是既满足当代人的需要，又不对后代人满足其需要的能力构成危害的发展。”自此，可持续发展思想被世界上越来越多的人所接受。1992年6月，联合国召开了一次规模空前的“地球首脑会议”——联合国环境与发展大会。在巴西首都里约热内卢，183个国家的代表团和联合国下属70个国际组织代表出席了会议。会议通过并签署了《里约热内卢环境与发展宣言》、《21世纪议程》、《关于森林问题的原则声明》、《联合国气候变化框架公约》、《生物多样性公约》等纲领性文件。《里约宣言》和《21世纪议程》的发表，标志着可持续发展思想从理论走向实践。

自1992年里约会议后，世界各国纷纷将可持续发展思想纳入本国发展战略之中。然而，近20年过去了，全球环境污染、资源破坏仍在继续，部分地区甚至有恶化的趋势。究竟是什么原因使人类在生态保护问题上如此举步维艰？阻碍人类实施可持续发展战略步伐的思想认识根源何在？

（二）人类陷入不可持续发展困境的思想根源

阻碍人类可持续发展的障碍到底是什么？关于这个问题的探讨，可以从历史与现实、制度与法律、文化与传统等多个维度进行探讨。在我们看来，不可持续发展的困境，是由工业文明时代人们的生存方式造成的，而人们的生存方式在一定程度上又受着生存理念的支配，是生存理念的外显。这种生存理念，既可以是形上之思，也可以是经世济用之学，还可以是衣食住行之道。从这种意义上说，不可持续发展困境的产生，具有一定的思想文化根源。纵观人类进入工业文明时代以来的历史，这种思想文化根源主要体现为人类中心主义的哲学观念、以理性“经济人”假设为基础的经济学观念以及“高消费、高浪费”的消费主义观念等。

1. 人类中心主义：阻碍可持续发展的哲学观念

人与自然的关系问题，是人类无法回避且贯穿社会历史发展始终的根本问题。在农业社会，由于科技水平低下，人类对神秘的自然界既恐惧又敬畏。在人与自然的关系中，自然处于主导和支配地位。正如马克思、恩格斯指出：“自然界起初是作为一种完全异己的、有无限威力的和不可制服的力量与人们对立的，人们同自然界的关系完全像动物同自然界的关系一样，人们就像牲畜一样慑服于自然界，因而，这是对自然界的一种纯粹动物式的意识（自然宗教）。”[①] 在这种状态下，虽然古希腊著名哲学家普罗泰戈拉曾喊出“人是万物的尺度”的口号，但是人作为万物之灵、自然之尊的地位不可能得到体现，这一口号也不能得到人们的普遍重视。

近代以后，启蒙运动的兴起彰显了人的主体意识。英国哲学家培根提出的“知识就是力量”的名言，表达了人类征服自然、改造自然的强烈愿望。随着科学技术的迅猛发展、人类对自然规律和宇宙奥秘的不断探索，人与自然的关系发生了逆转，人逐渐上升到绝对的主导和支配地位。法国哲学家笛卡儿的一段名言，表达了人类征服自然后显现出来的勃勃雄心，也标志着以科技理性为主导的人类中心主义价值观的初步形成。笛卡儿宣称：“我们在认识了火、水、空气、诸星、诸天和周围一切其他物体的力量和作用以后（正如我们知道我们各行工匠的各种技艺一样清楚），我们就可以在同样方式下把它们应用在它们所适宜的一切用途下，因而使我们成为自然界的主人和所有者。”[②] 笛卡儿之后，德国哲学家康德更是以自己特有的表达方式断言：“理智（先天）的法则不是理智从自然界得

---

① 《马克思恩格斯选集》第1卷，人民出版社1995年版，第81—82页。

② 周辅成编：《西方伦理学名著选辑》上卷，商务印书馆1996年版，第593页。

来的，而是理智给自然界规定的。”①

毫无疑问，与农业文明时代那种消极地顺应自然的思想主张相比，这种“人为自然界立法”的思想，彰显了人的积极性、主动性和创造性，为工业文明奠定了坚实的思想基础，极大地推动了工业社会的发展。然而，将人的能动作用夸大到无与伦比的地位，甚至于从根本上否认自然对人类生存与发展的基础性作用，将人视为地球的主宰，认为地球上的一切（包括地球本身）都是专门为人类而存在的，这种人类中心主义的价值观在催生辉煌的工业文明的同时，也酿造了生态危机的恶果。早在一个多世纪以前，恩格斯就指出了工业的迅猛发展给自然界带来的危害：“关于这种惊人的经济变化带来的一些现象……所有已经或者正在经历这种过程的国家，或多或少都有过这样的情况。地力损耗——如在美国；森林消失——如在英国和法国，目前在德国和美国也是如此；气候改变、江河淤浅在俄国大概比其他任何地方都厉害”。② 他告诫那些无视自然先在性的人类中心主义者：“我们不要过分陶醉于我们对自然界的胜利。对于每一次这样的胜利，自然界都报复了我们。”“因此我们必须时时记住：我们统治自然界，决不像征服者统治异民族一样，决不像站在自然界以外的人一样，——相反地，我们连同我们的肉、血和头脑都是属于自然界，存在于自然界的。”③

今人在反思人与自然关系的危机时，其中许多人把目光转向了中国传统文化中的“天人合一”思想。“天人合一”思想承认自然具有自身的内在价值，主张人与自然和谐共处，强调人类应该尊重自然规律，这无疑有可取之处。然而，忽视人的主体地位和能动性，将人等同于一般自然物，这是不符合人类历史发展规律的。④ 自人类从自然界分化出来以后，世界成为真正的“意义世界”，而人无疑是这一“意义世界”的主体。自此以后，“凡是有某种关系存在的地方，这种关系都是为我而存在的；动物不对什么东西发生‘关系’，而且根本没有‘关系’；对于动物来说，它对

① ［德］伊曼努尔·康德：《任何一种能够作为科学出现的未来形而上学导论》，庞景仁译，商务印书馆 1978 年版，第 93 页。

② 《马克思恩格斯全集》第 38 卷，人民出版社 1972 年版，第 365 页。

③ 《马克思恩格斯全集》第 20 卷，人民出版社 1971 年版，第 519 页。

④ 刘建立、李楠明：《马克思实践哲学视阈下的可持续发展》，《学习与探索》2009 年第 6 期。

他物的关系不是作为关系存在的。”[①] 在这个“意义世界”中，价值反映的主客体关系，是以事物是否能满足主体即人的需要为内容的关系。离开了人，“意义世界”不复存在，自然的价值也不复存在。

与生态中心主义主张消极地顺应自然以及人类中心主义片面夸大人的主体地位不同，马克思主义强调在尊重自然的前提下充分发挥人的主体性，并通过人的实践活动“自觉地”实现人与自然的和谐共处。马克思主义认为，人的生存和发展依赖于自然界。整个自然界“首先作为人的直接的生活资料，其次作为人的生命活动的材料”[②] 而存在。马克思主义在承认自然的先在作用的同时，也充分肯定人的能动作用。在马克思主义看来，与动物相比较，人的最大特点是他们能够按照自己的尺度改造自然。人类为了自身的生存和发展的需要而改造自然界，获取自己所需的生活资料，这正是人的能动作用的积极体现。试想一下，人类在尊重自然规律的前提下发挥自身的能动作用，在改造自然中为自身创造幸福美好的生活，这该是一幅多么美妙的田园牧歌式的人与自然的和谐图景！对于拥有移山填海、改天换地的工具的人类来说，他们原本有能力实现这种人与自然的和谐。那么，人类为何要放任自身的贪婪，破坏人与自然的和谐呢？

在马克思看来，人与自然关系的异化，源于人的劳动异化，而劳动异化源于人与人关系的异化。他在《1844年经济学哲学手稿》中明确指出：人与人的异化是由于私有财产制度所造成的，而人与自然异化的根源在于“私有财产制度与自然的对立。”在恩格斯看来，要解决生态危机，实现人与自然的和谐发展，“仅仅有认识还是不够的。为此需要对我们的直到目前为止的生产方式，以及同这种生产方式一起对我们的现今的整个社会制度实行完全的变革”。[③]

西方马克思主义者在继承马克思主义关于可持续发展思想的基础上，深刻剖析当今世界的生态问题及其产生根源。其中，法兰克福学派的赫伯特·马尔库塞在其出版的《反革命与造反》中指出：资产阶级贪婪的本性不仅使资产阶级疯狂地剥削和掠夺无产阶级，而且还利用技术理性使大自然屈从于商业组织，迫使自然界成为商品化了的自然界，破坏了人类与

① 《马克思恩格斯选集》第1卷，人民出版社1995年版，第81页。

② 《马克思恩格斯全集》第42卷，人民出版社1979年版，第95页。

③ 《马克思恩格斯选集》第4卷，人民出版社1995年版，第385页。

自然之间的生态平衡，直接危害人类自身的生存。

综上所述，产生于工业文明时代的人类中心主义价值观，是导致人类陷入不可持续发展困境的哲学思想根源。而现代资产阶级进一步强化了这一观念，并通过其生产方式演绎着这一观念，从而造成了生产的无限扩大化趋势与自然资源的有限性之间的矛盾。要走出不可持续发展的困境，首先要消除人类中心主义的价值观及其存在的社会土壤。

2. “经济人”假设：阻碍可持续发展的经济学观念

“一切社会变迁和政治变革的终极原因，不应当到人们的头脑中，到人们对永恒的真理和正义的日益增进的认识中去寻找，而应当到生产方式和交换方式的变更中去寻找；不应当到有关时代的哲学中去寻找，而应当到有关时代的经济中去寻找。”① 因此，探讨不可持续发展困境的成因，绝不能停留在哲学思想根源的层面，而必须深入“有关时代的经济中去寻找”。为此，有必要对被称为西方经济学理论大厦基石的“经济人”假设进行反思，因为它为现代资本主义的经济运行提供了所谓的理论根据和理想模型。

学界普遍认为，“经济人”假设包括“自利”、“理性”、“帕累托最优”三个基本原则，而这三个原则之间又是紧密联系的。古典经济学代表人物亚当·斯密认为，自利原则不仅是个人经济行为的动因，同时也是促进整个社会发展的动力。由于每个经济人的目的都是追求自身经济利益的最大化，因此他必然会理性地、努力地搜集所有的相关信息，并从中作出最优选择。因此，在市场经济条件下，政府不必干预市场，只需建立完备的制度，就能够引导市场这只“看不见的”手，实现资源配置的帕累托最优。

作为资本主义经济理论大厦的基石和逻辑起点，理性“经济人”假设以承认人的自利本性为前提，鼓励资产阶级在竞争中赚取财富，从而极大地推动了工业文明的繁荣发展。但是，应该清醒地看到，在对待自然环境和资源消耗的问题上，理性“经济人”并不理性。

在资源使用问题上，理性“经济人”并不理性。按照理性“经济人”假设，在社会经济活动中，“经济人”的唯一目标就是追求自身利益的最大化。据此原则行事，必然以最大限度地追求经济的无限增长及物质财富

① 《马克思恩格斯选集》第3卷，人民出版社1995年版，第741页。

的无限增加作为发展的根本目标，必然导致生产规模的无限扩大化趋势，从而导致无止境地消耗资源的行为。然而，人类只有一个地球，且地球的资源是有限的。人们无止境地追求自身利益最大化的结果，必然会导致竭泽而渔的“吃子孙饭、断子孙路”的现象。“经济人”的这种逐利行为，不仅使自身及其族群的利益难以得到持久维护，而且更会危及子孙后代的长远利益。以此来看，理性“经济人”在资源使用问题上显得很不理性。

在环境保护问题上，理性“经济人”也并不理性。在社会经济活动中，“经济人”追求自身利益最大化的行为原本无可厚非。然而，由于制度的不完善，“经济人”追逐个人利益的行为往往会损害他人和社会的利益。例如，在市场经济条件下，国家对私有产权有明确的法律条文加以严格保护，但是，对于空气、水等没有明确产权的公共资源往往保护乏力。由于污染排放者无须承担对他人造成不利影响的社会成本，这就导致一些市场主体仅从自身收益出发而恣意污染环境行为的发生。这种“经济人”外部不经济行为的典型事例是，上游地区为了获利而过度采伐森林，从而造成洪水泛滥和水土流失，并对下游地区的农业、运输业和工业生产造成不利影响。可见，个体利益最大化行为并不能自动导致社会资源的有效配置，它只能使某些私人的利益达到最大，而无法使社会利益达到最大化。

理性“经济人”的短视行为，从根本上来说，是由于人自身的局限性所致。人的认识能力是有限的，“经济人”的理性也是有限的。人们大多只能认识自己所生存的有限时空范围内发生的事件，对于他们所看不见或者不知道的时空范围，一般不会去、不愿去、不能去作前瞻性的考量。这也导致人们在经济活动中往往为了谋求自身利益，而不惜侵犯他人的生存权和发展权；往往为了谋求本国或本民族利益，而不惜牺牲他国或他民族的利益；往往为谋求自身眼前利益，而不惜牺牲子孙后代的利益。

总之，理性“经济人”假设在资源和环境问题上的缺位表明，它是一种为少数人利益代言的、短视的经济学，但是，它往往被包装上普世的、理性的色彩。正是这种经济学的流行，放任了资本主义生产无限扩大化与自然资源有限性之间矛盾的激化，从而导致并加剧了人类社会的生态危机。

3. 消费主义：阻碍可持续发展的消费观念

除了前述两个方面以外，消费主义文化也是导致人类陷入不可持续发展困境的重要思想根源。

在亚当·斯密的古典经济学构想中，“经济人”的个体理性与社会理性是统一的。个体理性是实现社会理性的手段，而社会理性才是其追求的最终目标。换句话说，其尊重个人“自利”本性的目的，是为了社会整体利益的需要，社会财富的丰裕、社会文明的进步才是其追求的最终目标。正因如此，在资本主义早期，亚当·斯密所提出的经济思想才能与新教伦理相互交融，并形成早期资本主义所特有的文化现象——禁欲苦行的宗教动力造就了精打细算、兢兢业业的经营作风，而贪婪攫取的物质欲望则培养了开疆拓土、征服自然的冒险精神。

然而，随着新兴食利阶层的兴起，享乐主义、奢靡之风的蔓延，资本主义文明慢慢背离了其早期所蕴涵的精神内涵和原有的宗教伦理。结果，那些禁欲苦行的新教徒不见了，取而代之的是追求炫耀性消费的有闲阶级。人们对物质的追求不再是满足自身的实际需要，而是变成了一种不断膨胀的欲求，享乐主义、消费主义成为资本主义消费文化的核心。

消费主义文化不仅是享乐主义、奢侈浪费风气蔓延的结果，也是资本主义生产方式的客观需要。工业革命后，科学技术的迅猛发展使得机器化大生产成为可能，生产力的迅猛发展与有效需求不足的矛盾日益明显地暴露出来。法国经济学家西斯蒙第指出：社会的有效需求不足，市场上的商品就会出现生产过剩，从而导致生产和消费严重失衡的局面，并最终造成严重的经济危机。因此，扩大消费需求，成为维持资本主义经济增长的重要手段。许多西方经济学家相信，“不消费，就衰退”。可见，工业文明的生产方式从本质上是鼓励消费的。从某种程度上说，消费越多，生产也越多，利润才会越大。

进入20世纪，资产阶级的消费观念深深地影响了工人阶级。当代美国经济学家沃尔夫指出：“从此以后，工人能够消费更多的商品和服务这件事情，被强烈地赋予了新的意蕴。在工人自己和绝大多数人看来，个人消费水平已成为衡量他们生活是否成功的标准。更高质量、更多数量的消费，意味着更多的快乐……一个人的消费水平和消费方式，反映了他的社会地位……铺天盖地的广告，助长了这种消费主义潮流。”① 法国社会学

① Richard Wolff & Stephen Resnick, *The Economic Crisis*: *A Marxian Interpretation*, Rethinking Marxism, April, 2010.

家让·博德里拉认为，在当代资本主义条件下，人们眼里的消费对象，绝不仅仅是具有某种使用价值的商品和劳务，更多地是一种“象征性符号”，代表的是一种地位和身份。因此，人们的消费已经偏离了商品的使用价值和人自身的实际需求的轨道，转而不断地去追求被制造出来和被刺激起来的欲望的满足。因此，这种消费本质上是一种异化了的消费。然而，被资产阶级操控的媒体乐此不疲地进行广告宣传，“每天广播的内容看似杂乱无章，实则有条不紊，它不断地被重复广播并强制性地造成了惟一的接受模式，即消费模式”。[①] 可见，在现代资本主义社会，人们的消费观点和消费行为也是受控制、受操纵的，是完全服从于资本主义生产的逻辑的。

实际上，这种消费主义是以自然资源的无限作为理论预设的。然而，自然资源是有限的。在资源有限的条件下，这种消费主义无疑是与人类的可持续发展背道而驰的。这种高生产、高消费的最终结果，必然导致资源的稀缺性与欲望的无限性之间的紧张关系。这种消费主义文化的危害，正如某些思想家批评美国所指出的：“美国的富足正在侵蚀其工业结构与繁荣状况。人们对伦理道德大肆排斥，取而代之的是放纵挥霍与享乐主义……生产出的产品并不追求尽可能长的使用寿命，因为这样做可以创造持续的更新需求从而保证产品的长期销路……整个美国社会弥漫着一种盲目乐观的情绪，人们相信事情会越来越好，物质产品的丰富将会永远延续，只要认真关注现状，未来自然错不了。我们将会为这种乐观付出代价，甚至是整个未来”。[②] 从一定意义上讲，目前这次源起于美国并席卷全球的金融危机，实际上就是人们为此而付出的代价。因此，为了子孙后代的可持续发展，为了保持环境资源利用的可持续性，人类必须摒弃美国式的“奢侈性高消费模式”，转而采取一种新的适度消费模式。

综上所述，不可持续发展的困境是由工业文明时代人类的生存方式造成的，又在一定程度上与人类的生存理念直接相关。人类中心主义的哲学观念、理性“经济人”假设的经济学观念，是深刻影响现代西方社会并由以形成西方主流社会精神的思想观念；消费主义作为当代西方盛行的消

---

① Jean Baudrillard, *The Consumer Society: Myths and Structures*, London: Sage Publications, 1998, p. 123.

② ［奥］路德维希·冯·米瑟斯：《自由与繁荣的国度》，韩光明等译，中国社会科学出版社 1995 年版，第 53 页。

费文化观念，也是对资本主义生产逻辑的忠实遵循和外在表现；而三者最终不约而同地都指向了资本主义制度本身。可见，要真正彻底解决人类陷入的不可持续发展问题，既要对这三种思想观念进行彻底的批判，更要对资本主义制度本身进行彻底的批判。只有在彻底推翻资本主义制度后，人类的可持续发展才可能真正得以实现。同时，我们也应该清醒地看到，可持续发展思想毕竟是工业文明的产物。西方国家虽然由于资本主义制度本身的局限，不可能找到解决人类陷入可持续发展困境的正确战略路径，但是，其在可持续发展方面的经验教训，值得尚处于追赶阶段的发展中国家学习和借鉴。

二　发达国家关于可持续发展的认识历程及其主要经验

发达国家作为工业文明的先行者，在取得经济繁荣的同时，也率先品尝到了资源枯竭与环境恶化的种种恶果。追溯发达国家在解决可持续发展困境问题上的认识历程，有助于发展中国家更好地探索适合本国特点的可持续发展道路。

（一）发达国家关于可持续发展的认识历程

发达国家对可持续发展问题的认识、解决的思路，经历了一个从“先污染、后治理”的末端治理模式到“源头治理、防治结合”的清洁生产模式，然后再到发展“循环经济”的转换过程。

1. “先污染、后治理”

早期的资本主义社会，由于人们对污染机理认识不清，环境污染被看做工业化不可避免的产物，人们对工业发展所造成的环境污染往往司空见惯。英国是世界上第一个实现工业化和城市化的国家，但它在率先取得工业化辉煌成就的同时，也率先品尝到了工业化造成的环境污染苦果。恩格斯对当时英国河流污染的描述颇为详尽，他指出：流经利兹的艾尔河，“这条河像一切流经工业城市的河流一样，流入城市的时候是清澈见底的，而在城市另一端流出的时候却又黑又臭，被各色各样的脏东西弄得污浊不堪了”。①

① 《马克思恩格斯全集》第2卷，人民出版社1957年版，第320页。

环境问题真正成为一个公众普遍关注和忧虑的社会问题是在二战以后。20 世纪 40 年代开始，西方发达国家的各类公害事件相继爆发，例如，美国的洛杉矶光化学烟雾事件、英国的伦敦烟雾事件、日本的水俣事件等公害现象震惊了世界。1972 年，在瑞典首都斯德哥尔摩召开的联合国人类环境会议成为世界环保工作的一个重要里程碑。会后，世界各国特别是发达国家纷纷通过制定严格的法律条例，采取强有力的措施，试图控制和预防污染。

总体而言，这一时期发达国家解决环境问题的主要对策是："先污染、后治理"以及"谁污染、谁治理"的末端治理方式。所谓"末端治理"，是指在工业污染物产生后，对其实施化学、物理、生物治理的方法。这种治理方式所采取的一般措施是：政府通过征收超标准排污费、实行排污许可制度等经济手段，解决环境污染的治理费用问题；鼓励企业进行技术改造，提高资源利用率；采用先进的技术工艺，减少污染物的排放量，从而控制污染物排放总量。这种末端治理的方式，虽然在一定程度上缓解了日益恶劣的环境，然而其缺陷是明显的。正如有研究者所言："末端治理模式虽然关注了经济活动造成的生态后果，但是经济运行过程本身的环境问题始终落在他们的研究视野之外。"①

2. 清洁生产

随着人们对环境问题认识的不断深入，西方社会越来越深刻地认识到，单纯依靠这种"末端治理"模式是不可能从根本上解决环境问题的，开始将环境保护的视野从生产终端扩展到生产的全过程。

在一些西方国家的推动之下，联合国环境规划署在 1989 年 5 月制订了《清洁生产计划》，着手在全球范围内推进清洁生产。这里的"清洁生产"又被称为清洁技术、废物最小化、源控制、污染预防等，联合国环境规划署工业与环境规划活动中心（UNEP/PAC）对其做了如下定义："清洁生产是指将综合预防污染的环境策略持续应用于生产过程和产品中，以减少对人类和环境的风险性。"

清洁生产彻底改变了过去被动滞后的污染控制手段，强调在污染产生之前就予以控制。它通过在产品生产过程及服务中减少污染物的产生和对环境的不利影响，从而减少源头污染物的产生量，关注的重点不只是污染

① 冯之浚主编：《循环经济导论》，人民出版社 2004 年版，第 86 页。

物的排放量。这种在产品的整个生命周期的各个环节采取“预防”措施，通过优化生产运行方式，实现了生产过程中的最小环境影响、最少资源能源使用。

清洁生产的推广，标志着人类向可持续发展方面迈出了重要步伐。从可持续发展的角度看，清洁生产着眼于防止生态环境的恶化和不可再生资源的耗竭，以实现当前与未来之间的资源优化配置。由于清洁生产通过节能减耗，既产生了经济效益，又减轻了环境压力，改变了以往将环境污染看作是工业化不可避免的代价的观念，让西方社会越来越多的人相信，环境问题不仅可以解决，而且一旦解决，就能够获得社会效益和个体效益双赢的良好结果。

3. 循环经济

20 世纪 90 年代中期，西方社会在不断探索和总结的基础上，提出以资源利用最大化和污染排放最小化为主线，将清洁生产、资源综合利用、生态设计和可持续消费等融为一体的循环经济（circular economy）战略。①

与传统经济模式不同的是，循环经济倡导的是一种建立在物质不断循环利用基础上的经济发展模式。它要求把经济活动按照自然生态系统的模式，组织成一个“资源→产品→再生资源”的物质反复循环流动的过程，使得整个经济系统以及生产和消费的过程基本上不产生或者只产生很少的废弃物。

循环经济作为新的发展模式，将环境因素纳入经济发展的成本要素来考虑，从源头预防和全过程控制环境污染的新经济理念。它坚持以人为本，综合考虑经济、社会、环境三者发展的有机统一，着眼于所有物质和能源能在经济循环中得到合理、持久的利用。从物质层面看，循环经济遵从 3R（Reduce，减量化；Reuse，再利用；Recycle，再循环）原则，减少资源的消耗，最大限度地实现资源的循环利用。从体制层面看，循环经济通过引入市场经济机制，为实现环境与经济的共赢开创了一条现实可行的途径。发展循环经济，有助于缓解长期以来环境与发展之间的尖锐冲突，促进经济发展方

① 一般认为，“循环经济”（circular economy）一词，首先由美国经济学家 K. 波尔丁提出。而真正将循环经济理念贯彻于实践，并因此推进西方世界有关认识的要算德国政府和日本政府。

式的转变以及资源的永续利用，从而推动人类社会由传统工业文明走向生态工业文明。

（二）发达国家解决可持续发展问题的主要经验

由于资本主义制度自身的内在局限，西方发达国家不可能找到解决可持续发展问题的根本方法。然而，作为工业文明的先行者，它们在资本主义制度框架内，不断地从技术角度探寻解决可持续发展的思路和方法，使得资本主义制度自身的缺陷得以及时修复。西方发达国家在可持续发展问题上所取得的经验，在一定意义上反映了人类现代化进程中的一般规律，值得广大发展中国家学习和借鉴。

1. 运用法制手段，强制规范“经济人”的行为

从经济学上看，人类陷入不可持续发展困境的一个重要原因，就是“经济人”在从事经济活动时所引发的外部不经济性，即“经济人”在追求自身利益最大化的时候，其行为造成了对他人或者社会的损害。发达国家在解决可持续发展问题方面的主要经验之一，就是通过建立严格和完善的法律、法规体系，促使企业和公众自觉按照法律规范调整自身行为，从而从源头上预防、控制“经济人”的外部不经济行为的发生。其中，比较著名的立法有：1876 年，英国议会通过了《河流污染防治法》，这是世界历史上第一部水环境防治法。1958 年，日本制定了《水污染防治法》，随后又相继制定了《大气污染防治法》、《公害对策基本法》等。1969 年，美国通过了《国家环境政策法》，1976 年又通过了《综合废弃物管理法令》，第一次将废弃物综合利用以法律形式确定下来；德国也相继制定了《水污染防治法》、《大气污染防治法》、《环境影响评价法》、《自然保护法》等相关法律。

特别值得指出的是，西方发达国家在立法方面不仅仅只满足于制定一个框架性的法律、法规。以德国和日本的循环经济立法为例，它们在制定基本法律以后，还制定了一系列具有操作性的相关配套法规，以确保循环经济的顺利实行。例如，德国政府在 1972 年制定了《废弃物处理法》，随后又制定了很多相关法，包括 1975 年的《国家废物管理计划》、1986 年的《废弃物限制处理法》、1991 年的《包装条例》、1992 年的《废旧车辆限制条例》、1996 年的《循环经济与废弃物管理法》（2000 年修订）、1999 年的《联邦水土保持与废旧物法令》、2000 年的《社区垃圾合乎环

保放置及垃圾处理法令》和2003年的《可再生能源法》等。日本是循环经济立法体系较为完善的国家，其相关法律法规可以分为三个层面：第一个层面为一部基本法，即《促进建立循环型社会基本法》；第二个层面为两部综合性法律，即《废弃物处理法》和《资源有效利用促进法》；第三个层面是根据各种产品的性质制定的特别法律法规，包括《建筑材料循环法》、《可循环性食品资源循环法》、《绿色采购法》、《化学物质排出管理促进法》、《特种家用机器循环法》、《多氯联苯废弃物妥善处理特别措施法》、《容器和包装物的分类收集与循环法》等。

2. 运用经济手段，解决“市场失灵”问题

一般而言，作为公共产品，资源和环境的产权不明晰、价格很难准确界定，这导致资源和环境的价格并不能真实地反映其自身价值。同时，因为经济主体破坏生态环境给社会带来的损耗没有直接反映在其相关产品的成本上，这导致市场经济在环境保护和生态资源配置过程中屡屡“失灵”。发达国家通常采用两种经济手段来解决“市场失灵”问题。

第一，征收环境税。从发达国家的实践看，敦促和约束企业增强环保意识的最有效办法，是运用“庇古税”等经济手段，实现社会成本的内部化。“庇古税”的实质是按照环境资源有偿使用和“污染者付费原则”，通过向破坏环境的责任人征税的方式，将环境成本纳入企业的生产成本中，从而促使企业生产者和消费者从自身利益出发，选择更加有利于环境资源的生产和消费方式。除了通过征收环境税引导企业和居民自觉地节约资源、保护环境外，发达国家的政府还通过实行税收优惠政策，专项支持节能环保技术的研究、污染防治基础设施的建设、可再生能源的研究等，引导企业开发运用节能减排技术，从而最大限度地实现经济、社会、环境、资源协调发展的政策目标。例如，美国的亚利桑那州从1999年开始对废旧物资的再生利用实行税收优惠政策，对购买、回收再生资源的企业可减税（销售税）10%。日本政府对废纸脱墨处理装置、处理玻璃碎片用的夹杂物剔除装置、铝再生制造设备、空瓶洗净处理装置等，除实行特别退税外，还可获得3年的固定资产税退还。

第二，排污权交易。可交易许可证是指由环境管理机构分配环境定额、配额或者污染水平的最高限度，发放可交易许可证。可交易许可证可

以在市场上自由地买进或者卖出。由于污染许可证可在市场上进行交易，其结果会使污染许可证更多地集中在环境经济较高的企业，从而能够在控制一定水平排污量的情况下产生更大的经济效益。这种做法有一个突出优点，那就是可以减少实施的交易成本。总体而言，美国一般采取排污权交易，而欧洲和日本习惯采取排污税的方式。

3. 依靠科技进步，实现经济发展与资源、环境保护的双赢结果

从西方发达国家的实践来看，可持续发展战略的顺利实施，核心在于通过科技进步提高资源的使用效率，减少环境污染，从而实现经济发展与资源、环境保护的双赢结果。

索洛、西奥多·威廉·舒尔茨、萨缪尔森等经济学家的研究成果表明，当代西方发达国家主要依靠技术进步，已经实现了从以高投入、高消耗、高污染为主要特征的粗放型生产方式，到以低消耗、低污染、高效益、高产出为主要特征的集约型生产方式转变。然而，拉美等发展中国家迄今尚未实现转变。

发达国家通过制定一系列激励机制，鼓励降低资源消耗、促进环境保护等领域的技术创新。例如，美国于1995年设立了“总统绿色化学挑战奖”，专门支持那些对工业界有实用价值的化学工艺新方法，以减少资源消耗和增加回收利用。① 德国出于自身能源安全、维护社会稳定、减少就业压力等方面的考虑，对传统工业采取一系列优惠政策。例如，1996—1998年政府给予主营煤炭业的鲁尔集团的价格补贴分别为104亿、97亿和85亿马克，用以引导企业转型。日本政府对从事有关环境技术开发的小企业、从事再资源化设备生产企业、推进循环经济的先进技术予以优惠政策，以鼓励技术创新。②

4. 提高环境问题的公众参与度

发达国家环境保护的成功，在很大程度上源于其已经建立了政府、企业、公众协力参与的良性互动机制。

20世纪60年代以来，在西方发达国家广泛开展的环保运动，极大地激发了人们保护环境的热情，增强了公众的生态环保意识。而环保运动的

① 梁玉新：《刍议发达国家发展循环经济的经验与借鉴》，《经济问题》2007年第3期。

② 郭廷杰：《借鉴国际先进经验振兴我国再生资源产业》，《再生资源研究》2003年第6期。

蓬勃发展，也催生了许多专业环保组织和机构。公众和社会组织的积极参与，使环保运动形成一股强有力的力量。在专业环保组织和公众的共同努力下，20 世纪 70 年代中后期，环境保护已成为许多发达国家政府换届竞选的热门议题。这就使得环境问题从潜在的、边缘的问题变成了备受瞩目的政治问题。

可以说，环境保护在西方发达国家得到了议会、政府、社会组织和个人的共同参与和广泛支持，成为了一项全社会的整体行动。公众、企业和政府各有其权利和责任，并通过司法保障、体制安排、政策手段等一整套有效机制形成齐抓共管的局面。议会和政府通过立法和行政手段，全面领导污染治理；生态学家为政府的积极治理建言献策；公众可以直接或者间接参与到环境的立法、司法和执法的各个环节以及社区的环境管理和监督过程中，维护自身的环境和健康权益。

三 后发国家经济追赶中遭遇的可持续发展困境

随着环保意识日益深入民心，资金和技术投入力度逐年增加以及制度法规的健全完善，发达国家的生态问题已经得到基本控制，可持续发展已呈现出良好态势。而发展中国家在追求快速发展的同时，由于环保意识缺乏、技术水平低和资金匮乏等原因，资源、环境危机日益严重，往往遭遇经济追赶与可持续发展的两难困境。

（一）经济追赶与可持续发展：后发国家发展面临的两难选择

发展中国家面临的首要问题是工业化和现代化的问题。历史经验和教训告诉我们，发展中国家要消除贫困，提高人民生活水平，就必须毫不动摇地把发展经济放在首位，各项工作都应紧紧围绕经济建设这个中心来开展。无论是社会生产力的发展、综合国力的增强、人民生活水平和人口素质的提高，还是资源的有效利用、环境和生态的保护，都有赖于经济发展。在许多发展中国家，环境保护滞后的主要原因是收入水平低。显然，那种主张为了生态保护宁愿放弃经济增长的观点，是不符合发展中国家的国情的。

发达国家走过的道路似乎表明，在经济处于较低水平时，环境问题往往是一个不能避免的伴生现象；在经济发展达到一定阶段，环境治理有了强有力的技术与资金的保障，环境保护往往能够取得较好的效果。发达国家在环境保护方面所取得的成绩，就是在经济高度发达并对环境的深度破坏后，痛定思痛并以强大的财力和技术支撑为前提而采取相应措施的成果。那么，发展中国家能够沿着发达国家“先污染、后治理”的老路，等经济发展了再解决资源与环境问题吗？答案是否定的。西方国家从工业革命到20世纪70年代开始提出可持续发展的议题，历经200余年时间，它们是在经济发展到相当高的水平开始环境保护的。例如，美国是在人均GDP为10000美元时开始大规模环境整治的，而日本是在人均GDP为4000美元时开始的。环境库兹涅茨曲线表明，在人均收入达到4000美元时，污染开始明显下降，而人均收入达到8000美元时，大多数地区环境污染开始明显好转。发展中国家目前的收入水平与如此高的收入标准相去甚远，如果等它们具备上述经济实力以后再去治理环境污染的话，人类的环境可能早已恶化到毁灭的边缘了。

可见，表面看来，发展中国家面临着经济追赶与可持续发展的两难选择，而实际上这两种选择并非不可兼容，更非绝对对立。事实上，可持续发展的内涵本身就已经包含了经济发展的要求，它并没有否定经济发展的重要性，而是主张在坚持以经济发展的同时，统筹人与自然和谐发展、统筹当代人的发展与子孙后代的发展。

（二）优势与劣势：后发国家实现可持续发展的可能性分析

积极推进可持续发展战略，是发展中国家在保持人与自然的和谐发展过程中实现经济追赶的必由之路。较之于发达工业国，后发国家在实施可持续发展战略时有何后发优势与劣势？后发国家在经济追赶过程中应该如何有效利用其后发优势，谨慎规避其后发劣势，从而实现可持续发展？这些问题值得深入探讨。

1. 后发国家实施可持续发展战略的优势

作为工业化和现代化的先行者，发达国家在收获工业文明的丰硕成果的同时，也率先遭遇了不可持续发展的困境。经过近百年的实践积累和理论探索，发达国家在战略选择、技术革新、法规建设等方面积累了丰富的经验。而作为工业化和现代化的后来者，发展中国家在实施可持续发展战略时具有独特的后发优势，即它们可以通过学习、借鉴发达国家的文明成果，规避其失败教训，从而实现跨越式发展。这种后发优势主要表现在以下方面：

其一，发展战略的选择优势。发展战略是一个国家对未来社会发展模式的前瞻性构想与总体部署。发展战略得当与否，直接关系到国家未来的发展走势。发达国家的工业化、现代化取得了很大成绩，但也走过不少弯路。例如，在经济发展与环境保护问题上，发达国家在早期采用的是"先污染、后治理"的末端治理模式。该模式虽然能够在一定程度上控制环境污染，然而，其"治标不治本"的天生缺陷决定了该方法必然被新的更科学的环境治理模式所取代。在发展战略的选择上，发展中国家可以通过借鉴发达国家的经验教训，在环境治理上采用比末端治理模式更科学的循环经济的发展战略，从而在源头上有效控制环境污染。

其二，法规制度的借鉴优势。制度是经济发展的内生变量，对经济发展起着强有力的推动作用。但是一项制度的形成，是一个需要支付高额代价的不断试错的过程。而一旦该制度形成后，后来者就可以避免这种高额的试错代价，而以相对较小的社会成本在较短时间内快速完成制度创新。实施可持续发展战略，需要健全的法规制度作保障。在长期的实践中，发达国家基本形成了一套比较成熟完善的环境与资源保护制度。发展中国家完全可以结合本国的客观实际，借鉴、模仿发达国家的相关法规制度，并对之进行本土化改造，从而以较快的速度和较低的成本完成各项制度的建设，促进可持续发展目标的实现。

其三，先进技术的模仿优势。科技进步是实现可持续发展的根本途径。由于发达国家处于世界技术的前沿，其技术创新只能通过自主研发来实现。这不仅需要巨额的资金和时间投入，而且具有很高的风险。而后发国家由于与发达国家在技术水平上存在着巨大差距，只需要支付比技术研发少得多的费用，通过引进和模仿发达国家的现有技术，就可以迅速缩小与发达国家的技术差距。因此，对于发展中国家来说，引进、消化、吸收发达国家的先进技术是其实现技术快速升级换代的重要途径。例如，近年来发达国家普遍采用生态型垃圾焚烧技术处理垃圾。该技术通过对现有的垃圾进行从废物到能源的转换，实现循环经济的发展要求。① 我国现阶段所采用的垃圾焚烧烟气处理技术与发达国家的现行技术水平差距还较远，因此在这方面的技术模仿无疑有利于我们实现可持续发展战略。

---

① 张进锋、聂永丰：《垃圾处理领域的技术发展和启示》，《环境科学研究》2006 年第 1 期。

2. 后发国家实施可持续发展战略的劣势

在经济全球化竞争中，发展中国家最根本的劣势是由于其后发地位所导致的竞争中的劣势地位。这种后发劣势同样也体现在环境保护方面。

第一，发达国家利用产业转移转嫁本国生态问题，加剧了发展中国家的资源与环境压力。环境问题具有明显的外部不经济性。为了有效解决企业行为的外部不经济问题，各国纷纷制定环境标准，将环境和资源成本计入企业成本中去，作为国民经济发展的重要考核指标之一。不同国家由于经济和技术发展水平的不同，环境标准也不相同。发达国家由于技术先进、环保意识强、环保的水平较高，其环保标准往往较为严格。而发展中国家大多正处于工业化发展阶段，由于诸多方面的限制，其环保标准较为宽松。发达国家往往通过设置双重环保标准转嫁本国的环境危机：一方面，通过建立严格的环保标准，提高国内企业的环境成本，促使本国高污染、高能耗的企业转移到环保标准相对较低的发展中国家去；另一方面，通过设立绿色壁垒，防止不符合其环境标准的国外产品进入本国市场。这样做的结果，必然是发达国家的环境状况得到改善，而发展中国家的环境状况每况愈下。

第二，技术模仿所导致的“路径依赖”，阻碍了发展中国家的可持续发展。如前所述，发展中国家要想在经济追赶过程中实现可持续发展，关键在于科技创新。然而，科技创新不是一蹴而就的过程。而发展中国家与发达国家之间巨大的技术差距，导致发展中国家的技术引进成本要远远低于自主研发成本。这就使得发展中国家在经济追赶的过程中，往往采取技术模仿的方式追赶发达国家。技术模仿虽然在短期内能取得良好的发展，却往往容易形成对发达国家技术依赖的“陷阱”。

技术模仿所导致的“路径依赖”对发展中国家实施可持续发展战略造成的负面影响，主要表现在阻碍了发展中国家的自主创新战略的实施。其一，不利于发展中国家的科技创新。对发达国家的技术依赖往往容易挫伤本国科研人员的研发积极性，从而阻碍本国自主创新能力的提高。其二，不利于发展中国家的制度创新。技术模仿比较容易，而制度模仿比较困难。因为技术模仿几乎会对所有群体的利益产生正面影响，而制度变革就会侵犯部分群体的既得利益。因此，引进技术所导致的“技术依赖”，往往使得发展中国家倾向于单纯依靠技术模仿，而放弃更重要的制度创新。历史与现实告诉我们，没有制度作保障的技术发展，虽然可以在短期内取得非常好的发展，但是会给长期的发展留下许多隐患。

四 当代中国面临的可持续发展困境与路径选择

中国是宣布实施可持续发展战略最早的一个发展中国家。1972 年联合国人类发展会议之后，中国在人均 GDP 不足 300 美元的条件下开始了环境与生态保护工作，并为此付出了极大的努力。然而，转型期难以规避的体制空白和视阈盲区，又使我们的政策和措施面临着“打折”之虞。理性地审视当代中国面临的可持续发展的困境，有助于我们走出一条独具特色的可持续发展之路。

（一）当代中国环境与资源保护法制建设的历史回顾

第一阶段：改革之前 30 年，资源无偿使用、环保意识淡薄。20 世纪 50—60 年代，是资源无偿使用和环保工作起步阶段时期。这一时期，尽管我国在资源保护方面也制定和颁布了一些法律、法规，如 1950 年的《矿业资源保护条例》、1953 年的《国家建设征用土地办法》、1963 年的《森林保护条例》等，但由于计划经济条件下企业缺乏成本意识，缺乏对资源的有价性、有限性的认识，从而导致这一时期存在资源的过度开采和使用浪费的现象。

第二阶段：20 世纪 70 年代末至 80 年代初，资源与环境保护观念的初步形成。20 世纪 70 年代初，大连湾、松花江、北京等地相继发生严重的水污染事件，促使我国政府开始关注工业化过程中面临的环境污染问题。1974 年 5 月，国务院成立了环境保护领导小组，并开始通过制定政策、行政法规和标准等控制环境污染。20 世纪 80 年代初，我国政府加快了环境保护和资源管理市场化、法制化的步伐。之后，又先后制定了关于海洋、森林、草原、土地、矿产等资源的管理和保护法规。例如，我国在 1984 年颁布《中华人民共和国资源税条例》，在 1986 年颁布《中华人民共和国矿产资源法》，在 1989 年颁布《中华人民共和国环境保护法》。这些方面的工作，促进了环境和资源管理体制以市场化和法制化为取向的改革。总体而言，在这一时期，中国政府在环境治理和资源管理上迈出重要步伐，但是，此时的管理主要采取的是行政命令的方式，治理措施主要是强调末端治理。至于如何在经济发展的源头来控制和防止环境污染，以及怎样才能将经济发展与环境保护联系起来，当时对这些问题的认识尚显不足。

第三阶段：20 世纪 90 年代至今，可持续发展战略的提出并深入发展。1992 年联合国环境与发展大会强调，环境保护必须从改变发展模式做起，并要将其与经济发展联系起来。受其影响，我国政府加大了资源和环境保护工作的力度。一方面，加强了对资源和环境保护的领导。在机构设置上，从刚开始的城乡建设部的一个局升格到现在的环境保护部，由此可见一斑；另一方面，加快了在环境与资源保护方面的立法步伐。2000 年以后，我国相继有《中华人民共和国清洁生产促进法》、《中华人民共和国环境影响评价法》、《中华人民共和国可再生能源法》、《中华人民共和国循环经济促进法》、《中华人民共和国海岛保护法》五部新法律出台。在环境治理措施方面，逐步认识到末端治理的弊端，开始采用清洁生产、循环经济等综合治理手段。2004 年 3 月 10 日，胡锦涛总书记在中央人口资源环境工作座谈会上的讲话指出，“要彻底改变以牺牲环境、破坏资源为代价的粗放型增长方式，不能以牺牲环境为代价去换取一时的经济增长”，指明了我国发展战略的调整方向。随着可持续发展思想上升为基本国策，中国的环境和资源保护工作焕发出空前的生机与活力。

（二）当代中国面临的环境与资源短缺现状

中国的可持续发展面临着一个窘迫的现状：一方面，中国政府在推进可持续发展方面的努力受到世人高度关注；另一方面，中国的资源短缺与环境污染的问题并没有得到显著改善。

1. 资源短缺

一般来说，自然资源主要可以分为矿物资源、水资源、动植物资源和土地资源四大类。目前，就中国的自然资源状况而言，短缺现象严重。

第一，水资源短缺。中国是一个淡水资源严重缺乏的国家。正如有关部门负责人在 2011 年 3 月 22 日的“世界水日”宣传活动中指出，“十一五”时期以来，我国城市化进入加速时期，城市生活用水量不断增加，年均增长达到 2. 8%，在用水总量中所占比重不断提高。目前，我国人均水资源量仅为世界平均水平的 28%，正常年份全国年缺水量 500 多亿立方米，近 2/3 的城市不同程度存在缺水，地下水超采区面积达 19 万平方公里，水功能区达标率仅42%。[①]

第二，耕地严重不足。国家统计局2009年的统计资料表明，我国耕地仅为12172万公顷，只占国土面积的12.68%。人均耕地面积仅有1.4亩左右，相当于世界平均水平的42%。中国用世界上7%的耕地养活了世界20%的人口。[②] 随着工业化、城市化的加快，耕地紧张的问题将越来越突出。这将直接影响我国农业生产的发展和粮食安全。

第三，矿产资源较为贫乏。我国矿产资源总量较为丰富，但人均占有量仅为世界人均的58%，且大宗支柱性矿产保有储量较低。森林资源总量不足。我国森林覆盖率只有全球平均水平的2/3，排在世界第139位。森林资源质量不高。乔木林每公顷蓄积量85.88立方米，只有世界平均水平的78%，人工乔木林每公顷蓄积量仅49.01立方米。[③]

由此可见，中国经济社会发展所面临的资源短缺问题非常严峻。与此同时，随着工业化和城市化的发展，中国社会对资源的需求却越来越大，由于资源的无序开采，导致资源消耗现象严重。据统计，2010年，全年总用水量5990亿立方米，比上年增加0.4%。其中，生活用水增加2.9%，工业用水增加1.4%，农业用水减少0.6%，生态补水增加6.8%。全年能源消费总量32.5亿吨标准煤，比上年增长5.9%。煤炭消费量增长5.3%；原油消费量增长12.9%；天然气消费量增长18.2%；电力消费量增长13.1%。[④] 显然，资源短缺将成为制约我国可持续发展的一个越来越紧迫而尖锐的问题。

2. 环境恶化

中国的生态环境承载着空前庞大的人口压力，加上历史欠账、人为破坏等因素，当前环境污染相当严重。

第一，大气污染严重。在城市空气质量调查中发现，在监测的612个城市中，有17.6%的城市仅达到三级及其以下水平。在监测的327个城

---

① 《目前中国人均水资源量仅为世界平均水平的28%》（http://www.587766.com/news5/23704.html）。

② 国家统计局：《中华人民共和国统计年鉴（2009）》。

③ 刘羊旸、张辛欣：《我国人均森林面积不足世界人均占有量的1/4》（http://www.ce.cn/cysc/newmain/jdpd/hb/200911/17/t20091117_19920960.shtml）。

④ 国家统计局：《中华人民共和国2010年国民经济和社会发展统计公报》（http://www.stats.gov.cn/tjgb/ndtjgb/qgndtjgb/t20110228_402705692.htm）。

市中，轻度污染的占23.9%，中度污染的占1.2%。污染形成的酸雨区面积已占国土面积的30%。

第二，水土流失严重。2005年国家环境保护总局的资料显示，全国水土流失面积已达到3.6亿公顷，约占国土面积的38%，并且仍在继续增加。与此同时，土地荒漠化和沙化严重。截至2004年，全国荒漠化土地面积为263.62万平方公里，占国土总面积的27.46%；全国沙化土地面积为173.97万平方公里，占国土总面积的18.12%。全国90%以上的天然草原不同程度地退化，草原退化、沙化和碱化的面积达1.35亿公顷，占草原总面积的1/3，并仍以每年200万公顷的速度增加。

第三，工业污染严重。据《第一次全国污染源普查公报》统计，2009年度，我国各类废水排放总量2092.81亿吨，废气排放总量637203.69亿立方米。全国七大水系的408个水质监测断面中，劣Ⅴ类水质断面比例占18.4%。近岸海域299个海水水质监测点中，四类、劣四类海水占21.1%。全国七大水系近一半河段严重污染，全国75%的湖泊出现了不同程度的富营养化，大气环境处于严重污染水平。①

有关研究显示，今后20年环境污染持续恶化必然成为制约中国经济可持续发展最大的“硬约束”。因此，如何处理好经济发展与环境保护的关系将是中国长期面临的问题。

（三）对当代中国遭遇的环境资源问题的成因分析

我国提出并实施可持续发展战略多年，但收效不尽如人意。造成这种状况的原因是多方面的，归结起来，主要表现为以下方面。

1. 发展观偏差

由于受人口多、底子薄、科技落后等方面的国情的影响，我国在改革开放初期选择的片面追求增长速度的粗放型经济增长道路。应该承认，在这种传统发展观的主导下，我国经济得到了快速发展。然而，传统的经济发展观存在一个误区，即把经济发展与生态保护对立起来，并且将经济发展凌驾于资源与环境保护之上。受此影响，许多人想当然地认为，只有将“经济蛋糕”做大，才能够有足够的资金去治理环境。于是乎，“先发展、

① 《统计局发布2009年国民经济和社会发展统计公报》（http://www.gov.cn/gzdt/2010-02/25/content_1541240.htm）。

后保护”成为一些地方政府的行动理念。为了追求高增长，一些地方对自然资源进行了掠夺式的开发，以牺牲环境为代价的经济发展成为一种普遍现象。

实践证明，随着经济的发展，这种以“高消耗、高能耗、高污染和低效率”为特征的粗放型增长方式，已经成为阻碍中国经济可持续发展的严重障碍。我们必须真正贯彻落实科学发展观，在经济发展与生态保护两者之间建立一种良性互动的关系，既要把资源和环境保护作为发展经济的前提和基础，为经济的长期可持续发展提供良好的条件；又要通过经济发展增加对环保的投入，提高环保水平和资源利用水平，从而从根本上改善当前尖锐的资源和环境问题，形成经济发展与资源、环境保护协调发展。

2. 科技创新能力不足

科技创新可以通过提高资源利用率，降低物耗和能耗，缓解资源和环境对经济增长的制约，因而为建设资源节约型、环境友好型社会提供重要支撑。然而，当代中国科技创新能力不足阻碍了经济转型的步伐。究其原因，除了存在科技投入严重不足等制约因素以外，激励机制不健全也是造成我国科技创新能力不强的重要原因。在现阶段，我国企业自主创新的意愿不强，因为转轨时期“政策寻租”的空间仍较大，依靠某些政策或其他要素获得的超常规发展机遇，要比依靠创新来得容易，这导致企业谋求自主创新的动力远远低于模仿、假冒的动力。克服这一弊端，最根本的途径就是通过科技体制改革，建立以企业为主体、市场为导向、产学研相结合的技术创新体系，使企业真正成为研究开发和投入的主体、技术创新活动和创新成果应用的主体。同时，要努力加强和完善知识产权制度，保护创新者的利益和积极性，积极引导和鼓励企业增加创新投入，全方位支持企业参与竞争。

3. 制度缺位

作为后发落后国家，在实施可持续发展战略过程中，技术模仿固然重要，而制度创新是使国家经济持续发展的动力源泉。就此而论，影响当代中国可持续发展战略实施的深层次原因在于资源和环境保护的制度缺位。

第一，资源约束制度缺位。合理开发与利用资源，需要政府的规划和管理，也需要发挥市场调节机制的作用。运用价格手段合理配置资源，是抑制高耗能产业、促进新能源技术进步的最有效的手段。然而，我国能源价格失真阻碍了市场配置资源的程度。一方面，当前中国的矿产资源、土地等生产要素和资源产品的价格，长期受到国家管制，严重偏低，使生产要素和资源产品价格不能反映市场供求状况和资源的稀缺程度；另一方面，中国的市场价格形成机制仍不健全，导致价格失真。根据发展经济学的一般常识，当市场价格偏离了稀缺性物质的价值时，私人机构会以此价格作出决策，使其利润达到最大，从而给他人和整个社会造成没有赔偿的损失。例如，长期以来，土地、资源和资金等要素的虚假低成本，鼓励了企业过度投资和忽视效益的倾向，误导了投资和消费，可以说，这是形成高消耗、高污染、低效率增长方式的重要诱因。

第二，环境保护制度缺位。回顾中国环境可持续发展的历程可以看出，尽管在环境保护上一直注重法律、制度建设，但有法不依、违法难究的现象还是时有发生。究其原因，主要是相关实施细则不完善。环境保护作为我国的基本国策，单单依靠一部概念性、框架性的法律是无法得到很好的贯彻的。后续的相关实施细则与其他法律、法规也必须不断地完善，方能有效实现制定法律制度的初衷。例如，虽然我国资源严重短缺，但在制度上没有建立相应的惩罚机制以引导人们节约资源和保护环境。在我国有些地区水资源无偿使用或低价使用的现象极为普遍，节水却看不见任何好处，价格机制在这里起不到应有的约束作用。因此，改革和完善市场价格机制，加快反映资源和环境成本的能源价格改革，发挥市场经济在优化资源配置、激励经济效率等方面的长处，通过有效的制度来减少和防止环境外部性现象的产生及“搭便车”行为的出现，是实现可持续发展的一个重要课题。

4. 发达国家生态殖民

一般而言，在环境问题上，发展中国家同发达国家相比处于不利的地位，存在着环境依附现象：发达国家在其早先的发展过程中，造成了诸如大气污染、臭氧层破坏等全球环境问题，使发展中国家也深受其害。由于在环境意识、技术、投入、立法等方面的有利条件，发达国家曾十分严重的环境问题目前已得到基本控制，而发展中国家则因环境意识差、技术水平低、环保资金匮乏及环保立法滞后等原因，环境问题日益严重；发达国家的国际贸易保护主义者以保护环境的名义，通过设定发展中国家难以实现的环境标准，以抵制从发展中国家进口商品。此外，发达国家的一些企业将资源消耗大、环境污染重的产品生产基地迁移到发展中国家，对发展中国家的环境造成破坏；发达国家向发展中国家出口生产、生活垃圾以转移污染的事件也时有发生。[①]

实际上，西方国家对我国的生态殖民现象也在不同程度上存在，其中以下两点尤为突出：

第一，通过贸易输出的方式转移“洋垃圾”。近年来，来自境外危险废物入境数量巨大、增速惊人。我国目前已成为世界头号废品出口目的国，累计进口废物超过数亿吨，“洋垃圾”带来的环境问题日益突出，广东贵屿镇、浙江台州地区等是我国主要的洋垃圾集散处理地。这些危险废物既有废旧船舶、汽车、电器等工业垃圾，也有旧服装、旧磁带等生活垃圾。“洋垃圾”处理成本高，环境危害大，甚至还会带来病虫害和传染病，严重影响了我国人民的生存环境和身体健康。

第二，通过转移污染产业的方式转嫁环境压力。西方发达国家的一些高污染、高耗能产业，由于其国内严格的环境标准和高昂的环保税费而无法立足，于是趁着各种机会纷纷转移到中国。20 世纪 80 年代后期，我国从发达国家引进了大量的冰箱生产线，实际上是发达国家必须淘汰的生产线。尽管部分制冷行业和气溶胶行业的大型外商投资企业在国际市场的压力下，已开始注意保护臭氧层问题，有些企业在采用替代品方面取得了明显的成绩，但许多中小外商投资企业对保护臭氧层不重视，措施不力。[②]我国第三次工业普查资料表明，外商投资于严重污染密集产业的企业有 7487 家，工业总产值达 1984.4 亿元，从业人员 118.6 万人。2004 年外商投资中国资产比重最高的 20 个行业基本上全部是制造业，且一半以上为制造业的污染密集型产业。[③] 这些产业不仅对中国环境和消费者造成了严重损害，也影响了中国可持续发展战略的实施。

（四）实现当代中国可持续发展战略的基本路径

中国作为一个发展中的大国，正处于工业化和城市化加速发展阶段，处于经济增长和环境保护矛盾十分突出的时期。我们必须根据科学发展观

① 孙来斌、颜鹏飞：《依附论的历史演变及当代意蕴》，《马克思主义研究》2005 年第 4 期。

② 张燕文：《外商直接投资中的环境负效应与消解》，《求索》2006 年第 7 期。

③ 刘新英：《我国引进外商直接投资中的环境污染特征与对策》，《经济纵横》2007 年第 5 期。

的要求，切实保护环境与资源，努力实现人口与环境协调发展。

1. 树立循环经济的发展理念

随着人类需要的不断增长，资源稀缺性问题日益突出。不论一次性消耗资源的配置结构多么合理，利用效率多么高，总是用一点就少一点，最终难免用完。因此，传统经济不可能从根本上解决资源稀缺性问题。与此不同，循环经济是基于生态经济原理和系统集成战略的减物质化经济模式，其“资源—产品—废弃物—再生资源”的反馈式循环过程，可以更有效地利用资源和保护生态环境，以尽可能小的资源消耗和生态环境成本，获得尽可能大的经济效益和社会效益，从而使经济系统与自然生态系统的物质循环过程相互和谐，促进资源永续利用。当前，发达国家的循环经济不仅促进了资源与环境保护，而且成为经济发展的助推器。面对国内日益严峻的资源短缺、生态环境恶化的形势，面对经济全球化下激烈的国际竞争和发达国家的污染产业转移，发展循环经济和建设资源节约型社会对维护我国资源生态环境安全具有重要的意义。今后，我们应该不仅可以在企业层面积极推行清洁生产，而且可以在工业集中区建立生态园区。当然，由于当前我国面临的资源与环境问题非常复杂，一些地方实行循环经济的条件显得还不够成熟，具体的措施和方法手段也相当有限。然而，循环经济毕竟是实现可持续发展的理想模式，只有沿着循环经济的道路走下去，才能很好地解决资源枯竭与环境污染问题。

2. 建立绿色 GDP 指标体系

长期以来，GDP 的增长率被作为评估地方官员政绩的一项重要的标准，导致一些地方为追求一时的经济发展速度，盲目上项目、办企业、搞投资，结果造成不少低水平重复建设。还有少数干部为追求任内政绩，不顾本地经济社会发展实际和资源、环境的承受能力，大搞五花八门的形象工程、政绩工程，结果加剧了人口、资源、环境的矛盾。

转变经济发展方式，首先要转变领导干部业绩考核和评价机制，应该将绿色 GDP 纳入其中作为重要考核指标。绿色 GDP 指在通常的 GDP 指标中，扣除自然资产损失即扣除生态成本之后形成的真实的国民财富。这个指标，实质上代表了国民经济增长的净正效应。实施绿色 GDP 指标体系，对我国具有重要的意义：其一，有利于科学地评价我国的综合发展水平。通过对环境污染和生态破坏的准确计量，我们就能知道为了取得一定的经济发展成就而付出了多大的环境代价，从而可以使我们客观和冷静地看待所取得的成就，及时采取措施降低环境损失。其二，可以为干部政绩考核提供新的评价标准。培养官员树立绿色 GDP 观念，不仅仅是一个技术性、指标性的问题，它可以在一定程度上纠正某些官员片面追求经济增长的错误认识。其三，有利于促进政府转变职能。绿色 GDP 作为关系到一个地区综合发展水平的公共信息，必将促进政府更加关注本地的宏观发展战略，使政府从热衷于具体项目管理转向做好发展规划和创造更好的发展环境上来。尽管实施绿色 GDP 核算体系，面临着技术和观念上的一些难题。但是，为了实现可持续发展，必须尽快建立起这一核算体系。

3. 完善促进可持续发展的制度体系

制度是社会利益关系的固定化和规范化。从制约中国经济增长方式转变的因素看，随着中国经济发展水平和技术应用程度的提高，制度创新对转变经济增长方式意义日益凸显。建立与完善促进可持续发展战略有效实施的制度体系，是落实科学发展观、实现我国可持续发展的重要保证。

第一，应建立与国际惯例接轨的环境技术标准和认证体系。要认真研究 WTO 规则和 TBT、SPS 等协议的具体规定，在国际贸易中积极争取对发展中国家的优惠政策为我所用，根据发展中国家例外原则和非歧视原则据理力争，寻求与发达国家谈判、协调的有利空间，并要求其履行在环境治理方面提供经济、技术援助和优惠转让技术的承诺。与其他发展中国家团结一致，在 WTO 和有关国际贸易、环境组织及会议中，积极争取和维护自己的生存权和发展权，使国际贸易体系向平等、公正的方向发展。①同时，由于我国的环境技术标准和生态认证体系总体上落后于发达国家，对此要从发展战略上进行跟踪研究，逐步建立起与国际惯例接轨的环境技术标准和认证体系。

第二，应建立健全与社会主义市场经济相适应的资源与环境保护制度法规体系。在市场经济条件下，政府如何有效地控制市场主体“负外部性”效应、克服可持续发展的各种内部障碍，是值得认真研究的大问题。具体而论，首先，要建立和完善自然资源的产权制度。为了抑制自然资源利用与开发中的市场失灵，首先要建立自然资源的产权制度，形成排他性的明晰产权机制，建立有效的使用、补偿和责任承担机制。其次，建立和

① 郭丽：《环境成本内在化对发展中国家的影响及对策》，《经济研究导刊》2007 年第 2 期。

完善生态环境保护的法律制度。在法制制度安排中优先将人口控制、污染防治、资源保护、清洁生产、综合利用等内容纳入可持续发展的法律体系之中，完成制定新法、修订原法并与国际条约相配套。此外，在强化可持续发展的制度激励和约束作用、加强和完善促进资源节约和环境保护的实施机制等方面，也有许多工作要做。

4. 倡导低碳生活方式

人类启动现代化进程以来，以大量矿石能源消耗和大量碳排放为标志的工业化过程，让追逐现代化的所有国家长期习惯于高碳生产方式和生活方式。人类要彻底解决不可持续发展困境，必须从根本上改变传统的“高消费、高浪费”的高碳生活方式，积极倡导适度消费的新观念和符合人与自然和谐相处的低碳生活方式。

倡导低碳生活方式，就是提倡大家从自己的生活习惯做起，在生活作息中要尽力控制或者减少所耗用的能量，从而减低全球二氧化碳的排放量。低碳生活方式是我们实施可持续发展战略的必然选择。然而，在现实生活中，要真正将低碳生活进行到底并非易事。从国家层面来看，如何化解短期利益与长远利益的矛盾、国家利益与全球利益的隔阂、行业经济利益与整体经济利益的冲突，是一个艰难的过程，需要世界各国共同努力。从个人层面来看，选择低碳生活方式，很可能会降低人们好不容易提升起来的生活水平，给人们带来一些生活上的不便。例如，人们在经济条件许可的情况下往往希望以车代步，希望通过购买汽车甚至排量更大、性能更好的汽车来改善自己的出行条件，而这显然与低碳生活的要求不相符合。从节约资源、减少碳排放、增进环保等角度看，实现低碳生活不仅是件大事，也是件好事。为了人类的可持续发展，我们不得不改变某些生活习惯。

结语

世界现代化进程中的中国模式

发展与现代化问题，是长期困扰人类的历史问题，也是当今世界普遍关心的时代课题。不论人们主观意愿如何，每个国家和民族都会或快或慢、或主动或被动地踏上现代化之旅。但是，不同的起点条件、启动时机、主动程度、发展速度，往往会形成不同的现代化模式，并导致不同的发展结果。中国这个世界现代化进程中的迟到者，在久经历史磨难之后，终于在20世纪70年代末踏上了世界现代化的高速列车，并逐渐形成了具有自己特色的社会主义现代化模式。这一模式的形成，对于世界现代化进程具有重要意义。

一 世界现代化历史进程中的中国现代化模式变迁

世界现代化的发展经历了一个历史进程。在世界现代化浪潮的冲击下，在东西方的碰撞、互动过程中，中国先后尝试了不同的现代化模式，但结果总是与现代化失之交臂，“百年的变革始终在抄袭外国和回归传统之间摇摆，时断时续，杂乱无章，不论在理论上和实践上都没有找到有中国特色的发展模式”①。新中国成立后，中国才开始在真正意义上自觉探索自己的发展模式，并最终在改革开放的伟大变革中找到适合自己国情的现代化模式。

（一）世界现代化的历史进程

根据学术界的有关成果②，结合我们自己的一点理解，可将世界现代

① 罗荣渠：《现代化新论》（增订版），商务印书馆2004年版，第358页。

② 在这方面，原北京大学世界现代化研究中心主任罗荣渠先生的观点具有代表性，他曾经将世界现代化进程划分为三阶段（参见罗荣渠《论现代化的世界进程》，《中国社会科学》1990年第5期）。此外，北京大学孙立平则做出了四阶段的划分（参见薛民《学术界关于现代化研究综述》，《学术月刊》1994年第3期）。

化进程大体分为以下历史阶段：

1. 16—17 世纪，西欧资本主义现代化准备时期

英国作为这一时期的代表，开始了从传统社会进入现代社会的准备。圈地运动、商业革命、海外扩张、政治革命等拉开了英国现代化的历史序幕。马克思、恩格斯曾经这样评价商业革命、海外扩张的历史作用："美洲的发现、绕过非洲的航行，给新兴的资产阶级开辟了新天地。东印度和中国的市场、美洲的殖民化、对殖民地的贸易、交换手段和一般商品的增加，使商业、航海业和工业空前高涨，因而使正在崩溃的封建社会内部的革命因素迅速发展。"①

2. 18 世纪中后期，以欧美资本主义先发现代化为标志的第一次现代化浪潮

在前一阶段的基础上，英国率先通过工业革命实现现代化的腾飞。工业革命是世界现代化发展最大的分水岭，标志着西欧资本主义对封建主义的决定性胜利，引导人类社会从农耕文明进入工业文明时代。在英国的影响和带动下，法国、德国、美国等欧美国家先后走上现代化道路。这类现代化道路被称为内源的现代化或先发现代化，其动力主要来自社会自身力量产生的内部创新，外来影响居于次要地位。

3. 19 世纪中后期，以东方资本主义后发现代化为标志的第二次现代化浪潮

在西方资本主义现代化浪潮的推动之下，日本、俄国等东方国家通过社会革新追求现代化发展。日本的明治维新、俄国的农奴制改革成为其中的标志性事件，日本是东方各国甚至也是非西方世界最早取得现代化成功的特例。这类现代化道路，被称为外源的或后发的现代化。它一般是在外来的异质文明的冲击下激发而来，由于外部因素的作用超过了内部因素，各种社会矛盾和冲突在短时间内释放，易造成现代化的"断裂"现象。②

4. 20 世纪初期，以苏联社会主义后发现代化为标志的第三次现代化浪潮

1917 年十月革命的胜利，标志着苏俄以特殊的方式跨越了资本主义发达阶段，走上了一条社会主义的现代化发展之路。处于资本主义包围之

① 《马克思恩格斯选集》第 1 卷，人民出版社 1995 年版，第 273 页。

② 参见罗荣渠《现代化新论》（增订版），商务印书馆 2004 年版，第 132 页。

中的苏联，在短短几十年的时间内就从落后的农业国发展成为比较先进的工业大国，创造了世界现代化史上的一大奇迹。原西德《世界报》曾刊文指出："西方几乎花了二百年的时光才做到的事情……在俄国几十年不长的时间里用残酷的办法、坚定的意志实现了，总而言之，这是现代史中的最伟大的经济和社会改革。"① 十月革命开创的社会主义现代化道路，打破了所谓"现代化就是西方化、就是资本主义化"的思维定式。

5. 二战结束到现在，以现代化模式多样化为特征的第四次现代化浪潮

二战改变了战前旧的世界政治经济格局，民族独立和民族解放运动成为战后世界政治经济发展的主要潮流。到20世纪50年代中期，一大批亚洲、非洲、拉美的原殖民地国家成功摆脱了殖民统治，纷纷宣告独立。如何尽快改变落后面貌，加快经济发展步伐，是这些国家面临的共同任务。觉醒的发展意识和强烈的发展要求，成为这些国家现代化的主动力，并由此推动了拉美模式、东亚模式、中国模式等多种现代化模式的形成。

（二）中国现代化的模式选择

中国作为唯一保持文明连续性的文明古国，在走向现代文明的过程中却步履蹒跚。

在历史上很长一段时期，中国是世界上经济最发达、综合国力最强的国家之一。直到1500年，中国经济总量还远远领先于其他经济体。此后的300年，世界现代化萌动，中国则由于各种原因失去了与世界现代化同时起步的战略机遇，被西欧赶超。

当英、美等国进入资本主义现代化发展的黄金期时，清王朝还沉浸在天朝之国的迷梦之中，中国经济也步入持续衰落阶段，并由此导致落后挨打。马克思评价说："满族王朝的声威一遇到英国的枪炮就扫地以尽，天朝帝国万世长存的迷信破了产，野蛮的、闭关自守的、与文明世界隔绝的状态被打破，开始同外界发生联系。"② 中国在帝国主义列强坚船利炮的威逼下，被动地卷入世界现代化进程；而以英国为首的帝国主义国家则通

---

① ［苏］罗·亚·麦德维杰夫：《让历史来审判》，赵洵、林英译，人民出版社1981年版，第955页。

② 《马克思恩格斯选集》第1卷，人民出版社1995年版，第691页。

过血腥的军事掠夺、野蛮的鸦片贸易，从中国攫取大量财富。可以说，在第一次世界现代化浪潮中，中国被迫成为向西方资本主义先发现代化中心输血的外围地区。

落后挨打的现实，让一部分先进的中国人开始睁开眼睛看世界。同时，日本作为一个东方国家成功走向现代化的先例，也让许多中国人看到了现代化的希望。鸦片战争之后，在内忧外患的双重压力下，清政府中的改革派与地方实力派结合，尝试“中学为体、西学为用”，力图“师夷长技以制夷”，掀起了一次自上而下的自强运动。但这次现代化运动由于中国在甲午战争的失败而遭挫。甲午战争之后，中国又先后经历维新运动、立宪运动。但是，由于制度和传统等的束缚，这些尝试先后以失败而告终。在此前后，日本、沙俄等国胁迫清政府签订一系列不平等条约。这表明：在第二次世界现代化浪潮中，仿效日本式的资本主义君主立宪制模式的做法遭到失败，中国不仅没有抓住这次现代化的机遇，反而又进一步成为东方资本主义国家的掠夺对象，为这些国家的现代化提供原始资本。

改良主义的道路走不通，于是乎人们转而寄希望于资产阶级革命。1911 年的辛亥革命，是近代中国比较完全意义上的一次资产阶级民主革命。这次革命，推翻了清王朝的统治，宣告 2000 多年“王朝循环”的结束，同时也宣告中国现代化运动初始阶段的结束。但是，辛亥革命没有使中国实现真正的民主政治和民族独立，没有改变中国半殖民地半封建的社会性质，也没有使中国真正走上现代化发展之路。

从 1911 年至 1949 年，仿效欧美式的资本主义共和制模式在中国占据重要地位。但是，由于长期处于权威失落、地方割据和社会失序的局面，加之遭受帝国主义列强的进一步掠夺、长达近 40 年连绵不断的战争磨难，此间中国的现代化实际上是在战争的夹缝中时断时续地进行的、处于资本主义世界体系外围的一种发展模式。

值得注意的是，在此期间，苏联社会主义现代化道路对中国产生了巨大的影响。正当中国人民为找不到现代化出路而苦闷的时候，十月革命的胜利给中国人民带来了巨大的鼓舞。走俄国人的路，这就是当时中国先进知识分子的结论。

1949 年新中国的成立和社会主义制度的建立，翻开了中国现代化发展的新篇章，中国人民最终在中国共产党的领导下找到了实现现代化梦想的正确途径。正如美国学者莫里斯 · 梅斯纳所说：“中国共产党人在 10

月1日所庆祝的革命，其意义不亚于1789年法国大革命和1917年俄国十月革命。其政治摧毁的范围不小于那两场革命，在为社会发展的空前新进程而开辟道路方面，其重要性不亚于那两场革命；其世界范围的影响也不小于那两场革命。”① 但是，社会主义制度的建立只是为社会主义现代化建设提供了政治前提，对于中国这样一个经济文化落后的国家而言，在跨越资本主义充分发展阶段以后，面临着如何尽快提高生产力水平以与先进的社会主义生产关系相适应，如何发展社会主义文化以与社会主义现代化建设相适应等一系列新的高难度课题。从1949年到1956年，基本上是仿效苏联模式。1956年以后，毛泽东对这些难题进行了新探索，提出要“以苏为鉴”，走中国自己的路，取得一些积极的理论成果。但是，他也受到了斯大林超越发展阶段、急于向共产主义过渡的思想的影响，犯了“左”倾错误。毛泽东对这一错误后来虽有所认识，但由于各种因素的影响，没有彻底纠正这一错误，最后又发动了“文化大革命”，严重偏离了正确的现代化道路。

在世界现代化进程呈现模式多样化的时期，上述波折不禁让人们对中国现代化的前途命运深感忧虑：现代化发展的机遇会不会再次与中国擦肩而过？

十一届三中全会以来，以邓小平、江泽民、胡锦涛为代表的当代中国共产党人，把马克思主义普遍真理与中国的具体实际相结合，继承前人探索的积极成果，科学总结我国和世界上其他国家现代化发展的历史经验，在领导我国人民进行改革开放和社会主义现代化建设的实践中，开辟了中国特色社会主义道路，形成了中国特色社会主义理论体系，确立了中国特色社会主义制度，为解决经济文化落后国家如何进行社会主义现代化建设提供了初步的答案。实践表明，中国在根本制度框架内成功进行了一次独特的现代化模式转换，基本实现了从封闭半封闭向全方位开放、从高度集中的计划体制向充满活力的社会主义市场经济体制的现代转型；中国终于在世界第四次现代化浪潮中抓住了历史的机遇，以实实在在的发展成就表明中国特色社会主义道路的正确性，在各种现代化模式的竞争与比较中以鲜明、绚丽的中国特色令世人瞩目。

---

① ［美］莫里斯·梅斯纳：《毛泽东的中国及其发展》，张瑛等译，社会科学文献出版社1992年版，序言第3页。

二　世界现代化模式系列中的中国模式及其基本特点

20 世纪 80 年代末以来，世界现代化进程经历一系列重大事件：苏东剧变，苏联社会主义现代化模式遭受严重失利；拉美、东南亚等地发生金融危机，拉美模式、东南亚模式引起反思；许多发达国家不同程度发生再发展危机，传统发展和现代化理论的解释力遭到质疑。相比之下，中国却通过改革开放保持了经济的高速增长、社会的持续稳定。中国的发展吸引了世界的眼光，中国的发展道路被世人称为“中国模式”，并引起广泛讨论。那么，同其他现代化模式相比，中国模式到底是怎样一种模式呢？在我们看来，它的基本特点主要有①：

（一）中国模式是一种后发追赶型模式

同其他发展中国家一样，中国作为工业化与现代化的后来者，其现代化模式是一种外源的、后发的现代化发展模式。与欧美资本主义先发现代化国家相比，中国有效启动的现代化进程落后一二百年。因此，尽快改变其落后面貌、以期缩短与发达国家之间的发展差距，是中国现代化发展的当务之急。

20 世纪 80 年代以来，国际经济形势出现了一些新的变化：经济全球化进程加快，科学技术发展迅猛，经济社会信息化已成趋势，国际经济竞争日趋激烈。发达国家由于较早实现工业化而在世界现代化发展中抢得先机并占据有利地位，在全球信息化趋势呈现的时候，它们又利用良好的工业化基础开始了新的国际领先地位的角逐。国际经济竞争的现实表明，我们要发展，人家也不会睡大觉。如果在发展速度上亦步亦趋，原有的发展差距不仅不会缩小，相反会越拉越大，那就永远无法改变劣势地位。因此，“我们只有加快发展，才能增强国家的综合国力，才能在风云变幻的国际局势中处于主动地位，立于不败之地”。② 这就要求我们，既要继续

① 对于这个问题，无疑可以从多视角、多维度来回答。此外，中国模式还处于继续生长期，除了本书概括的六个方面以外，注重科学发展、追求社会和谐等方面，也正日益成为其重要特征。限于篇幅，本书对此不作展开。

② 中共中央文献研究室编：《江泽民论有中国特色社会主义（专题摘编）》，中央文献出版社 2002 年版，第 91 页。

完成别的国家早已完成的工业化任务，又要在新的信息化国际竞争中立足，不至于继续拉大发展差距，就必须走一条工业化与信息化同时并举、良性互动、跨越发展的新型工业化、现代化发展路径，在发展速度上就不能慢慢悠悠，而必须急赶紧追。

马克思晚年曾经指出，在世界市场形成并不断扩大化的情况下，落后国家不必重复发达国家经历的所有发展阶段，有可能以较小的代价取得发达国家用较大的代价取得的发展成就。当代中国共产党人深刻认识到：经济全球化固然给我们带来严峻的挑战，但它也是“社会生产力发展的客观要求和必然结果，有利于生产要素在全球范围内的优化配置，带来了新的发展机遇”①。它彰显了落后国家的后发优势，为我们学习国外先进科技和发展经验、利用外部资源提供了有利条件。

在新的历史条件下，中国共产党人励精图治，聚精会神搞建设，一心一意谋发展。改革开放以来中国经济社会发展的巨大成就充分表明：“新时期最显著的成就是快速发展。”压缩发展时间、争取发展优势、缩小发展差距，后发式、追赶型，可谓中国模式的显著特点。

（二）中国模式是一种社会主义发展模式

二战以后，发展中国家的发展意识纷纷觉醒，开始探索自己的现代化道路。但是，其中的大多数，在资本主义经济全球化的影响下被纳入资本主义世界体系，实际上走的是一条资本主义后发现代化道路。但是，从这些国家的经济社会发展情况来看，除少数国家成为新兴工业化国家以外，大多数国家并没有因此走上真正的现代化发展之路，甚至仍然徘徊在落后的边缘，与发达国家的差距越拉越大。如何走出一条真正的自主发展之路，仍然是这些国家的人民苦苦探索的重大难题。

与大多数发展中国家不同，中国选择的是一条社会主义现代化发展道路。虽然我们通过改革开放借鉴了西方社会创造的一些文明成果，中国模式也因此具有很大的包容性，但是在坚持公有制的主体地位、坚持人民当家作主的国家性质、坚持共产党的领导地位、坚持共同富裕的奋斗目标等根本问题上，我们毫不动摇。正因为如此，中国模式同一些发展中国家选

① 中共中央文献研究室编：《江泽民论有中国特色社会主义（专题摘编）》，中央文献出版社2002年版，第519页。

择的新自由主义模式存在根本区别。事实上，以绝对自由化、全面私有化、完全市场化等主张著称的新自由主义在全球泛滥，给许多发展中国家带来严重灾难；也正因为如此，中国模式同某些人鼓吹的民主社会主义模式存在本质区别，这种区别体现在指导思想、所有制主张、奋斗目标等多个方面。人们只要注意到这些本质区别，就不会“把虚假的表面现象当作实质或某种重要的东西”①。

总之，作为一种社会主义发展模式，中国模式与一些资本主义发展模式相比，具有自己的优点：与欧美模式相比，显示出蓬勃的生命力和很强的可成长性；与拉美模式相比，显现出发展的人本性和社会的稳定性；与印度模式相比，显示出高速经济增长的持续性和发展的全面性。有国外学者认为，中国模式和印度模式具有很强的可比性：它们位于同一个地区，同样人口众多；在二战结束后，两国在经济和社会领域的局面非常相似。然而，两国却在沿着两条完全不同的道路发展，而不同道路的选择导致了完全不同的结果。在经济增长、减少贫困、社会发展（如人均寿命、识字率、电话和互联网普及率、体育运动水平）等方面，中国的表现都远远好于印度。②

（三）中国模式是一种稳定有序、渐进式改革的模式

中国模式是一种社会主义发展模式，但绝非传统的苏联社会主义模式，而是一种充满着改革和创新意识的社会主义发展模式。

恩格斯曾经指出：“所谓‘社会主义社会’不是一种一成不变的东西，而应当和任何其他社会制度一样，把它看成是经常变化和改革的社会。”③ 列宁在领导俄国社会主义建设的实践当中，也深刻认识到：“只能根据经验来谈论社会主义”④，必须根据现实需要及时改变社会主义现代化建设中的一些具体做法。斯大林对这些思想未予重视，他长期坚持认为社会主义社会不存在矛盾，否认了社会主义改革的必要性。勃列日涅夫等人思想僵化，一再贻误改革时机。戈尔巴乔夫意识到苏联社会改革的必要

① 《列宁全集》第32卷，人民出版社1985年版，第45页。

② 参见马克·班德比特《中国和印度：哪个发展模式更成功?》，原载西班牙《起义报》2005年1月19日，转引自《参考消息》2005年2月19日。

③ 《马克思恩格斯选集》第4卷，人民出版社1995年版，第693页。

④ 《列宁全集》第34卷，人民出版社1985年版，第466页。

性，但是他以“人道的民主的社会主义”为指导思想，选择了一条不切实际的激进改革路径，结果将改革变成了“改向”，最终导致苏联解体。

邓小平在反思历史经验教训的基础上，在领导中国人民开创中国特色社会主义道路的过程中，找到了一条正确的改革路径。一方面，他强调：“不改革就没有出路，旧的那一套经过几十年的实践证明是不成功的”①；另一方面，他指出，必须坚持四项基本原则，改革胆子要大，但步子要稳，要“进行有计划、有步骤而又坚决彻底的改革”②。

同戈尔巴乔夫时期苏联激进式改革相比，中国的改革是一种稳定有序、渐进式的改革。美国《国际先驱论坛报》曾刊文说：中国的变革是大势所趋，但其变革方式很可能在很大程度上正像中国所进行的经济改革一样，是渐进、务实和累积式的，并吸取中外一切优秀思想和经验。③ 应该说，这是一种比较积极的评价。后发现代化道路一般会遭遇传统与现代、富裕与贫困、发展与秩序、解构与重建等一系列悖论，稍不注意就容易跌入“现代化陷阱”，并造成社会发展的断裂。中国走的是一条社会主义后发现代化道路，面对的情况更加复杂。我们最终在保持社会稳定的前提下，推动改革开放，正确处理改革、发展、稳定三者之间的关系，有效避免了社会发展的断裂。④

（四）中国模式是一种社会主义市场经济体制模式

在如何对待社会主义与市场经济的关系上，中国模式既不同于苏联社会主义模式，也不同于西方自由市场经济模式，同时也区别于国外市场社会主义模式。

传统社会主义观点认为，社会主义不存在商品和市场。苏联理论界认为，经济的发展主要靠国家计划这只“看得见的手”把经济引向预定的

---

① 《邓小平文选》第3卷，人民出版社1993年版，第237页。

② 《邓小平文选》第2卷，人民出版社1994年版，第333页。

③ 参见张维为《中国将以自己的方式变革》，《参考消息》2004年5月31日。

④ 近两年，胡锦涛主席在多个场合使用了“不折腾”一词。这种形象的口语化表达，吸引了海内外关注，并引起海内外媒体关于如何英译该词的讨论，并出现了“don't ado much more”、“no－z－to”、“no－z－turn”等英译表达。在这些表达中，我们对于“no－z－turn”最为欣赏。在我们看来，“不折腾”一词，实际上也是对我们党在正确处理改革、发展、稳定三者之间关系问题上取得经验的形象概括。海内外媒体如此重视对该词的英文翻译，从一个侧面表明世人对于中国模式这方面特征的关注和认可。

发展轨道。新中国成立初期我们仿效苏联模式，建立高度集中的计划经济体制，这种现代化模式的结果是票券经济、短缺经济。按西方古典自由主义经济学，经济发展主要靠市场这只“看不见的手”来配置资源，“管得最少的政府是最好的政府”。事实上，这种理论主张的局限性在现代西方经济危机面前暴露无遗。

与传统的苏联社会主义模式和西方自由主义模式相比，中国模式把市场经济和计划经济从社会制度中剥离出来，强调计划和市场都只是经济手段，资本主义可以用，社会主义也可以用；既强调市场导向的经济体制改革方向，同时也强调发挥计划的作用，注重加强和改善中央宏观调控；既强调市场经济本身不具有社会制度的属性，也注意到市场经济与不同的社会制度结合会显示出不同的特性。总之，中国的市场经济是社会主义制度保证下的市场经济，它把社会主义制度的优越性与市场经济资源配置的有效性结合了起来，从发展的实际效果看，具有很大的优越性。

中国的社会主义市场经济也不同于国外的市场社会主义。市场社会主义在大胆否定西方主流派市场经济理论赖以成立的制度假设、深刻批判资本主义市场经济的弊端以及积极探索社会主义新模式等方面，为中国社会主义市场理论提供了富于启迪的思想资料。但是，在对待公有制的态度、立论的理论基础以及主张的科学性和现实性等问题上，两者存在着本质区别。①

中国模式所彰显的社会主义市场经济体制新品质，在于既能发挥公有制的优越性以及市场机制高效率配置资源的优化性，又能克服各自的弊端。它所焕发的巨大制度潜能已被中国改革开放的成果所证实，并且已得到世界上许多有识之士的公允评价。1994 年，诺贝尔经济学奖获得者克莱因在“2000 年中国经济前景分析与预测”国际会议上指出：有些经济学家认为社会主义与市场经济是水火不相容的，但中国的实践证明，这二者是可以结合在一起的。世界上发展经济的模式很多，中国的社会主义市场经济的模式是成功的，沿着这个道路向前走，中国的经济会不断发展。②

---

① 孙来斌：《“跨越论”与落后国家经济发展道路》，武汉大学出版社 2006 年版，第 200—210 页。

② 参见颜鹏飞等《兼容理论：西方市场经济理论的新进展》，《经济评论》1998 年第 6 期。

（五）中国模式是一种自主发展的模式

面对汹涌澎湃的经济全球化浪潮，究竟应该采取什么态度、选择何种发展模式？这是后发国家不得不面对和回答的问题。拉美国家在这方面的经验教训，具有典型意义。在19世纪初的独立战争结束以后，拉美国家就开始探索自己的发展之路。但是，无论其发展模式如何演变，它们始终没有改变其对外依赖的局面。可以说，拉美的现代化之路集中体现了几乎所有发展中国家都无法摆脱的两难选择：依附与自主。[①] 面对这种情况，一些有识之士纷纷进行理论反思，依附理论就是其中的代表。一些依附论学者将理论批判的矛头直指西方思想界为落后国家提供的现代化理论样板，将其斥为最强烈的、最野蛮的思想干预之一；认为发达国家的发展是以牺牲不发达国家的政治经济独立和发展为代价的，而不发达则成为发达的代价；以弗兰克为代表的激进依附论提出，不发达国家要想改变其不发达的状况，就必须与发达国家“脱钩”（割断关联），否则不可能获得真正的发展。[②]

“依附”带来了发展，但是失去了自主，因而这种发展至多只能是依附性的发展，而不是真正的发展；“脱钩”虽然带来了自主，但实际上走向自我封闭，在经济全球化条件下它也不会给发展中国家带来真正的发展。“依附”或者“脱钩”，除了这两条道路，发展中国家难道真的别无选择？对于这一问题，当代中国共产党人紧密结合当今时代的世情和国情，在认真总结自己的历史经验教训、积极借鉴其他国家的发展经验、领导人民不懈探索的基础上，作了自己的回答：（1）“经验证明，关起门来搞建设是不能成功的，中国的发展离不开世界。”同时，“从世界的角度来看，中国的发展对世界和平和世界经济的发展有利。”[③]（2）我们是在落后的条件下搞社会主义现代化，“要向资本主义发达国家学习先进的科学、技术、经营管理方法以及

---

① 参见周穗明等《现代化：历史、理论与反思》，中国广播电视出版社2002年版，第111—112页。

② 参见［美］查尔斯·K. 威尔伯主编《发达与不发达问题的政治经济学》，高铦等译，中国社会科学出版社1984年版，第151页。

③ 《邓小平文选》第3卷，人民出版社1993年版，第78—79页。

其他一切对我们有益的知识和文化。”① (3) 经济全球化具有双重效应，“在对外开放的过程中，必须始终注意维护国家的主权和经济社会安全，注意防范和化解国际风险的冲击，防范和抵制各种腐朽思想和生活方式的侵袭。”② (4) “中国的事情要按照中国的情况来办，要依靠中国人自己的力量来办。独立自主，自力更生，无论过去、现在和将来，都是我们的立足点。”③

上述思想归结为一点就是：坚持独立自主同参与经济全球化相结合。这是中国共产党在改革开放的历史进程中所取得的一大宝贵经验，也是中国模式的一大特点。

(六) 中国模式是一种和平发展的模式

从世界现代化的历史来看，一个大国的崛起似乎往往会以牺牲其他国家的利益为代价：英国现代化的先发优势使其在相当长一段时间内保持“日不落帝国”的地位，但这背后是其海外殖民地人民的血泪辛酸；德国、日本、意大利等国相继崛起，带来的是可怕的世界大战；苏联的不断强大，随之而来的霸权主义、对外扩张……近年来，国际上不断有人根据以上大国兴衰的历史得出结论：中国的崛起将形成“中国式”的世界秩序，引起一些国家的衰落，并对其他国家造成威胁。

上述世界现代化进程的若干片断，确是史实。但上述结论，犯了经验主义的错误。这一结论似乎很重视经验，却有意回避中国在这方面的历史经验和现实经验，有选择性地遗忘了一些国家霸权扩张的反面经验。中国的发展不走西方发达国家依靠武力掠夺其他弱小民族来进行资本积累的历史道路，也不走苏联霸权主义、对外扩张的道路，选择的是一条和平发展之路。

和平发展道路的选择，具有深厚的中国优秀传统文化底蕴。上下五千年的中华文明一直崇尚“和为贵”，这一理念逐渐成为中国处理内政外交的哲学思想和行为准则。历史上的“丝绸之路”、“郑和下西洋”，就是中

① 《邓小平文选》第3卷，人民出版社1993年版，第44页。

② 中共中央文献研究室编：《江泽民论有中国特色社会主义（专题摘编）》，中央文献出版社2002年版，第189页。

③ 《邓小平文选》第3卷，人民出版社1993年版，第3页。

国古代和平外交的典范。从鸦片战争到新中国成立的百余年间，中华民族饱受战乱之苦，“己所不欲，勿施于人”，这更强化了我们对和平的向往和追求。

和平发展道路的选择，反映了我们党长期治国理政的经验。新中国成立以来，中国共产党三代中央领导集体对中国和平发展道路进行了创造性的探索。从毛泽东、周恩来首倡和平共处五项原则，到邓小平作出的和平与发展是时代的主题的科学论断，再到江泽民提出的互信、互利、平等、协作的新安全观和与邻为善、以邻为伴的周边外交方针，这些思想既一脉相承，又与时俱进。胡锦涛提出中国始终不渝走和平发展道路，是总结我们党长期治国理政经验得出的基本结论，是对我们党的三代中央领导集体关于和平发展重要战略思想的继承发扬。①

和平发展道路的选择，鉴照了一些国家霸权行径的历史教训，顺应了当今世界合作共赢的发展潮流。英国的海外扩张最终遭到广大殖民地人民的反抗，“日不落帝国”终成明日黄花；德国、日本因发动法西斯战争为害世界，自身也难逃战争惩罚；美苏争霸，拖累了世界，拖疲了美国，拖垮了苏联。霸权不得人心，扩张必受惩罚，这是世界现代化发展的基本历史经验。环顾当今世界，随着经济全球化、政治多极化、文化多元化的发展，国际社会发展的整体相关性和相互依存性日益加强，非赢即输的旧观念日渐式微，合作共赢的新理念渐成共识。

“中国将始终不渝走和平发展道路。”这是中国共产党人向世界的庄严承诺，是中国政府和人民根据时代发展潮流和自身根本利益作出的战略抉择，也是对中国模式外向特征的高度概括。

三 世界现代化背景映现出的中国模式的世界历史意义

作为世界上的头号人口大国，中国在现代化道路上取得的伟大成就，既对本国人民具有重要意义，也是对人类文明进步作出的重大贡献；作为世界上最大的发展中国家，中国在后发现代化道路上的发展经验，为其他发展中国家提供了重要参照；作为一个社会主义国家，中国在社会主义现

① 参见章沁生《始终不渝走和平发展道路》，《十七大报告辅导读本》，人民出版社2007年版，第387页。

代化道路上的成功探索，对于世界社会主义运动具有积极推动作用。毋庸讳言，中国模式在世界现代化的历史进程中具有重要意义。

（一）对中华民族伟大复兴的自我启示

自鸦片战争以来，尽快实现现代化崛起，重回世界发达国家行列，就一直是数代中国人的美好梦想和不懈追求。一部近现代中国史，也是一部中国现代化道路探索的辛酸史、曲折史。新中国成立以来，特别是改革开放以来，中国人一扫笼罩在现代化道路上的阴霾，开始找到实现中华民族伟大复兴的正确道路。

改革开放30多年来，“中国共产党人和中国人民以一往无前的进取精神和波澜壮阔的创新实践，谱写了中华民族自强不息、顽强奋进的新的壮丽史诗，中国人民的面貌、社会主义中国的面貌、中国共产党的面貌发生了历史性变化”。“我国以世界上少有的速度持续快速发展起来。我国经济从一度濒于崩溃的边缘发展到总量跃至世界第四、进出口总额位居世界第三，人民生活从温饱不足发展到总体小康，农村贫困人口从2.5亿多减少到2000多万，政治建设、文化建设、社会建设取得举世瞩目的成就。中国的发展，不仅使中国人民稳定地走上了富裕安康的广阔道路，而且为世界经济发展和人类文明进步做出了重大贡献。”① 这绝非我们的自我欣赏。早在十余年前，世界银行专家面对中国改革开放所取得的巨大进步就曾不无感叹地说：“中国只用了一代人的时间，取得了其他国家用了几个世纪才能取得的成就。在一个人口超过非洲和拉丁美洲人口总和的国家，这是我们这个时代最令人瞩目的发展。”② 而我们之所以能够在现代化进程中取得如此重大进步，根本原因就在于开辟了中国特色社会主义道路，形成了中国特色社会主义理论体系，确立了中国特色社会主义制度。而“中国模式”、“北京共识”等，就是世人在一般现代化理论层面对中国特色社会主义道路的概括和表达。

当然，中国模式在实践上虽然取得了巨大成就，但是也存在不少亟待

---

① 胡锦涛：《高举中国特色社会主义伟大旗帜　为夺取全面建设小康社会新胜利而奋斗》，载《十七大报告辅导读本》，人民出版社2007年版，第7—8、9页。

② 世界银行：《2020年的中国——新世纪的发展挑战》，中国财政经济出版社1997年版，第1页。

解决的严重问题。正如一些学者指出，中国用30年的时间，取得了其他国家50—100年的成果，但同时也累积了其他国家50—100年累积的矛盾和问题，把历时性的矛盾和问题变成了共时性的存在。压缩发展时间、缩小发展差距，还将是我们当前和今后在现代化发展上的重要任务。可想而知，其中的困难和挑战前所未有，矛盾和冲突也前所未有。但是，中国模式正处于继续构建过程中，还有很大的发展潜力和生长空间。只要继续坚持中国特色社会主义的科学指引，勇于面对矛盾和问题，善于学习和总结，我们的现代化道路就一定会越走越宽，中华民族的伟大复兴就一定能早日实现。

（二）对发展中国家现代化道路探索的借鉴意义

中国模式能否被其他发展中国家模仿，对它们有无借鉴意义？在中国模式成为当前世人关注热点的情况下，这个问题值得探讨。

马克思晚年针对俄国人在如何对待西欧资本主义发展模式问题上的争论明确表示：不顾历史条件照抄照搬西欧发展模式的做法是错误的，一个国家究竟如何选择自己的发展道路，“一切都取决于它所处的历史环境”①。马克思的这个观点仍然具有现实意义。邓小平在1988年会见莫桑比克客人时曾说：“世界上的问题不可能都用一个模式解决。中国有中国自己的模式，莫桑比克也应该有莫桑比克自己的模式。”② 这一说法反映了中国共产党人在此问题上的基本态度。我们既然一再强调走自己的路，就绝不会以任何理由要求别国照搬我们的发展模式。中国共产党人高度尊重人类社会发展的差异性和发展模式的多样性，坚决反对价值观输出。

但是，我们也不应否认，不同的发展模式在彼此尊重的同时，可以而且应该相互借鉴、取长补短，在求同存异中共同发展。中国同其他发展中国家一样，都受过殖民主义的掠夺，现在又面临新殖民主义的挑战，有着共同的历史遭遇，同样面临现代化的共同课题。从这种意义上讲，中国的发展经验对其他发展中国家具有一定的借鉴作用。

我们认为，中国模式对其他发展中国家的借鉴意义首先应该是它所表现的基本原则：一切从本国实际出发，选择适合自己国情的发展道路。事

① 《马克思恩格斯选集》第3卷，人民出版社1995年版，第765页。

② 《邓小平文选》第3卷，人民出版社1993年版，第261页。

实证明，这条基本原则是可以被其他发展中国家借鉴的。正如江泽民1995年在亚太经合组织第三次领导人非政治会议上的讲话中指出："现在，越来越多的发展中国家顺应世界经济国际化的发展趋势，从本国国情出发，已经或者正在走上具有自己特色的发展道路。事实证明，只有走这样的道路，才是成功之途。"① 英国左翼杂志《每月评论》也曾刊文指出，在资本主义主导的世界体系内，中国根据自己的国情形成了一种发展模式，这将对其他国家产生示范作用。②

其次，中国模式所包含的一系列基本理念无疑对其他发展中国家也具有一定借鉴意义。例如，坚持独立自主同参与经济全球化相结合，既是中国模式的基本经验，也应是大多数发展中国家的合理选择。对此，英国学者雷默认为："中国新的发展理念在国外产生了重大影响。中国正在指引一些其他国家在有一个强大中心的世界上如何保护自己的生活方式和政治选择。这些国家不仅想设法弄清如何发展自己的国家，而且还想知道如何与国际秩序接轨，同时真正实现自己的独立。"③ 又如，中国政府努力提高人民生活水平、着力解决群众温饱问题的经验，也值得其他发展中国家学习。英国《卫报》在2004年5月27日刊登题为《中国解决亿万人民温饱问题的经验》的文章，对此进行了介绍和评论。此外，中国模式的"科学发展"、"社会和谐"、"以人为本"、"大力发展生产力"、"正确处理计划和市场的关系"等发展理念，反映了我们在解决后发现代化道路普遍性问题上的积极成果，无疑具有一定意义的普适性。

（三）对世界社会主义运动复兴的示范性影响

马克思主义诞生160年来，世界社会主义运动既有凯歌高奏的时候，也有陷入低谷的时候。1917年十月革命的胜利，将社会主义从理论变为实践。随后苏联所创造的现代化奇迹，充分展示了社会主义制度的优越性。在苏联的影响下，东欧、亚洲、拉美的一些国家在二战后相继走上社会主义道路，实现了社会主义实践从一国到多国的发展。与此同时，社会

① 中共中央文献研究室编：《江泽民论有中国特色社会主义（专题摘编）》，中央文献出版社2002年版，第512页。

② 参见［美］马丁·哈特-兰兹伯格、保罗·伯克特《解读中国模式》，《经济社会体制比较》2005年第2期。

③ Joshua Cooper Ramo, The Beijing Consensus, http://fpc.org.uk/fsblob/244.pdf.

主义对身处资本主义世界的人们也显现出巨大的吸引力，世界社会主义运动形势高涨。然而，20世纪80年代末90年代初的东欧剧变、苏联解体，却使世界社会主义运动遭受严重曲折。

正当一些西方极右势力为苏联解体弹冠相庆、一些进步人士为社会主义前途命运深感忧虑的时候，中国经济社会取得了持续、快速、健康的发展，中国特色社会主义的成就令世人瞩目。这使越来越多的人认识到，苏联模式的失败，并不是社会主义模式的失败，“苏联模式的社会主义社会是垮了，但这并不意味着其他的、尚未尝试的社会主义形式也应该为它殉葬”①；中国模式的成功，给社会主义带来了新希望，宣告了所谓“社会主义历史终结”论的破产。埃菲社等国际媒体曾经刊文指出：邓小平开创的中国特色社会主义理论与实践，“造就了20世纪最壮观的经济奇迹”，“显示了社会主义的生命力”，“扭转了社会主义在全世界的威望”，“挽救了要失事的社会主义大船”。②

中国特色社会主义现代化道路或者说中国模式，既坚持了科学社会主义的基本原理，又体现了中国共产党人的伟大创造，既符合世界现代化发展的大趋势，又具有鲜明的中国特色。中国模式的成功，有利于重塑和增强人们对社会主义的信心，对世界社会主义运动的复兴正在产生涟漪效应。正如邓小平指出：“只要中国社会主义不倒，社会主义在世界将始终站得住。”③

---

① ［美］约翰·罗默：《社会主义的未来》，余文烈等译，重庆出版社1997年版，第1页。

② 转引自肖枫《世界社会主义运动的“大挫折”与“新局面”》，《当代世界》1999年第11期。

③ 《邓小平文选》第3卷，人民出版社1993年版，第346页。

主要参考文献

一　马克思主义经典著作、领袖著作

1. 《马克思恩格斯全集》第 3、4、18、19、22、23、24、25、26、32、33、34、37、38、39、40、42、46 卷，人民出版社中文第 1 版。

2. 《马克思恩格斯选集》第 1—4 卷，人民出版社 1995 年版。

3. 《资本论》第 1—3 卷，人民出版社 1975 年版。

4. 《马克思历史学笔记》，红旗出版社 1992 年版。

5. 《马克思古代社会史笔记》，人民出版社 1996 年版。

6. 马克思等：《马克思恩格斯与俄国政治活动家通信集》，人民出版社 1987 年版。

7. 《列宁选集》第 1—4 卷，人民出版社 1995 年版。

8. 《斯大林选集》上、下卷，人民出版社 1979 年版。

9. 《毛泽东选集》第 1—4 卷，人民出版社 1991 年版。

10. 《建国以来毛泽东文稿》第 7 册，中央文献出版社 1992 年版。

11. 《邓小平文选》第 1、2 卷，人民出版社 1994 年版；第 3 卷，人民出版社 1993 年版。

12. 《江泽民文选》第 1—3 卷，人民出版社 2006 年版。

13. 胡锦涛：《高举中国特色社会主义伟大旗帜　为夺取全面建设小康社会新胜利而奋斗》，人民出版社 2007 年版。

二　马克思主义发展史、经济思想史研究著作

1. 庄福龄主编：《马克思主义史》第 1、3、4 卷，人民出版社 1996 年版；第 2 卷，人民出版社 1995 年版。

2. 中国人民大学马列主义发展史研究所主编：《列宁思想史》，上海人民出版社 1988 年版。

3. 靳辉明主编：《社会主义历史、理论与现实》，安徽人民出版社

2000 年版。

4. 吴易风、顾海良等：《马克思主义经济理论的形成和发展》，中国人民大学出版社 1998 年版。

5. 颜鹏飞：《马克思主义经济学史》，武汉大学出版社 1995 年版。

6. 颜鹏飞主编：《中国社会主义市场经济理论溯源》，湖北人民出版社 2001 年版。

7. 王元璋：《马克思恩格斯经济发展思想导论》，新疆人民出版社 1998 年版。

8. 王元璋：《列宁经济发展思想研究》，武汉大学出版社 1995 年版。

9. 洪远朋主编：《〈资本论〉教程简编》，复旦大学出版社 2002 年版。

10. 尹莲英、高晓红编：《〈资本论〉与中国社会主义经济发展》，东南大学出版社 2004 年版。

11. 杨玉生：《西方马克思主义经济发展理论研究》，辽宁大学出版社 1996 年版。

12. 刘森林：《重思发展——马克思发展理论的当代价值》，人民出版社 2003 年版。

13. 蒋学模、张晖明：《高级政治经济学——社会主义总论》，复旦大学出版社 2001 年版。

14. 马涛编：《经济思想史教程》，复旦大学出版社 2002 年版。

15. 李占才：《当代中国经济思想史》，河南大学出版社 1999 年版。

16. 杨瑞龙等：《社会主义经济理论》，中国人民大学出版社 1999 年版。

17. 戴达远主编：《马克思主义经济理论》，经济管理出版社 2000 年版。

18. 陈启能等：《马克思主义史学新探》，社会科学文献出版社 1999 年版。

19. 顾海良主编：《从十四大到十六大——马克思主义在当代中国的新发展》，高等教育出版社 2004 年版。

20. 梅荣政等：《有中国特色社会主义的政治与经济》，山东人民出版社 1997 年版。

21. 丁俊萍：《中国共产党解放和发展生产力思想研究》，武汉大学出版社 1999 年版。

22. 许庆朴、李爱华主编:《有中国特色社会主义理论探源》，人民出版社 2002 年版。

23. 庞元正主编:《当代中国科学发展观》，中共中央党校出版社 2004 年版。

24. 李宗禹主编:《国外学者论斯大林模式》，中央编译出版社 1995 年版。

25. 陆南泉、姜长斌等主编:《苏联兴亡史论》，人民出版社 2002 年版。

26. 李永全:《俄国政党史》，中央编译出版社 1999 年版。

三　马克思社会发展理论研究、世界市场理论研究著作

1. 刘炯忠、叶险明:《拨开社会历史的迷雾》，中国人民大学出版社 1993 年版。

2. 靳辉明、荣剑:《超越与趋同——马克思的东方社会理论及其当代思考》，中国人民大学出版社 1988 年版。

3. 赵家祥、丰子义:《马克思东方社会理论的历史考察和当代意义》，高等教育出版社 2002 年版。

4. 丰子义、杨学功:《马克思“世界历史”理论与全球化》，人民出版社 2002 年版。

5. 吕世荣:《马克思社会发展理论研究》，中国社会科学出版社 2001 年版。

6. 谢霖:《东方社会之路》，中国社会科学出版社 1992 年版。

7. 黄凤炎:《马克思主义人类学》，湖北人民出版社 1993 年版。

8. 安启念:《东方国家的社会跳跃与文化滞后》，中国人民大学出版社 1994 年版。

9. 鲁越:《马克思晚年的创造性探索:“人类学笔记”研究》，河南人民出版社 1992 年版。

10. 张云飞:《跨越“峡谷”——马克思晚年思想与当代社会发展理论》，人民出版社 2001 年版。

11. 孙来斌:《“跨越论”与落后国家经济发展道路》，武汉大学出版社 2006 年版。

12. 郝镇华编：《外国学者论亚细亚生产方式》，中国社会科学出版社1981年版。

13. 朱坚劲：《东方社会往何处去——马克思的东方社会理论》，上海社会科学院出版社1996年版。

14. 江丹林：《东方复兴之路——非西方社会发展理论与建设有中国特色社会主义》，广东教育出版社1996年版。

15. 尹树广：《晚年马克思历史观的变革》，黑龙江人民出版社2000年版。

16. 叶险明：《马克思的世界历史理论与现时代》，清华大学出版社1996年版。

17. 吴泽：《东方社会经济形态史论》，上海人民出版社1993年版。

18. 张凌云：《马克思的社会形态理论与当代社会主义》，武汉出版社1999年版。

19. 张世鹏、殷叙彝编译：《全球化时代的资本主义》，中央编译出版社1998年版。

20. 俞可平主编：《全球化时代的"马克思主义"》，中央编译出版社1998年版。

21. 俞可平主编：《全球化时代的"社会主义"》，中央编译出版社1998年版。

22. 谈世中等编：《经济全球化与发展中国家》，社会科学文献出版社2002年版。

23. 李黑虎、潘新平：《经济全球化对中国的挑战》，社会科学文献出版社2001年版。

24. 韦定广：《"世界历史"语境中的人类解放主题》，人民出版社2004年版。

25. 江时学：《金融全球化与发展中国家的经济安全》，社会科学文献出版社2004年版。

26. 李惠斌主编：《全球化与现代性批判》，广西师范大学出版社2003年版。

27. 俞可平等主编：《人的基本理论研究》，中央编译出版社2007年版。

28. 《马克思主义来源研究论丛》第11辑，商务印书馆1988年版。

29.《马克思主义来源研究论丛》第15辑，商务印书馆1993年版。

30.《马克思主义来源研究论丛》第17辑，商务印书馆1995年版。

四 国外经济理论、发展经济学、现代化理论研究著作

1. 谭崇台主编：《发展经济学》，山西经济出版社2001年版。

2. 张培刚：《农业与工业化：农业国工业化问题再论》中下合卷，华中科技大学出版社2002年版。

3. 张培刚主编：《新发展经济学》（修订版），河南人民出版社1999年版。

4. 颜鹏飞：《激进政治经济学派》，武汉出版社1996年版。

5. 余文烈主编：《当代国外社会主义流派》，安徽人民出版社2000年版。

6. 吕薇洲：《市场社会主义论》，河南人民出版社2001年版。

7. 张宇：《市场社会主义反思》，北京出版社1999年版。

8. 张二震：《国际贸易政策的研究与比较》，南京大学出版社1993年版。

9. 郭熙保主编：《经济发展：理论与政策》，中国社会科学出版社2000年版。

10. 伍海华：《现代经济发展》，青岛出版社1995年版。

11. 周天勇主编：《新发展经济学》，经济科学出版社2001年版。

12. 卢现祥主编：《新制度经济学》，武汉大学出版社2004年版。

13. 袁庆明：《新制度经济学》，中国发展出版社2005年版。

14. 罗荣渠：《现代化新论——世界与中国的现代化进程》，商务印书馆2004年版。

15. 周穗明等：《现代化：历史、理论与反思》，中国广播电视出版社2002年版。

16. 庞元正等：《发展理论论纲》，中共中央党校出版社2000年版。

17. 尹保云：《什么是现代化》，人民出版社2001年版。

18. 张雷声：《寻求独立、平等与发展——发展中国家社会经济发展理论研究》，中国人民大学出版社1998年版。

19. 谷源洋主编：《发展中国家跨世纪的发展》，中国社会科学出版社1997年版。

20. 高铦：《第三世界发展理论探讨》，社会科学文献出版社 1992 年版。

21. 李琮：《第三世界论》，世界知识出版社 1993 年版。

22. 刘光杰主编：《中国经济发展战略理论研究》，武汉大学出版社 1995 年版。

23. 张东辉：《发展经济学与中国经济发展》，山东人民出版社 1999 年版。

24. 洪银兴：《发展经济学与中国经济发展》，高等教育出版社 2001 年版。

25. 谷书堂主编：《社会主义经济学通论——中国转型期经济问题研究》，高等教育出版社 2000 年版。

26. 许宝强、汪晖选编：《发展的幻象》，中央编译出版社 2001 年版。

27. 戴羿：《欠发达国家比较研究》，中国财政经济出版社 1998 年版。

28. 林承节主编：《印度现代化的发展道路》，北京大学出版社 2001 年版。

29. 江时学：《拉美发展模式研究》，经济管理出版社 1996 年版。

30. 毛建：《经济跳跃研究》，陕西人民出版社 1994 年版。

31. 胡鞍钢主编：《知识与发展：21 世纪新追赶战略》，北京大学出版社 2001 年版。

32. 宋则行、杨玉生等：《后发经济学》，上海财经大学出版社 2004 年版。

33. 崔瑛、高福来主编：《中国周边国家和地区经济》，首都经济贸易大学出版社 1999 年版。

34. 孙景超、张舒英主编：《萧条与复苏：冷战后的日本经济》，社会科学文献出版社 1998 年版。

35. 金明善：《现代日本经济论》，辽宁大学出版社 1996 年版。

36. 金明善、车维汉主编：《赶超经济理论》，人民出版社 2001 年版。

37. 陆德明：《中国经济发展的动因分析》，复旦大学出版社 1999 年版。

38. 施培公：《模仿创新的理论与实证研究》，清华大学出版社 1999 年版。

39. 史忠良主编：《经济发展战略与布局》，经济管理出版社 1999

年版。

40. 于德惠、赵一明：《理性的辉光：科学技术与世界新格局》，湖南出版社 1992 年版。

41. 温军：《民族与发展：新的现代化追赶战略》，清华大学出版社 2004 年版。

42. 陈惠雄：《人本经济学原理》，上海财经大学出版社 1999 年版。

43. 李桂华主编：《人力资源管理》，中国金融出版社 2005 年版。

44. 刘铮：《人口理论问题》，中国社会科学出版社 1984 年版。

45. 张一力：《人力资本与区域经济增长》，浙江大学出版社 2005 年版。

46. 萧鸣政主编：《中国政府人力资源开发概论》，北京大学出版社 2004 年版。

47. 李建民：《人力资本通论》，上海三联书店 1999 年版。

48. 陈国良：《中国人力资源开发与教育发展战略研究报告》，上海人民出版社 2007 年版。

49. 郑新立主编：《提高人力资源能力问题研究》，中国计划出版社 2008 年版。

50. 徐林清：《中国劳动力市场分割问题研究》，经济科学出版社 2006 年版。

51. 杨万江、徐明星：《农业现代化测评》，社会科学文献出版社 2001 年版。

52. 白跃世：《中国农业现代化路径选择分析》，中国社会科学出版社 2004 年版。

53. 刘斌等编：《中国三农问题报告》，中国发展出版社 2005 年版。

54. 张新华主编：《新中国探索“三农”问题的历史经验》，中共党史出版社 2007 年版。

55. 郭剑雄：《二元经济与中国农业发展》，经济管理出版社 1999 年版。

56. 陈秀山主编：《中国区域经济问题研究》，商务印书馆 2005 年版。

57. 陈东琪、邹德文主编：《共和国经济 60 年》，人民出版社 2009 年版。

58. 赵国鸿：《论中国新型工业化道路》，人民出版社 2005 年版。

59. 翟书斌:《中国新型工业化路径选择与制度创新》，中国经济出版社 2006 年版。

60. 李富强等编:《知识经济与信息化》，社会科学文献出版社 1998 年版。

61. 陈宗胜等:《中国经济体制市场化进程研究》，上海人民出版社 1998 年版。

62. 傅家骥主编:《技术创新学》，清华大学出版社 1998 年版。

63. 李京文等:《中国经济:“十五”预测与 21 世纪展望》，社会科学文献出版社 2001 年版。

64. 李成勋主编:《1996—2050 年中国经济社会发展战略——走向现代化的构想》，北京出版社 1997 年版。

65. 中国社会科学院经济研究所编:《政治经济学研究报告 2:经济全球化的政治经济学研究》，社会科学文献出版社 2001 年版。

66. 中国社会科学院经济研究所编:《政治经济学研究报告 3:转轨经济的政治经济学研究》，社会科学文献出版社 2002 年版。

67. 汝信、陆学艺、李培林主编:《2010 年中国社会形势分析与预测》，社会科学文献出版社 2009 年版。

五 有关译著及外文著作

1. [德] 黑格尔:《历史哲学》，王造时译，商务印书馆 1963 年版。

2. [英] 亚当·斯密:《国民财富的性质和原因的研究》，郭大力、王亚南译，商务印书馆 1974 年版。

3. [英] 大卫·李嘉图:《政治经济学及赋税原理》，郭大力、王亚南译，商务印书馆 1962 年版。

4. [英] 霍华德等:《马克思主义经济学史(1929—1990)》，顾海良、张新等译，中央编译出版社 2003 年版。

5. [苏] 波克罗夫斯基:《俄国历史概要》，贝璋衡等译，三联书店 1978 年版。

6. 中央编译局国际共运史研究室编译:《俄国民粹派文选》，人民出版社 1983 年版。

7. [意] 梅洛蒂:《马克思与第三世界》，高铭译，商务印书馆 1981 年版。

8. ［美］莫里斯·梅斯纳：《毛泽东的中国及其发展》，张瑛等译，社会科学文献出版社 1992 年版。

9. ［美］凡勃伦：《有闲阶级论》，蔡受百译，商务印书馆 1964 年版。

10. ［美］伊曼纽尔·沃勒斯坦：《沃勒斯坦精粹》，黄光耀等译，南京大学出版社 2003 年版。

11. ［美］迈克尔·P. 托达罗：《经济发展与第三世界》，印金强等译，中国经济出版社 1992 年版。

12. ［波］W. 布鲁斯、K. 拉斯基：《从马克思到市场：社会主义对经济体制的求索》，银温泉译，吴敬琏校，上海三联书店、上海人民出版社 1998 年版。

13. ［美］杰拉尔德·迈耶等编：《发展经济学的先驱》，谭崇台等译，经济科学出版社 1988 年版。

14. ［美］查尔斯·K. 威尔伯主编：《发达与不发达问题的政治经济学》，高铦等译，中国社会科学出版社 1984 年版。

15. ［德］安德烈·冈德·弗兰克：《依附性积累与不发达》，高铦、高戈译，译林出版社 1999 年版。

16. ［美］C. P. 欧曼、G. 韦格纳拉加：《战后发展理论》，吴正章等译，中国发展出版社 2000 年版。

17. ［巴西］特奥托尼奥·多斯桑托斯：《帝国主义与依附》，杨衍永等译，社会科学文献出版社 1999 年版。

18. ［美］赫伯特·马尔库塞：《单向度的人》，刘继中译，上海译文出版社 2006 年版。

19. ［美］弗朗西斯科·洛佩斯·塞格雷拉主编：《全球化与世界体系》，白凤森等译，社会科学文献出版社 2003 年版。

20. ［美］西奥多·威廉·舒尔茨：《改造传统农业》，梁小民译，商务印书馆 1987 年版。

21. ［美］西奥多·威廉·舒尔茨：《论人力资本投资》，吴珠华译，北京经济学院出版社 1990 年版。

22. ［法］弗朗索瓦·佩鲁：《新发展观》，张宁、丰子义译，华夏出版社 1987 年版。

23. ［美］阿尔伯特·赫希曼：《经济发展战略》，曹征海等译，经济科学出版社 1991 年版。

24. [美] 罗伯特·海尔布罗纳：《现代化理论研究》，俞新天等译，华夏出版社 1989 年版。

25. [美] 塞缪尔·亨廷顿等：《现代化：理论与历史经验的再探讨》，罗荣渠主编，上海译文出版社 1993 年版。

26. [美] 钱纳里等：《工业化和经济增长的比较研究》，吴奇等译，上海三联书店 1995 年版。

27. [美] 道格拉斯·C. 诺思：《经济史中的结构与变迁》，陈郁等译，上海三联书店 1994 年版。

28. [美] 雷迅马：《作为意识形态的现代化：社会科学与美国对第三世界政策》，牛可译，中央编译出版社 2003 年版。

29. [美] 英格尔斯：《从传统人到现代人——六个发展中国家中的个人变化》，顾昕译，中国人民大学出版社 1992 年版。

30. [美] 让·本尼迪克特：《文化模式》，王玮等译，三联书店 1988 年版。

31. 里斯本小组：《竞争的极限：经济全球化与人类的未来》，张世鹏译，中央编译出版社 2000 年版。

32. 世界银行：《2020 年的中国——新世纪的发展挑战》，中国财政经济出版社 1997 年版。

33. 世界银行：《2000/2001 年世界发展报告：与贫困作斗争》，中国财政经济出版社 2001 年版。

34. 世界环境与发展委员会：《我们共同的未来》，王之佳等译，吉林人民出版社 1997 年版。

35. 国际货币基金组织：《世界经济展望》，中国金融出版社 1997 年版。

36. [苏] 戈尔巴乔夫：《改革与新思维》，苏群译，新华出版社 1987 年版。

37. [苏] 罗·亚·麦德维杰夫：《让历史来审判》，赵洵、林英译，人民出版社 1981 年版。

38. [日] 富永健一：《社会结构与社会变迁——现代化理论》，董兴华译，云南人民出版社 1988 年版。

39. [日] 中村哲：《近代东亚经济的发展和世界市场》，吕永和等译，商务印书馆 1994 年版。

40. ［韩］宋丙洛：《韩国经济的崛起》，张胜纪、吴壮译，商务印书馆 1994 年版。

41. ［英］安东尼·吉登斯：《现代性与自我认同》，赵旭东等译，生活·读书·新知三联书店 1998 年版。

42. ［英］狄帕克·拉尔：《发展经济学的贫困》，刘沪生译，贝多广校，上海三联书店 1992 年版。

43. ［英］A. P. 瑟尔沃：《增长与发展》，郭熙保译，中国财政经济出版社 2001 年第六版。

44. ［美］德布拉吉·瑞：《发展经济学》，陶然等译，北京大学出版社 2002 年版。

45. ［美］吉利斯、波金斯等：《发展经济学》，黄卫平总译校，彭刚等译，中国人民大学出版社 1998 年第四版。

46. ［美］约瑟夫·E. 斯蒂格里茨：《社会主义向何处去——经济体制转型的理论与证据》，周立群等译，吉林人民出版社 1998 年版。

47. ［美］基思·格里芬：《可供选择的经济发展战略》，倪吉祥等译，经济科学出版社 1992 年版。

48. Teodor Shanin (ed.), *Late Marx and the Russian Road: Marx and "the peripheries of capitalism"*, N. Y.: Monthly Review Press, 1983.

49. Klaus Nürnberger, *Beyond Marx and Market: Outcomes of a Century of Economic Experimentation*, N. Y.: Zed Books Ltd, 1998.

50. Pranab K. Bardhan & John E. Roemer (eds.), *Market Socialism*, N. Y.: Oxford University Press, 1993.

51. John E. Roemer, *A Future for Socialism*, Cambridge, Mass.: Harvard University, 1994.

52. N. Scott Arnold, *The Philosophy and Economics of Market Socialism: A Critical Study*, N. Y.: Oxford University Press, 1994.

53. David Schweickart, James Lawler, Hillel Ticktin and Bertell Ollman, *Market Socialism: The Debate Among Socialists*, N. Y.: Routledge, 1998.

54. Dean LeBaron, Mao, *Marx & The Market: Capitalist Adventures in Russia and China*, N. Y.: John Wiley & Sons, Inc., 2002.

55. B. N. Ghosh, *Political Economic of Development and Underdevelop-*

ment, N. Y. : International Academic Press, 1996.

56. Robert Pollin (ed.), *Capitalism*, *Socialism*, *and Radical Political Economy*, Northampton: Edward Elgar Publishing, Inc., 2000.

57. James A. Yunker, *On the Political Economy of Market Socialism*, Burlington: Ashgate Publishing Ltd., 2001.

58. Alexander Gerschenkron, *Economic Backwardness in Historical Perspective*, Cambridge, Belknap Press of Harvard University Press, 1962.

59. Terence Ball and James Farreds, *After Marx*, N. Y. : Cambridge University Press, 1984.

60. John Gooding, *Socialism in Russia*: *Lenin and his Legacy*, 1890—1991, N. Y. : Palgrave, 2002.

61. Stanley Moore, *Marx versus Market*, *University Park*, Pennsylvania: The Pennsylvania State University Press, 1993.

武汉大学马克思主义理论系列学术丛书

第一批

《知识经济与马克思主义劳动价值论》 / 曹亚雄
《列宁的马克思主义理论教育思想研究》 / 孙来斌
《中国共产党的价值观研究》 / 李斌雄
《思想政治教育价值论》 / 项久雨
《现代德育课程论》 / 佘双好
《建国后中国共产党政党外交理论研究》 / 许月梅

第二批

《马克思主义经济理论中国化基本问题》 / 孙居涛
《新中国成立以来中国共产党思想理论教育历史研究》 / 石云霞
《马克思主义中国化史》 / 梅荣政主编
《中国古代德育思想史论》 / 黄钊

第三批

《马克思主义与中国实际“第二次结合”的开篇（1949—1966年）研究》 / 张乾元
《从十六大到十七大：马克思主义基本原理在当代中国的运用和发展》 / 袁银传
《邓小平社会主义观再探》 / 杨军
《“三个代表”思想源流和理论创新》 / 丁俊萍等
《当代中国共产党人的发展观研究》 / 金伟
《中国共产党的历史方位与党的先进性建设研究》 / 吴向伟
《思想政治教育发生论》 / 杨威
《思想政治教育内容结构论》 / 熊建生
《青少年思想道德现状及健全措施研究》 / 佘双好
《走向信仰间的和谐》 / 杨乐强

第四批

《马克思主义理论教育思想发展史研究》 / 石云霞主编
《中国社会正义论》 / 周志刚
《先秦平民阶层的道德理想——墨家伦理研究》 / 杨建兵
《中共高校党建作用研究（1921—1949）》 / 李向勇
《〈共产党宣言〉国际战略思想研究》 / 向德忠
《和谐思维论》 / 左亚文
《党的重要人物与早期马克思主义中国化》 / 宋镜明 吴向伟

第五批

《科学发展观视野下的当代中国经济追赶战略》 / 孙来斌主编
《国外高校思想政治理论课程概览》 / 倪素香
《自由职业者群体与新时期统一战线工作研究》 / 卢勇
《共产国际和广州国民政府关系史》 / 罗重一
《哈贝马斯的话语民主理论研究——以公共领域为视角》 / 杨礼银
《马克思主义与社会科学方法论集》 / 黄瑞祺